Gogoneddus Arglwydd, Henffych Well

Golygwyd gan GWYNN AP GWILYM

Gogoneddus Arglwydd, Henffych Well

(Detholiad o ryddiaith a barddoniaeth Gristnogol Gymraeg drwy'r canrifoedd)

Detholwyd gan

J.E. CAERWYN WILLIAMS

R. BRINLEY JONES

R. TUDUR JONES

DEREC LLWYD MORGAN

D. DENSIL MORGAN

ELFED AP NEFYDD ROBERTS

CYTÛN

Cydnabyddir yn ddiolchgar y gefnogaeth ariannol a dderbyniwyd at gyhoeddi'r llyfr hwn gan

CYTÛN (Eglwysi Ynghyd yng Nghymru)
Ymddiriedolaeth James Pantyfedwen
Ymddiriedolaeth Elusennau Garthgwynion
Ymddiriedolaeth Battersea Rise, Llundain

Argraffiad cyntaf 1999

Argraffwyd gan Wasg Gomer
a chyhoeddwyd gan Bwyllgor Darlleniadau CYTÛN
(Eglwysi Ynghyd yng Nghymru).

ISBN 1 85902 789 X

CYNNWYS

CYFLWYNIAD

Syniad Pwyllgor Darlleniadau CYTÛN yw'r llyfr hwn. Ers blynyddoedd lawer bellach bu'r pwyllgor hwnnw yn gyfrifol am gyhoeddi'r gyfres o fyfyrdodau Cristnogol, *O Ddydd i Ddydd*. Ar gyfer dathliadau'r mileniwm newydd penderfynwyd cyhoeddi llyfr mwy uchelgeisiol a fyddai'n dathlu ein treftadaeth Gristnogol Gymraeg a datblygiad defosiwn ac ysbrydoledd yng Nghymru mewn detholiad o ryddiaith a barddoniaeth Gymraeg gan Gristnogion drwy'r oesoedd. Y bwriad oedd cynhyrchu llyfr y gellid ei ddefnyddio naill ai yn fan cychwyn i fyfyrdod ac astudiaeth neu ynteu yn ffynhonnell adnoddau ar gyfer gwahanol achlysuron ym mywyd yr Eglwys.

Gan fod y deunydd ysgrifenedig sydd ar gael yn Gymraeg yn ymestyn yn ôl dros o leiaf fil o flynyddoedd, penderfynwyd rhannu'r cyfnod yn ganrifoedd, a gwahoddwyd arbenigwyr ar lenyddiaeth Gristnogol y canrifoedd hynny i ddethol darnau addas i'w cynrychioli. Cytunodd J.E. Caerwyn Williams i ddarparu Rhagymadrodd i'r llyfr ac i ofalu am y cyfnod hyd 1499. Symudwyd ymlaen wedyn fesul canrif, gydag R. Brinley Jones yn dethol o 1500 hyd 1599, R. Tudur Jones o 1600 hyd 1699, Derec Llwyd Morgan o 1700 hyd 1799, D. Densil Morgan o 1800 hyd 1899, ac Elfed ap Nefydd Roberts o 1900 hyd 1999. Gofynnwyd i minnau olygu.

Penderfynwyd o'r dechrau na fyddid yn diweddaru na chywiro dim ar y testunau gwreiddiol. Os oedd awdur y dyfynnid o'i waith yn defnyddio ffurfiau anramadegol neu'n camsillafu o safbwynt arfer ein dyddiau ni, yna yr oedd y ffurfiau hynny i'w gadael heb ymyrryd â hwy. Byddai hynny yn rhoi ei flas unigryw ei hun i Gymraeg pob cyfnod. Yr unig eithriad i'r rheol hon oedd y cyfnod cynharaf un, lle na byddai darnau nas diweddarwyd yn ddealladwy i'r rhelyw. Penderfynwyd hefyd y dylai'r eitemau, hyd y byddai modd, ddilyn ei gilydd mewn trefn amseryddol. Yr oedd y cyfnod cynharaf, fodd bynnag, yn eithriad i'r rheol hon eto, gan y perthyn iddo ef nifer o ddarnau, yn enwedig darnau rhyddiaith, y mae bron yn amhosibl eu dyddio'n bendant. Gellir dyddio'r llawysgrifau y codwyd y darnau ohonynt, ond nid yw oed llawysgrif yn rhoi unrhyw sicrwydd o oed yr hyn a gopïwyd ynddi. Dyna paham nad yw trefn amseryddol yr eitemau yn cychwyn yn iawn hyd Adran II. Gofynnwyd i'r cyfranwyr nodi ffynhonnell pob eitem, a darparu nodiadau lle barnent bod angen am hynny. Barnodd rhai fod angen mwy o nodiadau na'i gilydd, a barnodd D. Densil Morgan nad oedd angen nodi ffynonellau gwreiddiol rhai emynau adnabyddus iawn yn Adran V.

Erbyn mis Gorffennaf 1998 yr oedd teipysgrif y llyfr yn barod, a rhai adrannau wedi eu gosod ar ddisg gan y detholwyr ac yn barod, fwy neu lai, i'w hargraffu. Un o'r adrannau hynny oedd Adran III, a ddetholwyd gan R. Tudur Jones. Yn fuan wedi imi dderbyn ei deipysgrif ef o'r adran hon daeth y newyddion trist am ei farwolaeth. Yr wyf yn ddyledus i'r teulu am ganiatáu i'r detholiad a wnaeth gael ei gynnwys, ac i Geraint Tudur yn arbennig am ddiogelu'r ddisg. Diolch hefyd i Charles Parry o Adran Lyfrau Printiedig Llyfrgell Genedlaethol Cymru am ei gymorth manwl ynglŷn ag un broblem fechan a gododd yn yr adran hon, ac na allwn, ysywaeth, ei thrafod mwyach gyda'r detholwr ei hun.

Am yr adrannau eraill, yr oedd dwy ohonynt wedi eu gosod ar ddisg, a thair heb fod felly. Am y tair olaf, ynghyd â'r Cynnwys a'r Mynegai, fe'u gosodwyd ar ddisg gan Mrs Carys Briddon o Goleg Prifysgol Cymru, Aberystwyth, a hi hefyd a gysonodd y llyfr cyfan a'i baratoi ar gyfer yr argraffwyr. Cafodd y mwyafrif o'r cyfranwyr felly gyfle i weld dwy set o broflenni, proflenni'r ddisg a'r proflenni tudalen. Dim ond y golygydd, fodd bynnag, a welodd broflenni Adran III. Dim ond ef hefyd, yswaeth, a welodd broflenni tudalen Adran I. Ergyd drom fu marw J.E. Caerwyn Williams, ei detholwr hi ac awdur Rhagymadrodd y llyfr, ar 8 Mehefin 1999.

Fy mraint yn awr yw cael diolch i'r awduron hynny a ganiataodd i ddarnau o'u gwaith gael eu cynnwys yn y llyfr. Gwnaed pob ymdrech i ddod o hyd i berchenogion hawlfreintiau'r darnau a gynhwyswyd yn Adran VI. Os tramgwyddwyd yn hyn o beth, mewn anwybodaeth y bu hynny. Diolch i'r cyfranwyr am eu cydweithrediad, i Mrs Carys Briddon am ei gofal, ac i Wasg Gomer am y gwaith argraffu glân. Yr wyf yn ddyledus yn ogystal i Cyril Evans, Adran Lawysgrifau Llyfrgell Genedlaethol Cymru, am gymorth ynglŷn â materion hawlfraint, i Elgan Davies am y gwaith dylunio, ac i Alun Creunant Davies am lawer cymwynas wrth lywio'r llyfr drwy'r wasg. Ni fedrid bod wedi cyhoeddi heb gefnogaeth ariannol haelionus CYTÛN, Ymddiriedolaeth James Pantyfedwen, Ymddiriedolaeth Elusennau Garthgwynion ac

Ymddiriedolaeth Battersea Rise, Llundain, a phleser, ar ran y Pwyllgor Darlleniadau, yw cydnabod ein dyled iddynt hwy.

Cyflwynaf y llyfr felly i'r darllenwyr yn ddrych o dystiolaeth cenedlaethau lawer o Gymry i'w Gwaredwr. Wrth fyfyrio ar eu gwaith heddiw, y mae geiriau awdur yr Epistol at yr Hebreaid yn mynnu ymwthio i'r cof: 'Iesu Grist, yr un ddoe a heddiw ac am byth'. 'Nid oedd amser pan nad oedd' – felly y mynnai'r tadau eglwysig yn y bedwaredd ganrif. Ar drothwy mileniwm newydd gallwn ninnau ddatgan yn hyderus: 'Ni bydd amser pan na bydd':

> Nid oedd pan nad oedd Mab Duw, – un â'i Dad
> Oedd cyn doe dynolryw;
> Un â'i Dad o hyd ydyw,
> Ac ni fydd pan na bydd byw.

GWYNN AP GWILYM

Y Rheithordy
Mallwyd

Gŵyl Bartholomeus 1999

RHAGYMADRODD

Ar Drothwy Mileniwm Newydd

Trem yn ôl

Wrth i ni edrych yn ôl dros ysgwyddau dau fileniwm ymddengys rhai digwyddiadau fel trobwyntiau yn hanes Ewrop ac yn hanes yr Eglwys Gristnogol. Un o'r rheini oedd tröedigaeth yr Ymerawdwr Custennin. Ef a roes ben ar erlid Cristnogion, ac ef a symudodd ganolfan yr Ymerodraeth o Rufain i'r ddinas a alwyd ar ei ôl yn Gaergustennin. Agorodd ef y ffordd i'r Ymerawdwr Theodosius I, yr olaf i lywodraethu'r Ymerodraeth Rufeinig gyfan ar ei ben ei hun, er na wnaeth hynny ond am gyfnod byr, i gyhoeddi yn 380 O.C. gyda'i gyd-ymerawdwr Gratian, edict yn datgan y dylai pawb dderbyn y ffydd a roddasai'r sanctaidd Apostol Pedr i'r Rhufeiniaid; mewn geiriau eraill, i wneuthur Cristnogaeth yn grefydd swyddogol yr Ymerodraeth. Custennin hefyd a agorodd y ffordd i'r Ymerodraeth rannu'n ddwy yn y pen draw, sef Ymerodraeth y Dwyrain ac Ymerodraeth y Gorllewin, i'r Eglwys ymrannu'n ddwy, Eglwys y Dwyrain ac Eglwys y Gorllewin, ac ar ben hynny, drwy adael y Pab yn brif awdurdod yn Rhufain, ef a balmantodd y ffordd i'r Babaeth ddatblygu fel y gwnaeth. Wrth ymledu i fyd hierarchaidd yr oedd yn anochel, efallai, fod yr Eglwys yn rhoi cyfle i esgobion fod yn brif swyddogion o'i mewn, a chyda hynny'n rhoi cyfle i esgob Rhufain fod yn brif esgob ac fel olynydd yr Apostol Pedr i fod ymhellach ymlaen yn ben esgob ac felly'n bennaeth ar yr Eglwys oddi mewn i'r Ymerodraeth.

Ond yr oedd yr Ymerodraeth Rufeinig, dan ymosodiadau a chyrchoedd y llwythau o'r tu draw i'w ffiniau, eisoes wedi gorfod ildio tiriogaeth ac nid oedd listio rhai o'i gelynion i ymladd yn erbyn gelynion eraill ond arwydd nad oedd dim arall amdani ond ildio, gan mai mesur dros dro'n unig oedd hwnnw. Ni pheidiodd y cyrchoedd, a chyraeddasant eu huchafbwynt pan oresgynnwyd Rhufain gan y Fisigothiaid dan eu harweinydd Alaric yn 410. Nid rhyfedd fod rhai wedi gofyn ai dyma oedd gwobr yr Ymerodraeth am dderbyn y ffydd Gristnogol. Yn ateb iddynt ysgrifennodd S. Awstin o Hippo ei *De Civitate Dei* i gyhoeddi nad dinas dyn oedd dinas Duw a bod dinas Duw uwchlaw amgylchiadau materol, ei bod yn ddi-ffiniau ac yn cynnwys corff y ffyddloniaid ledled y byd.

Yr oedd rhan helaeth o Brydain wedi bod yn rhan o'r Ymerodraeth am ryw bedwar cant o flynyddoedd erbyn dechrau'r bumed ganrif ac wedi bod yn ffynhonnell llawer o gyfoeth iddi, ond dan ymosodiadau'r Pictiaid a'r Sgotiaid o'r gogledd a'r Sacsoniaid i'r deau a'r pwysau o bob tu ar yr Ymerodraeth bu raid i'r fyddin Rufeinig adael ac am ryw ganrif a hanner y mae hanes yr ynys yn dywyll iawn. Ond gwyddys fod rhai Cristnogion ym Mhrydain cyn i'r Rhufeiniaid ei gadael; yn wir, rhaid fod ynddi Eglwys, oblegid yr oedd tri esgob o Brydain yn Synod Arles yn 314 a chynrychiolwyr iddi yng Nghyngor Ariminum yn 359, a chafodd heresi Pelagiaeth gymaint o afael ynddi nes gorfod i Germanus o Auxerre ddyfod i Brydain yn 429 i'w gwrthladd. Ond teg yw casglu mai yn y trefi Rhufeinig yr oedd yr Eglwys wedi gallu ymsefydlu – yno yr oedd canolfannau'r Ymerodraeth – a bod trigolion yr ardaloedd gwledig yn dal heb eu Cristnogeiddio, – nid am ddim y cafodd ymlynwyr wrth yr hen grefydd yr enw 'paganiaid' o *pagus* 'ardal (wledig), y wlad'.

Mae'n werth pwysleisio mai ychydig iawn a wyddom am bobl cefn gwlad yr Ymerodraeth ac yn wir am y werin bobl, fel y daethom i'w galw. Pur debyg ydyw fod y bobl a driniai'r tir, fel Cananeaid yr Hen Destament, wedi bod yn gyndyn i ollwng eu cred yng ngalluoedd Natur, yr haul, y lloer, y gwynt a'r glaw, yr Haf a'r Gaeaf.

Boed a fo am hynny, diflannodd Cristnogaeth o'r rhan o Brydain a feddiannodd yr Eingl-Sacsoniaid; daethant hwy â'u crefydd eu hunain, ac at baganiaid yr anfonodd Gregori Fawr yn 596 y prior Augustinus o Rufain yn genhadwr. 'Roedd ei ffordd ef eisoes wedi ei braenaru oblegid yr oedd Ethelbert, brenin Caint, wedi priodi tywysoges o blith y Ffranciaid, Bertha, ac yr oedd hi wedi dod ag esgob, Liuthard, i'w chanlyn fel caplan. O fewn pedair blynedd, os nad ynghynt, derbyniodd Ethelbert fedydd, ac yn ôl yr arfer, yr oedd hyn yn arwydd i'w uchelwyr a'i bobl ei ddilyn. Nid yn adeg cyffro'r Diwygiad Protestannaidd y gwelwyd gweithredu'r egwyddor *Cujus regio, ejus religio* gyntaf, ond yr oedd mwy o rym ynddi'n gynharach. Yr oedd llawer o deuluoedd brenhinol yr Eingl-Sacsoniaid yn olrhain eu hach i Woden, y duw rhyfel. Cedwir ei enw o hyd yn yr enw *Wednesday*, fel y cadwyd enwau rhai o'r duwiau eraill yn yr enwau *Tuesday* (ar ôl *Tiw*), *Thursday* (ar ôl *Thunor*) a *Friday* (ar ôl *Frig*). Mae'n debyg mai bwriad Gregori Fawr oedd sefydlu cadeirlannau yn yr hen ganolfannau gweinyddu Rhufeinig, Llundain ac Efrog, ond yng

Nghaer-gaint y sefydlwyd Augustinus yn archesgob, a Mellitus yn esgob Llundain. Pan briododd Edwin o Northumbria y dywysoges Ethelburga o Gaint, urddwyd Paulinus, yr offeiriad yr oedd Gregori Fawr wedi ei anfon i atgyfnerthu cenhadaeth Augustinus, yn esgob ac aeth ef gyda hi i Efrog a llwyddodd i gael Edwin a'i uchelwyr i gymryd bedydd. Pan laddwyd Edwin gan Gadwallon, dychwelodd Paulinus gydag Ethelburga i Gaint i'w wneud yn esgob Rochester. Arwynebol iawn oedd proses tröedigaeth yr Eingl-Sacsoniaid i ddechrau. Cadwyd hen wyliau paganaidd fel gwyliau Cristnogol: daeth gŵyl Wanwyn y dduwies Eostre yn ŵyl Basg y Cristion (*Easter*) a gŵyl Aeaf Yule (*Giuli,* Rhagfyr a Ionawr, yn ôl Beda) yn ŵyl geni Crist (*Yuletide).* Ond yr oedd dibyniaeth eglwysi llwythau ar frenhinoedd yn llawn perygl ym Mhrydain a gwledydd eraill ac yn fwy fyth yn Rhufain lle y bu'n arfer gan yr ymerawdwyr paganaidd fynnu cael eu hystyried yn ddwyfol (*divus*).

Gellir yn hawdd iawn ddeall paham y chwaraeodd Pabau Rhufain ran bwysig yng nghadwraeth uniongrededd Gristnogol ac yng ngweithgareddau'r Cynghorau, Nicaea (325), Chalcedon (451), Caergustennin (680/681), a phaham, er enghraifft, y mynnai Innocentius I (bu f. 417) mai'r Babaeth a ddylai setlo dadleuon diwinyddol pwysig, paham y pwysleisiodd Leo I, Leo Fawr (440–461), flaenoriaeth yr Apostol Pedr ar yr apostolion eraill, a blaenoriaeth y Babaeth fel etifedd awdurdod yr apostol hwnnw. Llwyddodd ef gael gan Valentinian, yr ymerawdwr gorllewinol, gyhoeddi edict yn gorchymyn i bawb ufuddhau i Esgob, sef i Bab Rhufain, ond ni adawyd statws hwnnw'n gwbl ddigwestiwn oblegid rhoes un o ganonau Chalcedon y teitl o Batriarch i esgob Caergustennin gan ei wneud yn ail os nad yn gyfartal â'r Pab. Afraid dweud ni dderbyniodd Eglwys y Gorllewin y canon arbennig hwn.

Ond yr oedd uchelgais y Babaeth yn fwy na bod yn warchodwraig y ffydd, ac fel y cawn weld, nid ar chwarae bach y gallwyd torri ei chrib. Un o'r rhwystrau ar ffordd ei huchelgais oedd safle ansicr Rhufain yn wyneb y cyrchoedd a wnaed arni o dro i dro. Yr oedd Rhufain mewn perygl o syrthio i ddwylo'r Lombardiaid, a'r Pab mewn perygl o gael ei ddarostwng i beidio â bod yn ddim ond esgob lleol, pan apeliodd Leo III (bu f. 816) ar Siarl Fawr (Siarlymaen) a oedd wedi sefydlu teyrnas Ffrancaidd eang iawn yn y gogledd, am nawdd ac amddiffyn. Os oedd edict Theodosius I yn gwneud

Cristnogaeth yn grefydd swyddogol yr Ymerodraeth yn ddigwyddiad tyngedfennol yn hanes Ewrop, nid llai tyngedfennol oedd gwaith Leo III yn rhoi coron yr Ymerodraeth am ben Siarl ar ddiwedd offeren y Nadolig yn Rhufain yn y flwyddyn 800, a gwaith y dorf yn gweiddi: 'Karolo piissimo Augusto a Deo coronato vita et victoria!'

'Roedd mantais yn hyn i'r ymerawdwr ac i'r pab. Y fantais i'r Pab Leo III oedd cael cyfle i ddianc oddi wrth yr argyfwng yr oedd ynddo ar y pryd, y perygl o fynd yn garcharor i'r Lombardiaid ac i uchelwyr Rhufain, ond ei nod ef yn y pen draw oedd tynnu'n ôl ganolfan a grym llywodraeth i Rufain, ac yr oedd un o'i olynwyr, y Pab Nicholas I (856–867), i fynegi'r nod yn eglur trwy gymryd y teitl *Pontifex Imperator*. Ymgyrhaeddodd un o'i olynwyr yntau at yr un nod, Gregori VII (*c.* 1023–1085), ond dechreuodd ef yr 'Ymryson am yr Arwisgo', ymryson a oedd i bara am hanner canrif ynglŷn â hawl y brenin i apwyntio ac urddo clerigwyr ac ymryson a welodd Rufain yn cael ei gwarchae bedair gwaith a Gregori VII ei hun yn marw'n alltud. Cadwodd Bonifatus VII (*c.* 1234–1303) hawliau'r babaeth yn fyw drwy derfynu ei fwl (sêl-warant) *Unam Sanctam* gyda'r gosodiad, 'Ymhellach, datganwn, dywedwn, diffiniwn a chyhoeddwn ei bod yn hollol angenrheidiol ar gyfer iachawdwriaeth fod pob creadur dynol yn ddarostyngedig i'r Pontiff Rhufeinig.' Ar y llaw arall, yr oedd i Siarl Fawr fantais yr hawl a gafodd i allu dros yr Eglwys yn ogystal â thros y wladwriaeth ac, fel y gwelwyd, bu'n barod i ymyrryd mewn apwyntiadau clerigol ac ar faterion o ddisgyblaeth a hyd yn oed athrawiaeth eglwysig. Nid am ddim yr oedd wedi bodloni ar ei alw'n 'Augustus a Deo coronatus' ac nid oedd yr Ymerawdwr Ffrancaidd Henri II yn anghyson ag ysbryd Siarl Fawr wrth ei alw ei hun yn 'Vicarius Christi' ar y ddaear.

Ac yr oedd mantais bendant arall i Siarl yn deillio o'i gytundeb â Leo III. Gwelodd y gallai'r Eglwys ond ei diwygio ei helpu i lywodraethu ei deyrnas eang. I'r amcan hwnnw defnyddiodd y *Concilium Germanicum Generale* i gyhoeddi ei benderfyniadau (*capitularia*) a gweithredu arnynt. Sylfaen y diwygiad oedd yr *Admonitio Generalis* (789) a'i ganonau'n hyrwyddo canoli gallu'r Eglwys ar batrwm esgobaethol a gwneud y clerigwyr yn gyfrifol am fugeilio eneidiau a phregethu yn yr iaith frodorol ac yn gyfrifol am y litwrgi yn y ffurf a oedd arni yn Rhufain. Heblaw hyn, rhoes Siarl ei fendith a'i gefnogaeth i'r ddisgyblaeth a osodasai'r Esgob Chrodegang o Metz ar ei gynorthwywyr clerigol, sef bywyd lled fynachaidd, bywyd a alwyd yn *vita canonica,* enw a roes fod i'r enw 'canon' ar glerigwr cysylltiedig â chadeirlan ac ag eglwys golegol. Yn hyn oll yr oedd Siarl yn hyrwyddo'r diwygiadau a gychwynnodd Boniface, y cenhadwr, yr esgob a'r merthyr o Sais dan Siarl Martel. Yr elfen newydd yn y sefyllfa oedd penderfyniad Siarl Fawr i benodi ei esgobion ei hun.

Yn cydredeg â'r diwygiad eglwysig yr oedd diwygiad diwylliannol a adwaenir yn arferol wrth yr enw 'Y Dadeni Carolingaidd'. Natur geidwadol yn hytrach na natur arloesol oedd iddo ond ni ddylid ei fychanu am hynny, ac i'w hyrwyddo dyfynnodd Siarl ato i'w blas yn Aachen ddeallusion dethol Ewrop, Pawl y Diacon, Pedr o Pisa, Theodulf o Orleans ac yn ben arnynt, Alcuin y Sais o Efrog. Yn ei lys sefydlwyd yr ysgol enwog, y *schola palatina,* a daeth hi yn esiampl i ysgolion eraill. Drwy noddi ysgolheigion fel y rhain a sefydlu ysgolion newydd ceisiodd Siarl godi safon llythrennedd clerigwyr. Yn 787 mewn capitwlari at Baugulf, Abad Fulda, gorchmynnodd fod pob mynachlog a phob tŷ esgob i hyrwyddo astudio a bod y rhai a allai, i hyfforddi eraill. Yn 789 anfonodd gapitwlari arall yn gorchymyn sefydlu ysgolion ym mhob mynachlog a thŷ esgob i ddysgu i fechgyn ddarllen, canu salmau, nodau, siantau, y compiwtws a gramadeg. Dechreuwyd astudio'r 'saith gelfyddyd freiniol' yn Ysgol y Plas. Ac nid dyma hyd a lled diwygiadau addysgol Siarl, ac er na pharhaodd eu dylanwad yn hir, ddim mwy na dylanwad ei ddiwygiadau eglwysig, ni fuont heb eu heffeithiau pellgyrhaeddol, ac nid heb reswm y bu Siarl yn byw mewn hanes a chwedl am genedlaethau, nid heb reswm y galwyd ef yn 'Fawr'.

* * *

Dangosodd profiad Iesu ei hun, fel profiadau'r proffwydi o'i flaen, nad hawdd cael pobl i sylweddoli nad Duw doe yw Duw tragwyddoldeb ond Duw heddiw, nad Duw'r poeth offrwm, er enghraifft, mohono ond Duw'r galon ddrylliedig edifeiriol. 'Roedd ei gomisiwn ef i'r Apostolion i bregethu'r Efengyl i'r holl fyd yn cadarnhau ei neges nad Duw'r Iddewon oedd ei Dduw ef ond Duw'r holl ddynoliaeth, ond nid neges hawdd mohoni hyd yn oed i'r Apostolion, a chymerodd beth amser iddynt hwy sylweddoli nad oedd rhaid i'r cenedl-ddyn ddod yn Iddew cyn ei dderbyn yn Gristion, nad oedd rhaid iddo gael ei enwaedu yn ogystal â'i fedyddio. Ond Duw a'n gwaredo rhag bod yn rhy barod i weld bai ar yr Apostolion! Gwers anodd ei dysgu yw'r wers nad ein meddyliau ni yw meddyliau Duw ac nad yw'r diwylliant a grëwn ni o'n meddyliau a'r gweithredoedd sy'n deillio ohonynt, byth yn corffori meddyliau Duw er dycned pob ymdrech o'r eiddom ni i wneuthur hynny. Yr oedd diwylliant y cenedl-ddynion y pregethodd yr Apostolion yr Efengyl gyntaf iddynt yn ddigon gwahanol i ddiwylliant cynhenid yr Apostolion, ac eto yr oedd rhyw gymaint yn gyffredin yn niwylliannau yr holl bobloedd a anheddai'r tiroedd o gwmpas y Môr Canoldir, diolch i'r Rhufeiniaid, ac yr oedd rhyw radd o'r cyffredin hwnnw yn yr holl ddiwylliannau a ddaethai o dan ddylanwad gwareiddiad yr Ymerodraeth Rufeinig: yr oedd yr Apostol Paul yn Iddew ac yn ddinesydd Rhufeinig. Ond fel y gwelsom, nid oedd y gwareiddiad hwnnw i barhau'n hir; yr oedd i'w ddinistrio bron yn llwyr gan y don ar ôl ton a ddeuai o'r Germaniaid a'r llwythau eraill oddi allan i'r gororau, ac yr oedd yn anodd iawn i'w diwylliannau hwy dderbyn yr Efengyl ac yn amhosibl bron iddynt ymchwyldroi'n ateb iddi. Nid yw'n syndod o gwbl fod y newydd-ddyfodiaid hyn i hen diriogaeth yr Ymerodraeth ac i'r Efengyl, yn ei chael yn haws meddwl am Dduw yn nhermau Duw'r Hen Destament na Duw'r Testament Newydd, yn haws meddwl am Dduw Rhyfel nag am Dduw Heddwch, o gofio, fel y mae'n rhaid, fod rhyfel yn endemig, mai rhyfel a oedd yn arferol ac mai heddwch a oedd yn anarferol. Ond mae'r gwynt yn chwythu lle y mynno ac nid oes rhag-ddweud pa le y mae had y Gair yn syrthio ac yn ffrwytho, a gwyrth yw'r modd y derbyniwyd yr Efengyl, y modd y treiddiodd mor bell â Phrydain cyn i'r Ymerodraeth syrthio, hyd yn oed a chofio mai'n anaml yr oedd yr Efengyl lawn yn cael ei derbyn, na'r hyn ohoni a dderbynnid, yn cael ei amgyffred yn llawn.

Daeth hynny i'r golwg yn nhwf ffenomenon mynachaeth.

* * *

Rhaid fod y dychweledigion Cristnogol a oedd yn byw mewn dinasoedd fel Rhufain neu Alecsandria ar arfordir y Môr Canoldir yn edrych ar y bywyd yr oedd yn bosibl ei fyw yn Iwdea Palesteina fel bywyd symlach a llai agored i demtasiynau na'u bywyd hwy, ac eto yr oedd Iesu wedi galw am hunan-ymwadiad hyd at roi'r gorau i feddiannau, a diau ni allent hwy, yn enwedig y rhai a oedd o ddifrif ynglŷn â'u Cristnogaeth yn eu plith, beidio â chlywed yr un alwad ddwys ganddo. Nid oedd dwywaith ynglŷn â'i harwyddocâd tyngedfennol hi. Nid oedd bywyd yn y byd hwn wedi'r cwbl ond paratoad at fywyd amgenach mewn byd arall, y byd yr oedd Iesu wedi mynd iddo a lle'r oedd yn disgwyl ei ddisgyblion. Yr oedd pob cam ar ffordd bywyd yn groesffordd, un yn arwain i baradwys, y llall yn arwain i uffern, un yn golygu lladd y corff, y llall yn golygu ildio iddo. Felly nid oedd yn annisgwyl fod llawer Cristion wedi teimlo mai ffoi oddi wrth fwrlwm byd poblog llawn temtasiwn tref neu bentref i unigedd cymharol ddidramgwydd anialwch neu ddiffeithwch oedd ffordd gwaredigaeth. Mae'n siŵr nad Antoni o'r Aifft oedd y cyntaf i roi gorau i'w eiddo ac i geisio lladd ei gorff rhag i'w gorff ei ladd ef, ond denodd ef lawer i'w ganlyn i'r diffeithwch i fyw mewn celloedd ar wahân a gwasgaredig. Ef a gyfrifir yn dad mynachaeth. Tynhaodd Pachomius yn yr Aifft a Basileus yn Asia Leiaf ddisgyblaeth mynachaeth pan drefnasant fod y mynaich yn byw mewn celloedd gyda'i gilydd dan yr un to neu o fewn muriau. Astudiodd John Cassian fywyd mynaich y Dwyrain a lledaenodd eu delfryd pan aeth i fyw yn y Gorllewin; yr oedd Athanasius Sant fel cofiannydd Antoni eisoes wedi ei wneud yn hysbys yno. Rhoes Martin Sant o Tours hwb i'r delfryd a'r mudiad pan sefydlodd fynachlog a bu ei bri hi a bri'r abaty a sefydlwyd ar un o ynysoedd Lerins gyferbyn â Cannes, yn symbyliad i'r mudiad mynachaidd fagu nerth a chyrraedd i Brydain ac yn rhannol trwyddi hi i Iwerddon.

Yr oedd mynachaeth i chwarae rhan allweddol yn nhwf Cristnogaeth yn y Gorllewin a naill ai'n anuniongyrchol neu'n uniongyrchol gwnaeth waith cenhadol pwysig dros ben. Yn ystod y canrifoedd fe adnewyddodd ei delfryd ac fe amrywiodd ei ffurfiau. Daeth y ddau Benedict, Benedict o Nursia a Benedict o Aniane, i dynhau rheol ei buchedd. Dan reol yr olaf yr oedd aelodau pob mynachlog i dyngu tri llw i sicrhau *stabilitas loci, conversio morum* ac *oboedientia,* ufudd-dod i'r pen, *pius pater,* ac i gyrraedd y nod o fywyd Cristnogol perffaith drwy weddi a gwaith. Daeth diwygiadau i'r mynachlogydd drwy orfodi eu dwyn i gysylltiad â'u pen fynachlog, Cluny, o 910 ymlaen, â Citeaux o 1098 ymlaen. Gwelodd 1206 sefydlu Urdd S. Dominig, a 1209 sefydlu Urdd S. Ffransis. Dywedodd S. Ffransis, 'Datguddiodd y Goruchaf ei Hun i mi y dylwn fyw yn unol â'r Efengyl Sanctaidd', a mynegodd ddelfryd y mynaich o ddyddiau S. Antoni hyd ei ddyddiau ef, ond nid siawns nad ei ymroddiad ef i efelychu Iesu mewn tlodi a phopeth arall sy'n cyfrif fod ei ddelfryd ef wedi gafael ac yn dal i afael yn nychymyg cenedlaethau ar ei ôl hyd ein cenhedlaeth ni.

Mae cenhedloedd Ewrop yn ddyledus iawn i'r mynaich am eu gwaith cenhadol ond y mae'n werth cofio na ddaeth y cenhedlodd hynny i gyd hyd yn oed mewn enw yn Gristnogol cyn diwedd y mileniwm cyntaf. Serch hynny, mae'n arwyddocaol fod llawer o'r cenhedloedd hyn fel y Cymry yn priodoli eu Cristnogeiddio i 'saint' ac yn gallu cyfeirio at 'Oes y Saint'. 'Roedd llawer o'r 'seintiau' hyn yn fynaich. Ystyr 'Dewi Sant' yn wreiddiol oedd 'Dewi Fynach'. Eto ni ellir dweud mai Oes y Mynaich oedd Oes y Saint, hynny yw, nid cyfystyr mo 'mynach' a 'sant', ac y mae'n amlwg fod y gair 'sant' wedi dod i olygu rhywbeth gwahanol i'r hyn a olygai yn y Testament Newydd a'r Hen. Nid oes angen i ni fynd ar ôl yr ystyr Feiblaidd yma. Digon fydd dweud mai ystyr wreiddiol 'sant' neu 'sanct' oedd peth neilltuedig i dduwiau neu i dduw, a bod ystyr y gair yn nhreigl amser wedi ei fewnoli nes iddo ddod i olygu 'neilltuedig ysbrydol' neu 'ysbrydol wahanedig'. Mae'r Beibl Lladin yn defnyddio *sanctus*, ac o *sanctus* y daeth *sanct* a *sant,* bob amser i olygu rhwymedig wrth Dduw neu gysylltiedig ag Ef. Gwybydd y Testament Newydd am y Deml fel teml *sanctus* ac am ddinas Caersalem fel dinas *sanctus*. Adnabyddir Iesu gan yr ysbrydion aflan fel *sanctus* (Mc i.24, Lc iv.34). 'Roedd Paul yn sôn am yr Apostolion fel *sancti* (Eff. iii.5) fel yr oedd y patriarchiaid a'r proffwydi wedi eu galw'n *sancti* cyn ei ddydd ef. Ond ni ddaeth yr Apostolion yn wrthrychau cwlt, yn wrthrychau lled-addoliad, os nad addoliad, fel y daeth 'saint' yn yr Oesoedd Canol.

I ddeall sut y digwyddodd hyn rhaid cofio fod yr Eglwys yn gynnar wedi dod i alw'r rheini a ddioddefai dros eu ffydd ond nid at farw, yn *confessores* a'i bod wedi galw'r rheini a ddioddefai hyd at farw yn *martyres* (merthyri). Daw'r gair *martyr* yn y pen draw o'r Gr. *martus* 'tyst'. Oes aur y merthyri oedd oes yr erlid, yn enwedig oes Diocletian. Yr oedd y *merthyri* yn cael eu cysylltu'n arbennig â Iesu: wedi'r cwbl yr oedd ef wedi bod yn dyst i Dduw hyd at farw. Wedi diwedd yr ail ganrif cadwyd dydd marwolaeth merthyr, ei *natalis,* neu ei eni (nefol), yn ddydd gŵyl gyda dathlu litwrgïaidd wrth ei fedd, ac yn ddiweddarach adeiladwyd eglwysi uwch ben beddau merthyri a thrysorwyd eu hesgyrn fel creiriau. Bu merthyrdod Polycarp yn ddigwyddiad o arwyddocâd mawr, a bu'r weddi a offrymodd yn gwneud ei farw'n rhannu cwpan dioddefaint Iesu, yn ddylanwad ar ddiwinyddiaeth neb llai nag Origen. Wedi i'r erlid a'r achlysur i ferthyrdod corfforol ddod i ben dechreuwyd ystyried tystiolaeth eithriadol eremitiaid a mynaich yn eu parodrwydd i ddioddef, fel merthyrdod, a dechreuwyd rhoi iddynt yr un parch ag i'r merthyri gynt. Parchwyd beddau ac esgyrn y saint; fe'u gwnaed hwy yn noddwyr eglwysi, yn wrthrychau gwyliau a bucheddau, a dechreuwyd galw arnynt i eiriol dros y ffyddloniaid, ac i'w helpu, yn enwedig ar ôl i bobl briodoli iddynt wyrthiau yn eu bywydau ac ar ôl marw. Daeth y saint yn 'arwyr' yr Eglwys yn cyfateb i 'arwyr' tra gwahanol y Byd. I ddechrau, nid oedd y fath beth ag urddo neu ganoneiddio sant, oblegid fel cwlt lleol y dechreuai ei gwlt, fel arddangosiad o ddefosiwn y bobl yn y fan a'r lle. Fe ddadleuwyd mai yn lleol, i ddechrau, y cychwynnodd cwlt y Forwyn Fair. Boed a fo am hynny, nid yw crefydd yr Oesoedd Canol i'w deall heb ystyried arwyddocâd cwlt y seintiau a chwlt y Forwyn Fair.

* * *

Y chweched ganrif oedd Oes y Saint yng Nghymru. Hi oedd oes Illtud, Dyfrig, Teilo, Cadog, Deiniol a Dewi er na ellir dweud mai hi oedd canrif eu geni a'u marw. O ran hynny, ansicr yw pob dyddiad ynglŷn â hwy. Bernir fod Dewi wedi marw tua diwedd y ganrif, ond nid yw'r fuchedd Ladin a sgrifennwyd iddo gan Rygyfarch ap Sulien tua diwedd yr unfed ganrif ar ddeg, hynny yw, ym mhen rhyw bum canrif, ddim mwy na bucheddau'r saint eraill, yn llawer o gymorth hanesyddol. Ond fel yr awgrymwyd eisoes, mynach oedd Dewi fel y seintiau Cymreig eraill, ac yr oeddent yn fynaich yn y traddodiad a oedd wedi dod i Gymru drwy diriogaeth orllewinol Gâl o'r Dwyrain Canol. Oddi yno ac o Brydain yr oedd Iwerddon wedi derbyn ei Christnogaeth, a daeth Cristnogaeth y ddwy wlad a Christnogaeth Llydaw a oedd wedi ei phoblogi gan ymfudwyr o Brydain, dan ddylanwad trwm y fynachaeth hon, gymaint felly fel y bu cyswllt agos rhwng eglwysi'r tair gwlad, a bod lle i gredu'r traddodiad fod 'saint' o Brydain Fawr a Phrydain Fach (Llydaw) wedi mynd i Iwerddon, a saint o Iwerddon wedi mynd i'r ddwy Brydain. Yn wir, nid heb reswm y galwyd eglwysi'r tair gwlad yn 'Eglwys Geltaidd'. Cadwasant rhai nodweddion fel dull arbennig o eillio'r corun mynachaidd a dyddiad arbennig i'r Pasg. 'Roedd y symbyliad cenhadol yn gryf yn yr 'Eglwys Geltaidd'. Aeth S. Columcille o Iwerddon i Iona ac aeth y genhadaeth a sefydlodd yno â'i neges i Northumbria, ac aeth S. Columban i Ewrop gan sefydlu mynachlogydd caeth eu disgyblaeth yn Anegray a Luxeuil yn niffeithwch y Vosges. Nodwedd arall ar yr 'Eglwys Geltaidd' oedd ei serch at ysgolheictod. Yn ogystal â pheidio â bod yn elyniaethus i ysgolheictod brodorol yn unol â thraddodiad yr Eglwys ar y Cyfandir fe feithrinodd hi ysgolheictod clasurol fel y daeth ysgolheigion Iwerddon yn enwog fel y cyfryw ar y Cyfandir ac fel y daeth ysgolheigion Northumbria yn gyfrifol am feithrin ysgolheictod yn Lloegr. Yn wir, nid honiad gwag yw honni bod y Dadeni Carolingaidd wedi manteisio ar ysgolheictod Northumbria ym mherson Alcuin, a bod ysgolheictod Iwerddon wedi cadw fflam ysgolheictod clasurol heb ddiffodd drwy'r Oesoedd Tywyll.

Mae llawer mwy yn hysbys am yr Eglwys yn Iwerddon yn y cyfnod hwn nag am yr Eglwys yng Nghymru ond mae un ffigur yn y chweched ganrif yn taflu goleuni llachar ar Gymru. Hwnnw yw'r Brython Gildas. Yn ôl traddodiad bu'n ddisgybl i S. Illtud. Os bu, mae ei waith 'De Excidio et conquestu Britanniae' yn dyst i oroesiad dysg Ladin ac i sêl Gristnogol yng Nghymru ar ôl ymadawiad y Rhufeiniaid. Nid llyfr hanes mo'r *De Excidio*, ond llith yn condemnio'r Brython am gefnu ar safonau moesol eu tadau. Er enghraifft, mae'n huawdl ei gondemniad ar Faelgwn Gwynedd a oedd wedi cychwyn ar fywyd mynachaidd ond wedi torri'r llw ac wedi dychwelyd i'r byd, a bellach yr oedd yn troi clust fyddar i'r clerigwyr a folai Dduw gan ddewis yn hytrach wrando ar ei foliant ef ei hun o enau glafoeriog mintai o 'ddihirod', disgrifiad gelyniaethus Gildas heb ddim amheuaeth o feirdd llys Maelgwn Gwynedd.

Mae'r sôn am feirdd llys yn ein hatgoffa mai'r chweched ganrif hefyd oedd oes arwrol llenyddiaeth Gymraeg. Wrth gwrs, edrychid ar y saint fel math ar arwyr, arwyr i Dduw, ac y mae'r gwyrthiau lluosog a briodolir iddynt yn ein hatgoffa fod gallu Duw yn cael y flaenoriaeth ym meddwl y cyhoedd ar ei sancteiddrwydd a hyd yn oed gallu'r Crist yn cael blaenoriaeth ar ei addfwynder a'i ddioddefgarwch: dyna paham y rhoddir cymaint pwyslais ar ei ddisgyniad ef i 'uffern' at y rheini a oedd yno wedi credu ymlaen llaw yn ei ddyfodiad. Ond nid am y saint y meddyliwn pan soniwn am Oes Arwrol llenyddiaeth Gymraeg, ond am arwyr Taliesin ac Aneirin, sef am Urien Rheged a'i fab Owain a Gwallawg, gwrthrychau moliant Taliesin, ac am Fynyddawg Mwynfawr a'r fintai o arwyr a yrrodd i ennill Catraeth yn ôl oddi wrth yr Eingl. Mae'n debygol fod Taliesin ac Aneirin yn Gristnogion o ryw fath, ond nid oes dim arwydd o hynny yng nghanu'r cyntaf ac odid ddim yng nghanu'r llall. 'Roeddent hwy'n canu yn yr un traddodiad â beirdd Iwerddon a gwyddys fod y rheini, y *filid,* fel y'u gelwir, yn cymryd rhan yn urddiad brenhinoedd Iwerddon, a bod lle i ddadlau eu bod hwy felly'n cadw hen draddodiad paganaidd Indo-Ewropeaidd, eu bod hwy wrth ganu clod y brenin newydd orseddedig, yn mynegi sêl bendith y duwiau arno.

Efallai nad yw'r rhesymau dros gredu fod beirdd Cymraeg fel Taliesin ac Aneirin wedi gwneud hynny'n ddigon cryf, ond at dystiolaeth Gildas ceir tystiolaeth arall fod tyndra yn bod rhwng Urdd y Beirdd ac Urddau'r clerigwyr. Y mae'r Taliesin Chwedlonol, er enghraifft, fel petai'n mynd allan o'i ffordd i honni meddiant ar wybodaeth amgen na gwybodaeth y clerigwyr.

Ond nid dyma'r lle i fanylu ar hyn. Rhaid dweud eto nad oedd Ewrop i gyd hyd yn oed mewn enw yn Gristnogol yn y mileniwm cyntaf ac nad oedd y rhannau a oedd yn Gristnogol mewn enw yn Gristnogol o ran ysbryd, o'n safbwynt ni, a bwrw, hynny yw, ein bod ni'n nes at yr ysbryd hwnnw.

Ond yr oedd tro ar fyd yn ymyl. Er na pheidiodd y rhyfela cyffredinol, fe beidiodd i raddau. Fe beidiodd y dilyniant o newynau hwythau i raddau. Cafwyd gwelliant yn nulliau amaethu a chynnydd yn eu llwyddiant. Gwellhaodd ffyrdd trafnidiaeth a ffynnodd masnachu. Daeth trefi'n fwy lluosog. Cafwyd gwell cyswllt â'r Dwyrain. Ailddarganfuwyd treftadaeth y ddysg glasurol. Gallem fynd rhagom i grybwyll yr achosion posibl ond fe gafwyd dadeni dysg sylweddol ac nid heb reswm y galwyd ef yn Ddadeni'r Ddeuddegfed Ganrif, a hyd yn oed os yw ysgol Sulien a'i feibion yng Ngheredigion yn rhoi ychydig o le i ni gredu y byddai Cymru wedi cyfranogi yn y Dadeni hwnnw hyd yn oed pe na bai'r Normaniaid wedi dod, fe sicrhaodd eu dyfodiad hwy ei bod hi wedi cyfranogi mwy ynddo drwy gryfhau ei chyswllt â'r Cyfandir.

Daliodd y Babaeth i feithrin ei huchelgais wleidyddol ond daeth ar yr un pryd yn fwy ymwybodol o'i chenhadaeth ysbrydol ac ar un ystyr bu'r peirianwaith a ddatblygodd i hyrwyddo'i huchelgais wleidyddol, peirianwaith na welwyd mo'i gyffelyb erioed cyn hynny, yn gymorth mawr i hybu ei chenhadaeth ysbrydol. Efallai y gallasai'r cyswllt rhwng Cymru a'r Cyfandir fod wedi bod yn nes pe na buasai am ymyrraeth uchelgais Caer-gaint, dan ddylanwad Gorsedd Lloegr: rhwystrwyd pob cais i wneud Tyddewi yn archesgobaeth Cymru. Ar y llaw arall, nid oedd ymyrraeth Caer-gaint yn ddrwg i gyd. Nid gwas Edward I yn unig oedd yr Archesgob John Peckham. Ymwelodd ef â Chymru yn 1284 a theg yw casglu ei fod wedi cymell ar glerigwyr y wlad fabwysiadu cyfansoddiadau (*constitutiones*) Cyngor Lambeth, Hydref 1281, ac felly sicrhau mabwysiadu argymhellion y Pedwerydd Cyngor Lateran (1215), er na ddylid diystyru posibilrwydd dylanwad Grosseteste a Thomas Wallensis, Esgob Tyddewi, ychydig ddegawdau ynghynt. At hynny, rhaid peidio ag anghofio'r agwedd gyfandirol a oedd, er enghraifft, i weithgarwch y Sistersiaid, ac fel y cymerasant hwy at Gymru a Chymru atynt hwy: clywir am benodi Cymry'n abadau ar rai o dai'r Sistersiaid cyn pen llawer o amser ar ôl iddynt ymsefydlu yn y wlad.

Dywedodd y diweddar R.T. Jenkins fod bywyd meddyliol a chymdeithasol Cymru yn y cyfnod hwn (sef yn yr Oesoedd Canol) mewn undeb â bywyd meddyliol a chymdeithasol y Cyfandir, i raddau helaethach nag y bu byth ar ôl hynny. 'Cyfnod o undeb, fel y gwyddys, oedd y Canol Oesoedd: un ymerodraeth, un eglwys, un gyfundrefn o ffiwdaliaeth.' Dywedodd lawer o wir ac y mae'n sicr mai trwy'r Eglwys, ac yn arbennig drwy'r urddau mynachaidd, y sicrhawyd yr undeb hwn. Serch hynny, ni ddylem anghofio cyfraniad unigolion, yn noddedig ac yn noddwyr. Pan gyfieithodd y Brawd Gruffudd Bola 'Gredo Athanasius' neu 'Quicumque vult' i Gymraeg gwnaeth hynny ar gais Efa, ferch Maredudd ab Owain, a phan aeth Ancr Llanddewibrefi ati i ysgrifennu testunau crefyddol ei lawysgrif 'Llyfr Ancr Llanddewibrefi' gwnaeth hynny ar gais Gruffudd ap Llywelyn ap Phylip ap Trahaearn. A diddorol yw sylweddoli nad testunau crefyddol yn unig a gyfieithwyd gan glerigwyr dan nawdd uchelwyr. Cyfieithodd Madog ap Selyf 'Gronicl Turpin' yn ogystal â'r 'Modd yr aeth Mair i'r Nef'. Teg, serch hynny, yw credu mai ar gais neu dan symbyliad clerigwyr y cyfieithwyd mwyafrif y testunau crefyddol a gyfieithwyd.

A'r hyn y mae'n rhaid ei bwysleisio ydyw fod y testunau hynny a gyfieithwyd i'r Gymraeg yn nodweddiadol o ran natur, er nad o ran nifer, o gynnyrch Eglwys yr Oesoedd Canol yn ieithoedd gwledydd eraill Ewrop.

Nid oes yng Nghymraeg Canol gyfieithiad o wasanaeth crefyddol cyflawn ar wahân i'r cyfieithiad o *Officium Parvum Beatae Mariae,* fersiwn mydryddol, caeth a rhydd, gan ŵr a oedd yn hyddysg ym marddas y wlad.

Ni chafwyd cyfieithiad o un o lyfrau canonaidd y Beibl na dim oddieithr cyfieithiadau o ddarnau ohono'n unig: er enghraifft, y Dengair Deddf, Cyfarchiad Mair (Lc. i.26–38), y Groglith (Mt. xxvi.1–xxviii.7) a Phrolog Efengyl Ioan, yr *Incipio.*

Ar y llaw arall cafwyd cyfieithiadau o rai o destunau midrash yr Hen Destament, megis 'Ystorya Adaf ac Eua y wreic' ac 'Ystorya Adaf', a throsiadau o rai testunau apocryffa'r Testament Newydd, er enghraifft, *Pseudo-Matthaei Evangelium* ac *Evangelium Nicodemi.* Soniwyd eisoes am *Transitus Beatae Mariae.* Mae *Evangelium Nicodemi* yn disgrifio un o hoff themâu'r canoloeswr, sef hanes Crist yn anrheithio uffern, a'r un diddordeb sy'n cyfrif am y cyfieithiadau 'Breuddwyd Pawl', 'Purdan Padrig' ac 'Ysbryd Gwido'. Y preliwd i uffern neu nefoedd oedd Dydd y Farn, ac nid yn annisgwyl ceir cyfieithiadau o'r 'Pymtheg Arwydd cyn Dydd y Farn' a 'Cyn Dydd Brawd'. Fel y gellid disgwyl hefyd ceir cyfieithiadau o *pseudepigrapha*'r Testament Newydd, *Epistola Pilati ad Claudium, Historia Pilati, Vindicta Salvatoris, Epistola Lentuli.*

'Roedd y meddwl canoloesol yn anad dim yn feddwl chwilfrydig ac yn feddwl awchus am ryfeddodau. Nid yw'n rhyfedd ein bod yn cael yn y Gymraeg fucheddau i Beilat, i Iwdas Iscariot, y bobl ddrwg, ac i Fair Fagdalen a Mair o'r Aifft, y bobl ddrwg a gafodd dröedigaeth, ac i'r seintiau S. Catrin , S. Marged, ac yn y blaen. Rhannodd Cymru yn y defosiwn i Fair Wyry a chafwyd cyfieithiad o gasgliad o'i gwyrthiau fel o gasgliad o wyrthiau S. Edmund, Archesgob Caer-gaint. Fel yr awgrymwyd eisoes, yr oedd Bucheddau'r Saint yn llawn o ryfeddodau a gwyrthiau ac ni allai'r Cymry beidio ag achub y cyfle i gael cyfieithiadau o rai bucheddau yn *Legenda Aurea* Jacob de Voragine.

'Roedd y Pedwerydd Cyngor Lateran wedi rhwymo Cristnogion i gyffesu'n iawn unwaith y flwyddyn ac i gymryd cymun ar ôl cyffesu, gan ddilyn arweiniad yr Eglwys yn Iwerddon a roddasai bwyslais mawr ar benydio, a chafwyd cyfieithiad o lyfr penyd a adwaenir wrth yr enw 'Penityas': un o ffynonellau ei wreiddiol oedd *Summa de Poenitentia et Matrimonio* y Sbaenwr Raymond de Pennafort.

Prin y buasem yn disgwyl cyfieithiadau o waith y Sgolastigiaid, y rhai cynnar a gynrychiolir gan John Scotus Erigena a S. Anselm neu'r rhai diweddar a gynrychiolir gan Abelard a Thomas Aquinas. Yn wir yr ydym yn synnu cael ymhlith yr ychydig weithiau o esboniadaeth, esboniad Hugo o S. Victor, un o'r Sgolastigiaid, o'r 'Pader'.

I geisio crynhoi, y ddau waith sydd yn dod i'r brig wrth drafod cynnyrch crefyddol yr Oesoedd Canol yn Gymraeg yw'r cyfieithiad Cymraeg o *Elucidarium* Honorius Augustodunensis a'r rhan, 'Ymborth yr Enaid', a gadwyd o'r testun arall, 'Y Gysegrlan Fuchedd', y naill am ei fod yn grynodeb o ddiwinyddiaeth gonfensiynol ei gyfnod a'r llall am ei fod yn ogleisiol o wreiddiol ac wedi cael yr enw o fod yn gyfansoddiad Cymraeg gwreiddiol gan Ddominican. Nid oes dwywaith nad yw'n rhannol wreiddiol, ac efallai'n wreiddiol hollol yn 'Pryd y Mab', lle mynegir serch erotig dduwiol.

Mae barddoniaeth y Cyfnod Canol yn ymrannu'n farddoniaeth y Gogynfeirdd a barddoniaeth Beirdd yr Uchelwyr, y naill ddosbarth o brydyddion yn dibynnu'n bennaf ar y tywysogion fel noddwyr a'r llall ar yr uchelwyr a gymerodd le'r tywysogion ar ôl 1282. Nid yw'n annisgwyl fod peth o ryfelgarwch y tywysogion wedi ei daflunio ar Dduw, fod y Gogynfeirdd wedi meddwl am Dduw yn yr un termau bron ag y meddylient am y tywysogion. Yn raddol gollyngwyd dros gof ddarlun yr Hen Destament o Dduw a'r un mor raddol y gollyngwyd y darlun o Grist fel Crist y Gorchfygwr (*Christus Victor)* a derbyn Crist y Dioddefwr (*Christus Victima*). Yng nghysgod Crist y Gorchfygwr cafodd Mair fwy na digon o le i ymddangos fel yr eiriolwraig *par excellence*. Ymhlith yr uchelwyr a ymddangosodd fel noddwyr y beirdd, y mae amryw uchelwyr eglwysig megis abadau, ac ymhlith eu rhinweddau a bwysleisir gan y beirdd, nid rhyfedd yw cael lletygarwch haelfrydig.

* * *

Mae'r Diwygiad Protestannaidd a'r Gwrthddiwygiad Catholig yn ddigwyddiadau neu'n gymhlethdodau o ddigwyddiadau rhy enfawr i'w trin o fewn cwmpas byr fel hwn, gan gynifer y ffactorau sydd ymhlyg ynddynt. Dyna'r ffactor gronolegol. Ar un olwg dechreuodd y Diwygiad Protestannaidd tua'r flwyddyn 1500; ar olwg arall yr oedd wedi dechrau ymhell ynghynt na hynny. Wedyn daw'r ffactor ddaearyddol. Dechreuodd y Diwygiad Protestannaidd yn yr Almaen, os tua 1500 y dechreuodd, ond oddi yno ymledodd i lawer cyfeiriad, a chymerodd gymeriad ychydig neu lawer gwahanol fel y treiddiodd o wlad i wlad a chan effeithio ar y rheini'n fawr neu'n fychan. Gellid nodi ffactorau eraill, yn arbennig y ffactorau gwleidyddol, gan gynnwys egwyddor 'crefydd y tywysog fydd crefydd y dywysogaeth' a'r gwrthwynebiad i ddylanwad y Pab yn yr Eidal ar fywyd gwledydd eraill ymhell oddi yno fel Prydain; y ffactorau cymdeithasol ac ymdeimlad pobl na ddylent adael eu tynged, ac yn arbennig eu tynged ysbrydol, yn nwylo eraill; y ffactorau economig a'r gwrthwynebiad i'r Eglwys geisio ffrwyno twf cyfalafiaeth ar un llaw ac elwa arno ar y llaw arall; y ffactorau deallusol a goblygiadau'r Dadeni Dysg a ddadlennai fwyfwy'r gwahaniaeth rhwng yr Eglwys a'i dysgeidiaeth yn y Testament Newydd a'r Eglwys a'i dysgeidiaeth fel yr oeddynt wedi datblygu'n ddiweddarach. Yr oedd Byd yr Oesoedd Canol fel petai wedi rhedeg ei rawd ac yn dioddef pangfeydd tranc ac ingoedd cael ei ddisodli gan fyd newydd, ac yr oedd yr Eglwys o'r diwedd yn gorfod wynebu effeithiau ei hanallu i wynebu sialens y Waldensiaid, enw ar fwy nag un math o hereticiaid, y Wycliffiaid a'r Hussiaid, a'i hanallu i ddiwallu'r dyhead dwfn a oedd yn y bobloedd am adnewyddiad ysbrydol. Daeth y cataclyst ym mherson Luther, gŵr o argyhoeddiad ysbrydol cadarn ac o ysgolheictod chwilgar a oedd wedi astudio ei Feibl nid o awydd am wybodaeth yn gymaint ag o ddyhead am iachawdwriaeth, ac wedi dod o hyd i honno nid yn y gweithgareddau a argymhellai'r Eglwys i sicrhau achubiaeth, eithr mewn Person, yng Nghrist; mewn ffydd ddiamod ynddo ac mewn ffydd yn unig (*sola fide);* mewn geiriau eraill, yn athrawiaeth Cyfiawnhad trwy Ffydd. Achlysur uniongyrchol y Diwygiad yn yr Almaen a ddechreuodd fel gwrthryfel yn erbyn awdurdod y Pab, oedd arwerthiant maddeuebau mewn plwyf agos i blwyf Luther, Wittenberg. Swcrwyd y gwrthryfel gan wleidyddion. Daeth nifer o wŷr galluog i gario ymlaen ac ymhellach waith Luther: yn eu plith, ac ond odid, y galluocaf, John Calfin. Diffiniwyd y gwahaniaeth rhwng Luther a Chalfin fel hyn: dymuniad Luther oedd cael gwared ar bopeth yn yr Eglwys a oedd yn groes i'r Ysgrythurau; dymuniad Calfin oedd cael gwared ar bopeth yn yr Eglwys nad oedd sail iddo yn yr Ysgrythurau. Fel y gwelir, yr oedd Luther yn fwy ceidwadol ei fryd a Chalfin yn fwy chwyldroadol. Apeliai'r ddau at yr Ysgrythurau, a phwysig yw cofio, nid y diwygwyr a ddododd yr Ysgrythurau yn nwylo'r bobl ond dyfeiswyr y wasg newydd, ac unwaith y daeth manteision y wasg honno'n amlwg, ni bu diwedd ar ei defnyddio.

Ymhen yrhawg deffroes yr Eglwys Gatholig i'r dewis a'i hwynebai, naill ai tranc ai diwygiad. Sefydlwyd Oratori'r Cariad Dwyfol (1517) ac Urdd yr Ieswitiaid (1540). Cynhaliwyd Cyngor Trent (1545–63). Cafwyd chwilys newydd, y Chwilys Sbaenig, a chododd Cyfriniaeth Sbaenig. Mae'n arwyddocaol mai yn y gwledydd Lladinaidd y bu'r Gwrthddiwygiad Catholig fwyaf llwyddiannus ond y mae eithriadau fel Iwerddon lle bu dylanwad cenedlaetholdeb yn amlwg o blaid Catholigiaeth, mor amlwg ag y bu gwleidyddiaeth o blaid Protestaniaeth yn Lloegr. Wedi i fwstwr y gwrthdrawiadau, a rhai ohonynt yn arfog, dawelu, daeth yr adwy rhwng Protestaniaeth a Chatholigiaeth yn amlwg, y naill yn seilio ei honiadau ar yr Ysgrythurau yn unig, y llall yn seilio ei honiadau ar yr Ysgrythurau wedi eu hesbonio gan draddodiad yr Eglwys. Heblaw hyn, rhoes Catholigiaeth fwy o bwys o'r dechrau ar y gred fod yr Eglwys yn gorff estynedig Crist ar y ddaear.

* * *

Er gwaethaf y difrod a hebryngodd ac a ddilynodd Wrthryfel aflwyddiannus Glyndŵr (1400), gwrthryfel a addawsai fwy o annibyniaeth i'r Eglwys yng Nghymru a mwy o annibyniaeth mewn addysg, gwrthryfel a enillodd gefnogaeth rhai clerigwyr, bu yma ryw gymaint o adfywiad, ond ni allwyd dianc rhag y dirywiad crefyddol cyffredinol, dirywiad a ddaeth yn amlwg ddigon yn y mynachlogydd, a sicrhaodd difaterwch eang y Cymry a'u teyrngarwch greddfol i Orsedd y Tuduriaid a ystyrid yn wehelyth dywysogaidd Gymreig, fod Cymru'n derbyn yn oddefol, er nad yn frwdfrydig iawn, y Diwygiad Protestannaidd a ddug Harri'r VIII drwy gyfraith i'r Deyrnas.

Y gwahaniaeth mawr rhwng Cymru a Lloegr, fel y gwyddys, oedd gwahaniaeth iaith. Nid oedd y gwahaniaeth hwn wrth fodd yr Orsedd, ond yr oedd yr iaith Gymraeg a'i goroesiad o ddiddordeb mawr i'r Dyneiddwyr, ac fel y digwyddodd, atgyfnerthodd y diddordeb hwn frwdfrydedd y Diwygwyr Cymraeg am gael yr Ysgrythurau yn eu hiaith eu hunain. Felly y cafwyd y Testament Newydd yn ogystal â'r *Llyfr Gweddi Gyffredin* yn Gymraeg yn 1567, a'r Beibl cyfan yn 1588. Anodd gorbwysleisio camp y cyfieithu a'r atgyfnerthiad a fu ef i lenyddiaeth Gymraeg gyda'i gorddibyniaeth flaenorol ar y traddodiad barddol ac ar y beirdd, ei gynheiliaid ceidwadol. Ond anllythrennog oedd y Cymry gan mwyaf ar y pryd, ac er gwaethaf ymdrechion rhai Anglicaniaid, Piwritaniaid a Chynulleidfawyr, bu rhaid aros am ysgolion cylchynol Griffith Jones, Llanddowror, a'r cyfle a ddaeth yn sgîl y rheini i efengylwyr fel Daniel Rowland, Llangeitho, a diwygwyr fel Howel Harris, agor y llifddorau a gadael i'r Diwygiad Protestannaidd gyrraedd Cymru yn weddol llawn a chyffredinol. Os ydyw'n iawn sôn am feddylfryd cenedl, gellir dweud fod y Diwygiad Methodistaidd wedi newid meddylfryd y Cymry. Da y dywedodd Syr John Rhŷs a D. Brynmor Jones yn eu llyfr *The Welsh People* am y diwygiad hwnnw:

> it was no doubt a religious revival, but the moment its inner meaning is penetrated, the circumstances of its origin and its progress understood, it becomes apparent that it was a good deal more than that. It was, in fact, the new birth of a people.

Yn 1721 yr oedd John Prichard Prŷs o Langadwaladr yn rhagweld tranc yr iaith Gymraeg. Ond ym mhen rhyw ugain mlynedd dechreuodd Williams Pantycelyn ar ei yrfa lenyddol ac ym mhen ychydig wedyn dechreuodd Goronwy Owen ar ei waith fel bardd. 'Gan hynny,' meddai Saunders Lewis, 'y mae'n gyfleus dweud mai 1740 yw blwyddyn geni barddoniaeth Gymraeg ddiweddar.'

Wrth drafod y Diwygiad Protestannaidd soniwyd am y gwahaniaeth rhwng Luther a Chalfin fel diwygwyr, a gallesid sôn am y gwahaniaethau a gododd rhwng carfannau gwahanol Protestaniaeth a'i gilydd. Ni roddwyd ei le dyledus chwaith i'r gwahaniaeth yn y ffyrdd yr edrychai'r Protestaniaid a'r Catholigiaid ar y sacramentau, gwahaniaeth a'i gefndir yn eu ffyrdd gwahanol o amgyffred hanfod yr Eglwys. Cymerer, er enghraifft, syniad y naill a'r llall am yr Ewcharist. I'r Catholigiaid mae Crist wedi ei drawsylweddoi'n bresennol yn elfennau'r Ewcharist, ac y mae goblygiadau arbennig i hyn. Fel y dywedodd Cyngor Vatican II, 'Gan wir gyfranogi o gorff yr Arglwydd yn nhorri bara'r Ewcharist fe'n cymerir ni i fyny i gymundeb ag Ef ac â'n gilydd.' Mewn geiriau eraill, mae'r Eglwys yn gorff estynedig Crist ar y ddaear. Ymhlith y Protestaniaid ceir yr Anglicaniaid a'r Lutheriaid yn credu fod Crist yn 'wir bresennol' yn elfennau'r Ewcharist, danynt neu drwyddynt, aelodau'r Eglwysi Diwygiedig yn credu fod yr elfennau'n symbol o bresenoldeb Crist, neu, o'r hyn lleiaf, yn atgofiad ohono. Yn gyffredinol deil y Catholigiaid i gredu fod rhai personau, rhai lleoedd, rhai gweithgareddau'n sanctaidd. Yn y Diwygiad symudodd y Protestaniaid y pwyslais oddi ar yr hyn a ystyrid gan y Catholigiaid yn sanctaidd, a'i roi'n gyfan gwbl ar y Gair Tragwyddol Ymgnawdoledig yn Iesu Grist, ar yr un Gair fel y datguddir ef yn yr Ysgrythurau ac fel y cyhoeddir ef gan yr Eglwys, ie ac ar brofiadau'r unigolyn o'r Gair. Yn y Diwygiad Methodistaidd y daeth profiadau'r unigolyn o'r Gair, ei ymateb i'r Gair, neu os mynnir, ei wrandawiad ar lais Duw a'i adwaith iddo, yn rym yng Nghymru. Canodd Williams Pantycelyn brofiadau'r unigolyn o'r Gair yn ei emynau a dyfnhaodd amgyffrediad yr unigolyn o'i brofiadau yn y seiadau a ddaeth yn nodwedd mor amlwg o'r mudiad. Galwyd crefydd y Diwygiad Methodistaidd yn grefydd y galon, yn sicr yr oedd yn grefydd profiadau ac nid oedd hi wedi ei chyfyngu i Gymru: fe'i cafwyd yn Lloegr dan yr un enw, yn yr Almaen dan enw Pietistiaeth, ac y mae i'w chael o hyd, ac nid yn unig mewn Protestaniaeth eithr hefyd mewn Catholigiaeth ac yn Eglwys y Dwyrain heb sôn am Iddewiaeth.

Dengys hanes fod goblygiadau'r ffydd hon y tu hwnt o gynhwysfawr ac o bellgyrhaeddol. I'r unigolyn golyga fod ei glustiau'n cael eu hagor i'r holl gyfathrebu a fu rhwng Duw ac Israel yn yr Hen Destament, i'r holl gyfathrebu a fu rhwng Duw a dyn yn y Testament Newydd a byth oddi ar hynny, ac at hynny golyga fod ei glustiau'n agored i wrando ar lais Duw heddiw, ei fod ef ei hun yn gallu dweud 'Llefara, Arglwydd, canys y mae dy was yn gwrando' a'i fod felly'n dod i berthynas wirioneddol â Duw. Nid y bydd ef ei hun byth yn gwbl addas i'r berthynas oddieithr trwy ras a'r gras hwnnw'n cymell ymgais ddiddiwedd i ymadnewyddu ar gyfer Duw a chael gan eraill wneuthur yr un peth. Mewn geiriau eraill, y mae'r ffydd hon, fel y dengys hanes, yn chwyldroadol i'r unigolyn, i'r Eglwys, ac i gymdeithas, yn strwythurol ac yn ddiwylliannol. Nid ydwyf, nid ydym, ni allwn ddweud ein bod wedi cael gafael eithr yr ydym yn cyrchu at y nod.

Yng Nghymru atgyfnerthwyd y Diwygiad Methodistaidd yn y ddeunawfed ganrif gan ddiwygiadau yn y bedwaredd ar bymtheg, yn arbennig diwygiad 1859–60, a chan ddiwygiad 1904–5. O ganlyniad trawsnewidiwyd bywyd y werin i raddau helaeth yn ddiwylliannol, i raddau llai'n wleidyddol, a gellid dadlau y dylasai'r trawsnewid fod wedi bod yn fwy gwleidyddol, fel y buasai'r werin wedi cael mwy o reolaeth ar ei bywyd. Fel y digwyddodd, unig fuddugoliaeth wleidyddol, os buddugoliaeth wirioneddol, y genedl a oedd bellach yn anghydffurfiol gan mwyaf, oedd datgysylltiad yr Eglwys â'r wladwriaeth a chael yr 'Eglwys yng Nghymru' ochr yn ochr â'r Annibynwyr, y Presbyteriaid, y Wesleaid a'r Bedyddwyr, ac yn y blaen. Bu newid mawr ar ddiwylliant y genedl dan ddylanwad y pregethu ar y Gair, ond tuedd y pregethu hwnnw, er ei effeithioled, fu cynhyrchu llai o brofiadau calon a mwy o ddysgeidiaeth, os nad sgolastigiaeth, feddyliol. Dywedwyd fod y diwylliant anghydffurfiol wedi cyrraedd ei anterth tua 1908. Yr oedd wedi anwybyddu yn hytrach na wynebu sialens Darwiniaeth, Marcsiaeth a Freudiaeth, ac nid oedd wedi mynd i'r afael hyd yn oed yn ei phulpudau â phroblemau beirniadaeth Feiblaidd heb sôn am broblemau diwydiant. Bu'r Rhyfel Byd Cyntaf yn ysgytwad i Gristnogaeth y genedl ond nid i bob golwg yn gymaint ysgytwad ag a ddisgwyliesid. Ond daeth dirwasgiad y tridegau a theimlwyd oddi wrth ddiymadferthedd gwleidyddol y genedl ac ar ben hynny daeth yr Ail Ryfel Byd. Ailbwysleisiodd hwnnw'r gwrthdaro rhwng y Gristnogaeth broffesedig a'r baganiaeth weithrededig, ac yn sgîl hyn oll daeth materoliaeth, hedonistaeth a chystadleuaeth. Ar hyn o bryd mae aelodaeth eglwysig yn lleihau fwyfwy yng Nghymru a'r Eglwys fel petai ar farw. Ond rhaid cofio fod llawer o elfennau gwerthfawrocaf gwareiddiad Ewrop yn y gorffennol dan fygythiad tranc hefyd. Eto i gyd, erys ffydd y gweddill bychan yn Nuw, ac os yw hanes y ddau fileniwm diwethaf yn dysgu rhywbeth am Gristnogaeth, y mae'n dysgu mai wrth farw i lawer o'r hen amgyffrediadau ohoni y mae hi wedi ennill ei gafael ar y ffurf i fyw. Gwers galed i'r Eglwys yn ogystal ag i'r unigolyn yw 'Oni syrth y gronyn gwenith ...'. Gwers galed arall ond gwers angenrheidiol ei dysgu ydyw, 'Nid fy meddyliau i yw eich meddyliau chwi, ac nid eich ffyrdd chwi yw fy ffyrdd i, medd yr Arglwydd.' (Eseia lv.5)

* * *

Trem ymlaen

Trem yn ôl a gymerwyd hyn yn hyn. Haws edrych yn ôl nag edrych ymlaen ond hyd yn oed wrth edrych yn ôl nid yr un pethau a wêl pawb. Afraid dweud, nid yr un pethau a welir gan bawb wrth edrych ymlaen chwaith ac nid wyf yn disgwyl y bydd neb arall yn gweld yn y dyfodol y pethau a welaf i. Ond nid un i beidio ag edrych ymlaen, ac edrych ymlaen mewn gobaith a ffydd, mo'r Cristion.

Os yw edrych yn ôl yn dysgu unrhyw beth i'r Eglwys Gristnogol, y mae'n dysgu iddi ei bod yn ddyletswydd arni edifarhau am ei phechodau. Ni all na ddywedom fel corff yn ogystal ag fel unigolion: 'Pechais yn erbyn y Nef ac o'th flaen Dithau.' Nid oes gan yr Eglwys Gristnogol unrhyw le i ymffrostio. Pa lwyddiannau bynnag a gafodd, cafodd fethiannau hefyd. Nid yw'r Holocawst yn ddim ond un o'r llu methiannau. Gall y byd roi'r bai ar Dduw nad yw'n credu ynddo. Rhaid i'r Eglwys ei gymryd fel methiant o'i thu hi ei hun ger bron Duw. Ac odid nad yw'n barod i gyfaddef fod ei methiannau'n gorbwyso ei llwyddiannau. 'Wedi i ni wneuthur y cwbl a orchmynnwyd i ni,' a phwy ohonom sy'n gallu dweud hynny, rhaid i ni gydnabod, 'gweision anfuddiol ydym, canys yr hyn a ddylasem ei wneuthur a wnaethom.' Gallwn ddweud hyn heb dynnu dim oddi wrth ein cred a'n cyffes fod yr Efengyl wedi bod, yn bod, ac yn sicr o fod yn Newyddion Da o lawenydd mawr i filiynau ar filiynau. Gallwn ddweud hyn oherwydd os dysgodd profiadau'r canrifoedd unrhyw beth i ni, fe ddysgodd i ni mai wrth ddilyn trywydd ei hunan-les tybiedig y mae'r Eglwys a ninnau fel aelodau ohoni wedi methu, nid trwy ddilyn Ei ewyllys a'i gariad Ef.

Yn dilyn oddi wrth hyn nid oes gan yr Eglwys ddim lle i ysbryd buddugoliaethus, i ysbryd goruchafiaethol. Nid yw'r wedd druenus sydd arni yn y rhan fwyaf o wledydd Ewrop yn rhwystro rhai rhag ymffrostio yn y wedd lewyrchus sydd arni mewn rhannau eraill o'r byd, ond ni ddylai'r wedd lewyrchus honno fod yn fodd i'r Eglwys achub y cyfle i ymfodloni, chwaethach i ymffrostio, i ymddyrchafu, i ymfawrygu. Gwasanaethferch ydyw, a gwasanaethu heb deimlo y gall ymffrostio ei bod yn gwasanaethu'n foddhaol o gwbl yw ei lle.

Yn dilyn eto, rhaid i'r Eglwys beidio â syrthio'n ysglyfaeth i'w rhethreg hi ei hun, y rhethreg nad yw ond yn rhy barod i guddio anniffuantrwydd. Ysgrifennodd J.A.T. Robinson lyfr yn 1965 yn dwyn y teitl *Honest to God*. Enillodd y llyfr boblogrwydd mawr, poblogrwydd haeddiannol, mae'n siŵr, ond mwy nag a enillasai petasai'r Eglwys wedi bod yn fwy gonest â hi ei hun. Eto trawodd y llyfr dant a ddylai ddal i atseinio, oblegid yr ydym yn euog o anonestrwydd at Dduw ac at ddyn yn y rhethreg a ddefnyddiwn wrth annerch ein gilydd ac annerch Duw.

Yr ydym yn sôn mwy a mwy bob dydd am un byd ac am y byd wedi dod yn un dref os nad yn un pentref mawr. At hynny, yr ydym yn gorfod sôn am gymdeithas bliwralistig, cymdeithas aml ei diwylliannau. Un arwydd o hyn yw fod rhai ohonom bellach yn byw ochr-yn-ochr â Mwslimiaid, Hindwaid, Bwdistiaid. A ninnau newydd ddeffro i sylweddoli nad oedd yn beth da fod tri neu bedwar capel enwadol yn ogystal â llan yn ein pentrefi, yr ydym yn ein cael ein hunain yn gymdogion i Foslim neu Hindw neu Fwdist. Ac y mae amrywiaeth crefyddau yn broblem ddynol, yn broblem gyffredin i ni i gyd; yr ydym yn gorfod dygymod â'r ffaith ei bod yn rhan o fod yn Gristion fod yna rai eraill mor gyfiawn, mor ddefosiynol ac mor ddeallus â ninnau'n Fwslimiaid, yn Hindwaid, yn Fwdistiaid.

Y mae'r Barthiaid yn ein plith yn wynebu'r broblem hon trwy ddweud nad elfen gyffredin i bob ffydd yw *religio naturalis,* nad rhyw 'denominator' cyffredin i'r holl gredoau mohoni eithr yn hytrach amlygiad o bechadurusrwydd dyn. Iddynt hwy ni all Cristnogaeth beidio â bod yn gwbl elyniaethus i bob crefydd arall, a chawsom Bonhoeffer yn datgan yn groyw nad crefydd o gwbl mo Gristnogaeth. Ni thâl i ni anghofio, wrth reswm, fod amldduwiaeth wedi bod erioed yn ysgymunbeth i Gristnogaeth fel y mae i Iddewiaeth ac i grefyddau eraill heblaw iddynt hwy. Ar y llaw arall, ni allwn beidio â chredu fod Duw yn hygyrch, ei fod wrth law i bawb sydd yn Ei wir geisio; ni allwn beidio â chredu po ddyfnaf y treiddia dyn i adnabyddiaeth o Dduw, nesaf oll y daw ati pa ffordd bynnag sydd agored iddo, pa ffordd bynnag a gymero. Er ein bod yn cyffesu ein bod yn adnabod y gwir Dduw yn Iesu Grist a thrwyddo, yr ydym yn cyffesu hefyd nad ydym ac na allwn honni ein bod yn Ei adnabod yn llawn, yn gyflawn, yn berffaith, a hyn er gwaethaf y ffaith fod rhai eraill dros y canrifoedd trwy ddod i'w adnabod Ef yn well wedi goleuo'r ffordd i ninnau ddod i'w adnabod, ac er gwaethaf y ffaith fod eraill wedi clywed ei leferydd a'i fod Ef wedi llefaru ac yn llefaru trwyddynt hwy wrthym ni.

Disgrifiodd Paul Tillich ei brofiadau fel caplan yn y Rhyfel Byd Cyntaf. Iddo ef agorodd y rhyfel hwnnw ddiffwys agendor nad yw byth wedi cau. Gellir disgrifio'r yrfa academig a ddilynodd ef wedyn, fel ymgais, fel ymchwil i gael fframwaith diwylliannol newydd i'w gred fel Cristion gan ddal yn wahanol i Pascal fod Duw nid yn unig yn Dduw Abraham, Isaac a Jacob, eithr hefyd yn Dduw'r athronwyr hwythau o'r dechreuad yn ogystal.

Yr oedd Nietzsche wedi gweld diffwys agendor y diddymdra a welodd Tillich, o'i flaen. Yr oedd wedi gweld fod goblygiadau i ddyfodol dyn yn ei ddysgeidiaeth fod Duw wedi marw.

Nid wyf yn meddwl gyda Tillich mai rhyw ddiffyg yn fframwaith diwylliannol credo'r Cristion yn unig a oedd y tu ôl i ruthr yr Ewropeaid i'r Rhyfel Byd Cyntaf ac i'r Ail, eithr yn hytrach ac yn flaenaf ei fethiant i weithredu hyd yn oed ar ei amgyffrediad o'r gredo honno, ei fethiant i weithredu yn ôl y weledigaeth o Gristnogaeth a oedd eisoes yn ei feddiant. Fel y dywedodd Max Scheler, os yw'r ddau Ryfel Byd a'r Holocawst yn profi rhywbeth, mae'n profi fod dyn yn ei addoli ei hun yn hytrach na Duw. Efallai, yn wir y mae'n ddigon tebyg, fod diffyg yn y fframwaith diwylliannol wedi swcro'r diffyg gweithredu. A dyma, yn fy marn bersonol i, graidd y sialens sydd yn ein hwynebu fel Cristnogion ar drothwy'r trydydd mileniwm, y sialens i ni weld Duw o'r newydd, y sialens i ni glywed Ei leferydd o'r newydd. Ydwyf, yr wyf yn cofio na welodd neb Dduw erioed, ond ein cred ni yw Ei fod yn llefaru a bod ein gweithredu ar Ei lefaru yn rhoi i ni ryw weledigaeth ohono.

Rhaid i ni, yn y dyfodol, ddygymod â'r ffaith na fyddwn yn edrych ar Dduw fel yr edrychai ein tadau. Ni fydd yn bosibl i ni edrych arnom ein hunain fel yr edrychent hwy arnynt eu hunain. Mae Darwin, heb enwi neb arall, wedi gadael ei ôl arnom, bawb.

Newidiodd ein syniadau am iaith, newidiodd ein syniadau am wybodaeth. Ni all nad yw'n syniad am y Beibl yn newid. Ni all na fydd ein syniadau am Dduw yn newid, y Duw sydd yr Un o dragwyddoldeb i dragwyddoldeb. Ac y mae Ef felly am Ei fod yn dragwyddol newydd.

A chofio'r cyfnewidiadau a fu yn ystod bywyd fy nghenhedlaeth i, eu bod wedi bod yn amlach ac yn llawnach nag yn ystod bywyd yr un genhedlaeth arall ers dechrau hanes, yr wyf yn rhyfeddu at fy meiddgarwch yn cymryd arnaf dremio i'r dyfodol, heb sôn am ysgrifennu ar hynny.

Fy rheswm? I mi, 'Tra Duw, tra dyn,' a 'Thra dyn, tra Duw.'

J.E. Caerwyn Williams

LLYFRYDDIAETH

Attwater, Donald, *The Catholic Church in Modern Wales* (London, 1935)
Chadwick, N.K. *et alii, Studies in the Early British Church* (Cambridge, 1958)
Chadwick, N.K., *The Age of the Saints in the Early Celtic Church* (Cambridge, 1961)
Davies, E.T., *Religion in the Industrial Revolution in South Wales* (Cardiff, 1965)
Davies, E.T., *Religion and Society in the Nineteenth Century* (Llandybïe, 1981)
Hughes, John, *Methodistiaeth Cymru,* 3 cyfrol (Wrexham, 1851–6)
James, J. Spenther, *Hanes y Bedyddwyr yng Nghymru,* 4 cyfrol (Caerfyrddin, 1893–8)
James, J.W., *A Church History of Wales* (London, Ilfracombe, 1945)
Jenkins, Geraint H., *Literature, Religion and Society in Wales 1660–1730* (Cardiff, 1978)
Jenkins, Geraint H., *The Foundations of Modern Wales 1642–1780* (Oxford, New York, 1993)
Jenkins, R.T., *Hanes Cymru yn y Ddeunawfed Ganrif* (Caerdydd, 1928)
Jenkins, R.T., *Hanes Cymru yn y Bedwaredd Ganrif ar Bymtheg* (Caerdydd, 1933)
Jones, David, *Hanes y Bedyddwyr yn Neheudir Cymru* (Caerfyrddin, 1839)
Jones, E. Gwynne, *Cymru a'r Hen Ffydd* (Caerdydd, 1951)
Jones, Hugh, *Hanes Wesleaeth yng Nghymru,* 4 cyfrol (Bangor, 1911–13)
Jones, Ieuan Gwynedd, *The Religious Census of 1851,* vol. 1 (Cardiff, 1976), vol. 2 (Cardiff, 1981)
Jones, R. Tudur, *Hanes Annibynwyr Cymru* (Abertawe, 1966)
Jones, R. Tudur, *Ffydd ac Argyfwng Cenedl: Cristnogaeth a Diwylliant yng Nghymru 1890–1914,* cyfrol 1 (Abertawe, 1981), cyfrol 2 (Abertawe, 1982)
Jones, R. Tudur, *Grym y Gair a Fflam y Ffydd* (Abertawe, 1998)
Lloyd, J.E., *A History of Wales* (London, 1911, 1912, 1939)
Rees, Thomas, *History of Protestant Nonconformity* (2nd ed., 1883)
Richards, Thomas, *Religious Developments in Wales, 1654–1662* (London, 1923)
Richards, Thomas, *Wales under the Penal Code* (London, 1925)
Richards, Thomas, *Wales under the Indulgence, 1672–1675* (London, 1928)
Roberts, G.M., *Hanes Methodistiaeth Galfinaidd Cymru,* cyfrol 1 (Caernarfon, 1975), cyfrol 2 (Caernarfon, 1978)
Rhys, W.J., *Penodau yn Hanes y Bedyddwyr Cymreig* (Abertawe, 1948)

Thomas, D.R., *History of the Diocese of St Asaph*, 3 vols. (Oswestry, 1908–13)

Thomas, John, a Rees, Thomas, *Hanes Eglwysi Annibynnol Cymru* (Lerpwl, Dolgellau, 1871–91)

Thomas, Joshua, *Hanes y Bedyddwyr yng Nghymru* (Caerfyrddin, 1778)

Williams, Glanmor, *The Welsh Church from Conquest to Reformation* (Cardiff, 1983)

Williams, Glanmor, *Welsh Reformation Essays* (Cardiff, 1967)

Williams, Glanmor, *Grym Tafodau Tân* (Llandybïe, 1984)

Williams, Glanmor, *Religon, Language and Nationality: Wales 1415–1642* (Cardiff, 1979)

Williams, Glanmor, *Wales and the Reformation* (Cardiff, 1997)

Hanes yr Eglwys (Cyffredinol)

Mae llyfrau ar Hanes yr Eglwys yn aneirif. Gellir cymeradwo'r gyfres 'The Pelican History of the Church' ac yn arbennig y cyfrolau gan Owen Chadwick, *The Early Church* a *The Reformation*, a'r gyfrol gan R.W. Southern, *Western Society and the Church in the Middle Ages.*

ADRAN I

Hyd at 1499

Detholwyd gan J.E. Caerwyn Williams

Rhagarweiniad

Argraffwyd testunau – cwtogedig gan mwyaf – o'r cerddi a ddetholwyd o waith Beirdd y Tywysogion (y Gogynfeirdd) yn yr orgraff ddiweddaredig y ceir hwy ynddi yn *Cyfres Beirdd y Tywysogion* (Golygydd Cyffredinol: R. Geraint Gruffydd) gan atodi atynt yr aralleiriadau sydd iddynt yno. Diolchir i'r Golygydd Cyffredinol ac i olygydd pob un gerdd am ganiatâd i ddefnyddio eu gwaith. Yn yr un modd diolchir i olygyddion gweithiau Beirdd yr Uchelwyr am gael defnyddio'r fersiynau golygedig o'r cerddi a olygwyd. Argraffwyd rhan o'r gerdd hynaf un fel y darllenwyd hi gan Syr Ifor Williams. Bu rhaid addasu y detholion rhyddiaith ond ni ddiweddarwyd yr orgraff yn ôl yr un egwyddor â'r detholion barddonol. Yn un peth, bu rhaid addasu testunau a oedd heb eu golygu o gwbl neu heb eu golygu yn ôl yr un egwyddor â'r rhai barddonol.

Nid yw orgraff testunau rhyddiaith Cymraeg Canol yn hollol gyson ond yr oedd iddi ei chonfensiynau fel y mae i orgraff Cymraeg Diweddar ei rhai hi. Wrth atgynhyrchu testunau Cymraeg Canol yma, ceisiwyd dilyn confensiynau orgraff Cymraeg Diweddar, h.y., rhoddwyd *d* yn lle *t* am *d, dd* yn lle *d* am *dd, ff* yn lle *f* am *ff, rh* yn lle *r* am *rh, ng* yn lle *g* am *ng, w* yn lle *6* am *w*, ac yn y blaen. Ni ddyblwyd llythrennau ond lle mae orgraff Cymraeg Diweddar yn gwneud hynny. Rhoddwyd unrhyw lythrennau neu ffurfiau sydd i'w chwanegu mewn cromfachau, ond ni thynnwyd sylw at unrhyw lythrennau sydd i'w hanwybyddu. Yn amlach nag yr oedd rhaid, rhoddwyd yr *i* gytsain nas ceir ar ddechrau sillafau olaf geiriau yn y testunau. Cysonwyd yr arfer oddi mewn i bob darn. E.e., os *noc* = *nog* yw'r arfer mewn darn, glynir wrth y ffurf honno gan anwybyddu *nac* = *nag*, ac os *onaddunt* sydd arferol, rhoddir *onaddunt* yn lle'r *ohonunt* eithriadol. Ni wnaed unrhyw ymdrech i ddiweddaru'r *iaith* fel y cyfryw ond i gynorthwyo'r darllenydd, rhoddwyd *ei* neu *eu* yn lle *y, ein* yn lle *yn*, ac yn y blaen. Treiglwyd cytseiniaid yn ôl arfer Cymraeg Diweddar ond gadawyd weithiau rai treigladau Cymraeg Canol lle'u ceir. Rhannwyd geiriau, priflythrennwyd ac atalnodwyd yn y dull diweddar. Rhoddwyd ystyron geiriau lle nad oes disgwyl i'r darllenydd eu casglu oddi wrth y cyd-destun. Y mae lle i ofni fod yma ddiweddaru diangen ac anghyson ar adegau yn sgîl yr ymdrech i wneud y testunau'n ddealladwy.

ANHYSBYS

1. *Chwech o Naw Englyn y Juvencus*

dicones pater harimed presen
isabruid icinimer
nisacup nis arcup leder.

dicones ihesu dielimlu pbetid
aguirdou pan dibu
guotiapaur oimer didu

gur dicones remedau[t] elbid
anguorit anguoraut
ni guor gnim molim trintaut.

it cluis it humil inhared celmed
rit pucsaun mi ditrintaud
gurd meint icomoid imolaut.

rit erchis d**raut inadaut presen
piouboi int groisauc
inungueid guoled trintaut.

un hamed hapuil haper
uuh nem isnem intcouer
nitguorgnim molim map meir.

Dyma fel y darllenodd Syr Ifor Williams chwech o'r naw englyn crefyddol, y gerdd grefyddol gynharaf yn yr iaith Gymraeg, a elwir yn Naw Englyn y Juvencus ar ôl cynnwys y llawysgrif lle'u ceir, sef Llsgr. Llyfrgell Prifysgol Caer-grawnt (Ff.4.42) a ddyddiwyd yn yr wythfed neu'r nawfed ganrif. Ysgrifennwyd y naw englyn, fe fernir, yn y ddegfed ganrif. Cyhoeddodd Syr Ifor ei destun yn BBCS vi (1931–3), 206, ac mae'r cyfieithiad sy'n dilyn yn seiliedig er ei gyfieithiad ef, *ib.* 224, a chyfieithiad Dr Marged Haycock yn *Blodeugerdd Barddas o Ganu Crefyddol Cynnar,* gol. Marged Haycock (Barddas, 1995), 8–9, ond gwahaniaetha rywfaint fel y gwahaniaethant hwy oddi wrth ei gilydd.

Gwnaeth y Tad o ryfeddod byd,
nid hawdd [bod] eu cynifer,
nis deil, nis cwmpasa llên.

Gwnaeth Iesu i luoedd [Byd] Cred
[lu] o wyrthiau pan ddaeth
wedi [?egnïo] o'i fêr iddynt.

Yr Un a wnaeth ryfeddod y ddaear,
yr Un a'n gwaredodd, a'n gweryd,
nid gormodwaith [yw] moliannu'r Drindod.

Yn [?falch], yn ostyngedig, mewn araith gelfydd
y dymunwn i [offrwm] i'r Drindod
ei moliant yn ôl maint ei gallu.

Y mae wedi erchi i'r llu yn nhrigfan y byd
y sawl a'i perchnoga yn groeshoeliedig,
[ynghyd] ar unwaith ofni'r Drindod.

Yr Un a lywodraetha ddoethineb yn ogystal â gallu
uwch nef, is nef, yn gywrain,
nid gormod llafur [yw] moliannu Mab Mair.

ANHYSBYS
c.1250+

2. *Gogonedawg Arglwydd*

Gogonedawg Arglwydd, hanpych gwell:
A'th fendico di eglwys a changell,
A'th fendico di cangell ac eglwys,
A'th fendico di wastad a diffwys,
A'th fendico di tair ffynnon ysydd,
Dwy uch gwynt ac un uch elfydd;
A'th fendico di yr ysgawd a'r dydd,
A'th fendico di sirig a pherwydd, –
A'th fendigws di Afraham pen ffydd.

A'th fendico di fuchedd dragywydd,
A'th fendico di adar a gwenen,
A'th fendico di atbawr a dien, –
A'th fendigws di Aron a Moesen.

A'th fendico di fasgul a ffemen,
A'th fendico di seithniau a sêr,
A'th fendico di awyr ac ether,
A'th fendico di llyfrau a llyther,
A'th fendico di pysgawd yn hydrfer,
A'th fendico di cywyd a gweithred,
A'th fendico di tywod a thydwed
A'th fendico di'r sawl da digoned.
A'th fendigaf di, Arglwydd Gogoned;
Gogonedawg Arglwydd, hanpych gwell.

Gogoneddus Arglwydd, henffych well:
Yn dy fendithio boed eglwys a changell,
Yn dy fendithio boed cangell ac eglwys,
Yn dy fendithio boed gwastad a mynydd,
Yn dy fendithio boed y tair ffynnon ysydd,
Dwy uwchlaw gwynt ac un uwchlaw byd;
Yn dy fendithio boed y cysgawd [nos] a'r dydd,
Yn dy fendithio boed sidan a phêr wŷdd,
Yn dy fendithio bu Abraham Pen Ffydd.

Yn dy fendithio boed bywyd tragywydd,
Yn dy fendithio boed adar a gwenyn,
Yn dy fendithio boed adladd a gwelltglas,
Yn dy fendithio bu Aron a Moesen.

Yn dy fendithio boed gwryw a benyw,
Yn dy fendithio boed saith niwrnod a sêr,
Yn dy fendithio boed awyr ac ether,
Yn dy fendithio boed llyfrau a llythrennau,
Yn dy fendithio boed pysgod mewn dŵr,
Yn dy fendithio boed meddwl a gweithred,
Yn dy fendithio boed tywod a thywarch,
Yn dy fendithio boed boed pob da a wnaed.

Yn dy fendithio y byddaf, Arglwydd y Gogoniant;
Gogoneddus Arglwydd, henffych well.

Emyn o *Lyfr Du Caerfyrddin*, gol. A.O.H. Jarman (Caerdydd, 1982). Addasiad. Cymh. *Hen Gerddi Crefyddol*, gol. Henry Lewis (Caerdydd, 1931); *The Oxford Book of Welsh Verse*, ed. Thomas Parry (Oxford, 1962); *Blodeugerdd Barddas o Ganu Crefyddol Cynnar*, gol. Marged Haycock (Barddas, 1995), 42–3.

ANHYSBYS
c.1250+

3. *Iesu a Mair a'r Cynhaeaf Gwyrthiol (darn)*

Ac ail wyrth a wnaeth ehalaeth Arglwydd
A erglyw Ei foli,
Pan fynnwys ochel Ei ddeli:
Sef ffordd y ffōes iddi.

'N ydd oedd aradrwr yn aredig tir,
Herwydd gwir yn gweini,
Y dywawd y Drindawd Celi,
Ef a'i fam ddinam ddawn ofri:

'A ŵr gwyn, twr gwŷr gwedi ni a ddaw
I geisiaw ein gwesti,
Ar ofrys i ofyn iti
A welaist ti wraig a mab ganddi.

A dywed tithau yr olau wirionedd
– Ni'th omedd ein gweddi –
Ein gweled yn myned hebddi,
Y rhandir a rhad Duw arni.'

Ar hynny y doeth digyfoeth werin
Llin Cäin cadeithi,
Torf anwar enwir eu hynni,
Twr ceisiaid i geisiaw Celi.

Ac y dywawd un gwrthun gwrtharab
Wrth y gŵr a weli:
'A weleist ti ddynion, ddyn gofri,
Yn myned hebod heb drosi?'

'Gwelais pan llyfnais y lleudir degwch
A welwch ei medi.'
Ysef a wnaethant plant Cäi,
I wrth y fedel ymchweli.

Drwy eirioledd Mair Mari i'w gwybod,
Gwybu Duw ohoni.
Ydd oedd yn ei diffryd i gyd â hi
Ysbryd Glân a glendid ynddi.

Ac ail wyrth a wnaeth y mawrfrydig Arglwydd sy'n gwrando ar Ei foliannu, pan fynnodd ochel Ei ddal. Dyma'r ffordd y ffôdd. Y lle yr oedd arddwr yn aredig tir ac yn gwasanaethu'n iawn fe ddywedodd y Drindod Celi, Ef a'i fam ddifai urddasol ei dawn: 'A ŵr annwyl, mintai o wŷr a ddaw ar ein hôl i ymofyn â thi am ein trigfan. A dywed tithau'r gwirionedd eglur – nid yw'n deisyf yn gomedd i ti – ein gweled yn myned heibio iddo, y rhandir a bendith Duw arno.' Gyda hynny, fe ddaeth gwael gwmni, llinach Cain rhyfelgar, torf greulon drwg ei hynni, tyrfa o helwyr yn hela'r Arglwydd. Ac fe ddywedodd hen atgas ddyn garw wrth yr un a welai, 'A welaist ti, ddyn rhagorol, ddynion yn myned heibio iti heb ymdroi?' 'Gwelais pan lyfnais y tir agored hardd y gwelwch ei fedi.' A dyna a wnaeth plant Cain, troi'n ôl oddi wrth y medelwr. Oherwydd eiriolaeth Mair Mari yn ei chwrteisi gofalodd Duw amdani. Yr oedd ganddi yn ei hamddiffyn yr Ysbryd Glân a santeiddrwydd ynddi.

O *Lyfr Du Caerfyrddin*, gol. A.O.H. Jarman, 21–2. Addasiad. Cymh. *Hen Gerddi Crefyddol*, gol. Henry Lewis, 10; *Blodeugerdd Barddas o Ganu Crefyddol Cynnar*, gol. Marged Haycock, 124–9.

ANHYSBYS

4. *Mabinogi Iesu Grist*

'Cymer y mab a'i fam,' heb yr angel wrth Ioseb, 'a dos i ffordd i ddiffeith yr Eifft.' A Ioseb ynteu a aeth mal y gorchymynnawdd yr angel. A gwedi dyfod onaddunt hyd yn ymyl gogof a mynnu gorffowys y disgynnawdd y Wynfydedig Wyry i ar y march i'r llawr ac eistedd a orug a daly y mab Iesu ar ei harffed. Ac ydd oedd i gyd â Ioseb dri gweis a chyd â Meir lawforwyn fechan yn cerdded a llyma yn ddisymwth lawer o ddreigieu yn dyfod allan o'r ogof. Sef a orug y gweision pan 'u gwelsant, dodi gweiddi rhag ofyn. Sef a orug Iesu disgynnu i'r llawr i ar arffed Ei fam ar Ei draed Ei hun ger bron y dreigieu, ac addoli a orug y dreigiau iddaw, ac oddyna myned ymeith i wrthunt. Yna y cyflenwid yr hyn a ddywawd Dafydd Broffwyd, 'Chwychwi, y dreigieu o'r ddaear, molwch yr Arglwydd.' A cherdded a orug y mabyn bychan rhag eu bron a gorchymyn uddunt na wnelynt goddiant[1] nac argywedd[2] i undyn. Meir ac Ioseb hagen[3] a oeddynt ag ofyn arnaddunt rhag gwneuthur o'r dreigieu argywedd iddaw. Ac yna y dywawd Iesu wrthunt: 'Na fid[4] arnawch chwi ofyn amdanaf i. Er fy mod yn fabyn bychan, perffeith wyf i er hynny a rheid yw i holl anifeilieid y coedydd fod yn ddof ger fy mron yn un ffunud â chyd byddynt[5] ddof, a [hwy] hefyd, y lle[w]od a'r llewperdeid, yn addoli ac yn cydgerdded â hwynt yn y diffeith. Pa ffordd bynnag ydd ëi Feir a Ioseb y cerddynt hwy i ddangos ffordd uddunt ac addoli Iesu. A phan weles yr Arglwyddes Feir gyntaf y lle[w]od a llawer o amryw genhedloedd[6] o fwystfiloedd yn dyfod yn eu cylch, ofynhau a orug. A chan chwerthin y dywod y mab Iesu wrthi: 'Na fid arnat ofyn, fy mam. Nid er sarhaed[7] it, fy mam, nid er sarhaed y maent yn dyfod.' Ac o'r ymadroddion hynny y tynnawdd ef ofyn og eu calonneu hwy.

O 'Llyma Vabinogi Iessu Grist', testun Llsgr. Peniarth 14, rhan ii, a gyhoeddwyd gan Mary Williams, yn *Revue Celtique,* 33 (1912), 184–248; gw. tt. 186–7. Addasiad. Am y gwreiddiol, *Pseudo-Matthaei Evangelium,* gw. J.E. Caerwyn Williams, 'Rhyddiaith Grefyddol Cymraeg Canol', Pennod 12 a 13 yn *Y Traddodiad Rhyddiaith yn yr Oesau Canol,* gol. Geraint Bowen (Llandysul, 1974), 364–5.

1 poen   2 niwed   3 sut bynnag   4 boed
5 a phe baent   6 mathau, rhywogaethau   7 sarhad

MADOG AP GWALLTER
fl.c. 1250

5. *Y Mab a'n Rhodded (darn)*

Mab a'n rhodded, Mab mad aned dan Ei freinau,
Mab gogoned, Mab i'n gwared, y Mab gorau,
Mab fam forwyn, grefydd addfwyn, aeddfed eirau,
Heb gnawdawl dad, hwn yw'r Mab Rhad, rhoddiad rhadau.
Doeth ystyriwn a rhyfeddwn rhyfeddodau!
Dim rhyfeddach ni bydd bellach, ni bwyll enau:
Duw a'n dyfu, dyn yn crëu creaduriau,
Yn Dduw, yn ddyn, a'r Duw yn ddyn yn un ddoniau.
Cawr mawr bychan, Cryf cadarn gwan, gwynion ruddiau,
Cyfoethawg tlawd, a'n Tad a'n Brawd, awdur brodiau:
Iesu yw hwn a erbyniwn yn ben rhïau,
Isel uchel, Emanuel, mêl meddyliau.
Ych ac asen, Arglwydd presen, preseb piau,
A sopen wair yn lle cadair i'n Llyw cadau;
Pali ny myn, nid uriael gwyn Ei ginhynnau,
Yn lle syndal ynghylch Ei wâl gwelid carpau.
Eisoes mai Ef, dangos o nef a wnaeth gwyrthau,
Oedd Fab Duw Rhên, o'r hwn y cên llên a llyfrau
A dewinion synwyrddoethon, ddethol gampau,
A darogan proffwydi glân, glaer barablau.
I leferydd wrth fugelydd, gwylwyr ffaldau,
Engyl adfydd, a nos fel dydd dyfu yn olau;
Yna y traethwyd ac y coelwyd coelfain chwedlau:
Geni Dofydd yng nghaer Ddafydd yn ddiamau.
Sôn engylion a glyw dynion â diolchau,
Llewenydd mawr a llawer gawr o ganuau:
'I Dduw *gloria*, *pax in terra* i'n terfynau,
Heddwch i'r byd, iechyd i gyd gwedi angau'.

Mab a roddwyd i ni, Mab a aned yn ffortunus a breintiau iddo,
Mab [y] gogoniant, Mab i'n gwaredu, y Mab gorau,
Mab i fam forwyn, addfwyn [ei] chrefydd, aeddfed [ei] geiriau,
Heb dad o gnawd, hwn yw'r Mab grasol, rhoddwr bendithion.

Ystyriwn yn ddoeth a rhyfeddwn [at] ryfeddodau!
Ni bydd bellach, [ac] ni thraetha genau, ddim rhyfeddach:
Duw a ddaeth atom, dyn yn creu creaduriaid,
Yn Dduw, yn ddyn, a'r Duw yn ddyn, o'r un doniau,
Cawr mawr bychan, [Mab] cryf cadarn gwan, gwyn [Ei] ruddiau,
[Mab] cyfoethog tlawd, ein Tad a'n Brawd, awdur barnedigaethau:
Iesu yw hwn a dderbyniwn yn ben brenin,
[Mab] gostyngedig dyrchafedig, Emaniwel, mêl meddyliau.
Ych ac asyn, Arglwydd y byd, preseb piau [hwy],
A sypyn gwair yn lle crud i'n Harglwydd lluoedd;
Ni fyn sidan addurnedig, nid lliain gwyn yw Ei gadachau,
Yn lle lliain main o amgylch Ei wely gwelid carpiau.
Er hynny dangosodd y nef, a wnaeth wyrthiau, mai Ef
Oedd Mab Duw Iôr, yr hwn y traetha llên a llyfrau amdano
A gweledyddion dysgedig a doeth, arbennig [eu] rhagoriaethau,
A darogan proffwydi sanctaidd, eglur [eu] geiriau.
Yn llais wrth fugeiliaid, gwylwyr preiddiau,
Bydd angel, a daeth [y] nos fel dydd yn olau;
Yna y traethwyd ac y coeliwyd newyddion [o] lawenydd:
Geni Arglwydd yn ninas Dafydd yn ddiamau.
Clyw dynion sŵn angylion â diolchiadau,
Llawenydd mawr a llawer bloedd o ganeuon:
'Gogoniant i Dduw, ar y ddaear tangnefedd yn ein ffiniau,
Heddwch i'r byd, iechydwriaeth yn llwyr wedi angau'.

Fe'i golygwyd a'i gyfieithu i Gymraeg Diweddar gan Rhian M. Andrews yng *Nghyfres Beirdd y Tywysogion, VII* (Caerdydd, 1996), 359, 361. Cymh. *Hen Gerddi Crefyddol*, gol. Henry Lewis, 105–6.

ANHYSBYS

6. *Crist yn edliw Ei groeshoeliad*

Pan ddyffo Trindawd y[m] mas maëstawd,
Llu nefoedd amdanaw, llwyth llydan ataw,
Cyrdd a cherddorion a chathlau engylion,

Dyrchafant o feddau, ei[gi]ant o ddechrau,
Ei[gi]ant cŵn coed, a'r gymaint addoed
A rewiniwys môr, a wnânt fawr awr.
Pryd pan ddyffo, Ef a'u gwahano.

[*Crist yn llefaru:*]
Y sawl a fo mau ymchoelant o ddeau,
A ddigonwy gamwedd ymchoelant i barth gledd.
Poni dderllys dy gyfrau a lefair dy enau,
Dy fyned yn nannau yn dywyll heb leuferau?

[*Y perchen tir yn llefaru:*]
Ac y'm oedd-i er[w]au, ac y'm oedd-i ieithau,
Ac y'm oedd-i gan wlad, ac eu cant llonaid.
Can[n]ed gwlad present: ni bûm heb gadwent.
Oedd mynych cyfar chwerw y rhof a'm cefnderw,
Oedd mynych crysgwyddiad y rhof-i a'm cywlad,
Oedd mynych cyflafan y rhof-i a'r truan.

[*Crist yn ateb:*]
A'm goryw hwn fyth ni'm gwnâi ddyn byth.
A'm gyrrwys yng nghrog a wyddwn yn og;
A'm gyrrwys ym mhren; dibynnwys fy mhen!
Tafaw-di fy neudroed mor dru eu haddoed!
Tafaw-di'r boened esgyrn fy nhräed.
Tafaw-di fy nwyfraich [nu] ni ddybydd eu baich!
Tafaw-di fy nwy ysgwydd hand[yn]t mor ddyfydd!
Tafaw-di'r cethron i mywn fy nghalon.
Tafaw-di'r gethrad y rhwng fy nau lygad.
Tafaw yr dd[y]alled coron ddrain i'm iad.
Tafaw di, oestru, a wanpwyd, fy nhu.
[Tefewch] chithau mal yr ŷch llaw ddehau.
Iwch ni bydd maddau fy ngwân â berau.

[*Y Pechaduriaid yn llefaru:*]
A wledig, ni wyddem pan oedd ti a grogem!
Gwledig nef, Gwledig pob tud, ni wyddem-ni, Grist, [cudd] fehud.
Pei ath wybyddem, Crist, a'th athechem.

[*Crist yn ateb:*]
Nid arfollir gwad gan lwyth eisyfflad.
Digonsawch-[chw]i anfad yn erbyn Dofyddiad.
Can mil engylion ysydd imi yn dystion
A ddoeth i'm cyrchaw gwedi fy nghrogaw
Yng nghrog yn greuled, fy hun i'm gwared.
Yn nefoedd bu cryd pan ym crogesyd,
Pan orelw[a]is 'Eli' ddi Gulwydd uch Celi.
A chenwch, ddeu Ieuan, rhagof, y ddau gynran,
A dau lyfr yn awch llaw yn eu darlleaw.
N[eu]s deubi ryr[e]s: rhygoswy rhygoses.
Ac awch bi wyniaith gwerth awch ynfyd araith.
Caeator y dylaith arnawch i uffern laith.

Pan ddêl y Drindod yng nghyflawnder gogoniant
[A] llu'r nef o'i chwmpas a llwyth[au] eang [pobloedd tuag] ati,
Caneuon a cherddorion a cherddi angylion,
Cyfyd [y bobl] o'r beddau, heigiant o'r dechrau,
Heigia'r bleiddiaid [hefyd], a'r cynifer o farwolaethau
A farweiddiodd y môr a gyfyd waedd fawr.
Yr adeg y dêl, Ef a'u gwahana.

[Crist yn llefaru:]
Pwy bynnag sydd eiddof i fe dry i'r ddeau,
Pwy bynnag a wnaeth drosedd bydded iddo droi i'r aswy ran.
Oni haedda dy eiriau a lefara dy enau
Iti fyned yng ngheunentydd yn dywyll heb oleuadau?

[Y perchen tir yn llefaru:]
Ac [eto]'r oedd gennyf i erwau ac 'roedd gennyf i bobloedd
Ac 'roedd gennyf i gan tiriogaeth a'u can llonaid.
Trawed llywodraeth y byd: ni bûm [innau] yn ddifrwydr.
Aml oedd cyfarfod chwerw rhyngof i a'm perthynas,
Aml oedd ymosod rhyngof i a'm gelyn,
Aml oedd lladdfa rhyngof i a'r truan!

[Crist yn ateb:]
Yr hyn y mae hwn wedi ei wneud i mi erioed ni ddylai neb wneud imi fyth.

Fe'm gwthiodd ar grocbren a brofwn fel yr og;
Fe'm gwthiodd i'r pren; gwyrodd fy mhen!
Edrych di ar fy neudroed, mor druenus eu hanffawd!
Edrych di mor ddirgrynedig [yw] esgyrn fy nhraed.
Edrych di ar fy nwy fraich, bellach ni fydd baich [arnynt]!
Edrych di ar fy nwy ysgwydd, maent mor echrydus!
Edrych di ar yr hoelion i mewn yn fy nghalon.
Edrych di ar yr hoeliad rhwng fy nau lygad.
Edrych di, gafaelwyd coron ddrain am fy mhen.
Edrych di, drueni byd, yr hyn a wanwyd, fy ochr.
Edrychwch chwithau fel yr ydych yn ddeheuig eich llaw.
Ni bydd maddeuant i chwi am fy ngwanu â phicellau.

[Y pechaduriaid yn llefaru:]
O Arglwydd, ni wyddem mai ti a hongiem!
Arglwydd nef, arglwydd pob gwlad, ni wyddem, Grist; cudd fyddit.
Petaem yn dy adnabod, O Grist, byddem yn cilio rhagot.

[Crist yn ateb:]
Ni dderbynnir nacâd gan bobl felltigedig.
Gwnaethoch anfadwaith yn erbyn yr Arglwydd.
Can mil o angylion sydd i mi yn dystion,
A ddaeth i'm nôl wedi fy hongian
Yng nghrog yn waedlyd, fy hun i'm gwaredu.
Yn y nefoedd bu dirgrynfa pan hongiwyd fi,
Pan elwais 'Eli' i'r Arglwydd uwchlaw'r ffurfafen.
A chenwch chwi, y ddau Ieuan, o'm blaen, y ddau bennaeth,
A dau lyfr yn eich llaw yn eu darllen hwy.
Fe ddaw iddynt pa beth bynnag a ddigwyddo iddynt: y sawl a farnodd, fe farna.
A bydd dial arnoch oherwydd eich parabl ynfyd.
Caeir bollt [y drws] arnoch i dranc uffern.

Seiliedig ar ddarn o 'Armes Dydd Brawd' yn *Hen Gerddi Crefyddol*, gol. Henry Lewis, 11–13 a *Blodeugerdd Barddas o Ganu Crefyddol Cynnar*, gol. Marged Haycock, 178–88, a gw. tt. 182–7.

ANHYSBYS

7. *Efengyl Nicodemus*

Ac ar hynny nachaf Satan, tywysawg Uffern, yn dyfod ac yn dywedud wrth Uffern: 'Ymbaratoa i erbyn Iesu, yr hwn a focsacha[1] o'i fod yn fab Duw, ac eisoes dyn yw ac ofyn angeu arnaw pan ddyweid, "Trist yw fy eneid i yn erbyn angeu." A llawer a wrthwynebwys im o'i ddrygweithredoedd ef, a llawer o'r a wneuthum i yn goegion[2] ac yn gloffion ac yn grymion ac yn glafriaid[3] ac yn rhwymedig i gennyf, ef a iachawys o'i ymadrawdd, a rhei a ddugum i atat ti yn feirw, ynteu a'u tynnwys yn fyw.' 'Pwy [yw]', heb yr Uffern yn ateb i Satan dywysawg, 'y dyn cyfoethawg[4] ac ofyn angeu arnaw, canys holl gyfoethogion y ddaear a ddylyant ddarystyngedigaetheu adan fy ngallu i a['r] rhei hynny a ddugost titheu o'th gedernid. Ac wrth hynny, od wyt gadarn di, pa ryw ddyn yw['r] Iesu hwnnw ac ofyn angeu arnaw a wrthwynepo i'th gedernid tros gyn gyfoethoced ef â hynny yn ufudd-[d]awd. Mi a ddywedaf it yn wir Ei fod yn gyfoethawg yn nuwiolaeth ac ni eill neb wrthwynebu Ei allu, ac os efo a ddyweid fod arnaw ofyn angeu, dy garcharu di a fyn ef, ac yna y bydd gwae iti yn oes tragywydd.' Ac yna ydd atebawdd Satan, tywysawg Uffern: 'Pa betruster yw gennyt ti ofynhau erbyn Iesu, ein gwrthwyneb ni, fi a thi, canys profeis i efo ac a gyffrois fy hen bobyl, Idde[w]on, ar eiddigedd ac irllonedd[5] yn Ei erbyn, ac [a] flaenllymeis y leif[6] i frathu adan Ei fron, ac a gymysgeis ddiawd iddaw o win egyr a bustyl, ac a baratois y pren i'w grogi a'r cethreu i'w [gorddinaw[7]] ynddaw, ac yr awr hon agos yw ynteu i angeu, a mi a'i dygaf ef yn ddarestyngedig imi ac iti.' Ac yna ydd atebawdd Uffern: 'Ti a eddeweist imi panyw[8] hwnnw a ddug y meirw i gennyt ti canys llawer ysydd o'r a eteleis i yman, y rhei tra oeddynt fyw ar y ddaear a ddugant y meirw i gennyf o weddïau dwywawl, canys eu hollgyfoethawg Dduw hwy ac [a]'u dug hwy i gennyf fi, y meirw o'i eir heb weddïeu neb. Hwnnw a ddug Lazar wedi [ei] farw ym mhen y pedwer[y]dd dydd yn lly[g]redig, ac a'i gwnaeth yn fyw wedi atal ohonafi cyhyd â hynny trwy ymadrawdd ei bendefigaeth ef.' Yna ydd atebawdd Satan, tywysawg angeu, iddaw: 'Hwnnw yw yr Iesu hwnnw'. Pan gigleu[9] Uffern hynny y dywad: 'Mi a'th [d]ynghedaf di trwy fy nerthoedd i, na ddwg di hwnnw ataf i, canys pan gigleu[10] i ymadrawdd ei bendefigaeth ef, y cryneis i oll o aryneig[11] ac ofyn ac y crynasant fy holl esgyrn i gyd, ac er hynny ni allasam atal Lazar, ac ymysgydweid a orug ynteu fal eryr a neidiaw gan ehedeg i gennym, a'r ddaear oedd yn cynnal y corff marw, yn ddiannod a'i hadferawdd iddaw yn fyw. Ac wrth hynny y gwn inneu fod y dyn [a] allwys hynny yn dduw cadarn yn ymladd, cyfoethawg yn ufudd-[d]awd, iachäwr cenedyl dyn. Ac efo a ddygi di yma ataf i, pawb o'r ysydd yng nghreulonder carchar cae[e]dig ac yn rhwymedig o rwymeu eu pechodeu, a ellwng ef ac a ddug yn rhydd hyd ar fuchedd ei ddwy[w]olaeth ef.' A gwedi ymddiddan bob un onaddunt â'i gilydd, o Satan ac Uffern yn y wedd honno, nachaf llef ysbrydawl mal taran yn dywedud, 'Agorwch eich pyrth, dywysogion, ac ymddyrchefwch chwitheu, byrth tragywyddawl, ac i mywn ydd â brenin gogoniant.' A phan gigleu[12] Uffern hynny y dywad wrth Satan dywysawg: 'Cilia i wrthyf,' heb ef, 'a dos allan o'm heisteddfâu. Os ymladdwr cadarn wyt, ymladd â brenin gogoniant. Edrych pa ddelw y di[h]engych i gantaw.' Ac yna bwriwys Uffern Satan o'i eisteddfâu ef. Ac yna y dywad Uffern wrth ei wasanaethwyr enwir ef: 'Caewch y pyrth creulawn efyddawl, a dodwch bareu heyrn arnunt a chynhelwch yn gadarn rhag ein caethiwaw y sawl ydd ŷm yn daly [yng] ngheithiwed.'

Darn addasedig o 'Efengyl Nicodemus'. Gw. J.E. Caerwyn Williams, 'Efengyl Nicodemus yn Gymraeg', BBCS xiv (1950–2), 108–12, 257–73, yn arbennig 268–9.

1 ymffrostia
2 deillion
3 gwahanglwyfus
4 galluog
5 llidiowgrwydd
6 math o waywffon, picell
7 ysbarduno
8 mai
9 clywodd
10 clywais
11 ofn, dychryn
12 clywodd

GWALCHMAI AP MEILYR
c.1140 – c.1180

8. *Awdl i Dduw (darn)*

Truan a anian inni o amwyll
Tra charu present près gynhywyll:
Tra'm oedd o'm dawn Duw i'i gymwyll
Tremynid fy mryd ym mrad a thwyll.
Trugarawg Ddofydd, treiha fy ngherydd,
Hyd na bwyf herwydd crefydd cerdd-dwyll.
Credaf Grist nefoedd (neuedd gannwyll)
Cain fedydd fy Nuw yn niw Ystwyll.

Ystwyll ystyriws Dëws ddefnydd
(Dirnad digymrad) gymryd bedydd;
Deliesid Ieuan ieuang dedwydd
Diau Fab Duw nef yn nwfr echwydd.
Achaws y dyfu uchel fri ym mru
Mair er mawrhäu llu llewenydd,
Llawen fydd Rheen yn Ei riydd;
Rhy'i cherir yn hir yn ei herwydd.
Hi yn fam wy Thad, hi yn wyry heb wad,
Hi yn hollawl rad, yn rhegofydd,
Hi yn ferch wy Mab y modd ysydd,
Hi yn chwaer i Dduw o ddwywawl ffydd,
Hi a hawdd borthes lles llin ei hennydd
Rhag llwyth wyth bechawd, priawd prifwydd.
Prynesid Mab Duw mad gerennydd;
Ar nwy goygwy, gobrwy gobrydd.
Pryderwn gyfnod dyfod Dofydd
A dafnau o'i grau ar Ei grogwydd.
Credasant o'i ddawn yn ddiwenydd
Deuddeg ebostol dethol doethwlydd:
Credwn eu cydfod, ac nid adfydd,
Yn undawd Drindawd yn dragywydd.

Tragywyddawl Dduw tra gynanwyf
Traethawd ohonawd a handdenwyf;
O'r dawn rhylofaist rhylafarwyf
Yn afflau y gau a gywyddwyf.
Ac yn rhynnawdd ffrawdd ffraeth ydd adwyf
Yn urddas heb dras dros a brydwyf,
A'm bryd ar gymryd, gymrawd â'm nwyf
Cyfarws mynws men y'i caffwyf.
Ac ysim-i Dduw a ddiwycwyf – o'm drwg
O'i drugaredd cyn mi trangwyf;
Ac a'm gwnêl Peryf pan beriglwyf
Perffaith waith ofeg a deg dalwyf.

Natur druan [sydd] inni oherwydd ffolineb
Caru'n ormod y byd tywyll ei orthrwm hwn:
Tra fyddai i mi â'm dawn Dduw i'w foli
Crwydra fy meddwl mewn dichell a thwyll.
Trugarog Dduw, lleiha fy mhechod,
Fel na bwyf yn ôl crefydd yn dywyllodrus fy ngherdd:
Credaf yng Nghrist [o'r] nefoedd (cannwyll [mewn] angen)
[A] rhagorol fedydd fy Nuw ar ddydd Ystwyll.

[Ar] ddydd Ystwyll ystyriodd yr un o [wir] sylwedd Duw
(Didwyll o amgyffred) dderbyn bedydd;
Daliodd Ieuan ieuanc [a] gwynfydedig
Sicr Fab Duw['r] nef mewn dŵr rhedegog.
Gan y daeth Un o aruchel rym i groth
Mair er mwyn dyrchafu llu['r] llawenydd,
Llawen fydd Duw yn Ei ogoniant;
Cerir hi am yn hir oherwydd hynny.
Hi yn fam i'w Thad, hi yn wyryf heb nacâd,
Hi yn hollol rasusol, yn rhoddwr bendith[ion],
Hi yn ferch i'w Mab fel y mae [pethau],
Hi yn chwaer i Dduw o ddwyfol ffydd,
Hi a gludodd yn serchog lesâd hiliogaeth ei chyd-ddyn
Rhag baich [yr] wyth pechod, priod eiddo'r prif bren [h.y. y Groes].
Prynodd Mab Duw gymod ffodus;
Y sawl nas diystyro, teilynga wobr.

Gofalwn am yr amser y bydd yr Arglwydd yn dyfod
A dafnau o'i waed ar Ei groesbren.
Credodd deuddeg apostol dethol doeth-dirion
Yn Ei allu yn llawen:
Credwn yn eu cyd-drigiant, ac ni dderfydd,
Yn undod y Drindod yn dragywydd.

Tragwyddol Dduw pa hyd bynnag y llefaraf
Ymboenaf [i wneud] cân amdanat;
Drwy'r ddawn yr wyt wedi ei rhoi [imi] boed i mi lefaru
[Er] yng ngafael y celwydd a ganaf.
Ac yn rhuthr cyffro parod fy nhafod ydwyf
Mewn urddas salw oherwydd yr hyn a brydyddaf,
A'm bryd ar feddiannu, gymesur â'm hawydd,
Anrheg o gyfoeth lle [bynnag] y'i caffwyf.
Ac y mae i mi Dduw y talaf iawn iddo am fy nrwg
Oherwydd Ei drugaredd cyn y bo imi drengi;
A bydded i'r Arglwydd beri i'm rhan pan fyddwyf mewn perygl
Gyfansoddiad perffaith [ei] saernïaeth y byddaf yn ei dalu/gyflwyno [iddo] yn hawddgar.

Fe'i golygwyd a'i gyfieithu i Gymraeg Diweddar gan J.E. Caerwyn Williams a Peredur Lynch yng *Nghyfres Beirdd y Tywysogion*, I (Caerdydd 1994), 277–8, 280–1.

MEILYR BRYDYDD
c.1081 – c.1137

9. *Marwysgafn Meilyr Brydydd (darn)*

Baich rhygynullais o bechawd anofais,
  Rhyddyergrynais o'i gymhelri.
  Rhwyf pobfa, mor wyt dda wrth Dy ioli,
  A'th iolwyf, rhy-m-purwyf cyn no'm poeni.
Brenin holl riedd a'm gŵyr, na'm gomedd
  Am y drugaredd o'm drygioni.

Cefais-i liaws awr aur a phali
Gan freuawl rïau er eu hoffi,
Ac wedy dawn awen, amgen ynni,
Amdlawd fy nhafawd ar fy nhewi.
Mi, Feilyr Brydydd, berierin i Bedr,
Porthawr a gymedr gymes deithi,
Pryd y bo cyfnod ein cyfodi,
Y sawl ysy 'medd, armaa fi.
As bwyf yn addef yn aros y llef,
Y llog a achef aches wrthi,
Ac ysy didryf, didraul ei bri,
Ac am ei mynwent mynwes heli.
Ynys Fair firain, ynys glân y glain,
Gwrthrych dadwyrain ys cain ynddi.
Crist croesddarogan a'm gŵyr, a'm gwarchan
Rhag uffern affan, wahan westi:
Creawdr a'm crewys a'm cynnwys i
Ymhlith plwyf gwirin gwerin Enlli.

Cerdd wely angau / cerdd edifeirwch Meilyr Brydydd

Baich o bechod enfawr yr wyf wedi ei gynnull,
Yr wyf wedi arswydo oherwydd ei derfysg.
Arglwydd pob man, mor dda wyt i weddïo arnat,
Boed i mi weddïo arnat, boed imi fy mhuro fy hun cyn imi gael fy nolurio.
Frenin yr holl ogoniant sy'n f'adnabod, na'm gomedd
O'r trugaredd oherwydd fy nrygioni.
Cefais i lawer tro aur a sidan
Gan frenhinoedd darfodedig yn gyfnewid am eu canmol,
Ac wedi rhodd yr awen, o rym amgenach,
Tlawd iawn yw fy nhafod wrth imi dewi.
Myfi, Meilyr Brydydd, pererin i Bedr,
Y porthor a dafola gyneddfau cymwys,
Pan fo adeg ein hatgyfodi,
Y rhai sydd ym medd, paratô fi.
Boed imi fod yn [y] drigfan [honno] yn aros yr alwad,

Y fynachlog y seinia'r llanw wrthi,
Ac sydd yn lle encil [ac yn] arhosol ei hanrhydedd,
Ac o gwmpas ei mynwent fynwes y môr.
Ynys Mair hardd, ynys sanctaidd y saint,
Disgwyl yr atgyfodiad, hardd ynddi ydyw.
Crist y Groes a ragfynegwyd sy'n f'adnabod, [Efe] a'm cyfarwydda
Heibio i boen uffern, yr arhosfa ar wahân:
Y Creawdr a'm creodd a'm croesawa i
Ymhlith pobl sanctaidd cymuned Enlli.

Fe'i golygwyd a'i gyfieithu i Gymraeg Diweddar gan J.E. Caerwyn Williams a Peredur Lynch yng *Nghyfres Beirdd y Tywysogion*, I (Caerdydd 1994), 102–3.

CYNDDELW BRYDYDD MAWR
c.1155 – c.1195

10. *Marwysgafn Cynddelw Brydydd Mawr (darn)*

Cyfarchaf-i, Dduw, cyfarchwel iawn
I foli fy Rhi rhwydd, rhadlawn,
Un Mab Mair a bair byrnhawn – a bore
Ac aberoedd ffrwythlawn,
A wnaeth coed a maes a mesur iawn,
A ffrwythau a doniau, Duw ryddigawn;
A wnaeth gwellt a gwŷdd a grug ym mynydd,
A wnaeth dedwydd er dedfryd iawn
Ac arall ar wall ar wellyg ddawn
Yn eisiwedig ac yn ddicllawn.
Archaf i Fab Duw, can ys digawn,
Cymod o'n pechod (pechu nid iawn)
A chynnwys yn nef in arnodded:
I'r wlad eidduned, myned a wnawn!

Cyfarchaf-i, Dduw, cyfarchaf, – ceinfolawd
Ar draethawd a draethaf;
Neud milioedd a'th fawl, Fodrydaf,
O'th dorfoedd i'th derfyn uchaf.

Neud mi a fynnwn, fy Naf, – o'th ganiad,
O'th gariad y'th gredaf;
Neud cennyd, Cerddglyd, cynhelwaf,
Ced wallaw, na ad wall arnaf!
Neud oedd fwy no rhaid rhad mwyaf
Rhwyf cedyrn yn cadw ar eithaf.
Neu'm dychryn meddwl a feddyliaf
O bechu a bechws Addaf.
Neud wyf alltud drud a dreigl Dy wendud
A'th wendorf amdanaf;
Neud beirdd yr eglwys egluraf,
Neud eu porth a barthwyd ataf.
Neud hyfryd fy llwrw, lle a gyrchaf,
Neud gobaith wrth Benrhaith, rhin a geisiaf.
Brenin pob gwerin, gwared arnaf,
Gwedi treiglaw byd, budd arnaf.
O ganiad y Tad tëyrneiddiaf
A'r Mab a'r Ysbryd, glendyd gloywaf,
Yng ngoleuder deddf, dedwydd fyddaf;
Yng ngwas engylion gwirion, gwaraf,
Yng ngwenwlad Wledig, nef a archaf.

Gwledig arbennig, pan yth aned
Dyfu waredd in, dyfu wared,
Dyfu Addaf blant o blaid anghred,
O anghyfraith faith, o gaethiwed;
Dyfu i'n gofwy ein gofuned,
Dyfu wrhydri, hydr afneued,
Dyfu Grist yng nghnawd, Priawd prifed,
Dyfu ym mru Mair Mab dymuned;
Dyfu bumoed byd o boen galled,
O dwyll, o dywyll trydwyll trefred,
O anghyffred gadw, o gadarn alar,
O garchar esgar pan ysgared.
Ac Ef yw ein Llyw, ein llwyr nodded
A farn wrth ein gwaith ar ein gweithred;
Ac Ef, Arglwydd nef, tangnef tynged,
A'n dug o gyfrgoll pan archolled;

Ac Ef dwyre in, ac ef daered – Ei fudd,
   Ac Ef, Udd, ni'n lludd ein llesäed,
   Ac Ef yn oseb yr osoded
   Yn hollawl, meidrawl, hawl huanred.
A roddo i Dduw ei ddegfed – o'i law
   Heb luddiaw iddaw Ei ddylyed,
   Neud wyf fardd, digardd y'm digoned,
   Ar helw fy Nghreawdr, Llywiawdr lliwed;
   Mi, Gynddelw geiniad, rhad a'm rhodded,
   Mihangel a'm gŵyr a'm gwrthfynned!

Cerdd wely angau / cerdd edifeirwch Cynddelw Brydydd Mawr

Erfyniaf i, Dduw, am dröedigaeth briodol
I foli fy Mrenin hael [a] bendithlon,
Unig Fab Mair sydd yn peri prynhawn a bore
Ac aberoedd grymus,
A greodd goed a maes a mesur cymwys,
Yn gnydau a rhoddion, Duw sydd wedi [eu] creu;
A greodd welltglas a llwyni a grug ar fynydd,
A barodd ddyn dedwydd oherwydd dyfarniad teg
Ac arall yn golledig trwy fendith wrthodedig
Yn anghenus ac yn ddigofus.
Gofynnaf i Fab Duw, oherwydd [Ef] a'i cyflawna,
Am gymod am ein pechod (nid yw pechu'n iawn)
A chroeso yn y nefoedd [fydd] yn lloches inni:
I'r wlad [sydd yn wrthrych ein] dymuniad, mynd a wnawn!

Erfyniaf i, Dduw, erfyniaf, cerdd foliant ragorol
A ganaf ar gerdd;
Miloedd sydd yn Dy glodfori, [O] Bennaeth,
O blith Dy dorfoedd yn Dy derfyn uchaf.
Mi a fynnwn, fy Arglwydd, [gael] o'th ganiatâd,
Trwy Dy gariad y credaf ynot;
Gennyt [Ti], [yr] Un clodfawr, y derbyniaf nawdd,
Wasgarwr rhodd[ion], paid â gadael diffyg arnaf!

Yn fwy na rhaid yr oedd bendith fwyaf
Tywysog y rhai cadarn [sydd] yn amddiffyn eithaf [Ei deyrnas].
Y mae'r hyn a ystyriaf yn fy nychryn
Oherwydd i Adda bechu [yn yr hyn] a bechodd.
Yr wyf yn ddyn alltud ynfyd sydd yn trigo yn Dy wlad fendigaid
Gyda'th dyrfa ysblennydd o'm cwmpas;
Hwy yw beirdd yr eglwys ddisgleiriaf,
Dosbarthwyd imi eu cynhaliaeth.
Hyfryd yw fy hynt, hwyliaf at fan,
Y mae [fy] hyder ym Mhennaeth cyfraith, ceisiaf gyfeillach [ag Ef].
Brenin pob cenedl, arbed fi,
Ar ôl crwydro'r byd, [boed] lles imi.
Trwy ganiatâd y Tad mwyaf brenhinol
A'r Mab a'r Ysbryd, [y] sancteiddrwydd disgleiriaf,
Yng ngoleuni [Ei] fraint, byddaf yn ffodus;
Yn nhrigfan [yr] angylion diwair [a] mwyaf addfwyn,
Yng ngwlad fendigaid y Tywysog, gofynnaf am [ennill] nefoedd.

Y pennaf Tywysog, pan aned Di
Daeth trugaredd inni, daeth gwaredigaeth,
Daeth plant Adda allan o barth anghrediniaeth,
O drosedd[u] maith, o gaethiwed;
Daeth [gwrthrych] ein dyhead i ymweld â ni,
Daeth gwroldeb, cyflawnder nerthol,
Daeth Crist mewn cnawd, Perchennog goruchafiaeth,
Daeth yng nghroth Mair Fab [sydd yn cyflawni ein] dymuniad;
Daeth pum cyfnod y byd allan o boen ?erchyll,
Allan o dwyll [ac] o dywyllwch llawn malais [eu] trigfan,
Allan o gynhaliaeth boenus, allan o dristwch dygn,
Allan o garchar y gelyn y rhyddhawyd [hwy].
Ac Ef yw ein Harweinydd, ein nodded gyflawn
A fydd yn barnu ein gweithred yn ôl ein gwaith;
Ac Ef, Arglwydd y nefoedd, tangnefedd [ein] tynged,
A'n dug [ni] o golledigaeth lwyr pan glwyfwyd [Ef];
A chyfyd Ef i ni, fe ddaw [inni] Ei fudd,
Ac Ef [yn] Frenin na fydd yn rhwystro inni ein llesâd,
Ac Ef yn rhodd a osodwyd
Yn gyflawn [ac yn] nerthol, yn ddiderfyn [Ei] awdurdod.

[A minnau'n un] a roddo i Dduw ei ddegfed ran [o'i gyfoeth] o'i law
Heb rwystro iddo yr hyn sydd ddyledus iddo,
Bardd wyf, yn rhagorol y'm lluniwyd,
Dan nawdd fy Nghreawdwr, Tywysog lliaws;
Myfi, Gynddelw ganiedydd, rhodded imi fendith,
Boed i Fihangel sydd yn f'adnabod [i] fy nghroesawu!

Fe'i golygwyd a'i gyfieithu i Gymraeg Diweddar gan Ann Parry Owen yng *Nghyfres Beirdd y Tywysogion,* IV (Caerdydd, 1995), 335–6, 338–9.

BLEDDYN FARDD
c.1257 – c.1283

11. *Marwysgafn Bleddyn Fardd*

Erbyn fi, fy Rhi, Rhwyf bedyddiawl,
Erbarch uchelsaint braint brenhiniawl.
Erbynnaist, cefaist cyfawl – eneidau
Er angau gethrau i gan gythrawl.
Erbyniad pum oes o groes greuawl,
Arbennig Wledig, wlad Gyfreithiawl,
Arglwydd Dad, na'm gad gyllestrigawl – dân
Yn y mae poethfan, peth uffernawl,
Yn y mae mawrwae heb ymeiriawl,
Yn y mae mawrwall enaid marwawl,
Yn y mae cynnygn yn canmawl – celwydd,
Yn y mae peunydd poen angerddawl.
Cyn myned o'r byd (bryd breuddwydawl)
Cain fynwent brofent, bro gorfforawl,
Cyn maenwedd ddiwedd, bwyf ddwywawl – gyffes,
Cyn no'm goddiwes, bwyf gweddïawl.
Can gwneuthost feithrin Brenin breiniawl,
Can gwneir yr dy air, Fair fuddugawl,
Gwna, dan gof erof, eiriawl – im dangnef
Yn nheÿrnas nef Naf ysbrydawl.

Cerdd wely angau / cerdd edifeirwch Bleddyn Fardd

Derbyn fi, fy Mrenin, Arglwydd y rhai bedyddiedig,
Gwrthrych addoliad [y] saint urddasol brenhinol [eu] braint.
Derbyniaist, enillaist feddiant eneidiau
Oddi ar [y] diafol trwy hoelion angau.
Derbyniwr [y] pum oes trwy['r] groes waedlyd,
Y pennaf Tywysog, dilys Reolwr teyrnas,
Arglwydd Dad, paid â gadael i mi [fynd i'r] tân tanbaid
Lle y mae llosgfa, dyfais uffernol,
Lle y mae gofid enfawr heb ymbil dros ei gilydd,
Lle y mae coll mawr [yr] enaid marwol,
Lle y mae gelynion yn canmol gwyrdroad o'r gwirionedd,
Lle y mae cosbedigaeth arteithiol yn feunyddiol.
Cyn gadael y byd ([a'i] feddylfryd [yn ffansïol] megis breuddwyd)
[Yn] borthiant [i'r] fynwent wych, ardal yn perthyn i gyrff,
Cyn diwedd oes [mewn] bedd o gerrig, boed i mi [wneud] cyffes dduwiol,
Cyn cael fy mhrofi'n euog, boed i mi fod yn weddigar.
Oherwydd i ti feithrin y Brenin breiniol,
Oherwydd y gwneir yn ôl dy air, [o] Fair fuddugol,
Dan gof[io] ar fy rhan, gwna eiriol tangnefedd imi
Yn nheyrnas nefoedd yr Arglwydd sanctaidd.

Fe'i golygwyd a'i gyfieithu i Gymraeg Diweddar gan Catherine McKenna yng *Nghyfres Beirdd y Tywysogion*, VII (Caerdydd, 1996), 645–6.

ANHYSBYS

12. *Marw Dewi Sant*

Ac oddyna, fal ydd oedd Dewi Dduw Mawrth diwethaf o fis Chwefrawr yn gwarandaw ar ei ysgolheigion[1] yn gwasanaethu Duw, nachaf y clywei angel yn ymddiddan ag ef, ac yn dywedud wrthaw fal hyn: 'Dafydd,' heb yr angel, 'y peth a geisieist er ys talym i gan dy Arglwydd Dduw, y mae yn barawd it pan 'i mynnych.' Sef a orug ynteu yna, dyrchafel ei wyneb i fyny, a llawenhau, a dywedud fal hyn, 'Yr awr hon, Arglwydd, cymer dy was i'th dangnefedd.' Sef a orug yr ysgolheigion a oedd yn gwarandaw y ddeu ymadrawdd hyn, syniaw[2] arnunt yn fawr, a syrthiaw megis dynion meirw.

Ac yn yng ar hynny,[3] nachaf y clywynt lef diddan ac arogleu tecaf yn llenwi y dinas. Sef a orug Dafydd yr eilweith, dywedud yn uchel: 'Arglwydd Iesu Grist,' heb ef, 'cymer fy eneid, ac na ad fi i drigiaw[4] a fo hwy yn y drygeu hyn.' Ac yn ôl hynny, hwynt a glywynt eilweith yr angel yn dywedud wrth Ddewi, 'Dafydd Sant, ymbaratoa, y dydd cyntaf o Fawrth ef a a ddaw dy Arglwydd di, Iesu Grist, a naw radd nef i gyd ag ef, a degfed y ddaear, i'th erbyn di, ac a eilw i gyd â thi o'r rhei a fynnych di, o ysgolheig a lleyg, a gwirion a phechadur, ieuang a hen, mab a merch, gŵr a gwreig, croesan[5] a phutain, Iddew a Sarasin, a hynny a ddaw i gyd â thi.'

A'r brodyr, cymeint un,[6] pan glywsant hynny, drwy wylaw a chwynaw, ac udaw ac ucheneidiaw, a ddyrchafasant eu llef ac a ddywedasant, 'Arglwydd Ddewi Sant, cynorthwya ein tristyd ni.' Ac yna y dywawd Dewi wrthunt hwy, gan eu diddanu a'u llawenhau: 'Fy mrodyr, byddwch wastad ac un feddwl, a pha beth bynnag a welsawch ac a glywsawch i gennyf i, cedwch ef a gorffennwch beth a fo mwy.' O'r dydd hwnnw hyd yr wythfed dydd, nid aeth Dewi o'r eglwys o bregethu a gweddïaw ...

Duw Sul y canawdd Dewi offeren, ac y pregethawdd i'r bobyl. A'i gyfryw cyn nog ef ni chlywsbwyd,[7] a gwedi ef byth ni chlywir. Nis gweles dyn eirioed y sawl dynion yn un lle. A gwedi darfod y bregeth a'r offeren, y rhoddes Dewi yn gyffredin ei fendith i bawb o'r a oedd yna. A gwedi darfod iddaw roddi ei fendith i bawb, y dywawd yr ymadrawdd hwn, 'Arglwyddi, frodyr a chwiorydd, byddwch lawen a chedwch awch ffydd a'ch cred, a gwnewch y petheu bychein a glywsawch ac a welsawch i gennyf i. A minneu a gerddaf y ffordd ydd aeth ein tadeu ni iddi, ac yn iach iwch,' heb y Dewi. 'A phoed grymus[8] iwch fod ar y ddaear, a byth bellach nid ymwelwn ni.'

Yna y clywid gawr[9] gyffredin yn cyfodi gan gwynfan ac wylofein a dagreu, ac yn dywedud, 'Och, na lwnc y ddaear ni! Och, na ddaw tân i'n llosgi ni! Och na ddaw y môr dros y tir! Och, na syrth y mynyddedd ar ein gwarthaf ni!' A phawb haeach[10] a oedd yn myned i angeu. O dduw Sul hyd dduw Merchyr gwedi marw Dewi, ni lewsant na bwyd na diawd, namyn gweddïaw drwy dristyd.

Darn addasedig o *Buchedd Dewi,* gol. D. Simon Evans (Caerdydd, 1959), 19–20, 21–2.

1 offeiriaid, clerigwyr
2 synnu, rhyfeddu at
3 yn syth ar hynny, *close on that*
4 tario
5 digrifddyn, *buffoon*
6 pob un
7 clybuwyd
8 effeithiol, buddiol
9 gwaedd
10 bron, yn wir

ANHYSBYS

13. *Y Purdan*

Pan oedd Ywein Farchawg yna yn eistedd ei hun yn aros ymladd â diefyl ac yn ofynawg, yn ddisymwth llyma y clywei twryf ynghylch y tŷ megis cyffro ar yr holl ddaear ac nid oedd lei y twryf hwnnw no chyd bei[1] holl ddynion y ddaear a holl greadurieid y môr a'r awyr o'u holl allu yn gweiddi ac yn ymffust.[2] Ac yn y cynnwryf hwnnw pei na[s] ymddiffynnid o nerth Duw ac o ddysg y gwŷr a'i cyngorasei ef ddiwethaf, ef a gollasei ei synnwyr ac od oedd aruthyr clybod y twryf aruthrach oedd yn ôl hynny iddaw weled y diefyl o bob parth iddaw heb allu rhif ar y sawl di[a]wl oedd yn ymffrwst[3] i'r tŷ. Rhei yn ffuryf diefyl, ereill yn ddiefyl anffurfeidd, ac yn ei watwaru ac yn ei gellweiraw, ac fegis er gwaradwydd iddaw yn ei gresaw ac yn dywedud wrthaw fal hyn: 'Dynion a wasanaethasant i ni ac ni ddeuthant atam hyd wedi angeu. Poni ddylywn ni roddi gwerth a fo mwy iti o anrhydeddu ohonat ti ein cydymdeithas ni, yr hon y gwasanaetheist ti yn llafurus yn gymeint ag na mynneist ti aros dydd dy angeu namyn i'th fuchedd roddi dy eneid i'th gorff ynghyd i ni? Hyn a wnaethost ti mal y caffut dâl a fei fwy gennym ni. Titheu a geffi gennym ni yn amyl yr hyn a h[a]eddeist ti can deuthost ti yma i ddioddef poeneu dros dy bechodeu. Titheu a geffi gennym ni yr hyn a geisi, nid amgen, poeneu a dolurieu. O mynni di, hagen,[4] ymhoelud gan hyn dy fod wrth ein cyngor ni a['n] gwasanaethu ni rhag llaw mal hyd hyn [ni] a wnawn yn lle dy gyfarws[5] iti dy ddwyn i'r porth y deuthost i mywn iddaw yn ddiddrwg[6] mal y ceffych lewenydd yn y byd etwa ac na chollych esmwythder dy gorff oll.'

14. *Y Nefoedd*

Ni allei dafod ei draethu na llaw ei ysgrifennu y gynifer ddiddanwch a welas yn y wlad honno a thrwyddi y dugant ef i edrych y lleoedd teg. Cy[n] eglured oedd leufer y wlad a dreiglyn' ag na wyddyn' ddim wrth leufer yr heul gan feint eglurder oedd yno. Eglurder hanner dydd a welid yn tywyllu gan eglurder y wlad honno. Ni wyddiad[7] ef derfyn ar [y] wlad honno rhag ei meint, namyn y parth y deuth i'r porth i mewn. Yr holl wlad, hagen, oedd megis gweirglawdd deg ac yn hir a theg oedd o lawer o flodeu a ffrwytheu a llyseu a gwŷdd ac yno y mynnei ef drigiaw y tra fei fyw yn gwarandaw arogleu y rhei hynny. Ni ddôi tywyllwch yno byth canys lleufer o eglurder y nef dragywydd a fyddei yno. Ynteu a welei yno lawer o ddynion, gwŷr a gwragedd, ar ni thebygei neb ei weled yn yr holl fyd erioed y gymeint â hynny yn un gynulleidfa ... Coreu teg oedd yn sefyll yn y lleoedd hynny a moliant i Dduw a seiniei ynddunt o gywydolaeth[e]u[8] a phyncieu melys, a chymeint oedd y gwahân y rhwng addwynder wynebeu rhei ohonunt a rhei ereill o eglurder a chyweirder eu gwisgoedd â'r gwahân a fydd rhwng eglurder y seren a'r llall, rhei ohonunt a gwisg eur ymdanunt, ereill a phorffor gwyn a mein gwerthfawr glas ynddaw ymdanunt. Ffuryf eu habid a'u gwisg a ddangosei pob un ohonunt i'r Marchawg yn wahanredawl megys ydd arferynt eu gwisgaw yn yr oes hon. Ai herwydd anrhydedd ai herwydd urddas, amgen liw, hagen, oedd ar eu habid ac o amgen eglurder y llewychynt. Rhei ohonunt megis brenhinedd coronawg y['u] gwelid, ereill a ddygynt wisg eur yn eu dwylaw. Nid oedd lei, hagen, degwch a digrifwch a welei y Marchawg [yn] y rhei cyfiawn yn y lle hwnnw no hynawster a digrifwch y cerddeu tecaf ac ni ellid dywedud melysed y clywid y cywyddolaetheu seint o bob parth yn moli Duw. Pawb, hagen, oedd lawen o'i briawd ewyllys a'i ddedwyddyd ei hun a phawb yn dyrchafel llewenydd ei gilydd.

Darn addasedig o destun 'Purdan Padrig' o Lsgr. Peniarth 5. Gw. J.E. Caerwyn Williams, 'Rhyddiaith Grefyddol Cymraeg Canol', Pennod 12 a 13 *Y Traddodiad Rhyddiaith yn yr Oesau Canol,* gol. Geraint Bowen, 375–6.

1 na phe bai
2 cyd-daro
3 cythru
4 fodd bynnag
5 anrheg
6 heb niwed
7 gwyddai
8 caniadau

ANHYSBYS

15. *Paham y digwyddodd i Grist*

Paham na mynnawdd Ef [Iesu] na dysgu na gwneuthur gwyrthieu [hyd] oni fu ddengmlwydd ar hugeint? I roddi anghreifft i bawb yn y byd hwn na ddysgo [hyd] oni ddêl i'r oedran deddfawl. *Paham y cymerth Ef fedydd ac Ef yn gyflawn o rad a dwywolder?* Er cysegru y dwfyr i ni. *Paham y bedyddiwyd Ef yn y dwfyr?* Am fod y dwfyr yn wrthwyneb i'r tân, a megis y diffydd y dwfyr y tân, felly y diffydd y pechawd yn y bedydd, a pheth arall yw, y dwfyr a wylch bob peth budur ac ef a ddiffydd syched ac a welir gwasgawd[1] ynddaw. Felly y gwlych rhad yr Ysbryd Glân fudredd y pechodeu drwy y bedydd, a dileu syched yr eneid a wna o eir Duw, a chysgawd Duw a'i ddelw a welir pan ymadawer â'r pechodeu. *A oedd deg Iesu herwydd anian?* Cyn deced oedd ag [yr] ymddangoses yn y mynydd. *Paham y bu farw Crist?* O achos ufudd-[d]awd megis y dywedir, 'Ef a fu ufudd hyd yn angeu.' *A erchis y Tad iddaw Ef farw?* Nac erchis. *Paham y lladdawdd yr Iddewon Iesu?* Am fucheddocáu ohonaw trwy wirionedd a chynnal y wirionedd gan ddysgu cyfiawnder, yr hyn a geis Duw gan bob creadur dosbarthus.[2] *Paham y gadei y Tad ladd Ei un mab ac yn gallu [ei] luddias?* Pan welas Duw, medd Ef, Ei fab yn mynnu perffeiddiaw gweithred mor ardde[r]chawg ag ymladd â'r Brenin creulawn a rhyddhau y caeth o'i feddiant, Duw a gydsyniawdd ag Ef ar y gweithred moliannus hwnnw ac a adawdd iddaw farw. *Pa ddelw y bu gyf[i]awn gan Dduw roddi gwirion[3] dros enwir[4]?* Am dwyllaw o'r gwaethaf y dyn mul.[5] Iawn yw yna roddi y gwystyl[6] goreu drostaw i warchae gelyn ac i edfryd yn ddiargywedd[7] ei hen ryddid. Ac felly y dangoses Duw [Ei] gariad i'r byd. Megis y dywedir, 'Ti a roddeist Dy fab i brynu dy was.' *Os Ef Ei hun a roddes Ei fab o'i fodd, beth a bechawdd Iudas ar Ei roddi ynteu?* Y Tad a roddes Ei fab a'r mab Ei hun a ymroddes er cariad. Iudas, hagen,[8] a'i rhoddes Ef er chwant da. *Paham y mynnawdd Ef farw ar y pren, paham ar y grog?* Er prynu pedwar ban y byd. *Pa sawl awr y bu Grist yn farw?* Deugeint. *Paham er prynu pedwarban y byd?* Y rhei hynny a fuesynt feirw yn y dengeir deddyf. *Pa hyd y gorweddawdd Ef yn y bedd?* Dwy nos a diwarnawd. *Paham?* Y ddwy nos a arwyddocânt ddeuryw angeu ysydd, un y corff, ac un yr eneid, a'r dydd ynteu a ddengys yr angeu yr hwn ysydd oleuni ein hangeu ninneu. Ac un ohonunt, nid amgen, angeu yr eneid a ddistrywawdd, a'r llall a edewis er trallawd yr etholedigion a honno hefyd yn y diwedd pan ddêl [Ef] a'i distrywia. *Pa du ydd aeth Ei eneid Ef gwedi [Ei] farw?* I baradwys nefawl megis y dywad wrth y lleidyr, 'Heddiw y byddi di i gyd â mi ym mharadwys.' *Pa bryd y disgynnawdd Ef i uffern?* Hanner nos. Y nos y cyfodes yn yr awr y distrywawdd yr angel yr Eifft, yn yr un awr honno, sef oedd hynny, hanner nos ydd ysbeiliawdd Crist uffern ac y goleuhaawdd ef y nos megis y dydd mal y dywedir, 'Y nos a oleuhëir megis y dydd.' A gwedi ysbeiliaw uffern a chyflehau yr etholedigion ym mharadwys y gofwyad[9] y corff yn y bedd a deffroi o feirw. Rhei hagen a syniawdd y mai o'r pan fu farw Ef [hyd] oni [ch]yfodes y bu i gyd â'r etholedigion yn uffern ... *Paham na chyfodes Ef yr awr y bu farw, neu nad ymarhoes ynteu a fei hwy am gyfodi?* Rhag dywedud na buasei farw, neu pei cyfodei ym mhen llawer o amser, petrus fyddei ai Ef oedd. *Paham y cyfodes Ef mor ebrwydd â hynny?* Er diddanu y rhei eiddaw a oeddynt drist am Ei farw. *Paham y cyfodes Ef y dydd cyntaf o'r wythnos?* Er adnewyddu y byd o lewenydd Ei gyfodedigaeth Ef yn yr unrhyw ddydd ag y'i gwnaethoedd.[10]

Darn addasedig o 'Historia Lucidar' o *The Elucidarium and other tracts in Welsh from Llyvyr Agkyr Llandewivrevi, A.D. 1346,* ed. John Morris Jones and John Rhŷs (Oxford, 1894), 18–20. Gw. J.E. Caerwyn Williams, 'Rhyddiaith Grefyddol Cymraeg Canol', Pennod 12 a 13 yn *Y Traddodiad Rhyddiaith yn yr Oesau Canol,* gol. Geraint Bowen, 402–3.

1 cysgod
2 synhwyrol, call
3 diniwed, di-fai
4 drwg
5 diniwed
6 Saes. *hostage*
7 heb niwed
8 fodd bynnag
9 y gofwywyd, yr ymwelwyd â
10 y'i gwnaethai, yr oedd wedi ei wneud

ANHYSBYS

16. *Y Saith Pechod Marwol*

Seith ryw bechawd marwawl ysydd, y rhei y maent achos a defnydd yr holl bechodeu ereill oll. Sef ŷnt y seith hynny – gogelent bawb rhagddunt – nid amgen, syberwyd,[1] cynghorfeint,[2] irllonedd,[3] tristyd bydawl neu lesgedd[4] gwneuthur da neu waranda[w] da neu ddysgu da. Pumed pechawd marwawl yw chwant a chybyddiaeth. Chweched yw glythineb a medd-dawd. Seithfed yw godineb, y rhei a ysbeiliant ddyn o gariad Duw a holl nerthoedd Duw ac o ddonieu yr Ysbryd Glân. Y ped[werydd] ohonunt a boena yr ysbeiliedig. Y pumed a fwrw yr ysbeiliedig yn grwydrad.[5] Y [ch]weched a dwyll y crwydrad gwrtho[d]edig. Seithfed a sathra ac a ddielwha[6] y twylledig. Syberwyd a ddwg Dduw i gan ddyn. Cynghorfeint a ddwg ei gyfnesaf[7] i gantaw. Irllonedd a ddwg ddyn rhagddaw ei hun canys amlwg yw na medd irllawn[8] arnaw ei hun. Yr ysbeiliedig o bob da a ysbeilir fal y dywetbwyd uchod can ni cheiff ef lewenydd ynddaw ei hun nac yn Nuw nac yn ei gyfnesaf. Trwy dristyd y poenir ef heb ddim llewenydd. Yn nesaf i hwnnw y daw chwant yr hwn a fwrw y poenedig i geisiaw llewenydd yn y petheu bydawl can colles ysbrydawl lewenydd a oedd yn ei galon canys anianawl yw ei eneid na ddigawn fod heb ryw lewenydd ai yn y byd hwn ai rhag llaw. Yn nesaf i hwnnw y daw glythineb, yr hwn a lusg ac a dynn y bryd chwannawg achubedig yn y petheu tranghedig oddieithyr hyd ar ormodd bwyd a diawd. Yn ôl hwnnw yn ddiwethaf oll y daw godineb yr hwn a g[a]ethiwa ac a estwng y twylledig i g[a]ethiwed pechawd. Wrth hynny trwy syberwyd y [c]hwydda y galon, trwy gynghorfeint y gwywha, trwy irllonedd y tyr, trwy dristyd y briwir, trwy gybyddiaeth y gwesgerir, trwy lythni y butreir ac y gwlychir, trwy odineb y sethrir megis yn llech[9] hyd yr eigiawn.[10]

Darn o'r testun 'Pwyll y Pader o ddull Hu Sant' yn *The Elucidarium and other tracts in Welsh from Llyvyr Agkyr Llandewivrevi, A.D. 1346,* ed. John Morris Jones and John Rhŷs,147–8. Addasiad. Cyfieithiad yw'r gwreiddiol o waith a briodolir i Hugo o St Victor, meddai Saunders Lewis, 'Pwyll y Pader o ddull Hu Sant', BBCS 11 (1941–4), 286–9; ond gw. hefyd Idris Foster, *The Book of the*

*Anchorite (*Sir John Rhŷs Memorial Lecture), *Proceedings of the British Academy,* xxxvi (1949), 204; H. Zimmer, *Göttingische gelehrte Anzeigen* (1895), 54.

Ar ôl dywedyd fod y Pader, 'Gweddi'r Arglwydd', yn cynnwys saith arch neu ddeisyfiad eir ati i sôn am y saith pechod marwol. Yn draddodiadol y rhain yw (1) syberwyd neu falchder, (2) chwenychiad, (3) trachwant, (4) eiddigedd, (5) glythineb, (6) digofaint, (7) llesgedd (*accidia);* yn Lladin *superbia, avaritia, concupiscentia, invidia, luxuria, iracundia, pigritia* neu *accidia.* Ymddengys oddi wrth ei frawddeg olaf mai gair y cyfieithydd am 'eiddigedd' oedd 'cynghorfaint' neu 'gynghorfynt', mai ei air am 'ddigofaint' oedd 'irllonedd', mai ei air am 'drachwant' oedd 'godineb', ac mai ei ddewis air am 'lesgedd' oedd 'tristyd'. Ei air am 'chwenychiad' ('covetousness') , fe ymddengys, oedd 'cybyddiaeth'. Sylwer ei fod yn cysylltu 'chwant' â 'chybyddiaeth', 'glythineb' â 'medd-dod' a 'thristyd' â 'llesgedd'. Sonia John Cassian, *Collationes,* v.10, am wyth pechod marwol gan gyfrif *deiectio* ac *accidia* fel dau. Ceir y saith pechod traddodiadol gan Gregori Fawr, *Moralia in Job,* xxxi, 45, lle mae *tristitia (*cymh. 'tristyd' y testun Cymraeg) yn cymryd lle *accidia* (cymh.'llesgedd' y testun Cymraeg). Ymhellach ar y saith pechod marwol mewn testun Cymraeg Canol, gw. *Ymborth yr Enaid,* gol. R. Iestyn Daniel (Caerdydd, 1995), 1–8.

1 balchder
2 eiddigedd, cenfigen (gwenwyn, malais)
3 dicllonedd, digofaint, llid, tymer ddrwg
4 difaterwch, *apathy*
5 crwydryn, dyn ar ddisberod
6 colleda, difuddia
7 perthynas agos, câr, cyfaill
8 dicllon, hawdd ei wylltio
9 carreg
10 anoddun, gwaelod neu ddyfnder (y môr)

ANHYSBYS

17. *Y Drindawd yn un Duw*

Dangos py wedd y deellir y Tad a'r Mab a'r Ysbryd Glân [yn] un Duw. Cyn[1] bo perffeithiach Duw no chreadur o'r byd a hynny o ffyrdd heb rif arnunt, eiso[es] ni allwn ni na deall Ei berffeithrwydd Ef na'i ddywedud ar ein tafawd onid trwy gyffelybrwydd y petheu a welwn ac a ddeallwn yn y creadurieid ac yn enwedig yn nyn a wnaethpwyd ar ddelw Duw. Yn eneid dyn y mae cof a deall neu feddwl ac ewyllys a chyn bwynt hwy[2] yn un eneid, amgen[3] beth yw pob un ohonunt â'i gilydd a phob un ohonunt hwy ysydd yn ei gilydd, canys cof ysydd gof gantaw bob un o'r tri, a'r meddwl a ddeall pob un o'r tri, a'r ewyllys a fyn ac a gâr pob un o'r tri. O'r cof weithon y genir meddwl, a'r meddwl hwnnw, geir yw a ffurfir ac a lun[n]ir yn nghalon dyn, a chyd â hynny o'r cof a'r meddwl y daw yr ewyllys. Felly un Duw holl gyfoethawg o achos Ei fod yn ysbryd [a] deallus ddylyedus y mae tri pheth fal cyffelyb i'r tri fry eithyr eu bod yn berffeithiach ac yn ddifeiach, sef ŷnt y tri pheth hynny, y Tad a'r Mab a'r Ysbryd Glân. Y Tad ysydd megis cof, canys fal y mae y cof yn ddechreu i'r meddwl a'r ewyllys ac [o'r] cof y daw yna y meddwl neu eir ac ohonunt hwynteu y daw ewyllys megis ysbryd. Ac felly y Tad Duw ysydd ddechreu i'r Mab canys o'r Tad y ganed Mab Duw megis y genir geir o'r cof. Ac wrth hynny, Mab Duw, geir y Tad yw a geir y['i] gelwir ac o'r Tad a'r Mab y deuth cariad ac unoliaeth rhwng y Tad a'r Mab a hwnnw [yw] yr Ysbryd Glân a'r tri hynny ysydd ogymeint a gogystal ac un fonedd ac un ddeall ac un allu, canys y tri hynny ysydd un Duw diwahân a'r tri ysydd ogyfoed a phob un ohonunt hwy ysydd yn ei gilydd can ni bu y Tad eiroed heb Fab iddaw ac ni bu heb ddywedud geir. Ac eisoes ni ddywad namyn un geir ac ni bu y Tad a'r Mab eiroed heb gariad ac unoliaeth y rhyngtunt a hwnnw yw yr Ysbryd Glân. Felly y daw o'r heul paladr yr heul ac o'r heul a'r paladr y daw gwres. A['r] tri hynny, gogyfoed ŷnt eithyr nad ŷnt un anian ddiwahân fal y teir person. Felly hefyd y daw nant o'r ffynnawn ac o'r ffynnawn a'r nant y daw llyn ac er hynny un dwfyr yw'r tri diwahân eithyr nad ŷnt ogyfoed canys cynt y bydd y dwfyr yn y ffynnawn ac yn y nant nog ydd â yn llyn. Wrth hynny nid oes dim yn yr holl [greadurieid] cyffelyb na thebyg o gwbyl i'r un Duw a'r teir person. Ac eisoes pwy bynnag a ddeallo yn amlwg yr hyn a ddywetbwyd am eneid dyn ac am y creadurieid eraill, haws iddaw weled a chredu py wedd y mae y Tad a'r Mab a'r Ysbryd Glân yn deir person ddosbarthedig ac yn un Duw.

Ceir y testun heb ei addasu yn yn *The Elucidarium and other tracts in Welsh from Llyvyr Agkyr Llandewivrevi, A.D. 1346*, ed. John Morris Jones and John Rhŷs, 162–3.

1 cyd, er 2 er eu bod 3 gwahanol

ANHYSBYS

18. *Efengyl Ieuan Ebostol*

[L]lyma synnwyr Efengyl Ieuan Ebostol herwydd y de[a]ll a'r synnwyr a roddes Duw i'r neb a'i troes o Ladin y[ng] Nghymraeg. A gwybydded bawb og a'i ddarlle[n]o pan yw[1] geirieu yr Efengyl ŷnt y rhei y mae y llinieu[2] [o]danynt a'r geirieu ereill heb linieu, geirieu y neb a'u troes y[ng] Nghymraeg i synhwyraw ac i amlycáu yr Efengyl. *In principio erat uerbum. Yn y dechreu yr oedd geir.* Sef oedd hynny, yn y Tad Duw ydd oedd Mab canys geir Duw oedd Ei Fab. *A'r geir a oedd gyd â Duw.* Ac wrth hynny y dylywn ni wybod nad un berson [yw] y Tad a'r Mab. *A Duw oedd y geir.* Canys y geir ysydd fab a'r Mab ysydd Dduw. *A hwnnw oedd yn y dechreu i gyd â Duw.* Canys gogyfoed yw y Mab a'r Tad. *A thrwy y geir hwnnw y gwnaethpwyd pob peth a hebddaw ni wnaethpwyd dim.* Can ni bu wneuthuriad amgen ar y byd eithyr dywedud o Dduw pan ddywad Ei eir ac yn Ei eir. Sef yw hynny pan aned Ei fab, 'Bid[3] bob peth yn yr amser hwn a'r amser.' Ac fal y dywad ac y gorchymynnawdd felly y bu. Ac ni bydd dim onid a ddywad Ef ar Ei eir y byddei. Ac eisoes ni ddywad Duw ac nis gorchymynnawdd fod pechawd, achaws hynny arwydd yw nad dim [yw] pechawd eithyr camwedd ac eisieu cyfiawnder. *A'r hyn a wnaethpwyd ynddaw Ef, bywyd oedd.* Sef yw hynny cyffelybrwydd a dechreu pob peth megis y mae yn Nuw, bywyd yw, canys pob peth og ysydd yn Nuw bywyd yw a Duw yw.

Darn addasedig o 'Efengyl Ieuan Ebostol' o *The Elucidarium and other tracts in Welsh from Llyvyr Agkyr Llandewivrevi, A.D. 1346*, ed. John Morris Jones and John Rhŷs (Oxford, 1894), 160.

1 mai 2 llinellau 3 boed

ANHYSBYS

19. *Dwywawl Gariad*

Traether bellach am ddwywawl gariad, drwy yr hwn y cysyllter y Creawdyr Duw â'i greadur dyn. Ac yn gyntaf, rheid yw gwybod beth yw cariad, a pha wedd y gwahenir ceingeu cariad, ac o ba ffordd y daw cyfiawn gariad.

Seint Awstin a ddyweid fal hyn beth yw cariad: 'Cariad yw neb un fywyd yn cysylltu deu beth i gyd neu yn eiddunaw eu cysylltu.' Deu ryw gariad ysydd, nid amgen, cariad serchawl trigedig[1] tragywyddawl, a chariad ellylleidd[2] diflanedig amserawl. Y cyntaf a ddodir ar beth parhaus tragywyddawl ac a gysylltir ag ef yn dragywydd. Yr eil a ddodir ar beth amserawl tranghedig ac i gyd ag ef y treing ac y diflanna. Y cyntaf, cariad perffeith yw, canys peth perffeithgwbyl tragywyddawl a gâr. Sef yw hwnnw, Duw. Yr eil, cariad amherffeith yw, canys amherffeith yw caru y peth y galler ei gasáu ac ymwahanu ag ef. Ac angen yw ymwahanu â pheth darfodedig. Y cyntaf a elwir cueddserch,[3] neu anwylserch, canys cu ac annwyl y dyly fod y serch a gysyllto y serchawl â'i gariad yn dragywydd. Yr eil a elwir ynfytserch, canys ynfyd yw y serch a ddiflanno gyd â'i serchawl. Am hynny, tremygedig[4] yw y cyfryw gariad hwnnw ar dwyllgariad. Y cyntaf ysydd berffeithgwbyl eiddunserch anrhydeddus, canys dwywawl yw yng ngwrthwyneb i'r cariad arall cnawdawl.

Llyma y ffordd y daw yr anwylserch gwynfydig hwnnw. Y Drindawd fendigedig o nef, creawdyr pob peth o'r a weler ac [o'r] ni weler, ynddaw ei hun ysydd bob peth, canys i gan dri pheth y cynhelir pob peth, nid amgen, gallu, a gwybod neu ddoethineb, a daioni. A'r tri pheth hynny a briodolir â their person y Drindawd. Canys i'r Tad y priodolir gallu, canys Ef ysydd hollallüus a hollgyfoethawg. I'r Mab y priodolir doethineb a gwybod, canys Ef yw y gwir ddoethineb a gwybod a gymerth ddyniawl gnawd ac a ŵyr bob rhyw beth. I'r Ysbryd Glân y priodolir daioni a thrugaredd, canys Ef ysydd holldrugarawg: canys ohonaw Ef, drwy y drugaredd, y cymerth y Mab y dyniawl gorff a aned o Feir Wyry.

Y teir person hynny, cyd boed[5] pob un onaddunt yn berffeithgwbyl Dduw, eisoes, un Duw ŷnt yn unddwywolder tragywyddawl, heb fod yn fwy nac yn llei y dwywolder yn un o'r teir person no'i gilydd, nac yn y teir person i gyd nog yn un onaddunt, nac un onaddunt yn gynt no'i gilydd nac un yn ôl ei gilydd, namyn y teir person yn gymharieid gyfoedion gyd-dragywyddolion; ac a elwir o ddirgeledig enw, Alpha et O. Sef yw hynny, A ac O, dechreu a diwedd.

A, llythyren teirconglawg yw ac a arwyddocâ deir person y Drindawd: yn y gongyl uchaf y Tad; yn y gongyl isaf o'r tu deheu y Mab, canys Ef a gyfeiste[dd] ar ddeheu Duw Dad; yn y gongyl arall isaf o'r tu aseu yr Ysbryd Glân, canys Ef ysydd yn cynired[6] cariad anwylserch y rhwng y Tad a'r Mab.

O, llythyren gron yw heb ddechreu a heb ddiwedd ynddi, canys ym mhob lle o beth crwn y ceir diwedd a dechreu, ac er hynny, nid oes na diwedd na dechreu arnaw. Ac am hynny, diwedd a dechreu yw yn ei chylch, a honno a arwyddocâ unddwywolder y teir person ysydd ddechreu a diwedd i bob peth, cyn[7] ni bo na dechreu na diwedd arnaw.

A llyna y cylch tri ac un ysydd bob peth, canys ohonaw y mae pob peth yn dyfod, a thrwyddaw Ef y daw pob peth, 'ac ynddaw y trig pob peth' megis y dywed Pawl Ebostol.

Cyffelybrwydd i hynny a ellid ei gymryd ar gylch crwn pedwarconglawg a ellid ei ysgythru[8] fal hyn, nid amgen: gwneuthur cylch crwn ar weith O, ac yn y cylch hwnnw ysgythru A yn drichonglawg, ac yn y gongyl uchaf o'r A ysgythru Duw Dad; yn y gongyl isaf ar y ddeheu ysgythru Mab Duw, sef yw hwnnw Iesu Grist; yn y gongyl arall o'r tu aseu ysgythru yr Ysbryd Glân ar ffuryf colomen yn gyflawn o dân, yr hwn a arwyddocâ gariad anwylserch ysydd yn cynired serchawl gariad y Tad ar y Mab a'r Mab ar y Tad.

O, llythyren gron yw heb na dechreu na diwedd arnei, canys ym mhob lle arnei y ceffir dechreu a diwedd, honno a arwyddocâ unddwywolder y teir person. Yn y fan uchaf o'r cylch hwnnw, yn y lle y mae y dwyrein, llunier y Tad; yn y gogledd, o'r tu deheu i'r Tad, llunier y Mab; yn y deheu o'r tu aseu i'r Tad, llunier yr Ysbryd Glân yn anfon, neu yn cynired, gwrychion o dân y cariad anwylserch y rhwng y Tad a'r Mab. Yn y gorllewin i waered llunier yr Eglwys Gatholig Lân, yr hon ysydd wreig bwys briawd[9] i un Mab Duw Dad. Sef yw honno, yr Eglwys fuddugawl gynulledig o gyffredin luosydd ffyddlonion Crist, o ddynion yr Eglwys ryfelus yma ac engylion yr Eglwys fuddugawl fry.

Bellach, o dan yr anwylserch gariad ysydd yn cynired y rhwng y Tad a'r Mab, yr hwn y cyffelybir yr Ysbryd Glân iddaw – ac yn wir Ef yw – y dygwydd gwrychion yr Eglwys fuddugawl, ac oddyno yng nghalonneu ffyddlonion yr Eglwys ryfelus yma. Ac er bychaned fo y gwrychion hynny, ni allant fod yn llei, namyn yn fwy, na'r holl fedysawd. Canys cyd ys galwer[10] yn wrychion, nid ŷnt lei no'r cwbyldan yr hanffwynt[11] ohonaw, sef yw hwnnw, yr Ysbryd Glân. Ac nid llei hwnnw ei hun nog unolder y teir person i gyd.

Yr anwylserch gariad hwnnw a wahenir yn ddwy geing: un yw caru Duw yn fwy no phob rhyw beth. Yr eil yw caru dy gyfnesaf yn gymeint â thi dy hun.

Caru Duw yn fwy no phob rhyw beth a ddylyir o bedeir ffordd, nid amgen: o holl galon, o holl eneid, o holl nerth, o holl feddwl.

O holl galon: sef yw hynny, yn ddoeth, hyd na bo neb rhyw beth yn y galon a wrthwynepo Ei gariad Ef, namyn rhoddi iddaw Ef yr holl galon. Canys Ef ei hun ysydd yn ei herchi pan ddyweid, 'Fy mab, moes im dy galon.' Sef yw hynny, holl ewyllys y galon, hyd na bo gwaed yn y galon ar nis gellynger o'i gariad Ef, o bydd rheid.

O holl eneid: sef yw hynny, yn berfelys neu yn felyster, hyd na bo digrifwch na pherfelyster yn yr eneid namyn Duw ei hun, ac na charer neb o gyfiawn gariad namyn Ef, neu a ddylyer ei garu er Ei gariad Ef.

O holl nerth: sef yw hynny, yn gadarn, hyd na bo neb rhyw beth a allo dy wahanu i wrth gariad Duw.

O holl feddwl: sef yw hynny, yn gofawdyr, hyd nad êl dros gof gennyt byth Ei gariad Ef, namyn cynnal yn dy gof na cherych neb rhyw beth yn fwy nog Ef.

Caru dy gyfnesaf a ddylyi yn gymeint â thi dy hun. Sef yw hynny, na rybuchych iddaw ddrwg, ac nas mynnych mwy nog it dy hun, ac a fynnut ei rybuchaw[12] it dy hun, ei fynnu iddaw ynteu, ac na etych arnaw ormod gwall nac eisieu mwy nog arnat dy hun – hyd y gellych yn gyfiawn ei amddiffyn, megis nad ymlycrych dy hun yn ormod o'i garu ef yn fwy no thi dy hun hyd nad etych ddim ar dy helw i achub dy angen dy hun heb ei roddi wrth ei angen ef: canys ni ddylyi di garu neb yn fwy no thi dy hun namyn Duw, cyd ys cerych yn gymeint â thi dy hun.

Dy gyfnesaf yw pob un o ffyddlonion Crist. Sef yw hwnnw, pob Cristiawn ffyddlawn, ac yn bennaf pawb o'r a wnaeth da it, cyd bych mwy rhwymedig i'th rieni a'th gereint nog i estronion. Ac yn fwy y'th rwymir i garu dy rieni a'th gereint ysbrydolion, megis esglwyswyr a chrefyddwyr,[13] no'th rieni a'th gereint cnawdolion, megis y mae pennach yr ysbryd no'r cnawd; ac yn bennaf o hynny, od wyt grefyddwr, dy gyd-grefyddwyr a'th dadeu ysbrydolion.

Pob rhyw gariad arall o'r a ddoter ar greadur arall, eithyr a garer er Duw, ynfytserch yw, ac ni henyw o wrychion yr Ysbryd Glân. Ac wrth na henyw o gylch y Drindawd, yr hwn ysydd bob rhyw beth, ar ddim y troir, a chyd â dim y collir. Sef yw dim, absen a gwrthwyneb i bob rhyw beth. Ac am hynny, oddieithyr cylch pob rhyw beth y mae, a chyd ag ef y mae pechawd: canys unrhyw yw pechawd â dim. Ac am hynny y collir y pechadurieid trigedigion[14] byth yn eu pechodeu gyd â dim, o achaws ymadaw onaddunt â'r hyn ysydd bob peth drwy ddodi eu hynfytserch ar ddim ac ymgysylltu ag ef.

A bellach, megys y cysyllta yr ynfytserch amserawl-ddim, neu bechawd-ddim, y serchawl â dim, felly y cysyllta anwylserch tragywyddawlbeth y serchawl â Duw, yr hwn ysydd bob rhyw beth, yn dragywyddawl. Ac felly, drwy yr anwylserch gariad hwnnw a ddêl o wrychion yr Ysbryd Glân, yr hwn ysydd anwylserch gariad y Tad ar y Mab a'r Mab ar y Tad, y cysylltir y creadur dyn a'i greawdyr Duw hollgyfoethawg. Ac felly y terfyna yr eil ran o'r llyfr hwn, nid amgen nog o ddwywawl gariad.

Darn addasedig o destun *Ymborth yr Enaid*, gol. R. Iestyn Daniel, 9–13. (Am darddiad y testun, gw. y Rhagymadrodd, *ibid.*, xlii–xlvi.)

1 parhaus
2 cythreulig, drychiolaethol, lledrithiol
3 anwyldra
4 dirmygedig
5 er bod
6 cyniwair
7 cyd, er
8 torri ei lun, ysgrifennu
9 gwraig gyfreithlon briod
10 er eu galw
11 y bônt yn tarddu
12 dymuno, ewyllysio
13 mynaich
14 parhaus

ANHYSBYS

20. *Pa ffuryf y daw'r gweledigaethеu*

Ac oddyna, ymddyro i ymgaru â'r Mab gwynfydig o'th holl nerthoedd yn unwedd â phei byddei Ef yn gorfforawl y rhwng dy freichieu [hyd] oni [ch]lywych, o nerth y serchawl gariad hwnnw, y rhyw bêr ferwindeb[1] yn y gïeu a'r gwytheu, ac ar hyd yr holl gnawd, ac yn y mynwgyl[2] megis golusgion[3] o ddilieu mêl cynteid,[4] ac yn y galon megis digrifserch waryeu[5] yn peri iddi megis bergaroli neu berhopiein[6] o nerth digrifwch y pêr anwylserch gariad hwnnw.

Ac yna gwybydd y mai mân wrychion yr Ysbryd Glân a ddywetbwyd uchod ei ry fod yn ysgeiniaw[7] o arddyrchafiad gwefuseu y cysegredig Fab ysydd yn dyfod i'th fynwgyl a'th ddwyfron, ac y mai manwlith yr Ysbryd Glân a ddywetbwyd fry ei ry fod yn gwanegu[8] megis mân ddagreu o'i ruddellion[9] lygeid ysydd yn dyfod i'th galon. Ac ymddyro yn fwyfwy i'r pêr gariad hwnnw drwy ddygynlud[10] ymwasgu â'r cariadfab: cyd[11] boed trahaus i neb feddyliaw ymwasgu ag ef, eisoes, coffa fod yn fwy y câr Ei serchawl drugaredd Ef ymwasgu â thydi i'th garu nog y gellych di feddyliaw ymwasgu a'i garu Ef.

Ac yna coffa yn hysbys na throho dy feddwl ar neb rhyw beth cnawdawl nac ar ddim arall, onid arnaw Ef ei hun. A hyd y gellych lutaf,[12] galw ar yr enweu dirgeledigion hyn, drwy eu gwir serchawl addoli yn dy feddwl a chredu i'w gwyrthieu: Mesias + Sother + Emanuel + Tetragramaton + Sabaoth + Adonay + Alpha + & O + Agios + Amen Alleluia +. A thrwy ddygynlud serchawl alw ar y sercholion enweu hynny, ymddyro etwa a fo mwy i garueiddserch y nefawlfab, hyd oni [ch]lywych yn dy gylch addwynber[13] arogleu ystor[14] yn cyflewni holl synnwyr dy ffroeneu a'th holl eneid o ddigrifwch y safwyr hwnnw.

Ac yna, gwybydd ry ddyfod [Ei] ysbrydawl anadyl Ef atat ti, [hyd] oni wypych Ei fod Ef yn gorfforawl i gyd â thi, cyn nis gwelych.

Ac yna, dygynlud alw ar yr enweu o gwbyl ewyllys, [hyd] oni syrthio arnat fynych berlewygfâu yn ddisymwth, hyd na mynnut dda y byd oll hebddunt.

Ac yna, oni elli amgen,[15] rhag rhwy[16] serchawl gariad, alw ar yr enweu oll, galw byth ar yr enw bendigedig hwn, Iesu + un mab Meir Wyry +.

Ac yna, o chlywi y rhyw ganueu digrifion pêr, araflef, gwybydd y mai ei engylion ef a'u canant. Ac o gweli y rhyw ganeidwen wybren yn ddeisyfyd[17] yn cyflewni dy holl olwg a'th holl galon o addwyn[18] serch tragywyddolder bywyd, yn chwimwth yn disgleiriaw megis lluchaden, gwybydd y mai Ef ei hun yn ysbrydawl orfoleddus gnawdolder ysydd yno.

Ac yna, dygynlud alw byth + Iesu + un mab Meir [hyd] oni syrthio arnat pêr farwhun ddigrifdlos o'r mynychion berlewygfâu a ragddywetbwyd.

Ac yna, o gweli yn y farwhun honno megis hun arall perarafach no'r hun gyntaf yn dyfod it, gwybydd dy fod oddieithyr dy gnawdoliaeth yn ysbrydawl hun ddwyfrwyd.[19]

Ac yna, o daw cof it, rhag pêr ddigrifwch yr hun honno, galw o'th serchawl fryd ar + Iesu + yn dy feddwl, cyn ni ellych ei ddywedud.

Ac yna, o gweli, debygi di dy fod yn caffel yn yr hun honno hun arall dribrwyd[20] a fo perach ac arafach nogyd y rhei ereill, yna ymddyro oll i'r ysbryd, a'r weledigaeth a welych yn honno, cywir fydd. Canys i gan yr Ysbryd Glân y daw. Ac nid rheid ei mynegi i neb, onid i gyfrinachus gydymddeith o grefyddwr,[21] na bocsachu[22] amdani, rhag na ddêl yr eil weith. A'r hun honno a elwir hun fuddugawl: canys buddugoliaeth yw ei chaffel, a buddugawl yw y neb a'i caffo. Yr amser pennaf y dylyych ei cheisiaw yw dyw Sadwrn, wedi hanner nos yn lud ar y dydd, neu yng nghyfrwng y nos a'r dydd, wedi ry ymbaratoych cyn no hynny o unpryd a gweddïeu dyw Gwener a dyw Sadwrn, a thrwy lân gyffes ymroddi i'r Drindawd gysegredig o nef.

Ac oddyna y dydd hwnnw, nid amgen dyw Sul, cymer gymun corff Crist. A'r nos honno, o anrhydedd y Drindawd ac o nerth a gwyrthieu corff Crist, agatfydd[23] ti a geffi hun arall berach no honno, a gweledigaeth a fo perffeithiach.

Ac odyna, diolwch i'r Drindawd gan ddywedud y geirieu hyn:

Moliant gogoniant a ganer – yn wawd,[24]
  I'r Drindawd, undawd unddwywolder;
Gorfoledd rhyfedd a'i rhifer[25] – i gyd,
  Tad a Mab, Ysbryd clyd[26] eglurder.

Darn addasedig o destun *Ymborth yr Enaid,* gol. R. Iestyn Daniel, 24–6.

1 Saes. *tingling*
2 gwddf, gwddw
3 drachtiau (gludiog)
4 yr haid gyntaf o wenyn i adael y cwch
5 chwaraeon
6 cyfystyr â 'perarogli'
7 tasgu
8 llifo
9 coch, Saes. *crimson*
10 *dygn* + *glud*, dygn daer
11 er
12 taer
13 addfwynder
14 Saes. *resin*
15 felly, yn hytrach
16 gormod
17 ar unwaith
18 addfwyn, pêr
19 a nyddwyd ddwywaith
20 triphlyg
21 mynach, gŵr mewn urddau
22 ymffrostio
23 efallai
24 cân, cerdd
25 cyfrifer, ?parcher
26 brwd

DAFYDD AP GWILYM
fl. 1315/20 – 1350/70

21. *Englynion yr Offeren*

Anima Christi, sanctifica me.
Enwog, trugarog annwyd Tri – ac Un,
Ogoniant proffwydi,
Enaid teg croesteg Cristi,
Fal glain o fewn glanha fi.

Corpus Christi, salva me.
Corff Crist sy rydrist dros wrhydri – cam,
Cnawd cymun o'i erchi,
Iechyd pur ysbryd peri,
Can wyd fyw, cadw yn fyw fi.

Sanguis Christi, inebria me.
Gwaed Crist rhag yn drist, dros deithi, – a wna,
Fy neol a'm colli ;
Cyfod, golau glod Geli,
Cadw rhag pechod feddwdod fi.

Aqua lateris Christi, lava me.
Dwfr ystlys dilwfr dolur weli – Crist,
Croes ddedwydd gynhelwi,
Dwyfawl gyllawl, heb golli,
Diwyd gylch fywyd, golch fi.

Passio Christi, comforta me.
Dioddef Crist nef, naf proffwydi – byd,
    Bu ddygn Dy bym weli,
  Cadarn iawn wiwddawn weddi,
  Cadarnha, fawr wrda, fi.

O bone Iesu, exaudi me.
Gwâr Iesu trugar, treigl dydi – ataf,
    Ateb y goleuni ;
  Gwawr pob allawr fawr foli,
  Gwrando heb feio fyfi.

Et ne permittas me separari a te.
A gosod, fau fod, fyfi, – gynnydd da,
    Ger dy law, les mwndi ;
  Megis perth, wiwnerth weini,
  Mawl heb dawl, y molaf di.

Ut cum angelis tuis laudem te.
Gyda'th nifer, nêr nerthwir, – engylion,
    Yng ngolau ni chollir,
  Yn y nef y cyhoeddir,
  Nesed bid gwared, boed gwir.

Amen.
Boed gwir y'n dygir deg frenhiniaeth – nef,
    Yn ufudd wrogaeth,
  Gwlad uchelrad feithrad faeth,
  Gwledd ddiwagedd ddiwygiaeth.

Gwaith Dafydd ap Gwilym, gol. Thomas Parry (Caerdydd, 1952), 6–7.

GWILYM DDU O ARFON
fl. 1280 – 1320

22.

Awdl i Iesu

Diwyd yw, i'm bryd, Brawd hedd – pur uncof,
Pâr encyd i'm buchedd,
Duw yn fach, morach Mawredd,
Dwyn croes daith fwyn, Crist, i'th fedd.

Bedd Mawredd maith, Pen-rhwyddnen rhaith, bid obaith byd.
Byddwn yno, budd i'n hoywfro, byddin hyfryd.
Boddiannwn Grist, byddin ddidrist, budd iawn ddedryd.
Buan y tyn y breisglu gwyn, nid brwysgle gwŷd.
Poenddoluriodd pan ein creodd Creawdr bywyd,
Brenin trachoeth o'r un cyfoeth, Ŵr, a'n cyfyd
Fry ar ddeau o rwym beddau, temlau tomlyd.
Delid ynof diladd geingof dileddf gyngyd,
Duw, Dy ganlyn, diwael Oesbryn, dwywawl Ysbryd.
Da fydd tyfiant, dwysg ogoniant, dysg i gennyd;
Broydd Asia ac Affrica, pla o'u plegyd!
Bara yn gig a'n pair Gwledig gwlad lân fywyd;
Bydd gwaed o'r gwin, boed yn fy min, Dewin diwyd.

Ffyddlon yw['r] Brawd tangnefedd [o] bur un feddwl, yn fy marn [i],
Dyro ysbaid yn fy muchedd,
[A] Duw yn Warantwr, llawenydd [y] Mawredd,
[Sef i] ddwyn croes lesol [ei] thaith, Grist, i'th fedd.

Boed bedd [y] Mawredd maith, Pen Arglwydd haelionus [y] ddeddf, yn obaith bywyd.
Boed i ni fod yno, [yn] lles i'n gwlad lawen, [yn] llu braf.
Boed i ni foddio Crist, [yn] llu dedwydd, [yn dderbynwyr] bendith dedfryd gyfiawn.
Buan y tyn [y bedd] y nerthol lu gwynfydedig, nid lle meddw drygioni [mohono].
Poenodd Creawdr bywyd yn ddwys pan greodd ni,
Bydd [y] Brenin tra chelfydd, yn meddu gallu unigryw, [ac eto'n] Ŵr, yn ein codi

Uchod ar [Ei] ddeheulaw o gaethiwed beddau, gorweddfâu tomlyd.
Arhosed ynof anniflan gof gwiw [am] fwriad diysgog,
[O] Dduw, [i']th ganlyn, ardderchog Brynwr bywyd, [yr] Ysbryd dwyfol.
Da fydd cynnydd, gogoniant llif[eiriol], hyfforddiant oddi wrthyt;
[Am] wledydd Asia ac Affrica, melltith o'u plegid!
Bara yn gig i ni a wna Arglwydd gwlad bywyd pur;
Bydd gwaed o'r gwin, boed [hwnnw] ar fy ngwefus, Wneuthurwr gwyrthiau ffyddlon.

Fe'i golygwyd a'i gyfieithu gan R. Iestyn Daniel yn *Gwaith Gruffudd ap Dafydd ap Tudur ac Eraill* (Aberystwyth, 1995), 64–5.

GRUFFUDD AP MAREDUDD
fl. 1346 – 82

23. *Cyfarch Crist*

Dylyem (pwyllem cyn pell ynial – yng
Angau, ffrwyth yr afal)
Ddyfod i'n cof drwy ofal
Geraint Duw, goron eu tâl.

A rhoddaist, f'Arglwydd, ar oddau – mawredd,
Dros ein meirw bechodau,
Gwaed o'r fron doll archollau
I redeg o'r cnawd teg tau.

Mawr gywilydd fydd na faddau; – ni gwnawn
Yn enw y Gorau
Gweled cur a doluriau
Ddydd Brawd y teilyng-gnawd tau.

A'th ddelw a'th ddwylaw ar lled,
(Dy ddelw, pam nad addolid?)

Erom, truan a wryd,
Erbyn, gorwedd ym medd mud,
Arwydd dyfawr boen irad:
Eres pam na wnawn erod.

Dylem (ystyriem cyn cyfyngder eithafol o faith
Angau, ffrwyth yr afal)
Ddwyn i'n cof â gofal
Gyfeillion Duw, [a] choron [ar] eu pen.

A peraist, f'Arglwydd, o achos [Dy] fawredd,
Dros ein pechodau marwol,
Waed o'r fynwes friw [lawn] clwyfau
I lifo o'th gnawd hardd Di.

Bydd cywilydd mawr na fydd yn peidio; fe wnawn ni
Yn enw'r Gŵr gorau
Weld poen a doluriau
Dy gnawd teilwng Di ar Ddydd y Farn.

A'th ddelw a'th ddwylaw ar led,
(Dy ddelw, pam nad addolid [ef]?)
Drosom, [dyna] wrhydri truenus,
Derbyn, gorwedd mewn bedd mud,
Arwydd Dy fawr boen erchyll,
Rhyfedd yw pam na wnawn [hynny] drosot.

Fe'i golygwyd a'i gyfieithu gan Ann Parry Owen yng 'Nghyfres Beirdd yr Uchelwyr' (i ymddangos).

ANHYSBYS
c.1350

24. *I Fair*

O arffed myged mygr fawrgrair – y daw
A dywyn pob cyfair,
Gwir ddigabl barabl burair,
4 Gwargain haul firain, hael Fair.

Mab (nawdd arnaf!) Naf nef trefred – eurglawr,
Duw Arglwydd gogoned,
Mygrfam ddinam eidduned,
8 Mair, gwâr hael grair, gwir haul Gred.

O fynwes urddasol anwylyd drud [a] gogoneddus y daw
Y sawl sy'n goleuo pob ardal,
Gair sanctaidd [sy'n] ymadrodd union [a] di-fai,
[Un] addfwyn a gwych [megis] haul ysblennydd, Mair urddasol.

[Sef] Mab (boed imi nawdd!) Arglwydd nefoedd [y] trigfan gwych ei lawr,
Duw [sy'n] Arglwydd gogoniant,
Mam ogoneddus ddi-nam [ei] deisyfiad,
Mair, anwylyd addfwyn [a] haelfrydig, gwir haul Byd Cred.

Fe'i golygwyd a'i gyfieithu gan Ann Parry Owen yn *Gwaith Llywelyn Brydydd Hoddnant, Dafydd ap Gwilym, Hillyn ac Eraill* (Aberystwyth, 1996), 141.

ANHYSBYS

25. *Gwyrthiau y Wynfydedig Fair*

Ef a ddamweiniws gynt fod abad Manachlog Clunei, fal y darlle[n]ir yn ei fuchedd ef, a'i fyned gyd â'i frodyr allan o'r fanachlog ac nid heb achaws. A nachaf[1] lleidyr yn cyfarfod ag ef ac yn y lle yn d[y]gwyddaw i draed yr abad a dechreu ei dynghedu yn enw Duw [hyd] oni [ch]ydymddeithocâi[2] ef [â] rhifedi ei frodyr. A chan nid adwaenad[3] yr abad beth a archei ar hynt,[4] nis caniadws[5] iddaw, namyn gofyn i ereill beth oedd ei ansawdd[6] a'i fuchedd. A phawb o'r a'i hadwaenad ynteu a gadarnheynt pan yw[7] y lleidyr enwiraf a'r gwaethaf oedd ynteu. A phan gigleu[8] was Duw hynny ei ddysgu a orug i emendaw[9] ei fuchedd yn gyntaf yn y byd ac ymbrofi ei hun cyn ceisiaw y rhyw betheu hynny neu geisiaw ohonaw ynteu grefydd a fei ysgafnach, a dywedud iddaw fod yn ormodd gorthrymder[10] urddas Clunei. 'Llyman finneu,' heb y lleidyr, 'yn cerdded ac yn myned yng nghyfyrgoll,[11] ac ef a ofyn Duw i gennyt titheu fy eneid i ddydd brawd.' Ac wrth hynny ofynhau[12] a orug yr abad a'i gyd-ymddeithiaw[13] i gyd â'i frodyr, ei eneid a'i gorff, a rhoddi abid iddaw. Sef a wnâi y confers[14] gwynfydedig h[w]n yn wir o enw a gweithred sallwyreu o'r neill [l]aw a llafurieu o'r llaw arall. Ac ymhlith y petheu ereill o addurn ei nerthoedd, anrhydeddu y Wynfydedig Feir o bob cyfryw ddihewyd ac ufudd-dawd hyd na ddiffygiei byth ei chof hi, yr hyn a fu amlwg yn ei ddiwedd ef, canys pan ddoeth yn ei wander wrth ei ddiwedd a dyfod ei abad i gynnig lle i gyffes iddaw hyd nad addawei ddim heb gyffesu gan nid oes le trugaredd heb gyffes, 'Duw a ŵyr', heb ef, 'na wn i fy mod yn gyfrin[15] â phechawd yn y byd er pan gymereis yr abid hon, eithyr roddi fy mheis,' heb ef, 'i achanawg[16] noeth heb wybod a heb ganiad, a dwyn tennyn cywarch[17] hefyd heb wybod.' A phan ofynnws yr abad iddaw beth rywnathoedd ā'r tennyn, ynteu a ddywawd pan yw rhwymaw ei groth i gyfartalu[18] ei fwyta. Ef a ddywawd hefyd i'w abad ei fod y nos cyn no hynny trwy weledigaeth yn cerdded ar hyd graddeu parth â nef a dyfod yn ei erbyn addfwynaf arglwyddes, goleuach a gwympach no'r heul ac yn ymddiddan ag ef yn felys fal hyn, 'A adwaenost ti fyfi?' heb hi. 'Nac adwen,' heb ynteu yn ofynawg. 'Mi', heb hitheu, 'yw Mam y Drugaredd. Na fid[19] ofyn arnat. O ben y tridieu allan, ti a ddeui yma ataf fi.' A phan gigleu yr abad hynny, talu diolcheu i Dduw a orug[20] ac i'w wynfydedig Fam ynteu. Ac ym mhlith hynny ydd erchis yr abad tynnu rhaff ar hyd ei gnawd ynteu [y mynach] ac wynteu a'i tynasant yn ddiarbed o'r cig a'r croen [hyd] onid oedd y gwaed a'r budredd o fewn yn llithraw allan yn angreifft ei fod yn wir benydiwr. Ac fegis y dywedasei y Wynfydedig Feir yn y weledigeth iddaw, yr un awr honno ydd aeth ei eneid o'i gorff ac y cerddws ar lywenydd teyrnas nef yn y[21] canhebryngei Mam y Drugaredd ef.

Darn o destun 'Gwyrthyeu y Wynuydedic Veir' wedi ei gopïo o Lsgr. Peniarth 14 gan Gwenan Jones, yn BBCS ix (1937–9), 144–8, 334–41; x (1939–41), 21–33, yn arbennig 337–8. Addasiad.

1 wele
2 cymdeithasai, ymunai
3 adwaenai
4 ar unwaith
5 nis caniataodd
6 natur
7 mai
8 clywodd
9 diwygio
10 gorthrymder, disgyblaeth
11 colledigaeth lwyr
12 dychryn
13 cymdeithasu, cysylltu, ymaelodi
14 *conversus*, aelod [mewn oed] newydd ei dderbyn i Urdd Fynachaidd
15 dirgel gyfrannog
16 anghenus
17 Saes. *hemp*
18 cymedroli, rheoli
19 boed
20 gwnaeth
21 lle y

GUTO'R GLYN
c.1435 – c.1493

26. *Ystyriaeth Bywyd (darn)*

Moli bûm ymylau byd,
Malu sôn melys ennyd,
A chablu er yn chweblwydd,
Erchis ym eiriach y swydd.
'Taw,' heb hwn, ateb henaint,
'Tro fal Sawl trwy foli saint.'
Erchi ym a'i orchymyn
Foliannu Duw o flaen dyn,

A rhoi'r gerdd, rhywyr yw'r gwaith,
I frenin nef ar unwaith.
Rhannu rhag byrhau einioes,
Rhy fyr i'r hwyaf ei oes.
Rhannu a degymu'n gall
Rhan i Dduw o'r hen ddeall.
Rhannodd o'i rhodd ynn fry,
Rhown dâl i hwn a'i dyly.

I'r Tad, Mab, ac Ysbryd hir,
A Duw oll y deellir.
Duw nef a Dau yn ei ôl,
Duw ei hun, diwahanol.
Da fu'r anrheg o chwegair,
Dyfu'r mab Duw o fru Mair ...

Llyna Grist yn llyn o grau,
Llun Duw yn llawn adwyau,
A ddaw, ddiweddbraw ddyddbrawd,
I'n cywain oll yn ein cnawd.
Troes Duw Tad, tristyd a wn,
Tri meddwl trwm a wyddwn.
Tri chledd a'm trawai â chlwyf,
Trwm ddolur tra meddyliwyf.
Marw fyddaf i'm arfeddyd,
Ni wn ba awr yn y byd.
Ac ni wn a gynanaf
Heb oludd ym i ble 'dd af ...

Ar y Creawdr y criaf.
Wylo'r nos lawer a wnaf
O draserch Duw a'r Iesu,
Ac ofn fyth, mor gyfion fu.
Ofn y grog o fewn ei grys,
A'r iawnfarn ar yr enfys.
Ofn eryr nef a'i nawradd,
Ofn y loes a fu'n ei ladd.

Mae corn y frawd i'm cern fry
A'm geilw yma o'm gwely.
Am a wneuthum y noethir
Fy nhâl o'r ysgrifen hir.

Wrth y Mab a'i wyrthiau maith
Ym mrig aberth mae'r gobaith.
Y Drindod draw a wrendy
Arnaf ar arch o'r nef fry.
F'un Ceidwad, fy Nuw cadarn,
Fy nawdd fydd yn nydd y farn.
Fy noddfa, fy niweddfyd,
Fo nef a'i gartref i gyd!

Gwaith Guto'r Glyn, gol. J. Llywelyn Williams ac Ifor Williams (argraffiad cyntaf, Caerdydd, 1939; ail argraffiad, Caerdydd, 1961), 305–7.

SIÔN CENT
c.1400 – 1430/45

27. *I Wagedd ac Oferedd y Byd (darn)*

Diddim ydyw o dyddyn
Ond saith droedfedd, diwedd dyn.
Y corff a fu'n y porffor,
Mae mewn cist ym min y côr;
A'r enaid ni ŵyr yna,
Pŵl yw o ddysg, p'le ydd â.
Am y trawsedd a wneddyw
A'r camgredu, tra fu fyw,
Rhywyr fydd yn y dydd du,
Od wyf ŵr, edifaru.
Nis anrhega yna un
O'r cant, rhy hir yw'r cyntun.
Nis calyn na dyn, na dau;
Nis gorfydd, ni wisg arfau.

Nis câr merch, nis anerchir.
Ni seing na dadlau na sir;
Ni chais fedd i gyfeddach,
Ni chyrch un wledd o'r bedd bach;
Ni rown ben un o'r cennin,
Er ei sgrwd yn yr ysgrîn.
A'r enaid, mewn dlif ddifost,
O'r ia i'r tân, oeri tost,
Lle gorfydd, celfydd nis cêl,
Cydfod anorfod oerfel:
Pa les er hyn plas y rhew?
Peidiwn rhag naws y pydew.
Pyllau, ffyrnau uffernawl,
Peiriau, dreigiau, delwau diawl;
Gweled pob pryf, cryf yw Crist,
Corniog ysgithrog athrist.
Yn llaw pob cythraul yn llawn
Cigweiniau, cogau aniawn;
A thywyllwg mwg megis
Llanw llawn brad llun llwybr un bris.
Cedwid Crist, lle trist bob tro,
Dynion rhag myned yno!

The Oxford Book of Welsh Verse, ed. Thomas Parry, 98–9. Cymh. *Iolo Goch ac Eraill,* gol. Henry Lewis, Thomas Roberts, Ifor Williams (Caerdydd, 1925), 275–80, (ail argraffiad, Caerdydd, 1937), 291–2.

LEWYS GLYN COTHI
c.1420 – 89

28. *I'r Grog*

Y ddelw wyry oedd ddoluriog
fyw ar y Groes, Ef yw'r Grog.
Pedwarryw cyn pedeiroes
o wŷdd i Grist oedd ei Groes:
olifa, palma 'mhob ban,
siprisus, sidrus oedran.
Caephas o feinciau uffern
a'i lu oll o ael y wern,
gwnaethan' lunio cusan cas
Iesu wedy brad Siwdas.
Esgus Pilatus wrth wlad
fu un pŵl o fin Peilad.
Hwy roesan', bob rai, eisioes
finegr ir ar fan y Groes.
Â draen y gwnaethan' bob dri,
geirw unwedd, ei goroni.
Â gwayw byr, ochrog ei ben,
y torasant yr asen.
A'r awr y rhoed gwayw drwy'r rhin
is ei fron, Iesu frenin,
wrth y llan yr aeth y llech
o ddialedd yn ddwylech.
Daear a nef, am dor nawdd,
o'u gerwineb a grynawdd.
O'i lliw'dd aeth yr haul yn llwyr,
a'r lleuad a'r holl awyr.
Mair, mam Iago ddinam dda,
a Mair weithian a Martha,
cyn nos yr amcanasan'
edrych y bedd drwy chwe ban.
Tri pheth y rhwng tre a phant
eisioes a feddyliasant:
bod y bedd, o'r byd y bu,

dyw Sul wedi ei selu;
bod elech, pob dialedd
drom o'r byd, rwym ar y bedd;
bod pedwar marchog aruthr
draw'n ei weithiaw'n daran uthr.
Difiau y golches Dofydd
draed ei wŷr, er dirio dydd.
Dyw Gwener gwedy 'fferen
y'i rhoed ar ffrwst ar dri phren.
Dywsul cyfod o Iesu
yn ŵr byw i'r faenor y bu.
Uffern glos fal ffwrn o glawdd
yn ei rhith a anrheithawdd,
a nef fry, hyn fu ei rodd,
o'i wisg wen, a esgynnodd.
Ef a droes i bumoes byd
lawenydd yn ôl Ynyd.
I'r ddaear i weddïaw
i roi'r Frawd Dyddbrawd y daw.
Yno y crŷn gerbron Crog
yn wir gywir a geuog;
yno dengys ystlys iach
a'i welïau yn loywach;
yno y rhydd cyn hwyrhau
farn galed ar fryn golau;
yno y cawn, lawn ei wledd,
Duw yw'r Gŵr, ei drugaredd.

Allan o *Gwaith Lewys Glyn Cothi*, gol. Dafydd Johnston (Caerdydd, 1995), 15–16.

ADRAN II

1500-1599

Detholwyd gan R. Brinley Jones

RHISIART AP RHYS
fl. c. 1495 – *c.* 1510

29. *I'r Fendigedig Arglwyddes Fair Forwyn ym Mhen-rhys*

Gwŷr y deml a'u geiriau dig
a oedd ormodd o ddirmyg.
Rhoi dau o'u mysg – rhad a'u medd –
o bren hynaif brenhinedd.
Wedi herwa dau hirynt
y doen i gyd, enwog ŷnt.
Yna, Mair, o ne ym wyd,
aeth yn well, y'th enillwyd.
Daly *y*r ŷch, yn dy law'r aeth,
dyn deg am d'anedigaeth.

Pan aeth oed – Pwy ni'th edwyn? –
dy roddi i ŵr, nid ar ddyn,
er yt aros wrth Ioseb
moli wnaud Dduw ym mlaen neb.
Gair i'th dad yn dy groth di
oedd oen gwyn yn ddyn geni.
Os Duw ni welaist ei ôl
nes ganedig gwisg gnawdol,
llwyth rhidys, lla*e*th i redeg,
o'th fronnau doeth, forwyn deg:
miragl waith ym mrig y lan
magu Iesu am gusan.

Pa ben biau pob ynys?
Pen i wŷr hwn yw Pen-rhys.
Ym mrig craig y mae eirw crych,
yn iach anaf a'i chwennych:
gwin gwyn drwy'r rh*e*wyn a red,
gŵyr lladd gwaewyr a lludded.
Llawer un i'r llawr a aeth
a dynnaist o'i fudan*i*aeth.

Haind y werin yn d'aros
o'r wylo'n iach yr ail nos.
F'âi gloch wrth fagl a char
e hun i ganu'n gynnar.
O gyr pwys y gwayw o'r pen,
iacháu eraill o'r chwarren.

Dy wylio'r *ys*, deuliw'r od,
a chael aberth a chlybod.
Delw Fair nid dilafurach
no Mair o nef am roi'n iach.
Ym marn Duw – Mair yn dy wart –
i Ben-rhys derbyn Rhisiart.

Un pryd, awr yn pryderu,
yn dy fraich mae'r un Duw fry.
Yr awr y myn, *a*r air maith,
fy mrenin fy marw unwaith,
mae'r amser, os pryderaf,
Mair, yn nesáu 'mernos haf.
Mannau dynol mewn d'wyneb
am un a wnaeth mwy no neb.
Am anwylyd mae 'nolef,
am dy nerth i'm dwyn i nef.

Dwywol rhwng apostolion
ydd â'r haul o'r ddaear hon.
Wedy uddunt y deuddeg
dy roi mewn tŵm, dremyn teg,
englynion gwynion a gaid
i'th ddwyn, dy gorff a'th enaid.
Dy wiriondeb i'r Drindod,
Dydd y Farn, da oedd ei fod.
Mair o nef, morwyn ufudd,
Mae'n ofn yr hawl, myn fi'n rhydd.
Tro f'enaid o'm terfynad
i'r lle'r wyt ti gerllaw'r Tad.

Codwyd o *Gwaith Rhys Brydydd a Rhisiart ap Rhys*, J. Morgan Williams, Eurys Rowlands, 1976.

IORWERTH FYNGLWYD
fl. 1485 – 1527

30. *I Fair a'i Mab*

Y ferch wen o fraich Anna
a garodd Duw ei gwraidd da.
Os Iesu yn oes oesoedd
o Ddafydd ryw ddydd ydd oedd,
wyt ti o lwyth Lefi lân,
o lwyth Siwda, lath sidan.
Balch a llawen yw gennym
dy ddichlyn o'r gwreiddyn grym.
Gwinwydden, – gwn ei addef –
gwialen wyd a'n geilw i nef:
blodau egin y gwin gwyn
heb lid yw ei blodeuyn.

Duw sy Dad yn ei gadair,
Duw sy Fab dewisa i Fair,
Duw sy Ysbryd, cyngyd call,
ac un Duw, – gwn eu deall.
Duw'n gwbl – nid iawn ei gablu –
o'th gennad, Fair, i'th gnawd fu.
Mae 'nghenol ei dduwiolaeth,
mae yn yr un man yr aeth.
Dedwydd fuost, diwydwawr,
gael Duw'n fab, a'i glod yn fawr:
dawnus gantho a dinam,
deg lân Fair, dy gael yn fam.

Ni chafad o lwyth Adam,
a'i gyfrif oll, gyfryw fam:
mam wyd, – rhai a'th broffwydodd –
morwyn a mam o'r un modd.
Rhagoraist – synhwyraist sôn –
Mair wen ar lu'r morynion.

O buost, er bost i'r byd,
feichiog heb ddim afiechyd,
cedwaist, – mawr egluraist glod –
Fair wendeg, dy forwyndod.

Dy Fab y sy'n yr aberth
o fara a gwin a fu'r gwerth
o'u gweithredoedd, pan oeddynt,
y byd oll ar gyfrgoll gynt:
ei gorff a roes ar y groes gref,
Dduw addwyn, i ddioddef.
Dug oer boen: deg awr y bu
ar y pren er ein prynu.
Yn ôl ei gystudd, Dduw Nêr,
a'i ddigoniant dduw Gwener,
gorwedd mewn caledfedd cul
a ddewisodd hyd dduwsul;
ac yno cyn tywyn tes
cof ydyw y cyfodes.
Ef a rodies yr Iesu
ennyd yn y byd y bu.
O dywyllwg a delli
yr aeth ef i nef â ni:
fal eryr o filwriaeth
yno fry i nef yr aeth.

Odd yno fo ddaw unwaith,
ddydd gŵyl, i ddiweddu gwaith:
rhoi'r farn ar gadarn a gwâr,
lle deuant, bob llu daear.
A ddianed o ddynion,
a aned oll, yno dôn.
Pan roir y farn gadarn gaeth
ar ddynion, arw ddewiniaeth,
nef a llawr, pob swynfawr sant,
o'u gerwineb a grynant.
Gwn na chair, trawsair trasyth,
yr ail farn ar ei hôl fyth.

Am hyn da yw ymhonni,
dewin wyf, da yw i ni:
dy eiriol, mam Duw arab,
dy eiriau, Mair, a dry'r Mab,
i gael unwaith galennig
i 'n rhoi'n rhydd ar y dydd dig;
a maddau'n ffôl fabolaeth,
a'n dwyn i nef un Duw wnaeth.

Codwyd o *Gwaith Iorwerth Fynglwyd,* H.Ll. Jones ac E.I. Rowlands, 1975.

Nodyn t.126 'Priodolwyd y cywydd mewn 30 o lsgrau i Siôn Cent, ac mewn deg i I.F. ac mewn 2 i'r ddau. Gan fod tuedd gref i gambriodoli cywyddau crefyddol i S.C. gwell derbyn mai I.F. yw'r awdur, yn enwedig o gofio fod abaty Margam wedi'i gysegru i Fair.'

GRUFFUDD AB IEUAN AP LLYWELYN FYCHAN
c. 1485 – 1553

31. *Owdl i'r Iesu*

Rhodded er nodded ini – lawn obaith
    Val yn aber hodni
  Rhwydd vawr goel rodd vawr geli
  Rwydd iawn tad roddion wytti

Rhoddion digonion duw gweddawl – biau
    Rhoi bowyd ysbrydawl
  Rhoi ydd wyd fyth lle i raiddud fawl
  Rhoi nef wedi rhan fydawl

Yn oedran pruddlan medd praw – maith ackw
    Bymthegkant a deunaw
  Y daed ystus da distaw
  I ruddlan dre roddlawn draw

Draw i mae delw drom i dolur
Drwy waith beilad wrth biler
Duw gwiwlan diogelwr
Dy ddelw a doddai alar

O alar boen a weler byd
Ath rwymau draw a throm did
Dygyn oedd draw dygnedd drud
Duw erom ni dy rwym nod

Ar nod y gwâs arnad ai gusan
Ath ysbysodd ith ysbiasan
O drachaf keissiaf koffan – i drygwaith
I thal ynoswaith i thylynasan

A ffeilad ddufwng a fflaid ddilan
Ith furnio Iessu ath farnasan
O gyfrad Sunad Sattan – gwaer ustus
Argof wylofus or gyflafan

Dy frad Iesu isod a fwriadasan
D asau grasuswaed a sgyrsiasan
Da du drwn plethu draen plan – o gethru
Dy ben Iessu duw a boeniasan

Dy roi yn uthyr heb drai a naethan
Draw ar groes dreigl drwy 'r gras darogan
Dy ddwylaw yn waed trawan – truan ith roed
Dy ddeudroed lwysoed a hoeliasan

Dall awenedd o dwyll aniddan
Dy galon ddioer duw geli n ddwyran
Dygynfrad dwys doriad tostirian – dros ged
Duw erchyll led dy archoll lydan

Ynod Iesu wiw ni adasan
Un dafan kof waed un difyn kyfan
Ynillaist tynaist or tan – y pumoes
O ffyrnig arwloes uffern gorlan

Byrnhawn dig wener bron diogan
Budd yw oth ras mewn bedd ith roesan
Boregwaith digaith degan – i kodaist
Byw dduw a ellaist or bedd allan

Athelw Iesu val ith ddaliasan
Uwch law gruddlawr mynachlog rruddlan
Ithangos doythost weithian – i gymru
Erom Iesu fal ith rwymasan

Pob efrydd krupl pe raid kropian
Pawb lle ir ydwyd pob llu a redan
Pob gobaith eilwaith a welan – genyd
Pwyll a gae ynfyd pell i gwynvan

Y dall ath wyl duw oll ith alwan
Ag yn dafodiog i gwnaed fudan
Y byddar feinwar i sonian – a glyw
Y marw n fyw yma roi yn fuan

Iesu dod erof is dy darian
Ym hap yma ymhob pwhwman
Er mair barchair bwrw ychlan – i gymod
Am oer bechod rwng mawr a bychan

Codwyd o *Detholiad o Waith Gruffudd ab Ieuan ap Llywelyn Vychan,* J.C. Morrice, 1910.

TOMAS AP IEUAN AP RHYS
c. 1510 – 60

32. *I'r Grôg*

Y grog ywr gras, i govio gavas
jesü rhoe lanas, ar i elynion
er poen er penyd, drostyn ar dristyd
noswaith y gablyd, gydai ddisgyblon
y modd i maeddwyd, o sgwrsiau ysgwrswyd
drwy benn i gyrrwyd, drain boen goron
rygas i rhagwyd, tynn jawn i tynnwyd
gwir jesü hoelwyd, ar y groes hoelion
koded yn kaidwad, yn düw an jawndad
y barnwr a ddywad, brenin jddewon
dallwr a dwyllwyd, or karchar kyrchwyd
llaw a gwaew helwyd, i holli galon
gwir jesü grasys, lawnserch i lonsys
yn rhydd olaigys, i rhoddai olygon
da oedd düw dad, rhoi un mab yn rhad
o ddirfawr gariad, ir yvydd gwirion
ir grog ar y groes, wrth yn rhaid ni rhoes
er byrhae dainoes, i bryny dynion
dy gorff düw yny gair, gwir vab gwyry vair
trindod ny gadair, troi yn gredigion
dy lun delw ddüw, gwyddyn nad gaüddüw
rhag kyhoeddir siesüw, vo küddiau r saeson
pa gwyn pa ganiad, pai ddyn pwy ddywaid
ny ddo n yn gywiriaid, i ddüw nar goron
gwelwch vod gelyn, eneidau yndyn
y diawl a ffelstyn, na dala n ffailston
trachwant ny trochi kadarn ny kodi
chwerwach nar geri, chwynychy r goron
diva mab düw evaeth, rhylys rhiolaeth
filwyr llywodraeth, polwyr lladron
kar ddüw r kywiriaid, yddyvion ddevaid
gwainaid llavüriaid, ai llevaü oeron

33. *Creawdwr pob peth*

Gw]ir düw ai vab yw, a vynn bod, yn llywydd
da]ear undydd yny drindod
ar gair a ddyg mair, yn amerod, gyvion
i beri gweryddon nef yn barod
ysbryd glan hevyd hyvod yn dolef
düw byw yny nef dyn i myn bod
kreawdr mor mawr, myriaw pysgod, rhwyd
yn carü ni r ydwyd kreawdr yr ednod
kreau yr holl ymddaith, kreod, yr engylion
ag or llü r aigion, i grau r llygod
krau Addaf rhydd naf, dan rhod, ffyrfaven
ag or asen brüddwen, ve grau i briod
nawkant i dwedant, vod, adam yny bod
a thri deg hevyd, tra vü r kyvod
pedair mil ai hil, i waelod, kystydd
jesü wiw ddovydd, nes i ddyvod
pan ddel jesü i varny, yn vod, yny deau
ar y llaw asau, ir llu jsod
trwy rhanswm trwm, torr amod, awnaeth
ny deg kaiff jawn jaith, hed y dydd kyvnod
o dwyll trwy amwyll, torr amod i doded
yn gloewdeg jechyd, hyd yn gwlad ywch[o]d
o varglwydd rho i mi vawrglod, laweny[dd
na ame wiw ddovydd, i nef i mi ddyvod

Codwyd o L.J. Hopkin-James a T.C. Evans, *Hen Gwndidau, Carolau a Chywyddau,* 1918.

'He rejected with righteous indignation the whole Protestant teaching as an alien English faith', Glanmor Williams, *Wales and the Reformation,* 1997, t.179.

SIÔN CERI
fl. c. 1520 – 45

34. *Cywydd i Dduw*

Y Grog ddoluriog, Dduw lwyd,
Gwythi'n waed, gethin ydwyd,
Llun Duw gwyn, llawn wyd o gur,
Llyna ddelw'n llawn o ddolur.
Dull yw 'n ôl merthyroliaeth,
Gwirion gnawd, y Gŵr a'n gwnaeth:
Dwylaw a thraed fawrwaed fu,
Iad a bron wedi br*a*enu.
Dagrau yn is dy groen oedd:
Dagrau gwaed, y Grog, ydoedd.
Oen wyd a'i friw dan ei fron,
Trist wyneb, tros y dynion.

Da fu *i* adail dy fudaw
Dunos o dre'r Dinas draw.
Rhoi *b*wys ar Drefeglwys draw,
Rhoi dy nerth; rhaid ynn wrthaw.
Dy nerth i bob dyn wrthyd,
Dy ras i bawb dros y byd.
Ni bu ywch haint heb iacháu
Â dwfr ennaint dy fronnau.
Efryddion ddynion bob ddau
Aeth i redeg o'th radau.
E'th glyw'r byddar gwâr gwirion,
E'th wŷl un dall, a'th law'n don.
Chwysu dy waed; chwys a dŵr
Aeth i borthi d'aberthwr.

Dafydd ddewis ufudd sant
A'*th* ofalodd i'th foliant.
Ei swydd yno sydd enwog:
Swydd er gras weddïo'r Grog.
Ni bu ddy' heb weddïwr;
N'ad ynn gael newid ein gŵr.

Bu oer iawn wers o'm barn i
Cwyn dynion cyn dy eni.
Bu hollfyd i gyd dan gŵyn,
Bu dro mawr, bedair morwyn:
Mynd i uffern, oerwern oedd,
Er un afal o'r nefoedd.

Tad, Mab, Ysbryd Glân dianair,
Ac yn oed Mab o gnawd Mair,
GwirDduw, o'th gorff gwrdd e'th gaid,
Gwir ddyn a garodd enaid.
Da i dyrfa diderfyn
Duw'n caniatáu dwyn cnawd dyn.
Dwyn mabolaeth a wnaethost
Fal oen, Duw ofal yn dost,
A mynd erom yn d'orwedd,
A marw o'r byd mawr i'r bedd,
A thrachefn o'th ddyrchafiad,
Duw wyt ti, ŵr deau Tad,
A'th ddwfr waed ir a'th fron dau,
A'th loywaed a'th welïau.

Wedi y byd y daw barn,
A chodi gwan a chadarn;
Dwyn holl blaid hynafiaid nef,
Dynion unoed, i nawnef.
Llu gwyn oll a gynulli,
Llaw ddeau Tad, lle'dd wyt ti.
Un da eled yn d'olwg;
Arall a droir i'r lle drwg.
E gair yno bob gronyn,
Noeth yn ei dâl, a wnaeth dyn.

Galw d'enw i gael daioni;
Gair Un, Duw nef, gwrando ni.
Dêl ennill dy lawenydd!
Duw gwyn a'n rhoes, dwg ni'n rhydd!

Codwyd o *Gwaith Siôn Ceri*, golygwyd gan A. Cynfael Lake, 1996.

LEWIS MORGANNWG
fl. 1520 – 65

35. *Cywydd i Fair o Ben-rhys*

Y verch wyry vair a choron
ymhenn Rys i mae n wyry honn
mawl a wnaf mal o nevoedd
Melito gynt mawl teg oedd
mawl i ddüw a mil yw ddwyn
mawl mawr vrainiawl Mair vorwyn
merch vronhenferch vrenhinfab
merch honn yw merch i hvn mab
Mair vawr wennfair morwynfam
Mair wyry Vair yw r orav vam
mam nawnef am vn annerch
mam dyna vam düw yn verch
mamaeth vronfaeth vorwynfab
merch vy n dwyn verch vn düw n vab
mab tad ysbryd oi gadair
mab y wyry vab orav vair
baich o nef yn vab oi chnawd
hwnn yw baich am hen bechawd
o gwnaeth Eva gnith aval
y mairw o dwyll gwnaeth Mair dal
ny bv addaw byw yddyn
ony bai ddüw n vab i ddyn
Seth a welas etholair
i genid mab o gnawd Mair
merch a ddyg y mraich ddigoll
jesv ar lwyth jsrael oll
vn düw a vy ny dewis
i ddwyn mab yddoe naw mis
arwydd odd ar ddioddef
a roddi ni nawradd nef
ymroddes Mair i weddi
yn wyry hvn ny wrhae hi
aü llef er yn llaw vorwyn

llyna ddüw n llawen yw ddwyn
etholes wrth wialen
aisoes pa wr Sioseb hen
priod Mair pa rad mwy oedd
aü chaidwad yn verch ydoedd
bvr ol wenn abriel annerch
bv i honn vab a hi n verch
yn llawnfab yn llawenfaich
oen düw vry yn y dwy vraich
llyma y ddelw lle mae ddolef
llyna n wir i llvn o nef
ny wnae angel yn engair
oi ddwylaw vyth y ddelw vair
anrydedd pan gad meddynt
i kad gwyrth yn y koed gynt
vry oi chyddygl verch addwyn
o von dar ny vynnai dwyn
amla mann ymyl y mynydd
gwrthav vair vawr gwrthfawr vydd
ewch i levain a chlaivon
i vwrw chaint at y verch honn
kawn vawr Rodd kan vair heddiw
kair morwyn vair mairw n vyw
kawson ynfydion vedydd
koeled dall kae weled dydd
kryplaid don ir kor plaid teg
kaen i traed lle kaent Rydeg
klywant o byddant byddair
koelfawr vyd kae lef ar vair
morwyr peth a gymhellir
Mair aü dwg or mor i dir
ymhob jng ymhob angav
Mair oedd i help ymryddhav
af i airiol wyf arab
vry a mawl i vair aü mab
ym llaw n kae jawn mae llvn kwyr
ym llaw aswy mae llaswyr
ymhell oedd am holl weddi

ymhell i vair am llef j
ofn ny ddel gwedy r elwyf
ofni dros venaid ir wyf
ofni gweled vvn gelyn
ymhenn tafl am enaid dyn
ofni dybryd vyned obry
ofn y vrawd gan vy nüw vry
mi archaf yw bvm archoll
Mair arched air airchiad oll
Mair am vn air ym enaid
Mair wrthfawr air wrth vy Raid

Codwyd o G.J. Williams, *Efrydiau Catholig V*, 1951.

JOHN PRICE
1502 – 55

36. *Credo*

Credo, ney bynkey yr ffydd gatholic.

Credaf y dduw dad holhalhyawc creawdyr nef a dayar.
Ac y Jessu Grist y vnmab ef, yn harglwydd ni.
Yr hwn y gad o rad yr ysbryt glan, ac y aned o vair wyry.
Y ddioddeuodd dan Bons Pilat y groeshoeli, y ladd ae gladdu.
Ac y ddiskynnodd i vffern, ar trydydd dydd y kyvododd o veirw y vyw.
Ac y eskynnodd ar nefoedd, ac y mae yn eistedd ar ddeheu
Duw dad holh gyvoethawc.
O ddyno y daw y varnu ar vyw a meirw.
Credaf yr yspryt glan.
A bod vn eglwys lan gatholic.
Ac yndi gyffredinrwydd y sainct, a maddeueint pechodeu.
Ac y kyuyd pawb yn eu knawt.
Ac y kayff yr etholedigion vywyt tragwyddawl.

37. *Pater Noster*

Pater noster, ney weddi yr arglwydd.

Yn tad ni, yr hwn wyd yn y nef, santeidder dy enw di:
Doed dy deyrnas di attom:
Gwneler dy ewylhys di: yn y ddayar, megis yn y nef.
Dyro yni heddiw yn bara beynyddiol.
Maddeu y ni yn dylyedion, val y madeuwn ni yn dylyedwyr ninney.
Ac na ddwc ni i brovedigaeth.
Ond rhyddhaa ni rac drwc. Amen.

38. *Aue Maria*

Pampych gwelh vair kyflawn o rad, mae Duw gyta thi. Bendigaid wyd ymplith y gwragedd, a bendigedic yw ffrwyth dy groth di. Amen.

Yny lhyvyr hwnn, 1546

Testun dan olygiaeth John H. Davies, 1902.

ANHYSBYS
c. 1550

39. *Y Dioddefaint*

JESSU

Welwch holl griadyriaid
kydnabyddwchi vy rhaid
yr rwi yn gwnythyr tessmant ffraeth
er kael om penaeth venaid

Gorchmyna venaid vy hvn
Jm gorvchel dad am kvn
ac jevan nid yw gam
vy mam idd wi yn i orchymyn

Am korff i iddewon blaid
am pechod ir kythereiliaid
vy meddiant im dissgyblon
am postolion dwyfoliaid

Am nefoedd i gyfiawnwyr
am passiwn i difeirwyr
llyma ddangos om diwedd
vy moredd im kariadwyr

JOSSEB BARMATHIA

O jestys anrydeddol
och gwiriondeb tostiriol
pob kyriawdyr dan ych power
ychel dyner gallyol

Rowch i mi y korff marw
yssy ynghyroc ar y groes akw
a Rowch genad yw gladdv
mewn bedd darfv boen garw

Mi a wn vod iddewon
yn ofni yn ynvyd ddigon
hwn oedd deilwng lan Jessu
wedi varnv yn anghyfion

Syr PEILAD

Y mae yn Ryfedd gen vy nghalon
os marw eto yr owron
gedwchi ef i dreio yr hawl
oni vo yn varwol ddigon

[kan]ys o kyfyd ef eilwaith
gedwch i varw or vnwaith
[o] metha Roi i ddihenydd
vo dry ffydd yn holl iaith

Beth ddywedwchi ssaintwrw
a vv jessu varw
moes gyngor y gwr geirwir
a dywaid wir am hwn [w]

SSAINTWRW

[Y]n wir nid raid gofalon
mae ef yn varwol ddigon
yn oer wedi treio yr oes
ar y groes vawr grvlon

Syr PEILAD

Josseff kymer oddiyno
y korff od oerodd drosto
a dos ag ef lle i kerych
a gwna a vynych iddo

JOSSEFF BARMATHIA

O gorff gwrthfawr o anrydedd
o gynawd kyfiawn o vowredd
o varglwydd am proffwyd
o vymborth wyd am hymgeledd

o bendigedic ddolvrvs
arglwydd mawr anrydeddvs
ith dwytsio nid wi gyfion
dy gorff gwrthfawr dioddefvs

MAIR VAM DDUW

Moes vy mab ymi i ssychv
i archollie ssy yn gwaedv
[moeswch imi sychyr gwaed
o benn i draed yr jessu]

O gwae vi vyth drymed
mor alaith ym dy weled
vy vn mab och vi ddyw gwyn
ar dyll hyn ar varffed

Yn ifank ith vegais
trwy lywenydd mawr im hais
heddiw yn drist ith amdoyai di
gwai vi or awr ith welais

SSIOSSEFF BARMATHIA

Rown garec vawr ar i fedd
ni a glyddasom yn mowredd
gadwn yma y korff vanraith
awn ymaith bawb in tyedd

Yn jach jessu dy wledd
yn jach vrenin y rinwedd
yn jach arglwydd yn Raid wyd
yn jach broffwyd y mowredd

Yn iach wr bendigedic
imewnn lle addvwyn vrddedic
hyd ymhen y trydydd dydd
vy llywenydd nid ysgic

Yn iach ddyssgwr kyfiawn ffydd
a dangoswr llywenydd
a gwir brynwr yr eneidie
amddiffynwr llv bedydd

ENAID KRIST

Vy nhad or nef gorvchaf
rwyfi yn gofyn yt hyn ymaf
gael om pobl tref i tad
o gariad mi ai harchaf

Jr llywenydd pan ich kefais
pradwysol ych danvonais
yn dragwyddol i bon yno
yn ttrigo am a ddioddefais

Wele yrowan mi a af
at vy nghorff ac a orchmynaf
ymddangos yn gorfforol
ym kariadol vam wyraf

Codwyd y detholion hyn o *A Study of Three Welsh Religious Plays*, Gwenan Jones, 1939

t.30 'All that can be certainly determined . . . is that the plays had been put into writing before 1552 . . . and very possibly some considerable time before that'.

WILLIAM SALESBURY
c. 1520 – 84?

40. *i. Corinthiaid XIII*

Pe ydd ymddiddanwn a thavodeu dynion ac angelion a bot eb cariat ynof ddwyf vi val elidn seiniawc ne cymbal yn tingian. A phe medrwn prophwyto a gwybot holl ddirgeloedd a phop keluyddyt a phetei genyf yr holl ffydd megys ac y gallwn ysmuto mynythoedd oe lle ac yn bot eb cariat nid wyf vi ddim. A phe yd ambwydwn i'r tloton am holl da byd a phe rown i vyccorph im llosci o byddaf eb caryat ynof nyd lles ymy. Cariat sydd ddiodefgar a hynaws. Cariat ni wynfyda Cariat ny bydd haerlluc nyd ymchwtha ny wna anharddwch (goegedd) ny chais yr eino ehun ny chythruddir ny veddwl ddrwc ny lawenha am ancyfiawnder namyn cydlawenychy ar gwirionedd: e a oddef pop peth a cred pop peth a obeithia pop peth ac sydd dda y ammynedd yn pop peth. Cariat byth ny chwympa kyd pallo prophodoliaetheu kyd peidio tavodeu a chyd pallo gwybyddiaeth. O bleit o ran y gwyddom ac o rad yddym yn prophwyto. Eithyr pan ddel y kyfan yna yd yspeid y rhan. Pan oyddwn yn vachken mal bachken ydd ymddyddanwn: mal bachken y deallwn mal bachken y brwiadwn. Eithyr pan aethym yn wr mi peidais a bachkendit. Yr owrhon ydd ym yn gwelet megys mewn drych (ne) ar ddychymic ond yno y cawn welet wynep yn wynep. Yr owrhon ydd adwaen o ran yno y caf adnabod mal yr ymadwenir (ydd ys ym adnabot). Y may yn aros yr owrhon ffydd gobeith a chariat y tri hynn: a phennaf or rein yw cariat.

William Salesbury, *Kynniver llith a ban or yscrythur lan ac a ddarlleir yr Eccleis pryd Commun y Sulieu a'r Gwilieu trwy'r vlwyddyn,* 1551

Codwyd o'r testun a olygwyd gan John Fisher, 1931.

41. *Te Deum Laudamus*

Ti Dduw a volwn, ti a gydnabyddwn yn Arglwydd.
Yr oll ddaiar ath vawl di: y tad tragywyddawl.
Arnat ti y llefant yr oll Angelion, y nefoedd, a'r oll nerthoedd oi mewn.
Arnat ti y llefant Cherubin a' Seraphin: a' lleferydd ddibaid.
Sanct, sanct, sanct: Arglwydd Dduw Sabaoth.
Nefoedd a daiar sydd yn llawn oth ogoniant.
Gogoneddus gor (gompeini) yr Apostolion ath fawl di.
Moliannus nifer y proffwyti: ath vawl di.
Ardderchawc lu y Merthyri: ath vawl di.
Yr Eccleis lan trwyr oll vyd: ath addef (cyffessa, cyfaddef) di.
Y tad o anfeidrawl vawredd.
Dy anrhydeddus wir ac vnic Vap.
Hefyd yr yspryt glan: y diddanwr (conforddwr).
Ti Christ yw brenhin y gogoniant.
Ti yw tragwyddawl vab y tad.
Pan gymeraist arnat waredy dyn, ni ddiystyreist vru y wyry (groth y vorwyn).
Pan oruuost (orchuygaist) oll nerth angau: yr agoraist deyrnas nef i bawb a gredant.
Ti sydd yn eistedd ar ddeheulaw Duw: yn-gogoniant y Tad.
Ydd ym ni yn credy mae (taw) tydi a ddaw yn vrawdwr (varnwr) arnam.
Can hynny yr atolygwn yty gannorthwyaw dy weision: yr hai a (y) brynaist ath werthfawr waed.
Par yddynt gael ei cyfrif gyd ath sainct yn y gogoniant tragywyddawl.
Arglwydd cadw dy bobl (bybl, werin): a' bendithia dy etiueddiaeth
Llywia hwy: a' dyrcha hwy yn dragywydd.
Beunydd ac vyth y clodforwn dydi.
Ac anrhydeddwn dy enw byth ac yn oes oesoedd.
Teilynga, arglwydd, ein cadw y ddydd hwn yn ddi bechot.
Arglwydd trugarha wrthym: trugarha wrthym.
Arglwydd poet dy drigaredd a ddel arnom: megis ydd ym, yn ymddiriet ynot.
Arglwydd ynot ir ymddiriedais: na'm gwradwydder yn dragywydd.

42. *Colectau: Amryw*

Y TRYDYDD COLLECT TROS GAEL RAT.

Arglwydd neuawl dad, oll-alluawc a' thragywyddawl Dduw, yr hwn an cedwaist yn ddiangol yd dechrau yr dydd heddiw, amddeffen nyni ynddaw ath gadarn allu, a' chaniatha na syrthiom y dydd hwn mewn vn pechot, ac nad elom mewn neb ryw perigl: yn y bo eyn oll weithredoed wedi ei trefnu ai llywiaw wrth dy lywodraeth, i wneuthyr yn oystat y peth y sydd gyuiawn yn dy olwc di, trwy Iesu Christ eyn Arglwydd. Amen.

Y TRYDYDD COLLECT AM GYNORTHWY YN ERBYN OLL PERICULEU.

Llewycha eyn tywyllwch ni atolygwn yt, Arglwydd, a' thrwy dy vawr drugaredd amddeffen nyni rhac pob pericul ac enbydrwydd y nos hon, er serch ar dy vn mab ein Iachawdr Iesu Christ. Amen.

Y SUL GWYN.

Duw, yr hwn ar gyfenw i heddiw a ddyscaist galonnau dy ffyddlonion, can anfon yddynt lewych dy lan yspryt: Caniatha i nyni trwy yr vnryw yspryt ddyall yr iawn varn ym (am) bob peth a' byth llawenechu yn ei wynvydedic ddiddanwch (confort, cyssur) ef, trwy ryglyddae'r Iesu Christ eyn Iachawdur, yr hwn a vywoca, ac a deyrnasa gyd a thi, ynghyfundeb yr vn ryw yspryt, yn vn Duw, eb dranc na gorffen. Amen.

Y XII. SUL GWEDY TRINTOT.

Oll alluawc a' thragwyddawl dduw, yr hwn yn wastad wyt yn parotach i wrandaw, na nyni i weddiaw, ac wyt ddefodol o roddi mwy nac archom neu a ryglyddom, dinea (tywallt) arnom amylder dy drugaredd, gan vaddae i ni cyfryw bethau ac y mae yn cydwybot yn eu ofni, a' rhoddi i ni y peth ni veidda (lefys) eyn gweddi i erchi: trwy Iesu Christ eyn Arglwydd.

43. *Y Drefn am Wenidogeth Swpper yr Arglwydd Neu r Commun Bendigeid [darn]*

Nid ym ni yn rhyfygu (hyderu) dyfod ith vrdd yma (hwn), drugaroc Arglwydd, gan ymddiried yn ein cifionder ein vnain namyn yn dy ampl ath ddirfawr drugaredd di, nid ŷm deilwng cymaint ac y gasclu'r briwsion y dan dy vwrdd: Eithr ty yw'r vn Arglwydd yr hwn biau o briodoldep yn wastat drugarhau. Caniatá yny gann hynny Arglwydd grasawl velly vwyta cnawd dy annwyl-vab Iesu Christ, ac yfed ei waed, val y gallo eyn cyrph pechadurus gael ei gwneuthur yn lan drwy y gorph ef, a'n enaidiau ei golchi drwy y werthfawrocaf waed ef, val i gallom byth drigo yntho ef ac yntau ynom ninnau Amen.

Codwyd y detholion hyn o, *Lliver gweddj gyffredjn*, 1567.

ANHYSBYS
c. 1575

44. *Liber ffestialis*

VY NGHAREDIC BOBYL, YSBYSSV YCHWI mae heddiw yw duw pasc.

Yr hwnn ddydd yrddedic y dyly pawb o hanoch chwi wnaythyr i eisteddle yn lan, megis y mae yn arverol yn llawer lle heddiw vwrw y tan y maes or ty, a phob peth myglyd, a thannv brwyn irion a blodav ar y hyd, er sampyl y bob kristion; val y mynnoch chwi vod ych tai yn lan ac yn onest, velly y dlywchwi vod ych enaide yn lan, a bwrw oddiwrthyd bob ryw bechod, a bwrw oddwrthyd y mwc ar dwst, a chassgly attat waithredoedd da a chariad pryffaith, a hynny ath wna di yn jach y gymryd dy arglwydd attat, a bwrwch oddiwrthych bob malis a chenvigen, ac val y bych di yn dy dv heb allel godde peth enwir ansawrys, ac velly y gelly di dy dwyllo dy hvn; Ac yn wir, pan ddel yr arglwydd yth dy di, o chlyw ef na balchder na chenvigen na ffechod or byd, ni thric ef yno, onid evo a ymaith. A phwy a ddaw yno? yn wir, y kythreyl a ddaw ac a dric yno. Velly y dychon yr enait hwnnw vod yn drist, yr hwnn y mae duw yn i adaw, ar haini yw y neb yssydd valch a chenvigenys, nev mewn vn or saith bechod marwol, ar rai nid ydynt yn madde yr sawl a wnaeth yn i herbyn. Kans y neb ni vaddoyo, ni chaiff vaddoyaint gan dduw. maddav di y bawb, a duw a vaddav y tithav dy gamwedd. ac er kymryd o honoch chwi hynn ar ych tafodav, chwi a ellwch ych twyllo ychvn, er kaissio twyllo ych tad enait, a dywedyd ych bod mewn kariad pryffaith a chwithe heb vod. er hynny nid gwiw y ti gaissio twyllo duw, y gwr a wyr pob peth, ac er duw, na thwyllwch ych enaite, a byddwch mor yfydd y wnaythyr ych enaidav yn lan ac y boch y wnaythyr ych tai yn lan yngolwc y byd. ac val i mynnyd ti dy vod yn drwssiadys yn erbyn y neb a garyd yn vawr, velly bydd dithe yn erbyn y gwr ath wnaeth, yr hwnn a ddioddefoedd drossod ti loes angev, er yn dwyn ni ir bywyd tragwddawl.

A hevyd heddiw yssydd ddydd yrddedic o herwydd dav achos. vn yw o herwydd y dyly pob ryw gristion vadde y gid gristion a wnaeth yn i erbyn; A hevyd meddylio am yr eli a jacha yr enait, nid amgen no chariad pryffaith. Kans kariad pryffaith a gyddia ac a gyssgota dy bechode di. kans heddiw y dyly pob kristion droi oi bechode j lan wiredd, a throi y balchder mewn yfydddod, ac ymwrthladd a chwant yr byd, ac o genvigen o vewn kariad, ac o lid o vewn kariad pryffaith, ac o lothineb y ddyrwestv, ac o bechod godineb y ddiwairdeb, a dyfod o ewinedd y kythreyl y ddwylo yr arglwydd. a phwy bynnac a wnel hyn oll, y mae ef yn abyl y ddyfod y gael y wledd y mae yr arglwydd yn i gwnaythyr y bob kristion.

A hevyd heddiw a elwir syl duw, o herwydd kodi o honaw ef o vairw y vyw, y lawenychv yr holl vyd oi gyfodigaeth ef. ac y mae eglwys duw yn gwnaythyr solas a chanyav, nid amgen: hwnn yw y dydd llawen, llawenychwn mewn yn kalhonne. val y mae yn llawenhav ac yn gwnaythyr kywyddoliaeth oi gyfodiad, ac yntev heddiw yssydd yn gwnaythyr gwledd y bob kristion ffyddlon, yn y nef megis ar y ddayar. A ffawb ar a ddel a lifre yr arglwydd am dano, nid amgen no chariad pryffaith, ef a gaiff anrydedd mawr a llawenydd. Ar neb a ddel a lifrer kythreyl amdano, nid amgen no balchder a chenvigen, val y mae yr efengil yn dywedyd, y bwrir hwynt y garchar yffernol. A ffan vo y bobyl vendigedic yn chwerthin, y byddant hwynte yn wylo ac yn krio. ar neb a gymero bwyd nev ddiod kyn mynet y vwrdd krist, ef a orvydd arnynt gryny y dannedd yn y tywllwch, gan ddywedyd: gwae, gwae, gwae, pa vaint dywyllwc yssydd yno. Eithr y mae yn gadarnach y poenav no hynny y gyd, ac yn galedach.

Ac yr wyf i yn gorchymyn ychwi na bo neb mor llyfassyon a dyfod y vwrdd krist ond yn lan gyffessol ac mewn kariad pryffaith, a meddylio na syrthio mwy byth mewn pechod. Yn wir, pai gwypwn ni pwy ohonochwi yssydd mewn pechod marwol nac allan o gariad pryffaith ef a vyddai raid ym wrth y gyfraith sefyll mewn lle ychel, a dywedyd lle glwai bawb or bobyl: nid wyf i, er dy amddiffin di, yn roi y ti ddim or kymyn hwn ytti, ond er damnassiwn yth enaid ti. ac am hynny, gristnogion da, ef a ddyly pob kyfryw ddyn wnaythyr y dy yn lan, nid amgen noi enait, ac yna y dychon yntev gymryd y arglwydd atto er jechyd tragwddawl.

Codwyd o *Darn o'r Ffestifal* (Liber Festialis) gyda Rhagymadrodd a Nodiadau gan Henry Lewis, 1925.

'Fe'i sgrifennwyd yn nhrydydd chwarter yr unfed ganrif ar bymtheg', t.1.

'Perthyn i fyd yr Eglwys Gatholig y mae ei gynnwys. Dengys inni bregethwr diwyd o'r ffydd honno yn fawr ei bryder am y rhai yr oedd eu heneidiau dan ei ofal', t.4.

WILIAM LLŶN
1534/5 – 80

45. *I Dduw*

Y byd trist a'r bywyd draw,
Ond dall y mae'n ein twyllaw?
Och i'r adwyth na chredwn
Ofered da, fyrred hwn.
Ni wŷl dewr a'i olud, Iôn,
Yma ddegwm ei ddigon;
A'r hwyaf, mwyaf a'i medd,
Yn y gweryd y gorwedd.
Ond rhyfedd, ond taer hefyd,
Heb wedd yw balchedd y byd?

Di-air serch ydyw'r oes hon,
Digaru Duw a gwirion.
Nid y gwan, ni oeda gwir,
O ran Duw a wrandewir;
Ariannoedd neu aur ennyd
A wna'r gau yn wir i gyd.
Y rhai fo mwyaf eu rhan,
O drachwant yr ymdrechan';
Dal tir ac adeilad teg
Drwy chwennych draw ychwaneg.
Mewn diobaith mae'n debyg
Y byd twyll a'r bywyd dig
I dlawd a'i adeiladaeth
Yn ôl trai ar ganol traeth.

Duw, dy nawdd. Ond edwyn neb
Le grwndwal y gwiriondeb?
Hyd olew nac adeilwn
Ar y byd anhyfryd hwn;
Adeilwn mewn lle dilyth
Ar Dduw sy ben-urddas byth.

Yno'th gair, a wnaeth gwared,
Iesu, Ŵr cryf, Oeswr Cred,
Yn dad y Farn, diwyd fawl,
Yn ddawn byd, yn ddyn bydawl,
Yn Un Duw yn ein deall,
Yn Dair Person cyfion call.
Nid oes gair, dewis gwared,
Na ffrwyth daear glaear gled,
Na dynion na daioni
Ond o'th ras, Un Duw a Thri.

Da iawngorff wyd o ungair,
Da iawn fu d'eni o Fair
I ladd poen, i ludd penyd,
I ddwyn gloes dros bumoes byd.
Goddefaist, Gwiwdduw, efyn
A barn dost i brynu dyn.
Ni chaiff Cred, trymed fu'r tro,
Un mab bron mwy a'i pryno.
O bu ar Groes drwy loes drom,
Wedi trais, dy waed drosom,
Iawn i ninnau yn unair
Dy garu, Fab deg wir Fair;
Caru Duw cywir diwyd,
Cariad ar Ben-creawdr byd.

Iesu, Geidwad sy gadarn,
Noddfa wyd yn Nydd y Farn.
Duw Un Tri, da iawn wyd draw,
A da byth yw d'obeithiaw,
Trwy goel, rhag y tri gelyn
Oll a bair twyll a brad dyn:
Y cythraul acw, uthrwas,
A'r cnawd a'r byd, cyngyd cas.
A thri a roist, Duw, wrth raid
O gyd-ran i gadw'r enaid:
Ffydd wiwglod hoffaidd eglur,
Gobaith, Cariad perffaith pur;

Y rhain, gwn, rhag ein rhoi'n gaeth,
Ydyw eli duwoliaeth.

Dod isod, Duw Dad Iesu,
Diwedd da rhag y dydd du,
Mewn addysg, am na wyddom
Ba hyd yn y byd y bôm;
Oni wyddom iawn weddi,
Yma, Dduw Dad, maddau di.
Rhoddaist, Duw Nêr a'n gweryd,
Enaid i bawb, Oen Duw byd;
Dyro i ni draw un wedd,
Duw, dro gwir, dy drugaredd.

Codwyd o *Gwaith Wiliam Llŷn*, Roy Stephens, Traethawd Ph.D., 1983.

HUW LLŶN
fl. 1532 – 94

46. *Awdyl Weddi ar Dduw'r Grog, Lle i Dangosir yn Eglur ac yn Yspysol Vuchedd Christ Iesu A'i Ddioddefaint, yn ol yr Evengyl.*

Duw, Naf, Arglwydd, rhwydd pan fo rhaid, – eur-Ner,
Arno mae f'ymddiriaid;
Dwyn i'm cof Duw Wŷn i'm caid,
Duw am hyn aed â'm henaid.

O gwnawd enaid gwawd y gwnaf, – adeil-wydd
Awdl weddi a buraf;
O'm diau nerth i'm Duw Naf,
A dawn iach Gair Duw'n uchaf.

Uchaf Brenin llin pob llwydd, – diwaelaf
Ior haelaf air hylwydd;
Uchel T'wysawg, rhywiawg, rhwydd,
O fwy eurglod yw f'Arglwydd.

Nid Arglwydd hylwydd i hoyw-lu – eurglod
    Ond Arglwydd y gallu;
  Nid Amherawdr llywiawdr llu,
  Nid Twysawg ond Duw Iesu.

Iesu Naf, haelaf hylaw, – dda wych-rym,
    Oedd heb ddechreu arnaw;
  Iesu fydd llywydd rhag llaw,
  A'i ddydd heb ddiwedd iddaw.

I ddawn wir gyfiawn gofiad – credaf
    Cariadus un Mab rhad;
  Iesu gadarn sy geidwad
  I enaid dyn, Oen y Tad.

Iesu Oen da sy un Duw,
Iesu a'i lu y sy lew;
Iesu a'n gwnaeth ar draeth draw,
Iesu a farn y sy fyw.

Iesu fyw, gadarn farnwr,
Iesu arnom sy eur-ner;
Iesu yw'n gobaith oes-wr,
Iesu ato i'n dewiser.

Iesu 'n newis pris pur oes o'i swydd – y'ngŵydd
    Yw 'ngweddi'n dragywydd;
  Iesu yw 'nghof Mab Dofydd,
  Iesu Dad bob nos a dydd.

Dydd a ry'r Iesu wiw gu nid oedd gau,
Ac ni thyr unwedd er mawredd mau;
A'r dydd a dry'n hwyr, nid llwyr wellhau,
A nos yn beunydd y sydd yn neshau.

Nes nes ddydd i ddydd ddyddiau – heb wybod,
Arfod oer yngod yw awr angau;
Am hyn yn ddyddiol liw dydd golau,
Rhodiwn yn drefnus yn mhob rheidiau.

Na thymrwn ragor ar gatgoriau,
O fwyd wyl fethiant fydol foethau;
Er blys cnawd a'i ffrawd mawr ffrydiau – trachwant,
Am union lwyddiant ni wnawn wleddau.

Ior Dduw ymprydiodd yn wir ddiau
Ddeugain dydd Dofydd, Dad rhydd rhiau;
Ac ar ddydd Gwener, dyner doniau,
Gwiw Dduw a'i 'fengyl goddef angau,

I brynu ar groes-brenau – bum oes byd
O dew ffwrn benyd uffern boenau.

Un yw Duw a wnaeth bob arfaethau,
Glynoedd, dyffrynoedd, da hoff ranau;
Gorfrynoedd, llynoedd, a pherllanau,
Gwres ffrwythgar claiar daiar diau;
Gwresiad pob llesiad llysiau – is gwlithoedd,
Gwenithoedd, ffrithoedd, a phob ffrwythau.

Beunydd yr efrydd yn ddi-boenau – rhed,
Y dall i weled diwall olau;
I ddywedyd y mud amodau – cyfar
I glywed fyddar o glod foddau;
Y meirwon ddynion ddoniau – ae'n fywion
O'u rhoddion foddion a'u rhinweddau:
Ac i'r deml pan ddaeth gwr diamau – ged,
Yno a gweled yn ei gwyliau,
Werthu a phrynu heb wrthiau – gredu
Y dwad Iesu wiw Dad oesau, –
"Fy nhŷ elwir fry lwyr frau – bob bywiol
At air gwiw dduwiol tŷ'r gweddïau."

Yn ddi rith felly cyrchwch chwithau
Oes arogl Iesu i'r Eglwysau;
A gwnawn yn ddifri ein gweddïau
I'n Harglwydd Frenin ar ein gliniau;
A chredwn i Dduw a'i wych radau, – mawl
Nefawl Ri gwrawl, a'i ragoriau.

Credo addoliaeth credu i ddelwau,
Cred am hon ni cheir ond poen beiriau;
Credaf gywiraf, gu orau, – gof rhwydd
I lwydd da arwydd Duw a'i eiriau.

Ni choeliaf, nadaf nodau, – 'n anrheithio
O fyr obeithio i ofer bethau;
Ni annghofiaf Naf, er nwyfau, – a llid,
O ddawn addewid i Dduw'n ddiau.

Codwyd o *Cynfeirdd Lleyn 1500-1800*, J. Jones (Myrddin Fardd), 1905.

THOMAS HUET
b.f. 1591

47. *Gweledigeth Ioan y Divinydd*
Pen. v.

Ac mi a weleis mewn llaw ddehe yr vn oedd yn eiste ar yr
eisteddle, Llyfr escrivenedic or ty vewn, ac or tu allan, gwedy sely
a saith sel.
2 Ac mi a weleis Angel cadarn yn pregethy a lleis ychel, Pwy sy
deilwng y agoryd y Llyfr, ac y ddatod y seley ef?
3 Ac ny doedd neb yn (mewn) y nef, nac yn y ddayar, na than y
ddayar, yn abyl y agoryd y Llyfr, nag y edrych arno.
4 Ac yno mi wyles llawer, o achos na chad neb yn deilwng y agoryd,
ac y ddardlen y Llyfr, nac y edrych arno.
5 Ac vn or henafied y ddwad wrthyf i, Nac wyla: syna (wele), llew
yr hwn ysydd o lwyth Iuda, gwreiddyn Davydd, y enilloedd (gafas)
y agoryd y Llyfr, ac y ddatdod y seith sel ef.
6 Yno mi edrycheis, a synna, yn chanol yr eisteddle, ar pedwar
enifel, ac yn chanol yr henafied, yr ydoedd Oen yn sefyll mal by
biasey gwedy ladd, yr hwn oedd a seith corn, ac a seith llygad
yddo, y rrein ydynt seith ysbryd Dyw, y ddanvonwyd yr (ir) holl
vud (vyd).

7 Ac ef yddayth, ac y gymerth y Llyfr o law ddehe yr vn oedd yn
eistedd ar yr eisteddle.
8 A phan cymerth ef y Llyfr, y pedwar enifel, ar pedwar ar igein
henafied, y syrthiasont gair bron yr Oen, ac yr ydoedd gan bob vn
o hanynt telyney a phiolae aur yn llawn o erogley, y rrein ydynt
gweddie'r Sainct,
9 Ac y ganysont caniad newydd, dan ddwedyd. Teilwng yd gymryd
y Llyfr, ac y ddattod y sele ef, can ys veth las (ith laddwyt), ac yn
pryneist ni y Ddyw trwy (can) dy waed allan o bob cenedlaeth, ac
ieith (thafod), a' phobl, a' nasion,
10 Ac yn gwneythost yn Vrenhinoedd ac yn Effeiried yn Dyw ni, a ni,
a thyrnaswn (deyrn-) ar y ddayar.
11 Yno mi edrycheis, ac y glyweis lleis llawer o Angylion ynghylch yr
eisteddle ac ynghylch yr enefeilied ar henafied, ac yr oeddent mil o
filioedd,
12 Yn dwdyd a llais ywchel, Teilwng yw yr Oen y las y dderbyn gallu
a chyfoeth, a' doethyneb, a' chedernid, ac anrrydedd, a'
gogoniant, a' moliant.
13 Ac mi a glywes yr holl creadyried y rrein ydynt yny nef, ac ar y
ddayar, a than y ddayar, ac yny mor, a' phob peth y sydd yndynt
hwy, yn dwedyd, Moliant, ac anrrydedd, a' gogoniant, a gallu y vo
yddo ef, y sydd yn eiste ar yr eisteddle, ac yr Oen yn dragywydd.
14 Ar pedwar enifel a ddywedasont, Amen, ar pedwar ar igein o
henafied a sirthiasont y lawr, ac anrrydeddasont (addolasont) ef, y
sydd yn byw yn dragywydd.

Codwyd o *Detholion o Destament Newydd* 1567 gyda Rhagair gan Thomas Parry, 1967.

MORYS CLYNNOG
1525 – 80/81

48. *Athravaeth Gristnogavl*

Mae'n rhwymedig iawn,
bob Cristion phyddlawn,
berchi'n grefyddlawn
  y graulawn grog.

Am i Crist Iesu,
arni yn prynnu,
a'n gwared yn gu,
  o gad euog.

A'n tynnu trwy gred,
o fawr gaethiwed,
Pechod oer dynged
  du angau log.

A'n hachub bob dyn,
o law'r drwg elyn,
Sydd i'n cas erlyn,
  oerlais lidiog.

Vrthynn pob nifer,
a ddylai 'marfer,
bob gwaith ag amser
  ymswyn ennwog.

Roi arwydd dirfawl,
y grog fendigawl,
tan ddoedyd bob sawl
  Sail gwaith pwyllog:

yn enw duw y tad,
a'r vnig fab mad,
a'r yspryd glan rad
  rod odidog.
    amen.

. . . Dygwn le cerddom megis coron yn lawen yn calonnau groes Crist. Canys honno sydd yn cyflowni pob peth ar y sydd gynhorthwyawl i'n cadwedigaeth ni: oblygid pan ail enir ni, mae croes yr arglwydd yn bressenol. Pan borthir ni a'r santeidiaf fwyd pan fom mewn gradd i gyssegru ymhob lle ag amser e fydd hynn o arwyd buddygoliaeth gida ni. Am hynny ni a ddylem yn ddyfal, ag yn ystig ossod y groes yn y dirgel gellydd o fewn y ty, ar y parwydydd, ag yn y phenestri, ar un talcen, ag yn yn calon. Canys hwn sydd arwyd o'n catwedigaeth ni, o'n cyphredinol ryddid o warderowgrwydd yn arglwydd ni.

. . . Rhaid yw guneuthur llun y groes nid yn vnig a'r y corph, eithr trwy phydd gadarn hefyd yn y galon. Canys os prin tid di y groes yn y modd hwnnw, ni lefys yrun o'r cythreulig ysprydion ymgyfarfod a thi, pan welo'r gwaew a roes iddo'r archoll angheuawl s. y groes.

. . . Y groes sydd obaith i'r Cristnoniog; adgyfodiad i'r meirw, towyssydd i'r deillion, phon i'r cloph, cyssur i'r tylawd, genfa i'r cyfoethog, dystrowiaeth i'r trahaus, penyd i'r anfucheddol, gorfoledd yn erbyn diawl, cynheiliaeth i'r anghenus, tad i'r ymddiddad, dyphynnydd i'r wedw, cynghorydd ir cyfion, syluain i'r eglwys, gwrthladdiad i'r gaudduwiau, nerth i'r gweiniaid, medig i'r cleifion, bara i'r newynog, phynnon i'r sythedig.

Detholion o Morys Clynnog, *Athravaeth Gristnogavl,* 1568, Adargraffiadau L-L. Bonaparte, 1880, a D.M. Rogers, 1972.

ANHYSBYS
1571

49. *Y Catecism*

Ir wy vi yn damvno ar vy Arglwydd Dduw, yn Tad nefol ni, yr hwn sy roddwr bob daioni, ar ddanvon i rad ini ac i'r holl bobl mal i gallom i vrddoli Ef a'i wsneuthu Ef a bod yn ostyngedic iddo Ef mal i gwedde i ni i wneuthvr. Ac mi a weddiaf ar Dduw ar ddanvon i ni bob peth a'r sy angenreidiol i'n eneidie ni ac y'n cyrph, ac ar vod o hono Ef yn drugaroc wrthym i a madde inni yn pechode, ac ar vod o hono

Ef yn vodlon i'n kadw ni ac i'n amddiffin ni ymhob perigyl ysprudol a chorphorol, ac ar gadw o hono Ef nyni rac pob pechod a drigioni a rac yn gelvn ysprudol a rac marvolaeth dragwyddol. A hyn ir wy vi yn ymdduried i gwna Ef o'i drugaredd a'i ddaioni, drwy yn Arglwydd ni Iesu Grist, ac am hynny mi a ddweda 'Amen. Poed gwir vo.'

Darn o Gatecism y Llyfr Gweddi Gyffredin . . . annibynnol ar y cyfieithiad a geir yn y *Lliver Gweddj Gyffredjn*, 1567.

Codwyd o *Rhyddiaith Gymraeg* II, golygwyd gan Thomas Jones, 1956.

ANHYSBYS
c. 1575

50. *Y Marchog Crwydrad*

Ag yr awr hon drwy ras Duw yr wyf jnay yn bwriady traethy fy antyriav vy hynan a'm traigl, y rhai ydynt debig y draigl y plentyn afradys yr hwn a adawodd tv i dad ag aeth i wledvdd diaithr ag a draylodd i holl dda trwy fyw yn afradlon ne wrth i wyllys y hynan, ond yn ol yddaw adnabod i vaiay vo ddayth at i dad ailwaith, yr hwn a'i cymerawdd ef yn gariadys.

Ag fellü yr oeddwn jnay trwy fawr ffolineb yn ymlwygad ymhell oddy ar y ffordd, fy nghorff a meddwl oddy wrth Ddüw fy nhad yr hwn a'm creawdd i; ag felly mi a draylais ag a ddiffrwythais yr holl gyfoeth, yr hwn a roddesei Ddüw dad y myfi o'y drigaredd a'y haelder a'i ddayoni, gan ddilyn yr holl oferedd ag ymfoddloni fy hynan mewn trachwant y byd hwn; eithr o'r diwedd gwedy vy ysbrydoli o [d]dywiol ras a chydnabod vy maiay, ie, a gadel tywyllwch y pechod ag oferedd a thrwy nerth a chyfrwyddyd dywiol ras, mi a droesym at fy nhad tragwyddol gan erchi maddeaint a thrigaredd yn yfydd yddaw ef ag yn gariadys a'm cymeroedd i ato ef gan wnaethyr ymi fawr barch a grayso.

Codwyd o *Rhyddiaith Gymraeg* II, golygwyd gan Thomas Jones, 1956.

EDWARD MAELOR
fl. 1567 – 1603

51. *Cywydd y Pader*

Arferwn bawb ar forau
Â'r weddi hon i'n rhwyddhau,
Am ddymuniad ein pader,
At Dduw ein Tad, nerthwlad Nêr,
A wnaeth y Mab o'r aberth,
A'i enau'n iawn, uniawn nerth.
Ymrôdd yn frawd parawd pur,
Ebwch waed, i bechadur.
Ef a ddysge'r llwybre llon,
Ddysg gwblwaith, i'w ddisgyblion,
A'i adde'n byncie i bob un,
Fal hyn i'w ofal 'honyn'.

Ein Tad ni, ond diwad nerth,
A'n tywysog, nod diserth,
Fal yr wyd, fawl oreudeg,
Frenin y Nef, tangnef teg,
Sancteiddier, cofier nid cam,
O Duw, dy enw da, dinam.
Deued hyn, Duw wyt hynod,
Dy frenhiniaith, glodfaith glod.
Dan un, dy 'wyllys, Duw Nêr,
Yna'n olau a wneler,
Ar gynnyrch awr ac ennyd,
Ar y ddaear, bwysa'r byd,
Yn yr un modd adroddiad
Y mae'n y Nef, loywlef wlad.
Dod in heddyw, sadryw sant,
Dy aberthwaith, da borthiant,
Ein bara, Dduw, yn bur ddeall,
A bery byth heb awr ball.
A maddau, Duw, ddiwad Iôn,
Yn daladwy ni'n dyledion,

Yn y modd, Duw iawnrodd Dad,
Y maddeuom yn ddiwad.
A nâd ein tywysaw ni
Draw i gynnyrch drygioni,

Ond gwared ein tynghedfen,
Drwy go' mawr, rhag drwg, Amen.

52. *Englynion Sanctaidd*

Duw Gwyn, er mwyn digoni – ar f'enaid,
Erfyniwn gymodi;
Arglwydd yr holl arglwyddi
Maddau fy meiau i mi.

Pan roir fi 'nghudd yn bruddwr – is y gro,
Iesu Grist 'y Mhrynwr,
Yno, Duw Gwyn, iawndeg ŵr,
Bodd hoff iawn, bydd 'ddiffynnwr.

Codwyd o *Gwaith Huw Ceiriog ac Edward Maelor*, Huw Ceiriog Jones, 1990.

ROBERT GWYN
1540/50 – 1592/1604

53. *Mawr yw Perygl Dyn Bydol*

Y Ddeuddegfed Cap.

Mi a Ro y chwi yn fyrra y gallwyfi veddwl s. Awstyn wrth siarad am y fath Rai ag y fo heb ym wrthod ay drygoni dan y dydd diwetha.

Dyma y eirie ef yn y deiginfed ag vn bregeth ynghylch y Rai a fo yn wir etifeiriol: "Or bydd neb", medd ef, "ar y fo difeiriol wrth wir angen ag or bydd y difar gantho ef a chymeryd Absolisiwn yny man, ag yno marw, mi a ddyweda y chwi, ny dwyfi yn gwady yddo ef mor peth y may ef yny geisio, onyd ny ventriwn ni y wranty y farw ef yn dda, os bu ef farw yn dda, ny wn i ny allwn roi yddo ef y benyd, onyd ny allwn ni wranty mo hono ef. Beth y weda i y fod ef wedi farny y yffern. Onyd ny ddyweda i chwaith y fod ef yn sywr. Am hyny, os myndi fod allan o ddywt, bydd yny diferiol, try fych Iach. O gwnay di hyny, mi y ddyweda y ti du fod yn sywr, am fod o honod yny difeiriol ar yr amser y gallyssyd bechy. Onyd os myndi ytifary, pen foch di heb ally pechu y pechodey ath adawodd di, onyd ny dewis di ddim o honyn hwy".

Hyn y ddwad y sant bendigedic yma. Maen ddrwg geni fod y geirie yma yn kyfwrdd a gwarre kefen Rwd gwyr yn llyn. Onyd chwi a gewch glywed mwy Etto o Eirie y sant yma yny llyfyr ysgrifenodd ef, o wir a ffalst benyd, yny dday bennod ar bymtheg yn llyn:

"Na cheisied neb dario ony ddel ef heb ally pechy, oblegid may dyw yn gofyn Calon rwydd y fwrw ffwrdd bechoday nyd Cyfyngdra kariad perffaith, nyd ofyn yn ynig, cans nyd mewn ofyn yn ynig y may dyn yn byw.

Am hyny pwy bynag y sy yny tifeiriol Raid yddo, nyd yn inig ofnir barnwr, onyd Raid yddo y gary ef, oblegid ny dydiw neb yn safiedic heb gariad perffaith. Y fath droyad a hwn, os happia y neb wrth varw, ny ddylen ni anobitho o drigaredd yddo. Onyd am fod yn an amal ne yn anfynych troyad mor gyfion, Raid yw ofni dros yr heini ar y difaro yn Ru hwyr.

Bellach darllenwch y geirie yma, ag y drychwch pa sawl vn y nych plith sy heb y mado ay drygoni, ony del heb ally gwnythyr drwg, fel y gwyr ar y sydd yn ych mysc yn hel gordderchion yny ddelon yn benllwydied ag yn hen, ag yno hwy a dawan y gwragedd benthig ag y fyddan fyw gyda y gwragedd priod, ag yno y maen hwy yn tybied fod dyw yn Rwymedig yddynt am droi atto yr amser hwnw. Onyd ny dydiw hyn ydifirwch yny byd, fal y klywsoch chwi yngeirie y sant or blaen, fod yr Reini ny madawan ay pechodey ney drygoni ery gallon heb wrthod mwy pechodey, onyd y pechodey yny gwrthod, oblegid may y wyllys hwy y wnythyr y drygoni, pes gallen, gystal ag y bu oray er Ioed. Hefyd dysgwch wrth y geirie a glywsoch y rwran O Enay y sant yma, na wsnaytha fod yny difeiriol Rag ofyn poyne yffern yn inig, Onyd yn bennaf, er cariad y ddyw ag y dyrnas nef, ag fel y galloch chwi gary ag ofni dyw.

Merkiwch y Gyfflybiaeth yma sydd yn arferedic ynych mysc. Chw chwi a welsoch yn fynych fel y gwelais ine blant yn myned yr ysgol y ddysgy.

1. Tri math ar ysgolheigion y sydd. Vn math ny ddysgan moy gwersi Er kariad oy meistyr nag er serch yw dysc, na hefyd Rag ofan kael y kyro, er gwybod o honynt fod gwiail mywn golch yny haros.
2. Yr ail fath ar blant y sydd yn dysgy y gwersi yn ddyfal Rag ofan y gwiail yny golch, ar hain, ony bair bedw ar helig, ny wnaen ddim mwy nar Rai kyntaf er cariad na serch yny byd.
3. Y drydydd fath ar blant sydd yn labrio y gwersi yn galed er Cariad yw meistyr ag er serch yw dysc, ar hain sydd gysdal plant ag y dysgen hwy y gwersi bob dydd pet fai heb na helygen, na bedwen, na chosbydigaeth arall ynyr holl fyd, ar hain yn inig a fydd gwyr dysgedic, ar lleill yn ffolied. Velly chwithey ydych yn ysgolheigion y grist ych prynwr.

Ych Gwers y sy raid y dysgy ywr ffydd gatholic a Gorchmynion Duw ar Eglwys, ych mam. Y gwiail mewn golch yw poyne yffern. Y dydd y gelwir arnoch chwi y ddywedyd ych gwersi yw dydd y farn.

Hefyd, ynych plith chwi fel y mysc y plant, y may Rai heb ddysgy y gwersi er gwybod o hynyn fod y gwiail yny golch er dechreyad y byd yny haros, ony fedran y gwersi.

Ag may arnaf i ofan fod y Ran fwyaf o hanoch yny fath ysgolheigion a hyn. Etto may Rai eraill yn ych plith sy yn dysgy y gwersi yn ore y gallon, nyd er Cariad yw meistr Crist nag er serch y dyrnas nef, onyd Rag ofan y gwiail yngwaylod yffern. A ffei gwypynt na bai mor gwiail yn yffern, ny wnaen mwy nar Rai kyntaf.

Y drydydd fath ar bobyl sydd yn dysgy y gwersi ddydd a nos drwy boen er Cariad yddy meistr wrth weled y gariad ef ay drigaredd yddynt hwy yn kolli y waed bendigedic drostyn hwy.

Am hyny y maen hwy yn Cary y meistr kymint ag y dysgen y gwersi ay orchmynion ef, pe bai heb fod yffern yny Byd.

NLW 15542, Robert Gwyn, 'Gwssanaeth y Gwŷr Newydd', cyn 1576. Codwyd o Geraint Bowen, *Gwassanaeth y Gwŷr Newydd*, 1970.

54. *Pwyso Gormodd ar Drigaredd Ddüw*

Gwelwch vod Düw yn drigarog ag yn gyvion. Rhaid yw kredy pob vn o'r ddav. Mae Sant Berna[r]d yn dangos vod i Ddüw megis dwy droed. Kyviawnder yw vn a thrigaredd yw'r llall. Ar y ddwy droed yma i mae Düw yn kerdded. Yno, i mae'r sant yn dangos i bydd rhaid i bob dyn da gael gavael yn y ddwy droed hynn, gan ddwedvd val hynn, 'Pob pechadür a vynno droi at Ddüw mewn gwirionedd, rhaid yddo gael gavael gadarn ar y ddwy droed hynn. Kans, os ymeifl mewn trigaredd yn vnig a gadael kyviawnder i vyned, ef a vydd golledig drwy ormod hyder. O'r ty arall, os ymeifl mewn kyviawnder yn vnig, heb gaiso dim gavael ar drigaredd, vo vyddai golledig drwy anobaith. Am hynny, i vod yn savedig, rhaid i ddyn gwympo i lawr yn ddivalch a chüsany'r ddwy droed hynn, val i gallo, drwy help kyviawnder, ofni Düw a thrwy help trigaredd, gael gobaith. *S. Berna[r]d*. Yma i gellwch ddysgi drwy air Düw o'r blaen a gairav'r sant hynn vod yn rhaid i bob dyn a vytho Griston da gredy kyviawnder a thrigaredd Düw. Rhaid yw kael gavael yn y ddwy droed a'i dal yn dynn a'i küsanv, heb ollwng yn gavael o'r ddav hyd angav. Kans, o delwch drigaredd yn vnig a gadel kyviawnder, dyna chwi yn pechv drwy ormodd hyder, yn presywmo heb ofni Düw. Os delwch gyviawnder yn vnig heb drigaredd, dyna chwi yn ofni gormodd ag yn anobaitho. Ag am hynn, delwch y ddwy droed kystal vn a'r llall, ag nid oes dywt na bydd pob peth yn dda. Ond yn y dyddiav hynn i mae'r rhann vwyaf yn dal vn droed ag yn küsanv troed y drigaredd ag yn gadel y llall. A hynn sy'n peri yddynt drwy ormod hyder, heb ddim ofn, bechv mor rhwydd ag mor hir ag i maent, am i bod yn pwyso ar vn droed yn rhy drwm, hynn yw, ar drigaredd Ddüw, heb allv aros son am i gyviawnder. Hwy ddwedan vod y chwedlav hynny yn beriglys ag yn abl i ddwyn dyn i ddisbero ag i anobaitho trigaredd Ddüw, i ofni gormod. Ond gwych ganddynt glywed son am drigaredd Ddüw, am vod y troed hwnnw yn ysgafn ag yn velysach na'r llall, am i bod ynghysgod y troed hwnn yn hir bechv. Hwy a vynnant vod Düw yn wastad yn kerdded ar vn droed, ar drigaredd yn gwbl, val pe bai heb vn droed ond vn, am na allant aros son am y droed arall, ag am i bod yn pwyso'n gwbl ar vn droed, sef [ar] drigaredd Düw. Hynn a wnaeth i mi vod mor halaeth ag mor hael a throelo'r ail rhan o'r llyfr yn gwbl drwy bedwar pennod i ddwyn dynion i ofni kyviawnder Düw a'i ddig a'i ddial, y'w tynny i gymeryd gavael ag i gysanv y naill droed kystal a'r llall ag [i] ddal ag i bwyso ar gyviawnder kystal a thrigaredd.

Mae Sant Awstin [o]hano yntav yn rhoi rhybydd i ni ddal yn gavael yn y ddwy droed yn dynn, gan ddwedvd val hynn. *S. Awstin.* 'Mae pechadüriaid mewn perigl o achos daü beth. Vn peth drwy obaitho gormod, hynn yw preswmsion ne ormod hyder. Yr ail yw gobaitho rhy vychan, hynny yw disbero ne anobaitho. Pwy sy'n kael i dwyllo drwy ormod obaith? Y sawl sy'n dwedvd wrtho i hvnan val hynn. Da yw Düw. Trigarog yw Düw, Düw da, Duw rhywiog. Mae'r dynion hynn yn rhydeg i berigl drwy ormod obaith. Pwy sy mewn perigl drwy anobaith? Y sawl sy'n gweled i pechodav'n vawr, ag wrth hynn yn tybiaid vod yn amhosybl gael maddaüant yn dwedvd wrthynt i hvnain, nid oes vn ffordd ond vn i ni. Rydym yn ddamnedig, Gwnawn a vynom.

Pam, wrth hynn, nad odym yn kymeryd yn pleser yn y byd yma ymhob pechod, y rhain sy'n kael i lladd drwy anobaith, y llaill sy'n kael i lladd drwy ormodd obaith? Beth, wrth hynn, i mae Düw yn y wnaethyr i ennill y ddav bar bobl? Mae Düw'n dwedvd wrth yr hwnn sy mewn perigl drwy ormod obaith val hynn, "Na ddywaid wrthyd dy hvnan mae trigaredd Düw yn vawr. Ef a gymer drigaredd ar vy mhechodaü mawr j, am vod wyneb i ddig ef ar bechadüriaid." *Ec[c]le. 5.* Wrth yr hwnn sy mewn perigl anobaith mae Düw yn dwedvd val hynn, "Para bryd bynnag i try pechadür ataf j, mi a ollyngaf dros gof i bechodaü ef." *Eze. 18.* Hynn i gyd a ddywad Sant Awstin i ddangos vod yn rhaid dal a chysanv dwy droed Düw, kyviawnder a thrigaredd. Yma, i gall vn o'r gwyr sy'n pwyso'n gwbl ar drigaredd Ddüw ddwedvd vod yr Ysgrythyr Lan, *Jacob 2.* yn dangos vod trigaredd Ddüw yn paso ag yn rhagori ar i gyviawnder ef. Am hynn i gallan bwyso mwy ar y droed hynny nag ar y llall. Nid yw i drigaredd ef yn rhagori ar i gyviawnder yn y modd i maent hwy yn deall, mal pe bai Ddüw drwy drigaredd yn kav i lygaid ag yn gadel rhyw vath ar bechadüriaid baso i'r nef yn y pechodav, heb gaiso nag etivairwch na phenyd ganthynt. Nid hynn yw'r deall, am na chaiff vn ddyvod i'r nef heb daly'r ffyrllling laiaf, heb wnaethyr jawn am bob gair over. Dyma'r modd i mae trigaredd Ddüw yn rhagori ar i gyviawnder, am nad yw Düw mewn delyed i vn o blant Addaf, am vod y sawl sy'n kael gras yn y gael, nid trwy i vod yn y haüddy, ond trwy drigaredd Ddüw. Kans, pe bai Ddüw yn kalyn i gyviawnder yn gwbl, ny ddoethai Grist i lawr o'r nef i ddioddef drosom, am nad oedd rhwymedig i wnaethyr dim drosom. Pe bysai Grist heb ddioddef dim erjoed dros ddynion, ond gadel i holl blant Addaf vyned i vffern byth, heb ddwyn vn ohonynt i'r nef, ny bysai hynn i gyd ond kyviawnder, ny wnaethai ddim kam a ni. Am hynn, wrth yn bod yn savedig yn bennaf drwy drigaredd Ddüw, ag yn golledig drwy'n biav yn hvnain a chyviawnder Düw, am hynn, mae trigaredd Ddüw yn drech na'v gyviawnder, am vod i drigaredd ef yn savio'r sawl a vysai yn vffern, pe kawsent gyviawnder a'i barnv val ir oeddynt yn haüddü. Hynn i mae'r proffwyd yn y ddangos yn vyrr val hynn. *Ose. 13*. 'O Jsrael, rwyti yn golledig yn vnig ar dy vai dy hvn. A hynn sydd help i ti sy'n dyvod oddi wrthyf.' Gairav Düw oedd yngenav y proffwyd i ddangos mae trigaredd Ddüw sy'n danfon pob daüoni heb vod dim o'n rhann ni ond vffern i bawb.

Hevyd, mae trigaredd Ddüw yn rhagori ar i gyviawnder am vod Düw yn chwannog i bawb vod yn savedig, val i mae Sant Pawl yn dangos a Düw i hvn, gan ddwedvd 'Ny vynnaf j angav pechadür, ond vy wllys yw yddo droi a byw oddi wrth i bechodav.' *Timo. 2.* A llawer o leoedd eraill sydd yn Ysgrythyr Lan, *Eze. 18; Jere. 3; Math. 23*, yn dangos vod Düw yn chwannog ag yn barod i gynnig i ras a'i drigaredd i bawb a'i kymero. Ond nid yw ef yn dangos i gyviawnder wrth gosbi, ond megis o'i anfodd, am vod yn kalonnav ni kyn gleted na throan at Ddüw. Ag am hynny, rhaid yddo kosbi drwy gyviawnder, os gwrthodwn droi drwy drigaredd. A hynn gyda llawer o rhesymav eraill sy'n gwnaethyr a glywsoch yn wir vod trigaredd Ddüw vchbenn i gyviawnder. Gwelwch nad yw hynn yn rhoi achos i vn vwrw i vaich o bechodav ar gefn Düw, val pe bai ef yn dwyn gyda phechadüriaid, er mwyn i drigaredd, am vod i gyviawnder yn tafly [i] lawr ailwaith i dorri gyddfav, onys gwellan mewn amser.

Gwachelwch, wrth hynn, bechv drwy ormod obaith a hyder ar gael maddaüant gan Ddüw. Pechod mawr periglys yw hwnn, vn o'r chwech pechod yn erbyn yr Ysbryd Glan. *S. Thomas*. Yr hwnn i mae Krist yn dwedvd vod yn anodd gan y Tad nevol i vaddav ag o rhann natüriaeth y pechod. Mae'n anodd i vaddav am vod gormod hyder a gormod obaith yn tynny ofn ymaith oddi wrth ddyn. Kans, lle bytho gormod obaith, ny bydd yno ddim ofn kyviawnder Düw, yr hwnn ofn sy'n dwyn dyn i bob daeoni. Ag heb ofn, mae dyn yn kalyn pob drygoni. Mae'r Ysgrythyr Lan mewn mil o vannav yn kanmol yr ofn hynn, am i vod yn tynny dyn oddi wrth ormod obaith a hyder. Rai o'r lleoedd hynn a gewch i glywed val hynn, 'Ofn yr Arglwydd sy'n gyrrv pechod ymaith'. Hevyd, 'Ofn Düw sy'n kasae pob drygoni'. 'Y sawl sy'n ofni Düw, nid yw yn ysgaelüso dim.' 'Y sawl sy'n ofni Düw a dry ag a edrych ar i galon i hvnan,' 'Y sawl sy'n ofni Düw a wna waithredoedd da,' 'Hapvs yw'r dyn sy'n ofni'r Arglwydd, am i rhydd hwnn i veddwl ar orchmynion Düw'.

Robert Gwyn, *Y Drych Kristnogawl*, 1583/4

Codwyd o'r copi a wnaed gan Llywelyn Siôn a gopïwyd gan W. Alun Mathias ar gyfer Geraint Bowen, *Y Drych Kristnogawl*, 1996.

ROWLAND PULESTON
1583

55. *[Rhagymadrodd] Llefr o'r Eglwys Christnogedd*

Holl cowir cowmffort[1] oes ddyn a'i iachadwrieth ssy yn sefyll yn vnic yn gwybodeth Crhist Iessv ac mewn moliannv i henw Ef, ac mewn dim arall ney amgenach. Beth ynte (oherwydd hyn) all fod mwy angenrheitiach i iachadwrieth a safiadigeth pob dyn na ffregethv Christ Iessv a'r moliant o'i teyrnas Ef, yr hwn ssy y'w folianv ac yn rhaid y'w foliannv? Ac os nyni ni folianwn Ef, Duw a gyfet i fynv ie cerric a ffryfet o'r ddaiar i foliannv ei Fab Ef. Eithyr[2] paham? Rhaid i'yw foliant Ef dyfv a cheynnyddv ac yn y diwedd fwrw i lawr oll moliant y byt felly val yn y diwedd nid all dim moliant arall sefyll ond yn vnic o Christ Iessv a'i ddioddefaint Ef.

S. Paul[3] yn deall y molianvs hwn vrddassol Fab Dvw, ni thybiodd i'w fot yn wiw wybot dim anid Christ Iessv a'i ddioddefaint Ef arr y Groes. Ac felly yn yr vn modd gedwch ein rran ninae fot yn wyllysgar i neythyr yr vn peth, yn anwedic yr rhai ssy ohonom yn bregethwyr ney yn ddyscawdwyr ne yn wenidogethwyr yn Eglwys Christ, ossod yn holl nerth i'r hon bwrpas,[4] fal i gellir pregethv Christ Iessv a'i folianv Ef, yn anwedic yn yn dyddie ni yma anvwiol heppianvs a'r amsere rhain cysgadvrvs; ymharr rvw rai y mae yr byt yn eglyrhav nev yn dangos i hunan mewn cnawdol cenfigedd a cyflawnol angof o Christ a'i teyrnas Ef.

1 cyssyr
2 Cans
3 1 Corintheit 2.2
4 fwriat, amcan

Darn o Rhagymadrodd
Codwyd o *Rhyddiaith Gymraeg II*, golygwyd gan Thomas Jones, 1956.

'Safbwynt Piwritanaidd sydd i'r llyfr', Thomas Jones, t. 53.

WILIAM CYNWAL
b.f. 1587/88

56. *I Dduw*

Y Gŵr â'r fron agored,
Yn nydd grym a brynodd Gred,
Duw Arglwydd, gwiwrwydd gariad,
Da fwya' pris, Duw Fab rhad;
Iesu o nef y sy nawdd,
Iôn pur iawnwaed a'n prynawdd,
Crist oll uwchben, crest allawr,
Greawdr ac Ymerawdr mawr;
Tad a Mab ym mharadwys
Ac Ysbryd Glân, gloywbryd glwys,
A Duw eu nerth, diau nod,
Yw'r tri henw, air tra hynod.

Anap i Suddas yna
Werthu Duw a'i wyrthiau da;
Darfod siars, diweirfyd sôn,
Daly y Gŵr, diwael gwirion,
Ei rwymo, llwyr o rym llu,
A'i dywyso, Duw Iesu;

Distyru Crist, didrist Dad,
Dawn ei ddull, dwyn ei ddillad,
Ysgyrsiaw gwaith, ysgârs gŵyn,
Ar forau, mab Fair Forwyn,
A'i guro'n anhrugarog,
A barnu Crist i bren crog.

Dioddef, Iôr nef, a wnaeth
Duw, hoeliaw dwylaw helaeth;
Y drydedd hoel, drud oedd hi,
A waedodd ei draed wedi;
Tra oer o friw, torri'r fron,
Treio gweli trwy'i galon;
Curo'r hoelion, cry'r holed,
Coroni Crist, crynu Cred;
A chwedi, imp iechyd oedd,
Marw Iesu am yr oesoedd.
Deugeinawr, da ogonedd,
Drwy enw y bu draw'n y bedd,
A chodi a wnaeth, gloywfaeth glân,
Ac arloes uffern gorlan;
Llawen ydoedd, llin Adam,
O'i farw i fyw, Fair ei fam.
Oddyno'r aeth, Dduw Nêr oedd,
A'i ynifer, i nefoedd,
Ac eiste' yn ŵr gwastad
Ar ddeau dawn Wirdduw Dad.

Yno daw yn y diwedd
Y rhai glân i'r rhywiog wledd.
Y mae dau fan, amod fydd,
Yn ddiarfod ni dderfydd:
Y ne', golau y gwelir,
A ffwrn hyll yn uffern hir.
Yno, gwedi, yn gadarn,
Y dydd y bo diwedd Barn,
Deulu fydd, dedrydd didrist,
Arddel Cred ar ddwylaw Crist:

Llu âi nefoedd, llin Efa,
Llawn fwyn ddull, yn y fan dda;
Llu i uffern a fernir,
Llawn bai'n hon, llyna boen hir.

Meddyliwn am y ddeulu,
Mendiwn ein ffydd cyn dydd du;
Oes un gŵr – pa sôn garwach? –
Heb roi bryd ar y byd bach?
Cryf ni wrendy fry ar fraw
Cwyn y gwan cyn ei giniaw;
Ystyriwn, gwelwn ein gwaith,
Meddyliwn am Dduw eilwaith;
Rhaid meirw er hyd ymaros
Ynn beunydd yn nydd a nos,
A gado fyth, y gad fau,
Y cywaeth yn y caeau,
A'r da'n y gist, aur dan gudd,
A chloi'r dderw uwchlaw'r ddeurudd;
Oerni dwys, a'r enaid oll,
Gau fargen, ar gyfyrgoll.
Er maint â'n naer i'r gaer gau,
Ebwch hud o bechodau,
Na fid o hyn, ynfyd hawl,
Un byth yn anobeithiawl;
Nid em hwyrdrem mewn hirdrwbl
Be bai'n gobaith bawb yn gwbl;
Anap yw balchder unyd,
A rhodd yw rhyngu bodd byd.

Gair addwyn yw Goreudduw,
Gorau dim oedd garu Duw;
Archwn, er mwyn ei erchyll,
Pardwn hwn, rhag purdan hyll,
A'n dwyn ni fry dan ei fraint
A'i fodd, Dduw, a'i faddeuaint.

Codwyd o 'Astudiaeth Destunol o Ganu Wiliam Cynwal yn Llsgr (Bangor) Mostyn 4', Geraint Percy Jones, Traethawd M.A., 1969.

57. *Edifeirwch*

A bechais i'm pais megis Pawl, – wedi
Ydwyf edifeiriawl,
Duw, dwg f'enaid, caid rhag hawl,
Draw gwadd, i nef dragwyddawl.

Er pechu, 'n tyrfu terfyn – naturiaeth,
Er torri d'orchymyn,
Un edifar, wy'n d'ofyn,
Yma Dduw hael, maddau hyn.

A bechais, wylais o'i alar – yno,
Ar wyneb y ddaear;
I wlad nef drwy glod yn wâr
Yno dof, wy'n edifar.

Ei feiau, roliau rhylawn, – a'i feddwl,
A faddau Duw gyfiawn;
Oll ry dyn wrth raid uniawn,
Warth o'i rad, [i] wneuthur iawn.

Drwy 'difeirwch drwch edrychwn – ffydd Dduw,
Ffei odd yma garwn;
Drwy benyd, o derbyniwn,
Wrth raid doir a throir at hwn.

Dyn gwnaed iawn ddigawn ddiwagedd – yma
Dros amarch a chamwedd;
Ni all, mae'n arw'n farw i'w fedd,
Wedi'i guriaw, ond gorwedd.

I'r trawsion gwaelion, gwelwch, – mae'n onest,
Rhag myned mewn tristwch
Iawn dros bechod, D'arfod drwch,
Hyd farw yn edifeirwch.

Yn ôl ifienctid, anialwch – buchedd,
Heb ochel diffeithwch,
Eli pechod, trafod trwch,
Hyd farw yw edifeirwch.

Gorau cyn angau, cwyn yngod, – i ddyn,
    Hwn â Dduw heb wybod,
  Edifarhau, caiff glau glod,
  Mwya' barch, am ei bechod.

A wnêl heb ochel, bachau – hen gythraul,
    Gweithred yn bechodau,
  O thry [i'r] iawn wrth warhau
  Da foddion, Duw a faddau.

Penydiwn, deuwn, deall – diamau,
    I'r byd yma'n ddiball
  I gael trugaredd, gwedd gall,
  Bid wir, yn y byd arall.

58. *Iesu a brynodd y byd*

Cariad perffaith, gwaith a gaid, – a gobaith,
    Mae'n an gwbl anghenraid,
  Gyda ffydd Duw rhydd i'n rhaid,
  Gwaed yr oen a geidw'r enaid.

Nid da ymddiried i'm tuedd – i'n dysg
    Nac i'n da na'n buchedd,
  Ond ei bryniad, bu rinwedd,
  Crist Iesu a fu'n ei fedd.

Pawb o fyw a meirw, pawb a fu, – pawb sydd,
    Pob swyddwr, pob teulu,
  Gwnaed wasanaeth, cofiaeth cu,
  Grest oesoedd, i Grist Iesu.

Duw faint a wnaethost, dof i – i'th olwg,
    A'th alw yn Un a Thri,
  A lleied, wrth galedi,
  A wna dyn er dy fwyn di.

Duw drwy'i loes ar groes gwir esyd – heddwch,
Er yn haeddu penyd;
O'i wres irwaed, draws wryd,
A'i wyrth boen rhoes werth y byd.

Ymgroesom, gwyddom nad da geudduw – pren,
Fo'n prynodd y gwirDduw,
Y Drindod ydyw'r unDuw,
Gwell na dim gallu un Duw.

Brenin c[r]yf iddyn' a Gŵr craff – wyd, Dduw,
Ni wnânt ddial rhygraff;
Brenin wiwdrin, bron waedraff,
Brenin ar bob brenin praff.

Am faint hyd, hefyd tyfu – dialedd,
O'm buchedd am bechu,
Ofna' fyth, mor gyfion fu,
A'i fron ysig, farn Iesu.

Bu i bawb fudd heb gudd goddef – unDuw,
Awn i'w randir adref;
Bid yn nydd bod iawn addef,
Barnu a wna brenin nef.

Tydi, ddyn rhydyn, rhedodd, – nid bychan,
Arnad bechod gormodd,
Ofna fyth, drwy gyfion fodd,
Waith y Brenin a'th brynodd.

Ofnwn, pawb, carwn y Cwncwerwr – mawr,
Ymherodr a Phrynwr,
Dros bob drygau, gorau Gŵr,
Duw a ŵyl, yw'r dialwr.

Nid yw gweithred siêd, sydd – enw cadarn,
In yn cadw'n dragywydd,
Dioddefaint Duw Ddofydd,
Ffin fawr, i'n amddiffyn fydd.

Duw prynodd, carodd, cu wryd, – y bobl,
Medd y Beibl bu'n waedlyd;
Duw a farn drwy gadernyd,
Wedi'r boen, eneidiau'r byd.

Codwyd o 'Astudiaeth destunol o Awdlau Cywyddau ac Englynion gan Wiliam Cynwal', Richard Lewis Jones, Traethawd M.A., 1969.

DAFYDD JOHNS
fl. 1573 – 87

59. *Gweddi Sant Awgwstin*

O addvwynyssa arglwydd Iesv grist wir dduw rhwnn ith ddanfonwyd o fynwes y tad hollallvoc, i ryddhav pechodav, i gadw pechadvriaid, i brynnv y gorthrymedigion, i ddwyn yw gwlad y pererinion, i fenigniaethv y briwedic kalonn, i ddiddanv y rrai tristion: teilynga arglwydd iesv grist fy rhyddhav i am gwaredv i: R:- dy wasnaethwr di, or holl orthrymder a helbul i rwyf ynddynt. A thydi arglwydd iesv grist (rhwn o ran dy vod yn ddyn) a gymeraist ith gadwraeth ddynawl ryw, gan y tad hollallvoc, ac oth dostvri drwy grevlon ddioddefaint a brynnaist yn rryfeddodys baradwys yni ath werthfawryssa waed, ac a wnaethost heddwch a chytvndeb rhwng duw a dynion ac angylion velly ti arglwydd iesv grist teilynga ossod a ssickyrhav gytvndeb o heddwch rhyngo fi am gelynion. A bid wiw genit roi dy ras i mi a thowallt dy drigaredd arnaf, a bod yn deilwng genyt ddiffoddi holl lid a digofaint fyngelynion ar y ssy ganthynt im herbyn, ai llareiddio vegis i llareiddiaist ac y tynnaist ymaith y kas ar llid a oedd gan Esav yn erbyn i frawd Iago. Velly arglwydd iesv grist bid teilwng genyt estyn braich dy drigaredd di, a rhoddi dy ras imi. R. am gw[a]red o ywrth fy holl ddigassogion, val y gwaredaist Abraham allan o ddwylaw y Kaldeaid, ai fab ef Isaac rhac y offrymv yn aberth, ac iago o law Essev y frawd i hvn, a Ssioseph o ddwylaw i frodyr ynte, a Noe rrac y dwr dylyw drwy rarch, a lott o dre sodom, ath weission Moses ac Aaron, ath bobl yr Isralits o law Ffaro ac o gaethiwed yr Aepht yn gyffelib ac i gwaredaist ddavydd frenin ym mynydd Gylboe o law sawl ac o law Golias gawr, A Ssvssanna rhac y kam achwyniaith a ffals destiolaeth, a Judith o law holoffernes, a daniel o ddwynsiwn y llewod, ar tri gwyr ieuanc sydrach, mysach ac Abednago or ffwrnais dan llosgedic, a Jonas o vol y mor farch, a merch y wreic o ganaan a boenid gan gythrel ac Adda drwy dy werthfawryssa waed o sybwll vffern, a pheder or mor, a phawl o gadwyne velly addfwynyssa arglwydd Iessv grist vab duw byw bid teilwng genyt vyngwared i R dy wasnaethwr di a thyred yn gymorth i mi kans fyngelynion sy yn gwneythyr ac a vynnent wneythyr llawer o fwriadav drwc im herbyn teilynga farglwydd Iessv grist wneythyr i dyfeis mor ofer ac i di ddimiaist fwriad Achitofel pan gynghorodd ef Absolon yn erbyn Dafydd frenin. velly farglwydd Iessv grist teilynga fyngwaredy drwy dy santaidd ddaioni sef drwy dy santaidd gnawdoliaeth. drwy dy enedigaeth, drwy dv newyn ath syched, drwyr oerfel ar gwres drwy dy lafvr ath ofid, drwy y poeri ar kernodiae, drwy y ffrewyll ar hoelion, drwy y gwayw ar drain goron, drwyr yfed y bvstl ar vinegr, drwy grevlonaf varfolaeth y groes drwy y ssaith airiav rhai a thi ar y groes a ddwedaist wrth dduw tad hollallvoc y tad madde vddyn̢ kan na wyddan beth y maen yn i wnevthr ti arglwydd a ddywedaist wrth y lleidr a oedd ynglyn ar groes yn wir yn wir i doedaf wrthyd heddiw y byddi gida myfi ymharadwys. Arglwydd ti a ddwedaist wrth dy vam wraic wele dy fab di wedi hynny wrth dy ddysgvbl di wele dy vam di Arglwydd ti a ddwedaist wrth dy dad heli heli lamazabathani sef yw hynny oi ddeongl vy nvw vy nvw val pa beth im gedaist Arglwydd ti ddoedaist mae arnaf ssyched hyny yw drwy chwenych iechadwriaeth yr eneidiav Arglwydd ti a ddwedaist wrth dy dad yn dy ddwylo di arglwydd i gorchmynaf fy ysbryd Arglwydd di a ddwedaist gorffennwyd yn arwyddokav fod y llafvriav ar dolvriav rrai a gymeraisti drosom ni bechadvriaid trvain yrowan yn darfod sef diweddy er mwyn yr rhain oll yr adolygaf yt arglwydd ar iti bob amsser fy llwybreiddio i dy anheilwng wasnaethwr R am kadw i rhac vyngelyn maleisgar ac o ddiwrth fy holl elynion, ac o ddiwrth bob perigl enaid a chorph yma yn y bressent hon ac wedi hyn yn y byd a ddaw drwy dy ddesgyniad i vffern drwy dy gyfodiaedigaeth drwy dy fynech ymddangossiad ith ddysgvblion ai diddanwch drwy dy ryfeddodys dderchafiad, drwy ddanfoniad yr ysbryd glan, drwy dy ddyfodiad [ir farn], drwy rhain a thrwy eraill gwbwl dyrnev da, am y rhai i rwy fi yn rhoi ac yn dadroi diolch i ti ie am gwbwl oll ddaioni yn ysbrydol a weriaist arnafi bechadvr trvan achos ti am gwnaethosti, ac ath werthvawroka waed ti am prynaisti, ac ith santaidd ffydd ti am dygaist i o ywrth fyngelyn maleisgar y diawl ti am kipiaist i R. dy wasnaethwr di ac am benn hynny ti a ddewaist ym vowyd tragwyddol Am hyny er yr rhain ac eraill lawer ar nis gwyl golwc ac nis klyw klvst ac ni chyrredd kalonn dyn feddwl mo honyn mi ath adolygaf di addwyna arglwydd iesv grist i ti deilyngv oth dostvri ath drigaredd vyngwaredv i R dy wasnaethwr di o ddiwrth holl beryglon enaid a chorph yrowan a ffob amser ac yn ol kwrs y fvchedd honn deilyngy o honod fy nwyn i attad ti ddvw byw a geirwir rhwnn wyd yn byw ac yn teyrnassv yn oes oessoedd Amen.

Peniarth 159
Codwyd o 'Pethau Nas Cyhoeddwyd', Garfield H. Hughes, *Cylchgrawn Llyfrgell Genedlaethol Cymru VI*, 1950; t.295, '. . . Dafydd Johns . . . ficer Llanfair Dyffryn Clwyd . . . ysgolhaig . . . Protestant a diwygiwr crefyddol hefyd . . .' G.H.H.

SIÔN TUDUR
c. 1522 – 1602

60. *Miserere Mei Deus. Salm 51.*

Duw ein Iachawdr, Creawdr cryf,
Hir wyrth, trugarha wrthyf,
Yn ôl, Dduw anwylaidd wedd,
Dy ragorol drugaredd.

Golch fi lle gwelych feiau,
Iechyd mawr, o'r pechod mau.

Cyffesu'r wyf, mawrglwyf maith,
F'anwiredd, anfwyn araith;
A'm hanwiredd mae'n irad
Ger fy mron, garw yw fy mrad.

Yn d'erbyn di, drwy boen dig,
Y pechais, oerais orig;
Ac a wneuthum, gwn noethi,
Fawrddrwg yn dy olwg di;
A phe rhoit farn gadarn, gaeth,
Lle dygais golledigaeth,
Cyfion ydoedd cyfnodau,
Fry yn y dydd, y farn deg.

Cans mewn pechod a thlodi
O gnawd oll y'm ganed i;
Mewn anwiredd, ryfedd rwyd,
'Y mam ddig y'm hymddygwyd.

Ceraist galon wirionedd
Oddi mewn, O Dduw a'm medd;
Am hyn goleuaist fy mhwyll,
Glân ddedwydd galon ddidwyll.

Â'r isob caf hir oesi,
Golch o fewn i'm gwlychu fi;
Gwynnach fyddaf mewn gwennallt
Na'r eira gwyn ar war gallt.

Danfon i'm pen lawenydd,
Ac i'm hysbryd da fyd fydd;
Llawenycha, dilea'r dig,
Dra llid f'esgyrn drylliedig.

Tro d'wyneb, eglurdeb gwledd,
Yn awr oddi wrth f'anwiredd.

Crea ynof, croyw anian,
Goleuni y wlad, galon lân;
Adnewydda da a dawn,
Ynof bid ysbryd uniawn.

Na fwrw fi ymaith weithion,
Duw fry, oddi ger dy fron;
Na ddwg oddi arnaf afael,
Dewisbryd teg, d'Ysbryd hael.

Dwg eilwaith, drwy ffyrfwaith ffydd,
Aml iawn imi lawenydd;
Cynnal fi mewn modd cynnwys,
Drwy iechyd dy Ysbryd dwys.

Dysgaf dy ffyrdd dewisgall
I rai drwg erioed ar wall;
Rhai drwg, a fu'n hir drigiol,
Draw'n un dydd a drôn' yn d'ôl.

Gwared fi, fy Nuw gwiriawn,
Oddi wrth waed yn ddiwarth iawn;
Traethaf â'm tafod, nod ner,
Deg fendith dy gyfiawnder.

Duw agor, waith diwegi,
Gyrrau fy ngwefusau fi;
Â'm genau mi a ganaf,
Diflin waith, dy foli a wnaf.

Ni cheri, ni fynni fawl,
A brith bwdr aberth bydawl.

Calon ddrylliedig, coelia',
Yw aberth Duw, berwaith da;
Enaid trwbliedig ddigon
Ni wrthyd Duw nerthiad hon.

A bydd dda yna unawr
Wrth sôn fyth wrth Sion fawr;
Adeila draw, duwiol drem,
Gwrs heolydd Gaersalem.

Yno bydd ebyrth byrth byd,
Da gwn, gym'radwy gennyd;
Yno ni byddwn annoeth,
Offryma pawb offrwm poeth;
Lloiau yno, llawenydd
Ar dy allawr fawr a fydd.

I'r Tad a'r Mab rhad, prydawl,
A'r Ysbryd mwynbryd bo'r mawl;
Mal yr oedd mae ail roddiad,
Beunydd felly bydd heb wad.

61. *Carol pechadur at Dduw*

Tro yma d'wyneb, f'Arglwydd Dduw,
  Tydi a glyw bechadur
Sy yma'n gorwedd ger dy fron
  Â'r galon don mewn dolur;

Am ei bechod mawr y sydd
  Bob nos a dydd yn wylo
Ger bron dy drugarog borth,
  Yn gofyn cymorth yno.

Ac at y porth hwnnw yr af,
  Ac yno caf ymwared;
A phob pechadur a ddêl i'r iawn
  A'i caiff yn llawn agored.

Agor, Arglwydd, i mi hwn,
  Mae drwm y pwn o bechod;
Gollwng fi o fewn dy lys,
  Mae arna'i flys dy gardod.

Ac na alw fi ger dy fron
  I roi it union gyfri'
Fel y bûm i yma'n byw,
  F'Arglwydd Dduw, 'r wy'n d'ofni.

Cyn bod nef na daear faith,
  Cyn dechrau gwaith goleuni,
Tydi a wyddit, f'Arglwydd gwyn,
  Pa beth oedd cyn y rheini.

A phob peth a fu'n y byd
  Er hyn o bryd ac amser
Ymhlith dynion hardd yn d'wg
  Am eu drwg ymarfer.

A all y pethau wneuthum i
  Rhagot Ti ymguddio?
Na allan' ddim, Duw a'i gŵyr,
  Prid yw'r synnwyr honno.

Am hynny, â'r dagrau ar fy ngrudd,
  Mi a'th brudd weddiaf;
Fel gwas drwg rhag ofn y ffon
  Ger dy fron y crynaf.

Cyrchaf atat i gael nawdd,
  Lle mae yn hawdd ei gaffael,
Er cael maddau fy mhechod i,
  Ac ynot ti ymafael.

Myfi a wn os hyn a fydd
  Fel golau'r dydd y'm gwelir;
Gwaela' dyn y sy yn fyw
  Yng ngolwg Duw y'm bernir.

F'Arglwydd Dduw, nid rhaid i mi
  Fynegi i Ti fy nghyffes,
Canys paham, yn ddigon llwyr
  Tydi a ŵyr fy hanes –

Fel y bûm, a sut yr wyf
  Yn fawr fy nwyf a'm pechod,
Ac a wneuthum i i'm hoes –
  Dim nid oes heb wybod.

F'Arglwydd Dduw, er dechrau'r byd,
  Er maint o hyd yw hynny,
Gwyddost gwbl oll a fu,
  A pheth y sy, os mynni.

Gwyddost helynt beth a ddaw,
   Mae ar dy law di'r cwbwl;
I Ti dierth nid oes chwaith,
   Na gair, na gwaith, na meddwl.

F'Arglwydd Dduw, i beth ysbysa'
   'R hyn sy arna' eisiau?
Canys gwyddost, cyn amcanwy',
   Y peth i'm clwy sydd orau.

Pa beth fyth a grefaf fi
   Gennyt ti ond trugaredd?
Dy drugaredd, gan dy barch,
   Yw holl arch fy ngwaeledd.

62. *Englynion Duwiol*

Duw'n Tad, Duw'n ceidwad, Duw'n co', – Duw'n gobaith,
      Duw'n gwbl feddylio;
   Duw byth yr wy'n d'obeithio;
   Duw a'n câr, nid â Duw o'n co'.

Na chymer brudd-der heb raid, – mae'n oerbwnc,
      Yn erbyn yr enaid.
   Ar Dduw y mae f'ymddiriaid,
   Fe ŵyr ei Hun a fo rhaid.

Nid oes awch einioes, na châd – daioni
      [ ]d dynawl gynyddiad,
   Na dim hylwydd, rhwydd rhoddiad,
   Ond o'th rym, un Duw, a'th rad.

Ystudiwn filiwn i foli – Duw lwyd,
      Dyledus yw inni.
   Pwy sydd Arglwydd, rhwydd rhoddi,
   Ond Duw o nef ar ein tu ni?

Duw'r Tad, Duw'r Mab rhad, priodol – dwysbr[ ],
Duw Ysbryd santeiddiol;
Duw Tri'n Un nis detry'n ôl,
Duw yw Hwn diwahanol.

Codwyd o *Gwaith Siôn Tudur*, Enid Roberts, 1980.

ANHYSBYS
c. 1590

63. *Gweddïau San Ffraid*

[Llyma bymtheng weddi yr anrhydeddus leian a santes San Ffraid]

O Iessu Grist, tragwyddol velyster, y dicrifwch mwyaf, a'r holl voliant y'r hai a'th garant Ti, a holl ddysyf iechyd, Iachawdr yr holl bechaduriaid, yr hwn yr wyt yn dwyn tystiolaeth bod yn fwya dy gredigrwydd Di gida meibion y dynion, ac o achos enaid dyn i kymeraist gynawd dyniawl yniwedd yr amsseroedd, Arglwydd, koffa Di yr holl veddwl kynta a'r hiraeth o'r tu mewn, a hyny ar [dy] dystioleth dy hun, pan rroddaist dy gorff a'th waed i'th ddyscyblion yn y Swper Diwaetha. Hyny, Arglwydd, oddiar dy sswpper Ti a gyfodaist i fyny, ac a 'mwregysaist ynghylch dy ganol a thwel, ac a gymeraist gawc yn llawn o ddwr ac a olchaist draed dy ddyscyblion yn lan a'th ddwylaw bendigedic, ac a thwel Ti a'i ssychaist wynt yn lan, ac a ddywedaist vddunt o'r blaen y dioddefaint a ddelai i Ti y'w llawenhav hwynt. Arglwydd, koffa Di y trymder a'r gofid a ddioddefaist yn dy gorff tyner o vlaen dy ddioddefaint ar y Groes, ac yn ol y drydedd weddi pan chwssaist y dwr a'r gwaed ac i'th ddelid gan ddewissiaid genedl ac i'th [gyhuddwyd] gan dystion enwiriaid, a chan dri browdwr ef a farnwyd arnad yn anghyfion yn dy ddewissa dinas Di Kaersselem yn amsser Pasc, ac mewn blodau dy yfieintid yn wirion i'th ysbeiliwyd o'th ddillad dy hun, ac o ddillad estronol i'th wiscwyd; [a'th lygaid a'th wyneb a guddiwyd, a'th wegil a ffustiwyd ac a gernotpwyd, ac wrth biler maen i'th rwymwyd;] ac ysgyrssiau i'th ysgyrssiwyd, ac a drain ysbeinys i'th goronwyd, ac ar vlaen y rhethren y rhoed yt vinegyr a bystyl y'w yfed ac mewn llawer o 'mrafaelion boenau eraill i'th ddrylliwyd ac i'th watwarwyd. Arglwydd, koffa Di y trymder a'r gofid, yr hwn a ddioddefaist yn dy gorff tyner o flaen dy ddioddefaint ar y Groes. Arglwydd, ydolwc genyf i iti, ir kof [y dywed[ed]igion ddioddefaint kynn myned ar y Groes, i Tithau ganhiadu i minnau] kyn vy angav, wir ydifeirwch i'm kalon a glan gyfes a gwneuthr llwyr dal dross vy ngamweithredoedd a maddeuaint o'm holl bechodau. Amen. Pater.

Codwyd o *Rhyddiaith Gymraeg* II, golygwyd gan Thomas Jones, 1956.

BEIBL 1588

WILLIAM MORGAN
1545-1604

64. *Salm XIX*

Y Nefoedd sy yn dadcanu gogoniant Duw: a'r ffurfafen sy yn mynegu gwaith ei ddwy-law ef.

2 Dydd i ddydd a draetha ymadrodd: a nôs i nôs a ddengys ŵybodaeth.

3 Nid oes air nac ymadrodd, lle ni chlywyd eu lleferydd hwynt.

4 I bob tir yr aeth eu sain hwynt, ai geiriau hyd eithafoedd bŷd: i'r haul y gosododd efe babell ynddynt.

5 Ac efe fel gŵr priod a ddaw allan oi stafell: ac a ymlawenhâ fel cawr yn rhedeg gyrfa.

6 O eithaf y nefoedd y mae ei fynediad ef allan, ai amgylchiad hyd eu heithafoedd hwynt: ac nid ymgudd dim oddi wrth ei wrês ef.

7 Cyfraith yr Arglwydd sydd berffaith yn troi yr enaid: testiolaeth yr Arglwydd sydd siccr, ac yn peri doethineb i'r ehud.

8 Deddfau yr Arglwydd ydynt iniawn yn llawenhaû y galon: gorchymyn yr Arglwydd sydd bûr, ac yn goleuo y llygaid.

9 Ofn yr Arglwydd sydd lân, ac yn parhau yn dragywydd: barnau'r Arglwydd ydynt wirionedd, cyfiawn ydynt eu gyd.

10 Mwy dymunol ynt nag aur, ie nag aur coeth lawer: melysach hefyd na'r mêl, ac na diferiad diliau mêl.
11 Ynddynt hwy hefyd y dyscir dy wâs: oi cadw y mae gobr lawer.
12 Pwy a ddeall ei gamweddau? glanhâ fi oddi wrth fy meiau cuddiedic:
13 Attal hefyd dy wâs oddi wrth bechodau rhyfygus, na arglwyddiaethant arnaf: yna i'm perffeithir, ac i'm glanheir oddi wrth anwiredd lawer.
14 Bydded ymadroddion fyng-enau, a myfyrdod fyng-halon yn gymmeradwy ger dy fron, ô Arglwydd fyng-hraig, a'm gwaredudd.

65. *Salm LXXXIV*

Mor hawddgar yw dy bebyll di ô Arglwydd y lluoedd
2 Fy enaid a chwennychodd, ac a flysiodd hefyd am dy gynteddau di ô Arglwydd: fyng-halon a'm cnawd a orfoleddant yn Nuw byw.
3 Aderyn y tô hefyd a gafodd dy, a'r wennol nyth iddi, lle y gesid ei chywion: sef dy allorau di ô Arglwydd y lluoedd fy Mrenin a'm Duw.
4 Gwynfyd presswylwŷr dy dy: yn wastad i'th foliannant.
5 Gwyn ei fyd y dŷn y mae ei gadernid ynot, a'th ffyrdd yn ei galon.
6 Y rhai sydd yn myned trwy ddyffryn wylofain, ai gosodant yn ffynnon, a'r glaw a leinw y llynnau.
7 Aant o nerth i nerth, ac ymddengys pob vn ger bron Duw yn Sion.
8 O Arglwydd Dduw 'r lluoedd clyw fyng-weddi gwrando ô Dduw Jacob.
9 O Dduw ein tarian gwel, ac edrych wyneb dy eneiniog.
10 Canys gwell yw diwrnod yn dy gynteddau di na mîl: dewiswn gadw drws yn nhy fy Nuw o flaen trigo ym-mhebyll annuwioldeb.
11 Cynys haul, a tharian yw'r Arglwydd Dduw, yr Arglwydd a rydd râd a gogoniant: ni attal efe ddaioni oddi wrth y rhai a rodiant yn berffaith.
12 O Arglwydd y lluoedd gwynfyd y dyn a ymddyriedo ynot.

Psalmau Dafydd o'r vn cyfieithiad a'r Beibl Cyffredin . . . 1588.

ANHYSBYS
cyn 1600

66. *Carol – Gweddi*

Tro yma dy wyneb farglwydd ne
brenin gore ganwaith
gwrando weddi y sawl syn dofni
ag yn rhoi iti foliant

Helpia ni wrth raid pechaduriaid
dy blant gweiniaid ydym ni
ag oth ddefaid ti dy hvn
nad ti yrvn i golli.

Rhown yn gweddi yn yn swydd
arnat ti farglwydd Jesu grist
fedrv ohonom rungu yt fodd
i gael y rhodd a ddewaist

Pe rhon iti yn kylone i gyd
mae ini ddewid oedd saith fwy
fod yn tario yn hyrnas ne
yn kael y lle safadwy

Dwg ni yn ddeddfol gar dy law
ith weddiaw nos a dydd
na ddod arnom . i . o dduw tri
a haeddom . i . o gerydd

Ystun farglwydd dy law dde
ymborth nine [] . r . hollfyd
fel imae dy addaw di
ar beri . i . ni yn bowyd

Kymod a ni o dduw gwyn
na ddod newyn yn yn plith
danfon ith blant bob gwllad
drwy dy rad ath fendith

Modd i rhoddaist i o bum torth
  digon o ymborth i bum mil
  ag o chydig byscod man
  medd geirie glan yr yfengil.

Yno i llanwed devddeg basged
  Yn lle i rhaned hyny o fwyd
  gwedi i ddynion gael i digon
  or gweddillion friwfwyd

Gallyt farglwydd heddiw yn wir
  o for a thir roi yn heleth
  ymborth mawr i fwy na rhi
  pebai ynom i gredinieth

Heddiw y soweth mawr ywr barieth
  gwan gredinieth ydiw hyn
  ni weddill fawr o bvm torth
  yn bryd i ymborth pvm nyn

Jr bod Krist yn rhoddi llwyth
  i bawb o ffrwyth dayaren
  o bob amriw bethe gant
  nid anllai chwant y dywarchen

Ffei or dywarchen am na chred
  bwyd y pryfed bydron
  y kae byth moi angen rhaid
  heb dwyllo .r. enaid gwirion

Gallyt wneithyr yr ydy*mir*
  ir llafurwyr kimin vn
  ffrwyth or ddaiar trwy dy ras
  mewn amser addas vddyn

Ag o daw gofyn pwy ai gwnai
  vn ai fai yn fwy na neb
  am i fod mor wan i fydd
  ag ofni.r. dydd i atteb.

Peniarth 158
Codwyd o *Canu Rhydd Cynnar*, T.H. Parry-Williams, 1932.

HUGH LEWIS
1562 – 1634

67. *Perl mewn adfyd* *Pen. 5.*

Duw yn vnic er mwyn Iesu Grist, a hynny oi fawr drigaredd, cariad, a ffafr, sydd in cosbi ac yn ceryddu.

Yr iawn ar vnic achos, o drigarog a thadawl wllys duw, yw, yn, vnic rhyglyddiadae Iesu Grist, at bwy vn, ni a ddylem dderchafu ein calonnau tuar nefoedd, gann feddwl, ac ystyriaw yn ein meddylieu, yn oestadol, fal hynn: yn pechod a'n anwiredd ni, sy'n haeddu newyn drudaniaeth, rhyfel, nodeu, a ffob rhyw blaee eraill: yr awrhon, Crist a wnaeth arianswm a chyflawn daledigaeth, am yr oll bechodae rhain a wnaethon ni, ef a aibrynnodd, a dalodd, a ddigostodd, ac a wnaeth n ddineweidiol ini, yn oll gamweddau, drwy i chwerw angeu, i fuddygoliaethae, ai ailgyfodiad, ac a ddigonolodd gyfiawnder ei dad fal y testiolaetha S. Paul, yn gonfforddus, gan ddoedyd: Iesu Grist a wnaethwyd gan dduw i ni yn ddoethineb, a chyfiawnder, a sancteuddrwydd, a ffrynnedigaeth: felly os blinderae an gorthrymant o erwydd ein pechodae, a'n oll bechodae gwedi i digonoli, ai digosti, trwy angeu a dioddefaint Iesu, mae'n angenrhaid addef, fod yn oll flinderoedd yn ddineweidiol ini, ac na allant ein briwo: ie, Crist trwy i ddioddefaint ai adfyd, a fendithiodd ac a sancteiddiodd bob rhyw adfyd, fal i guasnaethent, ac fal i byddent, i oll wir ffyddlonieit Gristnogion, yn lle budd gwyrthfawr, drwy ordeiniad a rhagwelediad duw i nefawl dad: ef yw y gwir Physygwr, 'rhwnn pann ddehallodd, fod adfyd yn arswydus gennym, a gymerodd arnaw i hun, ddioddef pob bath ar adfyd, blinderoedd, a gofydiae mwyaf dialeddus, er rhoddi, a gosod terfyn, a ffenn, in blinderoedd nineu, ac hefyd i bendithiaw, ai sancteiddiaw, ie, a gwneuthur angeu i hun yn brydferth ac yn felus i ni. Oh na allem deimlaw, gweled, ac ystyriaw, ewyllys, a meddwl Crist, pann oedd ef yn ewyllyscar yn dioddef ar y groes, gann oddef i ddryllio, ai ferthyru mor greulawn, ag mor boenus, eb vn achos, ond fal i galle ef yn ollawl ddirymmio oll nerth ein pechodeu ni, gorthrymder ac angeu, ac hefyd dinistrio vffern, fal na alle vn o honynt byth wneuthur niwed ini. ymhellach (o) na allem ystyriaw pa wedd i chwaethodd, ac irr yfodd ef or cwpan on blaen ni, fal y gallem nineu, rhain ym weinied, yfed a chwaethu'n well o honaw ar i ol ef, yn gymeint ac na ddamweiniodd iddaw ef ddim drwg o hynny, eythr yn y mann cyfodi o honaw o angeu: oh nas galle wybodaeth, a choffadwriaeth o hyn aros yn iawn yn oestad yn ein calonnae ni, a llewychu bob amser on blaen ni: yno byth ni syfllem, ac ni ddyffygiem, ac ni byddem anobeithiol, o drigaredd, a daioni duw, er i ni ymladd mewn bateloedd enbydus, a mwyaf dialeddus: ac er i ni'n hunain brofi a theimlaw, y cyfiawn gosbedigaethae, hauddedic am ein pechodae ni. yno y gallem sefyll 'n wrawl, ac yn nerthawg yn erbyn pyrth vffern, a phob bath ar dristyd, trymder, profedigaeth, ofn, ac anffawd, yn ollawl a ddifethid ac a lyncid i fyny.

68. *Cowydd ir Iesv*

Pwy sy benn yn passio byd?
Pwy oruwchaf pur iechyd?
Pa Arglwydd ynhop eurglod?
Pa Ior glwys y piau 'r glod?
Pa frenin pwy fry iawnwych?
Pwy oreu i ged pa wr gwych?
Pwy ond Iesu penn dwysair
Oreu mab o wiwryw mair?
Brenin ar bawb ar aned
Brau vnion cryf brenin Cred
Brenin dibrin da obrwy
Barwn mawr heb 'r vn mwy.
Awdur y grym wyd ar gras
Arglwydd-walch Ior glew addas.
Di yw yn penn, da yw'n pwyll,
Dawn cynnes di yw'n canwyll.
Di yw ffynnon gwirionedd,
Diwyr hynt, di yw yr hedd.
Di yw'r ffordd dewr hoff vrddas.
Di yw'n grym da yw yn gras.

Di yw'r hael diwair Helynt
Di yw'r hap da yw yr hynt.
Di yw pob peth ddifeth dduw,
Deg vrddas di yw gwirdduw.
Bwy ath edwyn beth ydwyd?
Byth vn duw ba beth nid wyd?
Iesu ydwyd oes wiwdeg
I haws-hau dyn Iesu deg.
Iesu wrawl oes wiwrym
Iesu Ghrist wiw oesawg rym.
Llew ydwyd llu a edwyn
Llew gwrdd o Iuda llew gwyn
Llew Dafydd oll wiw dyfiad
Llawen yw'r iaith llawn o rad.
Llawenydd, llywydd, llewych,
Llwyddiannus, foliannus fych
Doethost or nef ner Dethawl,
Dyna hap in dwyn o hawl.
Dioddefaist ond oedd ofyd
Draw Iesu boen dros y byd
Dygaist drom farnedigaeth
Dygaist ddolur mal cur caeth:
Drud brynnaist drwy waed breiniawl
Dyn rhag aerwy dirwy diawl:
Nid ag aur bennod gwiwrym
Nid ag arian rwyddlan rym
Nid a main gwerthfain gwrthfawr
Nid a golud munud mawr:
Onid' o roddi deinioes
I brynnu cred ar brenn croes.
Ag yno yn deg anian
Rhwdda ystad rhyddheist wann.
Digonaist Ion deg ynad
Feddwl duw wiw fuddiol dad.
Dioddefaist ffiniaist hoff Ion
Dugaeth cur alaeth creulon,
Cefaist amarch ar wbarch oedd,
A chernodiau chwyrn ydoedd:

Poerwyd yn dwyneb purwyn
Parod twyll fu'r poeriad hynn:
Cyn yt farw ceit arwain
Cur yn ddrwg coron o ddrain
Croes-hoeliwyd cur ias alaeth
Dy Iawn gorff a scyrsid yn gaeth
Un o dwyll yna a dyllodd
Dy ystlys anfelys fodd:
Gollyngodd mewn gwall angau
Y gwaed gwirion or fron frau,
Dy gorff oll a archollid
Iesu lan ath ais o lid
Ac yn ol hynn terfyn tost
Mawr iawn waith marw a wnaethost:
Ag yn ol dy farwolaeth
Codaist or bedd culwedd caeth
Derchefaist cefaist cofiwn
Ddeheulaw dduw gwiwdduw gwn
Yno ir wyd yn waredwr
I bawb a gais i bob gwr.
Yn frenin haelwin hylaw
Yn llywydd dragywydd draw
Yn garwr dyddiwr diddan
Yn oreu o glod yn ner glan
Yn nodded iawn yn wiwddyn
Yn fab duw, yn dduw, yn ddyn.

69. *Gweddi ferr yw doedyd mewn adfyd.*

Pa bryd (Arglwydd) y symudi y baich gorthrwm hwnn oddiwrthyf, pa bryd yr adnewyddi fyniddanwch, ac i gyrri ymaith ofal o'm Calon, drwy dy dyner garedigrwydd, yr hwnn am camweddae a ddigais? Dyre attaf drachefn (o Arglwydd grasusawl) drwy gariad, a llewyched dy wyneb-pryd arnaf: Tynn ymaith y dialeddae hyn, y rhain a haeddais yn rhyglyddus: ac fal im ceryddi drwy gariad, er fyn 'rhoi oddi-wrth fynghamweddae, felly (drigaroc Arglwydd) yr erfynniaf arnat yn ddiffuant, roddi i mi ras, cymorth, a diddanwch eilwaith trwy'r unrhyw gariad, er mwyn dy vn mab ein Iachawdwr Iesu Grist. Amen.

Hugh Lewis, *Perl mewn Adfyd,* 1595.

Codwyd y detholion hyn o argraffiad 1929 yn ôl argraffiad 1595 gyda Rhagymadrodd gan W.J. Gruffydd.

ADRAN III

1600-1699

Detholwyd gan R. Tudur Jones

CHARLES EDWARDS
1628 – 91?

70. *Gwawr Cristionogaeth Cymru*

Wedi dyfod peth caethder bydol ar ein gwlad ni o Rufain, anfonodd Duw iddi foddion rhydd-did ysprydol o Gaersalem, gan ganhiadu yr efengyl yn gynar iddi; sef yn nyddiau'r apostolion, er pelled oedd hi oddiwrth Palestina. Dywed Eusebius fyned rhai o'r apostolion *i'r ynysoedd a elwir Brittanaidd.* Ac aeth ffydd ein henafiaid mor enwog drwy'r bŷd, oni byddai athrawon godidoccaf y Cristnogion yn bostio o honi ynheirnasoedd y dwyrain a'r gorllewyn; Ac yn argymmennu oddiwrthi i brofi Duwdod Crist, gan fod ei deirnas ef yn treiddio, lle nid allai un Cæsar finio. Felly y dengis Tertullianus, y scrifennodd gyda'r Cristnogion yn yr ail canfed o oedran Crist. Medd ef, Brittanorum inaccessa Romanis loca Christo subdita. *Mae'r mannau o'r eiddo'r Britaniaid sydd anhygyrch i'r Rhufeiniaid, wedi ymroddi i Grist.* Yr oedd rhai o'n cenedl ni yn yr Albain heb fyned dan awdurdod y Rhufeiniaid. A thystiolaethiff Origen, y scrifennodd ynghylch pedair blynedd a deugain gwedi, Virtus Domini Salvatoris & cum his est, qui ab orbe nostro in Britannia dividuntur, & cum universis qui sub sole in nomine ejus crediderunt. *Fod rhinwedd yr Arglwydd Iachawdwr gydâ rheini yn Prydain a wahanwyd oddiwrth ein byd ni, a chydâ phawb dan haul a'r a gredasant yn ei enw ef . . .* A gwelodd Duw yn dda beri i'r wreichionen efengylaidd yn Prydain losci tua'r nenn, ac ennyn zêl yn y brenin Lleucius, yr hwn a fedyddwyd ynghylch y naw ugainfed flwyddyn o Oedran Crist. Galwyd hwn *Lles, a'r Lleufer Mawr*, am y gwybodaeth a ddigwyddodd yn ei amser ef, canys canlynodd y Pennaethiaid ei esampl ef; a chynorthwyodd Doewan a phregethwyr eraill y ffydd yma yn odidog. Ac felly aeth ein gwlâd ni yn flaenor ar yr holl deyrnasoedd yn proffesu'r efengyl drwy gyffredin gyngor. Tybir iddi ymgaloni mewn Cristnogaeth beth yn hyfach, o herwydd i ymerodr Rhufain gyhoeddi ei ewyllis da tuag at y Cristnogion, am iddynt weddio am law i'w fyddyn ef oedd ar drigo o syched. Dywed Croniclau Germania i Leucius adel ei reiolti a myned i bregethu'r efengyl mewn rhannau o honi, a throi llawer at Grist. Ond tebyccaf mae Brittwn arall o'r un henw a wnaeth hynny cyn ei amser ef. Wedi marw Lleucius yn ddiblant, daeth Seferus yr ymerodr i heddychu Prydain ydoedd gythryblus: a gwnaeth glawdd ar draw yr Albain i attal y Phichtiaid. Gwedi hynny ynnillodd y Britanniaid eu rhydd-did gan ddifetha y Rhufeiniaid; a phan ddaeth Custeint [*Constantius* yn ymyl y ddalen] a byddyn yn eu herbyn hwynt, heddychasant ag ef; yr hwn ai dyhuddodd hwy ai fwynder, ac a briododd eu penadures Helen, merch hawddgar, ddyscedig, a chrefyddol, o'r hon y ganwyd iddo y mâb grasol Custenyn [*Constantinus* yn ymyl y ddalen]; yr hwn wedi marw ei dâd ynghaer Ebrauc, a aeth yn ymerawdr; ac a brifiodd yn Swccwr daionus i'r Cristnogion oll. O prydain y pryd hyn y dechreuodd Duw weithio dywygiad yn y byd drwy Cwstenyn fawr . . . Casclodd Cwstenyn gymanfa gyffredin Eglwysig yn Gallia [*Ffraingc*], yn y flwyddyn o oedran yr Arglwydd, trychant a phedair ar ddêg, ac un arall yn Nicea wedi hynny, ac yr oedd Escobion Prydain ymhob un o'r ddau . . . Y pryd hynny fel y tybir y plannodd Canon Meriadoc Arglwydd Rhywfonioc wŷr Gwynedd yn Llydaw [*Letavia* yn ymyl y ddalen] . . . Wedi'r bedwaredd ganfed o oed Crist, mae tystiolaeth hynod am ffydd y Britaniaid yn Scrifeniâdau un o'r hen bregethwyr Groegaidd, clod fawrussaf yn y bŷd, sef Joan Aureneu [*Chrysostomos* yn ymyl y ddalen] o Constantinopl. *Profodd ynysoedd Prydain rinwedd y gair, canys seilwyd eglwysydd yno. Od ai i'r môr mawr, neu'r ynysoedd hynny o'r eiddo Prydain, neu os Llongwrio a wnei i fôr Eucsinus, neu od ai i barthau yr Deheu, cai glwyed pawb ym-hob man yn philosophyddio ynghylch pethau'r scrythyrau, yn ddiau ag iaith arall, ond nid â ffydd arall, â garw-sain y llefarant, ond buchedd dduwiol a ddilynant.*

[Yna wedi adrodd hanes Pelagius, â rhagddo:]

Ychydig gwedi bu Dubricius o Gaerlleon ar ŵysc, a Chadoc o Langarfan, a Gildas Albainus yn hyfforddiant mawr i ddysceidiaeth a chrefydd yn-Ghymry. Dywedir am Gildas, pan oedd ef yn pregethu, a dyfod o fam Dewi (a hi yn feichiog arno ef) i mewn i'w gynulleidfa ef, yn ddisymwth syrthiodd attal ar ei bregethiad ef, fel ar leferydd Zacharias [Luc 1.22. yn ymyl y ddalen], a chwedi hynny prophwydodd ir wraig *y byddai'r plentyn a ddygai hi yn ei chrôth yn odidog yngair y gogoniant*. A phrifiodd y peth felly. Canys aeth Dewi yn Archescob tra ysprydol, ac anrhydeddus. Yr ydoedd Mynyw mor hynod am grefydd yn ei amser ef, ac y dywedid y gallai Cristion gael Cymaint adeiladaeth iw enaid wrth fyned yn Bererin yno ddwywaith, ac y gai o fyned i Rufain unwaith.

Dos i Fynyw ddwywaith, Ac i Rufain unwaith,
A'r un elw cryno, Y gai di yma ac yno.

Ynghylch y pryd hwn gwnaeth Teilaw, a Phadern hefyd eu rhannau yn gwasanaethu eu cenhedlaeth. Yn yr oes hon yr ydoedd gan y Britanniaid dri Archesgob, un yn Llundain, un yn Ghaer Ebrauc, ac un yn Ghaer Lleon ar Wysc, yn Neheubarth Cymru, heb law Escobion, a gweinidogion. Yr oedd eglwysydd Cymru dan lywodraeth Archescob Caer Lleon ar Wysc, a rhai Lloegr dan lywodraeth Archescob Llundain, a rhai yr Albain a'r gogledd-dir tu hwnt i'r Humber, dan lywodraeth Archescob Caer Ebrauc. Yr ydoedd hefyd yscoldai nodedig yn amryw fannau, lle'r oeddid yn dwyn philosophyddion i fynu, ac athrawon; ac enwediccaf coledg yn Ghymru ydoedd yn Ghaer Lleon ar Wysc . . .

Charles Edwards, *Y Ffydd Ddi-ffuant . . . Y trydydd preintiad* (Rhydychen, 1677), 152-3, 155-6, 158-9. Am yrfa Edwards gw., *Y Bywgraffiadur* Cymreig a Rhagymadrodd G.J.Williams i'r argraffiad ffacsimile (Caerdydd, 1936). Er bod yr hanes fel yr adroddir ef gan Charles Edwards wedi'i lwyr ddiwygio gan haneswyr diweddar, erys ei fersiwn ef yn enghraifft o'r darlun oedd gan y Cymry o'u treftadaeth Gristionogol gynnar.

71. *Anadl y Sarff Uffernol*

Pan gafodd ein rhieni Cyntaf (oeddent iachus Unwaith) yr haint bechadurus wrth sefyll yn anadl y Sarph Uffernol [Gen. 3], canlynodd y ffiaiddglwyf anwireddus eu hâd hwy byth. A'r nôf lygredig o fôn y pren (Sef Adda) a chwerwodd y canghennau oll, (Sef ei heppil ef) i ddwyn ffrwyth tra deincodus, hynny yw bucheddau gwrthwynebus i ewyllis Duw. Ac aeth *drygioni dyn yn aml ar y ddaiar, a holl fwriad meddylfryd ei galon yn unig yn ddrygionus bob amser. Oni edifarhâodd ar yr Arglwydd wneuthur o honaw ef ddyn ar y ddaiar, ac efe a ymofidiodd yn ei galon* [Gen.6. 5, 6]. Yn awr mae'r llygredigaeth yn hollawl, gan fod pob math ar ddynion, a phob rhan o bob dyn, wrth natur ynddo. *Nid oes neb Cyfiawn, nac oes un, nid oes neb yn deall, nid oes neb yn ceisio Duw. Gwyrasant oll, aethant i gyd yn anfuddiol; nid oes un yn gwneuthur daioni, nac oes un.* [Rhuf. 3. 9, 10, 11, 12.]

Y mae pob cenedl dan bechod, Juddewon a Groegwyr, Barbariaid a Scythiaid. Yr oedd *Paul yr Hebræwr o'r Hebræaid. ac enwaededig yr wythfed dydd* [Phil. 3. 5.], a'r eulnaddolwyr dienwaededic ymmysc yr ephesiaid yn yr unrhyw gyflwr cyn eu troi trwy râs. Medd ef; *bu ein hymarweddiad ni oll gynt yn chwantau ein cnawd, gan wneuthur ewyllysiau y cnawd, a'r meddyliau* [Ephes. 2. 3.]. Mae gwledydd Crêd ac anghrêd, y bedyddiedig a'r difedydd yn yr un gamweddus anian. Yr oedd *Simon y Swynwr* wedi ei fedyddio, *mewn bustl chwerwder, ac mewn rhwymedigaeth anwiredd* [Act.8.13,23.]. Mae y rhai *sy ganddynt rith duwioldeb ac yn gwadu ei grym hi, yn gynddrwg eu moddion â'r Paganiaid anwybodus;* Sef *yn ariangar, yn feilchion, yn gablwyr, yn anufuddion i rieni, yn annuwiol, yn angharedic, yn torri cyfammod, yn enllibaidd, yn fradwyr, yn waedwyllt, yn fasweddus* [2 Tim.3. 2,3,4,5.] Cyfyd chwyn yn y llafurdir a'r ardd, gystal ac yn y tir anial . . . Magodd *Jerusalem* ffieiddiach pechaduriaid *na Sodome neu Samaria, ac ymlygrodd yn fwy na hwynt,* ac aeth *yn gyssur* iddynt [Ezec. 16. 2. 46, 47]. Mae anwiriaid Sion yn cael mwy o foddion gwybodaeth na chenhedloedd eraill, ac wrth gamarferu eu Cyfarwyddyd yn myned yn fwy hylaw ar y drwg, ac yn nes at natur Satan; yr hwn nid aethai yn ddiafol mor gyfrwys, oni bae ei fod ef unwaith ynghymdeithas yr angylion gwybodus. Ac yn yr ystyr hwn gwir yw'r hen ddihareb, *Pa nesaf at yr eglwys, pellaf oddiwrth Baradwys.* [*Corruptio optimi est pessima.*] . . .

Pob grâdd ar ddynion sydd anwireddus, mawr a bychan. Y cyfoethog *gan uchder ei ffroen ni chais Dduw. Ei ffyrdd sydd flin bob amser.* [Psal 10. 4,5.] Gan orthrummu y duwiol yn nyddiau Jago, *eu tynnu ger bron brawdleoedd, a chablu'r enw rhagorol a elwid arnynt.* [Jag. 2.6,7.] Y tlawd nid edwyn Dduw, a lledrattaiff oddiar ddŷn. Gwnaiff y gwan yr un drwg yn y dirgel, ac y wnaiff y crŷf yn yr amlwg, fel mae'r ffwlbard yn ei allu mor rheibus â'r blaidd. O Herwydd hynny y dymunodd Agur na chai ef na *thlodi na chyfoeth*; am fod y llawn yn dueddol *i wadu Duw, ac i ddywedyd pwy yw'r*

Arglwydd? A'r tlawd i *ledratta, ac i gymeryd enw Duw yn ofer.* [Dih. 30. 8,9.] . . .

Mae'r pechaduriaeth hefyd gwedi gorchfygu pob rhan o bôb dyn, holl gyneddfau'r enaid, ac aelodau'r corph: *Halogrwydd cnawd ac yspryd yw.* [2 Cor. 7.1.] Yn yr enaid y deall yw tywysog y cyneddfau, fel y mae'r haul yn y ffurfafen yn benaeth y goleuadau, etto y mae ef dan ecclip du. Mae'r holl genhedloedd *wedi tywyllu eu deall, wedi ymddieithrio oddiwrth fuchedd Dduw drwy'r anwybodaeth sydd ynddynt* [Ephes. 4. 18.]. Gwan yw'r ddeall mewn pethau budol, wrth fel y bu cyn cwymp Adda. Gorfu i'r Arglwydd Dduw wneuthur i ddynion pechadurus y dillad cyntaf, a dyscu iddynt wisco amdanynt. A bu'r bŷd uncant ar bumtheg o flynyddoedd heb fedru gwneuthur llong ar ddwfr, nes i Dduw yn yspysol ddyscu hynny i Noah. [Gen. 6.14.] Y mae llawer o bethau yn aflesol i ddyn eisiau medru oddiwrthynt, ni ŵyr mo'u hachos, ac nid edwyn mo'u natur. sethriff lawer llysieuyn dan ei draed a fyddai iachus iw gorph ef, pes gwyddai pa fodd iw drwsio. Meidr y creaduriaid diresum o honynt eu hunain lawer o gampau na feidr dyn oddiwrthynt, nes ei ddyscu gan arall: Megis y prŷf copyn wau, a'r anifeiliaid nofio i achub eu bywyd.Yn siccr y mae rhai ond nid y rhan fwyaf o'r byd, wrth ystudio llyfrau, a dyfeisiau'r cenhedlaethau aethant heibio, gyda'g ymarfer a phrofiad, wedi myned yn gyfarwydd ar faterion daiarol, perthynol i'r Corph, megis celfyddydau, hwsmonaeth, llongwriaeth, a physygwriaeth . . . Ond er cyfarwydded fyddo dynion naturiol mewn achosion budol, maent yn anwybodus mewn pethau nefol. Er bod *Nicodemus* yn ddyscawdwr, etto Pabanaidd oedd ei ddeall ef am y grâs sy'n cymhwyso rhai i deirnas nêf. [Joan. 3.] Mae'r anianol y sydd cyn graffed eu golugon â'r eryrod mewn pethau amserol, cyn ddalled â'r turchod daiar mewn pethau tragwyddol. Mae *dynion yn llygredig eu meddwl heb y gwirionedd ganddynt. Halogedig yw'r diffydd hyd yn oed eu meddwl, au cydwybod* [1 Tim. 6.5. Tit.1: 15.]; Yr hon ni wnaiff mo'i swydd, eithr cyscu yn lle ceryddu'r pechadur rhyfygus. Dyna'r cyneddfau godidoccaf yn yr enaid, ac oedd â mwyaf o ddelw Duw arnynt; gan fod eu Swyddau i ddirnad ac i farnu, ac i reoli pob pêth. Mae llygaid ein corph ni o ddefnydd godidoccach na'r aelodau eraill, mor loiw a meini gwerthfawr neu Sêr y ffurfafen. Beth ynteu ydoedd rhagoriaeth golugon yr enaid? Etto yn awr mae'r fagddu wedi dyfod trostynt, a nhwythau wedi tywyllu yn drist: Er eu bod yn bwrw peth llewyrch wrth eu cynhyrfu, fel y discleiria darn o arian ond ei rwbio, er darfod i ddelw'r brenin wisco ymaith oddiarno. Cynddrwg yw'r Coffadwriaeth a'r gydwybod. *Angofia dyn yr Arglwydd ei wneuthurwr* [Esai. 51. 13]. *Nid yw Duw yn ei holl feddyliau ef* [Psal. 10. 4.]. *A gwrandawr anghofus yw ynghyfraith* y Goruchaf [Jag. 1. 24, 25]. A'r ewyllis yn waeth na'r deall, *gan gasau y da, a hoffi y drwg* [Mic. 3. 2.]. Cofleidia'r serch drachwantus y drygau hynny y bo'r meddwl a'r gydwybod yn ei warafun i ddynion. Mae rhai *yn gwybod Cyfiawnder Duw, (fod y rhai sy yn gwneuthur y cyfryw bethau yn haeddu marwolaeth) ac ydynt nid unig yn gwneuthur y pethau hynny, eithr hefyd yn cydymfodloni â'r rhai sy yn eu gwneuthur hwynt* [Rhuf. 1.32.]. Dylai'r deall reoli'r ewyllis; ond yn awr collodd ei awdurdod, a gwnaiff y deisyfiadau llygredig a fynnont er gwaetha iddo ef. Yn yr anhrefn hwn mae'r gweision gwrthryfelgar hyn ar feirch, a'r tywysog ar draed, ie ar lawr. Wrth ei gwymp aeth dyn â'i ben tano, a'i fol yn uchaf, (ys drwg yr ystum) trêch yw ei chwant na'i reswm. A thra fo'r fenn yn tynnu'r wêdd dros dorlennydd, tyrr y ddau eu gyddfau.

Mae pechod yn teyrnasu yn y corph marwol. ac yn mynnu ufudd-dod iw gyfraith oddiwrth yr holl aelodau, y rhai y mae'r pechadur *yn eu rhoddi i fod yn arfau angyfiawnder, ac yn weision aflendid*, ac anwiredd [Rhuf. 6. 12, 19.]. Cyniwer drygioni i mewn ac allan drwy'r llygaid. *Plant y felldith sydd a'u llygaid yn llawn godineb, yn llithio'r anwadal* [2 Pet. 2. 14.]. *Derchafodd* yr Aiphties ddigwilidd *ei golwg arJoseph*, a dywedodd, *gorwedd gyda mi* [Gen. 39. 7.]. *Nid oes ofn Duw o flaen fy llygaid* [Rhuf. 3. 18.]. Drwy'r clustiau y daw i mewn *ymddiddanion drwg a lygrant foesau da* [1 Cor 15. 33.]. Wrth edrych ar y ffrwyth gwaharddedig, a gwrando ar hudoliaeth y sarph, y daeth anwiredd gyntaf i galon dŷn [Gen. 3. 4, 6.]: Ac ni pheidiodd mwy â thramwyo drwy'r Synhwyrau hynny. Y tafod sydd aelod bychan, ac yn gwneuthur drwg mawr, *tân ydyw, bŷd o anghyfiawnder* [Jag. 3. 5, 6.]. *Bêdd agored ydyw'r gêg* [Rhuf. 3. 15], ac arogl erchyll gyda'r lleferydd yn dyfod oddiwrth gorph marwolaeth, Sef y burgyn yn y galon: Megis goganair, a chelwydd oddiwrth anlladrwydd, melldith, a chabledd oddiwrth wŷn. Y bol yw tryssordŷ anwiredd, a phob cell o honaw yn llawn Camwedd. Yn ei stafelloedd uchaf, sef y galon a'r cylla, y preswylia'r chwantau hyfaf, ac yn yr isaf, sef y grôth, y rhai anifeilaidd gwaelaf. *Y galon sy ddrwg ddiobaith, a mwy ei thwyll na dim* [Jer. 17. 9.]; ac fel ffynhonnell *Jerico* yn bwrw allan ddyfroedd drwg [2 Bren. 2. 19, 21.]. O'r hon *y mae lladdiâdau, a chablau yn dyfod allan, a'r pethau sy'n halogi dŷn* [Math. 15. 19, 20.]. A'r cylla fel ogof Cacus, sy â llawer o yspail ynddo. Llynclyn yw, lle boddiff llawer o greaduriaid Duw. Ynddo y mae *merched y gele* (sef glothineb, a meddvvdod) *yn llefain moes, moes* [Dihar. 30. 15.]. Gwneir y grôth yn suglen vffern, lle'r aiff pob anifail anllad yn ei un llam, yno y glŷn, ac y trig yn esmwyth, *nes descyn i stafelloedd angau* [Dihar. 7. 8]. Mae y rhannau dirgel yn cenhedlu llawer mwy o bechodau, nag o bechaduriaid, er lluosocced ydyw'r bŷd; a'u brunti yn gywilidd ei fynegi [Ephes. 5. 12.]. Rhedir ir drwg yn nerth y traed, *y rhai sy fuan i dywallt gwaed* [Rhuf. 3. 15.], ac i wasnaethu balchder. Pan *falchioddd merched Sion rhodiasant â gwddf estynnedic ac â llygaid gwammal, gan rodio a rhygyngu wrth gerdded, a thrystio a'u traed* [Esai. 3. 16.]. Gweision diwyd a milwyr dewr i lygredigaeth ydyw'r dwylo. Y rhai a *ddychymygant anwiredd ar eu gwelâu, pan oleuo y boreu gwnant ef, am ei fod ar eu dwylo* [Mic. 2. 1.]. *Pob un sydd yn hela ei frawd â rhwyd; gofynnant am wobr i wneuthur drygioni â'r ddwy ddwylo yn egniol* [Mic. pen. 7. 2,3.]. Am hynny y gweddiodd Dafydd, *Na ddeued troed balchder im herbyn; na syfled llaw'r annuwiol fi* [Psal. 36. 11.].

Mae gweithrediad y llygredigaeth hwn yn erbyn pawb, sef Duw, a dynion, a dyn ei hun . . .

Charles Edwards, *Y Ffydd Ddi-ffvant* (Rhydychen, 1677), 260-267 – adargraffiad ffacsimile (Caerdydd 1936, gol. G.J.Williams). Yn ymyl y ddalen y mae'r cyfeiriadau Beiblaidd yn y llyfr. Y mae dau yn rhoi'r bennod gywir ond yr adnod anghywir. Y mae'r darn hwn yn cyflwyno'r dadansoddiad mwyaf trylwyr a realistig o bechod yn y Gymraeg. A gwna hynny mewn iaith rymus. Ceir sylwadau cynorthwyol ar natur Cymraeg Charles Edwards yn 'Rhagymadrodd' G.J.Williams i'r llyfr.

WILLIAM MIDLETON
c. 1550 – c. 1600

Salmau ar y mesurau caeth

72. *Y Ganfed Salm*

Cenwch i Dhuw cû union
Yn llafar oll daear don;
A llenwch a llawenydh
Iawnwaith dhydh wsnaethydhion
Dewch yn i wydh hylwydh hynn
A chenwch gainc ach ennyn
Gwybydhwch gwelwch ich gwydh
Dhuw yw'r Arglwydh rhwydh rhodhwyn,
Efo a'n gwnaeth a'n maeth mad
Nid yn hunain gain gennad
I bobl ef ydym rym raid
A defaid i wellt dyfiad.
Yw byrth rhowch dhiolch tyb iawn
Yw enw rhowch fendith uniawn
Clodforwch molwch ior mau
Yw gyntedhau gynt wiwdhawn.
Da yw'r arglwydd ku-lwydh cad
Tragwydhawl gwiriawl gariad
Bythoedh llonn i wirionedh
Ae drugaredh drwy gariad.

73. *Salm 103, adn. 1-7*

Fy enaid mwyn f'unduw mawl
F'arglwydh goreuswydh grasawl
A'm calon fodlon a faidh
O flaen saint fawl enw santaidd.
D'enaid dichwith fendithia
Fy Arglwydh ner dyfnder da:

Nag anghofia mowrbla mau
I dhaeoni ae holl dhoniau.
Yr hwnn a fadhau drwy hedh
Hyll iawn air holl anwiredh:
Hwnn sy'n iachau geiriau gwell
Dy lesgedd diwael asgell.
Gweryd dy fywyd gwirion
O dhistryw hwnn yw yn ion:
Trugaredh cûr, tosturi,
A'r rhain ith gorona rhi.
Yr hwnn dhiwalla'n rhaid
A daeoni dy enaid;
Adnewydher fel eryr
Dy iengtid gwelid uwch gwyr.
Yr Arglwydh iawn awydh ner
Fwyndaith a wnaiff gyfiownder:
Ag a rydh farn rhag barn dig
Madws ir gorthrymedig.
Ysbysodd i ffyrdd i Foeses:
Ae weithredoedd coedh yw cael
Raf-rwym i blant yr Israel . . .

Daw'r rhain o *Psalmae y Brenhinol Brophwyd Dafydh*, y casgliad printiedig Cymraeg cyntaf o'r Salmau ar fydr. Yr awdur oedd William Midleton o Lansannan a cheir manylion ei yrfa anturus fel llyngheswr yn *Y Bywgraffiadur Cymreig*. Dywed mewn nodyn ar ddiwedd ei sallwyr iddo ei gwblhau ar Ynys Scutum yn India'r Gorllewin ar 24 Ionawr 1595 ond ni chyhoeddwyd y gyfrol tan 1603, dair blynedd ar ôl ei farw. Trafodir y gwaith gan T.R.Roberts, *Edmwnd Prys* (1899), 122-5; Morris Davies yn *Traethodydd* (1852) ac yn Rhagymadrodd Gwilym Hiraethog i *Tŵr Dafydd* (1875). Dywedodd Thomas Parry am yr ymdrechion hyn, 'yr oedd y mesurau caeth yn rhy anodd i neb fedru eu defnyddio i'r pwrpas hwn heb orfod ychwanegu llu mawr o eiriau llanw, ac felly cyll y cynigion hyn gryn lawer mewn gwerth llenyddol. A pheth arall, yr oedd y mesurau hyn yn gwbl anghyfaddas i'w canu gan gynulleidfa', *Hanes Llenyddiaeth Gymraeg* (1953), 146. Gellir cyferbynnu ymdrech Midleton i roi Salm 103 ar fesur cerdd dafod â throsiad Edmwnd Prys.

RHOSIER SMITH
1541 – 1624

74. *Mawredd dyn*

Am hynny mavvr ivv testiolaeth yma o odidavvg gorchestrvvyd dyn, hvvn a garodd ag a hophodd y credvvr cymmeint, megis isso ddescyn o'r nefoedd a chymeryd cnavvd dyn arnof ai vvneythr i hun yn ddyn. Hefyd i ddaeoni ai serch ru [*sic*] ag at ddyn, a sy gymmeint, ai gariad mor ddirfavvr, peirhon iddo a thovvlu ag halogi i santaidd lun ef, a oedd o'r blaen yn dysclaerio yntho, megis iddo ailvvaith estyn i lavv iddo ivv gymorth agi vvneythyd ef yn etifedd, ag yn aer i deyrnas nef, set [*sic*] etifedd priod cyfraithlawn. A hefyd rhoddi dan i lavv efe yr holl bethau a greavvdd dan gaudaud y nefoedd. Heb lavv hynny ef ai devvisodd yn demyl ah yn bresvvyfa iddo gan i vvneythyr yn gyfrannog oi holl gyfrinach ai dpirgelvvch, ag i orphen er mvvwyn yr anifail nefavvl yma, i creavvd yr holl bethau eraill ar y sy'n y byd.

. . . Ymysc yr holl fuddegoliaethau yn henafiaid, nid oes dim a ellir gyphelybu mevvn lles a budd, i ddychmygiad print, hvvn sy'n rhagori yr holl bethau godidawg eraill a fedrasont yr henafiaid ei ddechymig erioed, oblegid i fod yn beth i gadvv meddvvliau a myfyriadau yr enaid rhag i colli, canys y mae megis tresorduy i 'mgeleddu yn dragvvyddvvl y pethau envvog ag ardderchog, ar a vvnaethom o'n genedigaeth hyd yn marvvolaeth, a pheirhon a bod modd drvvy lafyr dyn i chvvanegu ne i laihau yr holl gelfyddydau eraill; etto hon a ddoeth i'r byd mor lvvyddianys ag mor berphaith, megis nad ellir fyth na i chvvanegu nai llaihau heb i anphyrfio ai anharddu a bod diphyg yntho. Hefyd ephaith yr hvvn beth sydd mor rhyfedd, ag yn i vvneythyr mor gyflym, megis fod un gvvr mevvn un dydd yn gvvneythyd mvvy o lythrenau ne garacterau nag a scrifena yr scrifenyd cyflyma ai bin mevvn dvvy aflynedd. Pvvy ni synna vveled barbarieth, diphig a thrueni yr henafiaid, yr hain (megis i mae strabo yn scrifenu yn i lyfr a vvnaeth, de situ orbis, sef o osodiad y byd) oeddynt yn y dechrevvad, yn arfer scrifenu mevvn lludvv ne ddvvst, gvvedi mevvn rhysc prenniau, yn ôl ar gerrig, hefyd ar ddaill larvvydd, gvvedi ar barsemant ac yn ddivvaethaf ar bapyr, ag fel yr oedd yr hain heb gordio ynghylch y modd i scrifenu, felly yr oeddynt yn arfer amrafael gyphyriau eythr ar y cerrig, yr oeddynt yn scrifenu a haiarn, ar y lludvv ai bysedd, ar rhysc y prenniau, a chyllell, ar y parsemant a chorsen, ar y papyr, a phin, ag yn gynta yn lle Inc, yr oeddynt yn arfer oel pyscodyn a elwir Sepia, vvedi yr oeddynt yn arfer sugun mvvyar, yn ôl hynny hiddigl symne, ag yn ddivvaetha ynthvvy a arferasont Gavvl, gvvm, a chopres gvvedi i gymysgu ynghyd . . .

. . . os mynvvn ystyrio dyn yn y stad ar cyflur y creavvdd duvv efe yn y dechre, efe yvv'r pena or holl bethau a greaudd duvv, megis y mynae i addoli ai anrhydedu, eythr os mynvvn ei ystyrio ef yn i stad lluguredig ai vvendid . . . cavvn vveled ef yn diphaith, yn anvvedaidd ag yn erchyll ag yn sufiedig i filoedd o aflvvyddianau, yn anedvvydd, yn serfill ac yn aflvvydianys i gael dedvvyddvvch, yn y divvedd y neb a ddylae reoli'r holl greavvduriaid y sydd alltud i bechod, yn yr hvvn y'i cyngaphwyd ag y ganvvyd ef.

Ond os ystyrivvn ddyn gvvedi i adnevvyddu drvvy anrhydeedd air duvv, cavvn i vveled ef nid yn unig gvvedi adrefu y gogoniant a oedd gantho or blaen, eythr yn i chuanegu'n llavver mvvy canys megis ag y mae pechod yn torri allan i vvneythyr drvvg iddo, felly y mae gras duvv yn i vvared yn helaethach gan i wneuthur yn greawdur nevvydd . . .

Gol. T. Parry, Rhosier Smith, *Theater du Mond (Gorsedd y Byd)* (Caerdydd, 1930), 182-3, 199-200, 217-218. Copïwyd y darn gan gadw rhyfeddodau'r orgraff a'r sillafu. Pennawd yr adran yw 'Traethiad o odidavvgrvvyd dyn.' Y mae'n ddiddorol am ei bod yn anadlu naws y ffurf Gristionogol ar y Dadeni Dysg. Ceir yr hyn sy'n wybyddus am Rhosier Smith, gyda sylwadau ar natur ei Gymraeg, gan Thomas Parry yn ei ragymadrodd. Yn 1615 y cyhoeddwyd *Theater du Mond, sef iw Gorsedd y Byd* – cyfieithiad o waith Ffrangeg gan Peter Boaistuau.

RICHARD HUGHES
b.f. 1618

75. *Englynion pan oedd y gwn powdr treson*

Ffydd Rhufain filain fydd i foli – ' pab
Ffydd mam pob drygioni
Ffydd waedlyd hefyd yw hi
Ffydd dhwl hen ffei ddiawl hòni.

Ffei o ffydd a rydd ryddid – eneidiawl
Dan wadu yffern-lid
I wyr i ladd o wir lid
Dernes ai holl gadernid.

Ffei greiriau seintiau ffei serth – yrddoliad
Ar ddelwau mud anferth
Ffei or pab ai gam aberth
Burdan gwag a'i bardwn gwerth.

Bydd lawen Lunden Duw lwyd – ath ddyscodd
Trwy ddouth Escob barflwyd
Ai ffydd lan ffyddlon wyd
Ag o Wynedd i ganwyd.

Y brenin ai lin a lawenodd – yn
Enw Duw y traythodd
Pab Rhufain ai filain fodd
Ai dduskublion a ddwys gablodd.

Pe lai pob serch mor ddiosgo – ei ffydd
Ag mor ffel ag efo
Ni chau'r pab-wyr drygwyr dro
Ym Mhrudain awr mwy rodio.

Gol. J.Jones, Myrddin Fardd, *Cynfeirdd Lleyn 1500-1800* (Pwllheli, 1905), 215. Richard Hughes, Cefn Llanfair, sir Gaernarfon, oedd yr awdur. Am ei yrfa ddiddorol, gw. *Bywgraffiadur*. Y 'doeth Esgob' y cyfeirir ato yn y pedwerydd englyn oedd Richard Vaughan (1550?-1607), mab Nyffryn, Llŷn. Bu'n esgob Bangor (1595-7), Caer (1597-1604) a Llundain (1604-7). Yr oedd yn llym tuag at reciwsantiaid Pabyddol ac y mae'r englynion yn mynegi'r un agwedd ofnus tuag at Babyddiaeth yn sgîl gwaith Guy Fawkes a'i gymrodyr yn cynllwyno i ddistrywio Tŷ'r Cyffredin, 5 Tachwedd 1605.

BEIBL 1620

JOHN DAVIES, MALLWYD
c. 1567 – 1644

76. *Ail Llyfr Moses yr hwn a elwir Exodvs*

PEN. III

1 Moses yn bugeilio defaid Iethro. 2 Duw yn ymddangos iddo mewn perth yn llosci. 9 Ac yn ei anfon ef i waredu Israel. 14 Henw Duw, 15 Ei Gennadwraeth ef at Israel.

A Moses oedd yn bugeilio defaid Jethro ei chwegrwn offeiriad Midian; ac efe a yrrodd y praidd o'r tu cefn i'r anialwch, ac a ddaeth i fynydd Duw, Horeb.

2. Ac angel yr Arglwydd a ymddangosodd iddo mewn *fflam dân o ganol perth, ac efe a edrychodd, ac wele y berth yn llosci yn dân, a'r berth heb ei difa.

* Act.7.30.

3. A dywedodd Moses, mi a droaf yn awr ac a edrychaf ar y weledigaeth fawr hon; pa ham nad yw y berth wedi llosgi.

4. Pan welodd yr Arglwydd ei fôd efe yn troi i edrych; Duw a alwodd arno o ganol y berth ac a ddywedodd Moses, Moses: a dywedodd yntef, welefi.

5. Ac efe a ddywedodd, na nessâ ymma, *diosc dy escidiau oddi am dy draed, o herwydd y lle'r wyti yn sefyll arno sydd ddaiar sanctaidd.

*Ios.5.15. Act.7.33.

6. Ac efe a ddywedodd, *myfi [yw] Duw dy dad, Duw Abraham, Duw Isaac, a Duw Jacob. A Moses a guddiodd ei wyneb, o blegid ofni'r ydoedd edrych ar Dduw.

*Matt.22.32. Act. 7.32.

7. A dywedodd yr Arglwydd, gan weled y gwelais gystudd fy mhobl sydd yn yr Aipht, a'i gwaedd o achos eu meistred gwaith, a glywais; canys mi a wn oddiwrth eu doluriau.

8. Ac mi a ddescynnais iw gwaredu hwy o law'r Aiphtiaid, ac iw dwyn o'r wlad honno, i wlad dda, a helaeth, i wlad yn llifeirio o laeth a mêl; i lê y Canaaneaid, a'r Hethiaid, a'r Amoriaid, a'r Phereziaid, yr Hefiaid hefyd a'r Jebusiaid.

9. Ac yn awr wele, gwaedd meibion Israel a ddaeth attafi; a hefyd mi a welais y gorthrymder â'r hwn y gorthrymmodd yr Aiphtiaid hwynt.

10. Tyred gan hynny yn awr, a mi a'th anfonaf at Pharao, fel y dygech fy mhobl, plant Israel allan o'r Aipht.

11. A dywedodd Moses wrth Dduw, pwy ydwyfi fel yr awn at Pharao, ac y dygwn blant Israel allan o'r Aipht?

12. Dywedodd yntef, diau y byddaf gyd â
thi; a hyn a fydd arwydd it mai myfi a'th an-
fonodd: wedi it ddwyn fy mhobl allan o'r
Aipht, chwi a wasanaethwch Dduw ar y
mynydd hwn.

13. A dwedodd Moses wrth Dduw, wele
[pan] ddelwyfi at feibion Israel a dywedyd
wrthynt, Duw eich tadau a'm hanfonodd
attoch; os dywedant wrthyfi, beth [yw] ei
enw ef? beth a ddywedafi wrthynt?

14. A Duw a ddywedodd wrth Moses,
Ydwyf yr hwn ydwyf: dywedodd hefyd, fel
hyn yr adroddi wrth feibion Israel, Ydwyf
a'm hanfonodd attoch . . .

77. *Yr Efengyl yn ôl Luc*

PEN. XIX

'1. Am Zacchæus y Publican . . .'

A'r [Iesu] a aeth i mewn, ac
a aeth trwy Jericho.

2. Ac wele ŵr a elwid
wrth ei enw Zacchæus; ac
efe oedd Ben-publican; a
hwn oedd gyfoethog.

3. Ac yr oedd efe yn ceisio gweled yr Ie-
su, pwy ydoedd: ac ni allei gan y dyrfa, am
ei fôd yn fychan o gorpholaeth.

4. Ac efe a redodd o'r blaen, ac a ddringodd i sycarmorwydden, fel y gallei ei weled ef: oblegid yr oedd efe i ddyfod y ffordd honno.

5. A phan ddaeth yr Iesu i'r lle, efe a edrychodd i fynu, ac a'i canfu ef, ac a ddywedodd wrtho, Zacchæus, disgyn ar frŷs; canys rhaid i mi heddyw aros yn dy dŷ di.

6. Ac efe a ddecynnodd ar frŷs, ac a'i derbyniodd ef yn llawen.

7. A phan welsant, grwgnach a wnaethand oll, gan ddywedyd, fyned o hono ef i mewn i lettua at ŵr pechadurus.

8. A Zacchæus a safodd, ac a ddywedodd wrth yr Arglwydd, Wele, hanner fy na, o Arglwydd, yr ydwyf yn ei roddi i'r tlodion, ac os dugym ddim o'r eiddo neb drwy gamachwyn, yr ydwyf yn ei dalu ar ei bedwerydd.

9. A'r Iesu a ddyweodd wrtho, Heddyw y daeth ichydwriaeth i'r tŷ hwn. o herwydd ei fôd yntef yn fâb i Abraham.

10. *Canys Mâb y dŷn a ddaeth i geisio ac i gadw yr hyn a gollasid . . . * Mat.18.11

Y teitl oedd, *Y BIBL / Cyssegrlan / Sef yr Hen Desta-/ ment a'r Newydd / [dyfynnu II Tim.3.16,17] / Printiedig / yn Llundain gan Bonham / Norton / a Iohn Bill, / Printwyr i Adderchoccaf* [sic] / *fawrhydi y / BRENIN / 1620 /*. Richard Parry (1560-1623), esgob Llanelwy o 1604 ymlaen, oedd y golygydd ac ef a gafodd y clod amdano. Ond Dr. John Davies, rheithor Mallwyd o 1604 ymlaen, oedd yn bennaf cyfrifol am y gwaith. Yr oedd Siân Prys, gwraig John Davies, yn chwaer i Gwen, gwraig Richard Parry. Am y ddau gw. *Y Bywgraffiadur.* Am y dystiolaeth sy'n cadarnhau fod John Davies wedi cyfrannu'n sylweddol at Feibl 1620, gw. R. Geraint Gruffydd, 'Richard Parry a John Davies' yn (gol. Geraint Bowen), *Y Traddodiad Rhyddiaith* (Llandysul, 1970), 176-8 ac Isaac Thomas, *Y Testament Newydd Cymraeg 1551-1620* (Caerdydd, 1976), 371-3 ac y mae'r ddau'n trafod nodweddion Beibl 1620.

Ym Meibl 1620 gosodir y testun mewn colofnau dwbl ac yn y dyfyniadau uchod y mae'r llinellau unigol o'r un hyd ag y maent yn y Beibl a rhoir y cyfeiriadau fel y maent yn ymyl y ddalen. Amcan y bachau petryal yn 1588 a 1620 yw nodi geiriau nad ydynt yn y testun gwreiddiol.

EDMWND PRYS
1543/4 – 1623

78. *Salm 8*

1. O Arglwydd ein Iôr ni a'n nerth,
   mor brydferth wyd trwy'r hollfyd;
   Dy enw, a'th barch, a roist uwch ben
   daear ac wybren hefyd.

2. Peraist yt' nerth o enau plant,
   a rhai a sugnant beunydd.
   Rhag d'elynion: tawed am hyn,
   y gelyn a'r dialydd.

3. Wrth edrych ar y nefoedd faith:
   a gweled gwaith dy fysedd,
   Y lloer, y sêr, a threfn y rhôd,
   a'i gosod mor gyfannedd.

4. Pa beth yw dŷn yt' i'w goffhâu,
o ddoniau ac annwylfraint?
A pheth yw mâb dŷn yr un wedd
lle rhoi ymgeledd cymmaint?

5. Ti wnaethost ddŷn o fraint a phris,
ychydig is Angylion:
Mewn mawr ogoniant, parch, a nerth,
rhoist arno brydferth goron.

6. Ar waith dy ddwylo is y nêf
y gwnaethost ef yn bennaeth:
Gan osod pôb peth dan ei draed,
iddo y gwnaed llywodraeth;

7. Defaid, gwartheg, a holl dda maes,
a'r adar llaes eu hesgyll,
Ehediaid nêf, a'r pysg o'r don
sy'n tramwy'r eigion erchyll.

8. O Arglwydd ein Jôr ni a'n nerth
mor brydferth wyd drwy'r hollfyd!
Dy enw a'th barch a roist uwch ben
daear ac wybren hefyd.

79. *Salm 103, 1-12*

1. Fy enaid mawl Sanct Duw yr Jor,
a chwbl o'm heigion ynnof.
2. Fy enaid, n'âd fawl f'Arglwydd nef,
Na'i ddoniau ef yn angof.
3. Yr hwn sy'n maddeu dy holl ddrwg,
yr hwn a'th ddwg o'th lesgedd:
4. Yr hwn a weryd d'oes yn llon,
trwy goron o'i drugaredd.

5. Hwn a ddiwalla d'enau du
   a'i lawn ddaioni pybyr:
   Trwy adnewyddu yt' dy nerth,
   mor brydferth a'r hen eryr.
6. Yr Jon cyfiawnder, barn a wna
   i'r rhai sydd orthrymedig.
7. Dangos a wnaeth ei brif ffyrdd hên
   i Foesen yn nodedig.

   Ac i Israel ei holl ddawn
8. Duw llawn yw o drugaredd;
   Hwyr yw ei lid, parod ei rad,
   fel dyna gariad rhyfedd.
9. Nid ymryson ef â ni byth,
   nid beunydd chwyth digofaint,
10. Nid yn ol ein drygau y gwnai
   â ni: ni'n cosbai cymmaint.

11. Cyhyd ac yw'r ffurfafen fawr
   oddiar y llawr o uchder,
   cymmaint i'r rhai a'i hofnant ef
   fydd nawdd Duw nef bob amser.
12. O's pell yw'r dwyrain olau lân
   oddiwrth orllewin machlud:
   Cyn belled ein holl bechod llym
   oddiwrthym ef a'i symmud . . .

Cyhoeddwyd Salmau Cân Edmwnd Prys fel atodiad i Feibl 1621 gyda'r teitl, *Llyfr y Psalmau, wedi ev cyieithv, a'i cyfansoddi ar fesur cerdd, yn Gymraeg. Drwy waith Edmwnd Prys Archddiacon Meirionnydd. A'i printio yn Llundain, 1621.*

Cafodd y gwaith ei ailgyhoeddi o leiaf 107 o weithiau. Mewn rhagymadrodd byr dywed Prys fod tri rheswm pam na ddefnyddiodd y mesurau caeth. Yn gyntaf, 'Am na allwn ryfygu clymmu'r Ysgrythur Sanctaidd ar Fesur cyn gaethed; rhag i mi, wrth geisio cadw'r Mesurau, golli Deall yr Yspryd, ac felly pechu'n erbyn Duw, er mwyn bodloni Dŷn'. Yn ail, 'Ymae Gair Duw i'w ganu mewn Cynnulleidfa sanctaidd o lawer ynghŷd; i foliannu Duw yn un Llais, un Feddwl, un Galon' ond unawdydd yn unig a all ganu cywydd neu awdl. 'Yn drydydd, Popb Plant, Gweinidogion, a Phobl annysgedig, a ddysgant Bennill o Garol, lle ni allai ond Ysgolhaig ddysgu Cywydd, neu gerdd gyfarwydd arall . . .'

Bellach cydnabyddir camp fawr Edmwnd Prys. Dywed Dr. Geraint Gruffydd, 'mae'n bosibl mai dyma'r gorau o holl sallwyrau mydryddol y Diwygiad Protestannaidd yn Ewrop' [*Y Cylchgrawn Efengylaidd* IX, 140]. Ac yn ôl yr Athro Gruffydd Aled Williams, 'Mae'r beirniaid a'r haneswyr llên yn gytûn bellach ddarfod i Prys roi i Gymru glasur, mydryddiad a saif gyda'r goreuon o'r fath mewn unrhyw iaith o ran ei ffyddlondeb i'r gwreiddiol a'i rymuster fel barddoniaeth' ['Edmwnd Prys . . . Dyneiddiwr Proetstannaidd', *Cylchgrawn Cymdeithas Hanes Sir Feirionnydd* (1980), 363.]

ANHYSBYS

80. *Carol i'r Iesu*

fynghymdeithion dowch ynghyd
mi a ro fy mryd ar ganv
i wr kyfion ymhob man
sydd vstvs kadarn iessu

bvm i yn kanv i/r/ oes fwyn
sydd yn y llwyn yn nythv
o chai weithian hoedyl gwr
mi a gana yn siwr ir Jessv

mae fo yn frenin ymhob man
fo pie r kadarn farnv
ag yn vstvs ym hob gwlad
yn anwyl geidwad iesv

y kywaethoka yn y sir
sy yn margen tir ai brynv
ni all moi dda safio i oes
yn hwy nog i rhoes yr iessv

y tylota sy yn y wlad
ar gwaela i stad ynghymry
fo gaiff ddigon mewn rhyw fodd
fel ir ordenior iessv

yr arglwydd gwyn sydd yn y ne
a wnel i mine fedrv
fod [*sic*] am gweddi nos a dydd
ag ar yr arglwydd i[essv]

[fy] nghyd frodyr gwn i yn bod
saeson gwyddelod a chymry
a llawer iaith ymhob modd
fel ir ordeniodd iessv

gwiliwn ine rhag ofn bar
na gwatwar na dyfalv
yn kyd gristion sy yn y byd
ymrown i gyd ir iessv

beth a dal yr holl dda byd
o heno hyd y forv
nid ydiw hyn ond byr ysbas
gwell ini ras gan iessv

dvw sydd a digon i bob rhai
on i fydd ar fai angrhedv
beth a dal knwd mor a thir
na dim yn wir ond iessv

meddyliwn trwy galone pvr
na bv arthvr ond tra fv
ni byddwn ine ond tros dro
a hyn [*hyd*?] y myno/r/ iesv

Jessv nefoedd Jessv dad
iessv yn keidwad kyfion kv
mae fo yn frenin yn y ne
[p]w[y] [na] chare Jessv

Jessv an kroeso nos a dydd
a nine sydd iw garv
ag an katwo ar ffordd dda
ar gorvcha iessv

o daw gofyn pwy ai kant
vn o ffarchant gymry
dyn a fyne fod i wlad
gida yn keidwad iessv

Gol. T.H.Parry-Williams, *Canu Rhydd Cynnar* (Caerdydd, 1932), 348-350 – y bardd yn anhysbys.

RHYS PRICHARD
1579? – 1644

81. *Rhybudd i ddyn feddwl am Dduw y bore, pan ddihuno gynta' o'i gwsg*

Y bore, pan ddihunech gynta'
Cod d'olygon at Jehofa;
Meddwl am ei foli'n ddiwall
Cyn meddyliech am ddim arall.

Cofia mai Duw oedd y Ceidwad
A fu neithiwr yn dy wyliad,
Heb roi amrant iddo' gysgu,
Rhag i'r llew dy ladd a'th lyncu.

Oni bai' Dduw a'i angylion
Sy'n castellu bobtu ei weision,
Dyn ni bydde heb ei lyncu,
Gan y gelyn, tra fai'n cysgu.

Meddwl dithe faint yw'r dlyed,
Y sydd arnad i'r Gogoned;
Am dy gadw mor ddihangol
Rhag y gelyn yn wastadol.

Megis y mae'r dlyed arnad,
Rho fawr foliant Iddo'n wastad;
Ac abertha ar dy linie
Ddiolch Iddo, nos a bore.

82. *Crist sydd oll yn oll*

Crist ei hun sydd oll yn oll
Yn cadw dyn rhag mynd ar goll;
Nid neb, nid dim, ond Crist ei hun
A ddichon gadw enaid dyn . . .

Crist yn unig, Crist ei hunan,
Crist heb neb, mewn rhan, na chyfran;
Crist heb ddim ond Crist ei hun
Yn unig Geidwad enaid dyn.

Crist yw'n rhanswm. Crist yw'n haberth,
Crist yw'n hoffrwm, Crist yw'n cyfnerth;
Crist yw'n trysor, Crist yw'n golud,
Crist yw'n gwir iachawdwr hefyd . . .

Crist ei hunan yw'n cyfiawnder
A'n sancteiddrwydd a'n gwir ddoethder,
A'n hymwared a'n holl bryniad,
Crist yw'n comfford, Crist yw'n Ceidwad . . .

Crist, heb help na sant na santes,
Crist heb gymorth dyn na dynes;
Crist heb neb ond Crist ei hun
Yw unig Geidwad enaid dyn . . .

Ni ddug neb ond Crist ei hunan
bwys a baich ein pechod aflan:
Ni chwysodd neb o'r gwaed yn ddagrau
Ond Mab Duw, dan bwys ein beiau . . .

Ni fyn Duw na chymorth angel,
Cyfrwng sant na'i draul na'i drafel;
Gwaed merthyri na gwaith dynion,
Ond gwaith Crist i gadw Cristion . . .

Gwaed yr Iesu, gwaed y cymod,
Ydyw'r gwaed sy'n golchi pechod:
Ni all gwaed yr holl ferthyri,
Olchi ffwrdd y lleia' o'th frynti.

Nid gwaith sant, nid gwaith angylion
Ydyw cadw enaid Cristion:
Gwaith ein Prynwr, Crist yn unig,
Sydd yn cadw dyn colledig.

Gwaith dwy natur mewn un person
Sydd yn cadw enaid Cristion:
Rhaid i'n Prynwr, Duw a dyn,
Weithio'r gwaith cyn cadwer un . . .

83. *Awn i Fethlem*

Awn i Fethlem, bawb, dan ganu,
Neidio, dawnsio, a difyrru,
I gael gweld ein Prynwr c'redig,
Aned heddiw, ddydd Nadolig.

Mae E 'Methlem, gwedi' eni
Yn y stabal, ti hwnt i'r ostri;
Awn, bob Cristion, i gyflwyno
Ac i roddi golwg arno . . .

Awn i weled y Mab rhad,
Hŷn na'i fam, cyfoed â'i Dad;
Mab a Thad y fam a'i ferch,
Yn lleia' ei sôn, yn fwya' ei serch . . .

Awn i weld concwerwr ange
Gwedi' rwymo mewn cadache;
A'r Mab a rwyga deyrnas Satan
Yn y craits, heb allu cripian.

Awn i weled y Mesïas,
Prynwr Cred, ein hedd a'n hurddas;
Unig Geidwad ein 'eneidie
Ar fraich Mair, yn sugno bronne.

Awn i weled had y wraig
A bwyntiodd Duw i bwnio'r Ddraig,
Ac i shigo ei shol wenwynig
Am beri bwyta'r ffrwyth gwenwynig.

Awn i weled y Mab a gad
Yn rhyfedd iawn, o'i fam heb dad;
A'i fam yn wyryf ieuanc oed
Mam heb 'nabod gŵr erioed.

Awn i weld y ferch yn fam
A'i fam yn ferch ddi-nwyf, ddi-nam:
Y ferch yn magu' Thad o'i rwymyn
A'r Tad yn sugno bronne'r plentyn

Awn i weld y pensaer gore
A wnaeth yr haul a'r holl blanede,
Y nefoedd fawr a'i rhwym mor rhial
Yma, yn gorwedd yn y stabal . . .

Detholiad o benillion o *Gwaith Mr. Rees Prichard, Gynt Ficcer Llanddyfri, yn Shîr Gaer-fyrddyn* . . . (Llundain, 1672)

Ceir trafodaeth lawn ar waith y Ficer Prichard a'i olygydd, Stephen Hughes, yn rhagymadrodd manwl Nesta Lloyd i'w llyfr, *Cerddi'r Ficer* (Cyhoeddiadau Barddas, 1994). Y mae ganddi gyfeiriadau cyflawn at y llyfrau a'r erthyglau sy'n trafod yr un pwnc yn ogystal â nodiadau eglurhaol ar destun ei detholiad o benillion. Y mae caneuon y Ficer ymhlith trysorau pennaf yr ail ganrif ar bymtheg. Y mae llawer pennill yn swnio'n hynod fodern yn eu defnydd o drosiadau cartrefol a geiriau tafodieithol. Ac mewn llawer pennill yn trafod Iesu Grist y mae'n ail i William Williams, Pantycelyn, ac Ann Griffiths. Uwchlaw popeth yr oedd ganddo ddawn i fynegi syndod wyneb-yn-wyneb â rhyfeddod y datguddiad dwyfol yng Nghrist.

ROWLAND VAUGHAN
c. 1590 – 1667?

[Y mae tri chyflwyniad ar ddechrau *Yr Ymarfer o Dduwioldeb*. Y cyntaf yw cyflwyniad yr Esgob Lewis Bayly, yr awdur gwreiddiol, i Siarl, Tywysog Cymru, y gŵr yr oedd Bayly yn gaplan iddo. Cymreigiodd Rowland Vaughan y cyflwyniad hwn ac ychwanegu dau arall o'i eiddo ei hun. Yr ail o'r rheini a geir ar y ddalen nesaf.]

84. *At y darlleydd*

Fy anwyl gyd-wladwr deallgar, dyma fi yn bwrw fy mauch oddiarnaf, eithr nid hwyrach cyn gynted ac y delo yn dy olwg di, mai fy nhrwmlwytho â beiau yw fyngwobr am dano. gâd iddo, os fy nhynged yw hynny, mae 'n rhaid ei chroesawu: a gwrando dithau yr hwn wyt yn edrych ar wiscoedd fy mâb maeth hwn, o ran cael tyllau yn ei ddillad; bydd di dy hun (pwy bynnac wyt) yn wniedydd iddo neu ir cyfryw yr amser nessaf, a thro a thrin yn orau ac y medrych, ac oni byddaf fi yn talu y nechwyn adref i ti, fe fydd rhywyn ai gwna yn ddiammau: Nid wyf yn adrodd mo hyn er mwyn elwi gwag foliant i'm fy hûn: eithr i ddwyn ar ddeall i't. fy mod i yn ddibris am air y byd, pryd yr aethum i ddinoethi fy nysceidiaeth egwan iddo: ac er mwyn rhoddi i ti argoel fy mod i yn cydnabod nad wyf ond megis march bychan a anturiai fyned tan bwn mwy nac a allai ei ddwyn, yr wyf yma o egion calon ddifrifol yn fy ymddarostwng fy hûn ger bron Duw a dynion, i erfyn nawdd am fy meiau: gan orchymmyn fyngwaith at ein *Leuiaid* dyscedyg, iw gyweiro ai ddifeio megis y gwelont hwy fod yn orau.

Am y llyfr hwn, a sail yr athrawiaeth sydd ynddo, nid yw ond golau canwyll yngoleuni yr *Haul* i mi ei glodfori: bid, y pedwerydd waith ar hugain y printiwyd yn Saesonaec, yn dystiolaeth oi odidawgrwydd. Am yr iaith a arferais i iw gyfieithu: yr ydwyf fi yn gweled cymmaint a ragor rhyngddi, ac iaith y Saeson, ac sydd rhwng cochol newydd a chaberden glyttiog: ac eto nid oes vn sail o athrawiaeth yn y saith gelfyddyd, nad yw wedi ei addurno yn eu hiaith hwy. Oh Frutaniaid gwaedol, cymmerwch chwithau beth poen a thraul, i osod allan eich tafodiaith gyfoethog: oddieithr i chwi fod o vn feddwl a'r cymru seisnigaidd, y rhai sydd yn tybied yn oreu ddeleu a ddiffoddi ein iaith ni: fel y byddai yr holl ynys hon yn llefaru yn iaith y Saeson; eithr beth yw hyn ond meddylfryd anghristianogawl, ac adeildu cestill yn yr awyr, a dymuno i lawer o eneidiau yn y cyfamser, newynu am fara y bywyd.

Mwyaf peth sydd yn dyfod yn erbyn ein hiaith ni ydyw, anhawsed gan y cymru roddi eu plant i ddyscu, fel y mae'n well gan lawer dŷn fod ei etifedd yn fuwch yn ei fyw na threilio gwerth buwch i ddyscu iddo ddarllain: ac ni cheir yn lloegr nemmawr o eurych, neu scubwr simneiau na fedro ddarllain, ac na byddo a'i lyfr tan ei gessel yn yr Eglwys, neu yn ei ddarllain pan fyddo'r achos. O dyscwn ninnau gyfrodyr eu dilyn hwy yn hyn o beth megis yr ydym ni yn ddigon parod i ddilyn eu harfer mewn pethau eraill. Yr ydym ni yn meddiannu yr ynys hon ou blaen hwy, er bod Camden ai gau athrawiaeth ddyscedig a llawer o ddiscyblion iddo yn gwadu *Brutus* ac yn haeru mai Ieffrey o fynyw a scrifennodd o honaw gynta, a chan i mi grybwyll hynny: dyma ddychymyg *Camden* i chwi i'w ddarllain: *Britania* (medd efe) o *Brith* sef, *Pictus*. a tania o'r gair groeg taunia yr hwn a arwyddoccâ *gwlad, ergo Britania*: ac felly rhoddi *Brutus* i gyscu mewn *ogof anghoffadwriaeth tragwyddol*: cwsg dithau mewn heddwch *Camden* lythrennog o'm rhan i, canys nid yw ran ei Gristion lygru enw da y marw, eithr am dy ddiscyblion, er nad wyf o ddysceidiaeth iw hatteb: mi allaf adrodd fy meddwl iddynt, fel y gallasant hwythau, sef, fy mod i yn tybied mai mwy o ran cael mawl ac anrhydedd gan Saeson ardderchawg, nac o ran dosparthu'r gwirionedd y saethasant eu geiriau anguriol gywilyddus. Eithr nid wyf yn ammau na chânt hwy eu hatteb gan ryw fryttwn calonnog, fel nad el eu dychymygion yn gredadwy yn yr oesoedd nessaf. Ac rhag ofn i ti dybied fy mod i yn myned o amgylch y llwybr, sef i adrodd peth amherthynol i ymarfer Duwiodeb [*sic*], mi ddychwelaf at fy nestyn drachefn.

Fe allai y tybia llawer i mi gymmeryd mwy o rydd-did yn scrifennu'r iaith hon, nac yr oedd tadogaeth y geiriau yn canniattâu. Eithr deall, mai wrth fwrw fy serch ar gywyddau cymraeg y cefais i y gyfrwyddyd wan sydd gennif, ac yr wyf yn gobeithio i mi arfer y geiriau sathredig a arferodd hên Athrawon o'm blaen i, ac na chyfeiliornais o athrawiaeth *Doctor Dauis* ynghyfieithiad y Bibl, yr hwn yw'r vnig *Plato* ardderchawg o'n hiaith ni. Os darfu i mi ddychymyg ymbell air er mwyn eglurhau pyngciau celfyddgar: y mae'r hên Fardd *Hora.* yn atteb trosof yn yr geiriau hyn sef:

.....Licuit, semper licebit
Signatum præsente nota producere nomen
Vt siluæ folij pronos mutantur in annos
Prima cadunt, ita verborum vetus interit ætas:

Ac nid oes gennif fi ond hyn i ddywedyd wrthit, i gloi ar y cwbl. Edrych a ddichon y llyfr hwn roddi meddyginiaeth i'th enaid, neu lyfrau eraill oi gyffelyb: megis y llyfr odiaethol a gyfenwir *llwybr hyfford i'r nefoedd* o gyfieithiad y llên dyscedig, am hanwyl athro M[r]

Ro. lloyd Ficar y waen, neu bregeth am edifeirwch o waith yr vnrhyw gymreugydd rhagorol: ac oni ddichon hynny beri i ti wellhau dy fuchedd, ni byddit ti ddim gwell *pe cyfodai vn oddiwrth y meirw* i'th athrawiaethu: eithr oes cei di ddaioni oddiwrth y llyfr hwn, meddwl yn dy weddi am vn a fydd rhwym i wneuthir i'w iaith a'i wlad, y gwasanaeth a'r vfydd-dod gorau ar a fedro tra byddo ei enw.

Row. Vaughan.

Di gwyn yw gennif yn y deg iaith bêr
Ddwyn y boen yn hirfaith
Os byddi was wybydd-iaith
Yn fwyn i gyd-ddwyn am gwaith.
R.V.

Daw'r dyfyniad Lladin o waith y bardd Horas (65-8 C.C.), *De Arte Poetica Liber*, llinellau 58-61.Trafod geiriau y mae'r bardd yn y darn hwn. 'Yr ydym wedi gwerthfawrogi ac fe fyddwn yn gwerthfawrogi cynhyrchu geiriau sy'n dwyn y stamp cyfredol. Pan fo'r fforestydd o flwyddyn i flwyddyn yn bwrw eu dail, y rhai cyntaf sy'n disgyn ac felly y mae geiriau'r hen genhedlaeth yn mynd ymaith'. Gall y bardd modern fenthyca geiriau, fel y gwnâi'r hen feirdd, gan y Groegiaid ond peth byw yw iaith. Y mae geiriau'n cael eu geni ac yn marw a rhaid iddynt felly ildio eu lle i rai eraill. Y mae dau lithriad yn Lladin Vaughan. Yn ei linell gyntaf, *semperque* sy'n gywir, ac yn ei drydedd linell dylid darllen *foliis*.

'Camden' oedd yr hynafiaethydd, William Camden (1551-1623). Ymddangosodd ei waith swmpus, *Britannia*, yn 1586 mewn Lladin. Cyhoeddwyd y cyfieithiad Saesneg cyntaf, o waith Philemon Holland, yn 1610. Am yrfa Camden, gw. *Dictionary of National Biography*. Am Sieffre o Fynwy (1090?-1155), gw. *Y Bywgraffiadur Cymreig*. Ymddangosodd ei *Historia Regium Britanniae* gyntaf yn 1136 a chafwyd cyfieithiad Cymraeg ohono'n ddiweddarach, *Brut y Brenhinoedd*.

'*Doctor Dauis*' oedd Dr. John Davies (1567?-1644), Mallwyd. Y mae'r cyfeiriad at ei waith gyda Beibl 1620. I Rowland Vaughan, ef (ac nid yr Esgob Richard Parry) oedd y cyfieithydd, neu'n gywirach, 'diwygiwr' y Beibl hwnnw. Am Davies, gw. *Y Bywgraffiadur.*

85. *Blas y Nefoedd*

Cyn gynted ac y darfyddo i'r dŷn adgenedledig roddi ei enaid i fynu i grist, y mae'r Angelion sanctaidd yn ei dderbyn iw cadwraeth, ac yn ddi atteg, yn ei ddwyn i'r nef; ac yno yn ei roi yn anrheg gar bron Crist: lle yr ydis yn ei goroni *a choron cyfiawnder a gogoniant*; nid yr hon a haeddodd o herwydd ei weithredoedd da, ond yr hon a addawodd Duw o'i ddaioni haelionus i'r rhai oll, o wir gariad arno, yn y byd hwn a'i gwasanaetho ef, ac a geisio ei ogoniant. Oh pa ryw lawenydd a fydd hynny ith enaid ti (yr hwn ni bu arferedig o weled dim ond trueni pechaduriaid) gael gweled wyneb brenin y gogoniant: Iê gweled Crist i'th croesawu, cyn gynted ac i'th ddygir di o'i flaen gan ei Angelion sanctaidd: a'i groesaw yw hyn, *euge bone serue*: sef yw hynny, da gwnaethost, croesaw was da a ffyddlon, &c., dos i mewn i lawenydd dy Feistr: a phâ ryw orfoledd a fydd itti weled mîl miliwn o *Ceriwbiaid, Seraphiaid, Angelion, Gorseddfeingciau, Arglwyddiaethau, Tywysogaethau, Galluogrwydd?* Yr holl Patrieirch sancteiddiol, Prophwydi, Offeiriaid, Apostolion, Merthyron, Cyfaddefwyr: a holl eneidiau dy gymdeithion, cyfneseifiaid, gwyr, gwragedd, a phlant, ar cwbl oll o Seintiau Duw, y rhai a ymadawsant o'th flaen di mewn gwir ffydd Grist, yn sefyll ger bron gorseddfaingc Duw mewn anrhydedd a gogoniant? Os oedd brenhines *Sheba*, wrth weled rhwysc ac vrdduniant Salomon: o wir syndod yn dwedyd, *dedwydd yw dy wŷr, dedwŷdd yw dy weision, y rhai sydd yn sefyll oth flaen, i glywed dy ddoethineb*: pa lawenychu a wna dy enaid ti, wrth ei weled ei hun wedi cael ei gynnwys i fod ym mhlith y gynulleidfa ogoneddus yma, i edrych ar fendigedig wyneb Crist, i ddirnad nerth ei ddoethineb. Pa ryw anrhydedd a fydd i't wrth weled cynifer mîl o filoedd sydd yno, yn dy groe sawu di iw nefol gymdeithas. Canys fel yr oeddynt oll yn llawenychu pan droist i edifarhau, felly yr awrhon y maent hwy yn llawenach wrth weled dy goroni, ac wrth dy ganfod yn derbyn y *goron* yr hon oedd ynghadw itti oni ddelit. Oblegid yno y mae Coron Merthyrdod iw gosod am ben y Merthyr a ddioddefodd arteithiau er mwyn Efengyl Crist, Coron Morwyndod ar ben y Forwyn a orchfygodd Drachwant, Coron Duwioldeb a Diweirdeb, ar ben y rhai oedd yn gogoneddu Crist yn vnion, ac yn cadw eu priodas yn ddi-halog: Coron gweithredoedd da, ar ben rhoddwyr elusenau, y rhai a fuant syber wrth dlôdion, coron y gogoniant dilygredig, ar ben y bigeiliaid, y rhai trwy bregethu ac athrawiaethu'n dda a droesant lawer enaid o lygredigaeth pechod i ogoneddu Duw mewn sancteiddrwydd buchedd. Pwy a ddichon adrodd yn helaeth faint gorfoledd y llu nefol yma, wrth dy goroni di â gogoniant, a'th drwsiadu mewn disclaer wisc cyfiawnder, ac wrth weled Palmwydden buddugoliaeth yn dy law? o wyched fydd ganddynt ddarfodd i ti ddiangc rhag holl drueni'r bŷd, rhwydau y cythraul, a phoenau vffern a chael ohonot yn lle hynny orphywysfa a dedwyddwch yn dragywydd? O blegid y mae pawb yno, yn ym hyfrydu cymmaint mewn happusrwydd vn arall, ac yn ei happusrwydd ei hûn, a gweled vn arall yn cael ei garu gen Dduw cystal â'i weled e'i hûn. I'e, y mae ganddynt gynnifer o amryw fath ar lawenydd, ac sydd iddynt o gyfeillion i gydlawenhau. Ac yn y gwynfydedig ar bendigedig gyflwr yma, y mae yr enaid yn gorphywys gyd â Christ yn y nef, hyd ddydd yr atgyfodiad . . .

Awdur *The Practice of Piety*, a gyhoeddwyd yn 1611, yn ôl pob tebyg, oedd Lewis Bayly. Tebyg ei eni yng Nghaerfyrddin. Bu'n esgob Bangor o 1616 hyd ei farw, gw. *Y Bywgraffiadur*. Cyfieithwyd y llyfr i'r Gymraeg, gyda'r teitl, *Yr Ymarfer o Dduwioldeb*, gan Rowland Vaughan, Caer Gai, Llanuwchllyn, a'i gyhoeddi yn 1630. Daw'r dyfyniad o adargraffiad 1930, t. 63-5.

OLIVER THOMAS
1598? – 1652

86. *Rhieni a Phlant*

Car-wr y Cymru.
Yn anfon ychydig gymmorth i
bôb Tâd, a Mam sy'n gwir
ewyllysio bod eu plant yn blant
Duw, a chael
o honynt wir wybodaeth o
ffordd iechydwriaeth.
Tâd.

Fy anwyl blentyn, gwybydd fod Duw yn gorchymmyn i ni sy Dadau, a Mammau, feithrin ein plant mewn addysc, ac athrawiaeth yr Arglwydd; a hyn sydd yn perthyn i ogoniant Duw, ac i iechydwriaeth eich eneidiau. Ephe. 6.4.

Plent. Fy anrhydeddus Dâd, yr ydwyf yn credu hynny. A bod Duw yn gorchymmyn i ni sy blant, wrando ar addysc ein Tâd, ac nad ymadawom â chyfraith ein mam. A bod hyn yn perthyn i ogoniant Duw, ac iechydwriaeth ein eneidiau. Dihal. 1.8.

Tâd. *A wyt ti yn ewyllyscar i wrando ar addysc dy Dâd, ac i dderbyn athrawiaeth dy fam yn y pethau sydd yn perthyn i ogoniant Duw, ac iechyd dy enaid?*

Plent. Ydwyf yn ewyllysgar iawn; ac na atto Duw i mi, nac i blentyn yn y byd fod yn an-ewyllysgar i ddyscu gan Dâd, a mam y pethau sydd yn perthyn i ogoniant Duw, ac i iechydwriaeth ein eneidiau.

Tâd. *Os ydwyt ewyllysgar dangos hynny drwy atteb i'r gofynion hyn.*

Plent. Ydwyf.

Gofyn. *Beth yw cyflwr plant bychain wrth naturiaeth?*

Atteb. Nyni blant bychain wrth naturiaeth ydym blant digofaint megis eraill, yn feirw mewn pechodau yn weigion o bob daioni, yn llygredig oll, a holl ddrygioni y byd yn wreiddiol ynom. Eph. 2.2.

Gofyn. *Ai yn llygredig fel hyn y creawdd Duw chwi yn lwynau Adda?*

Atteb. Nage; Duw a'n creawdd ni yn y dechreuad yn lwynau *Adda* mewn cyflwr gwynfydedig ar ei ddelw ei hûn mewn cyfiawnder, a gwir sancteiddrwydd. Ephes. 4.24.

Gofyn. *Pa fodd y cwympasoch o'r sanctaidd gyflwr hwnnw, i'r cyflwr llygredig a melldigedig anianol hwn?*

Atteb. Drwy fwytta yn lwynau ein hên Daid *Adda* o'r pren a orchymynnodd yr Arglwydd na fwyttaem ohonaw. Rhuf. 5.12. 14.

Gofyn. *Pa beth yr ydych yn euog ohonaw, ac yn ei haeddu drwy eich pechod gwreiddiol yn* Adda *a'ch gweithredol sy beunydd yn tarddu, ac yn deilliaw allan o'r gwreiddiol ar feddwl, gair, a gweithred yn erbyn holl orchymynnion Duw?*

Atteb. Yr ydym yn haeddu pob dialedd ysprydol, a chorphorol y mae Duw yn ei anfon ar ddyn yn y byd hwn, a phoenau vffernol, tragwyddol yn ôl mynd o'r byd.

Gofyn. *A wyddoch chwi fôdd i ddyfod allan o'r cyflwr llygredig, melldigedig, colledig hwn, ac i ail-cyrrhaedd y cyflwr sanctaidd, bendigedig cyntaf, a bod yn ddiangol oddiwrth boenau vffernol, a chael bywyd tragwyddol? ac os gwyddoch dangoswch.*

Atteb. Gwyddom (i Dduw drwy Grist y diolchwn) canys pan anfonodd Duw tad ei fâb i'r byd, efe a dderbynniodd blant bychain atto, a'u cofleidiodd hwynt yn ei freichiau, a osododd ei ddwylo arnynt, ac a'u bendithiodd hwynt, gan ddywedyd, eiddo y cyfryw rai yw teyrnas nef. Marc 10.

Gofyn. *Pa le y mae i blant bychain fynd at Grist, ac ynteu wedi gadael y byd, a myned i'r nef at ei Dâd, fel y caent hwy eu cofleidio, a'u bendithio ganddo, a theyrnas nef drwydddo ef?*

Atteb. Y mae Crist yn dywedyd; ym mhâ le bynnac y byddo dau, neu dri wedi ymgynnull yn fy enw i, yno yr ydwyf yn eu canol hwynt. Mat. 18.20 . . .

Gofyn. *Plant i bwy ydynt hwy, y rhai sy wir ewyllysgar, ac awyddus i ddyscu gan eu rhieni gartref, a chan y gwenidogion yn yr Eglwys pa fodd y dylent wasanaethu Duw?*

Atteb. Diammeu eu bod yn blant i Dduw: Canys efe sydd yn gweithio ynddynt yr ewyllys, âr gallu iw wasanaethu ef.

Gofyn. *Pa wobr a rŷdd Duw i blant a fo vfudd i'w tadau, a'u mammau, drwy fod yn barod i ddyscu pob daioni ganddynt, beth bynnac y mae'r Tâd nefol yn ei orchymmyn iddynt?*

Atteb. Y plant a anrhydeddant Dduw, eu Tâd Nefol, a'u tadau a'u mammau naturiol hefyd fel hyn, Duw a estyn eu dyddiau ar y ddaiar:

neu os eu byrhau a wna, efe a dderbyn y cyfryw blant i deyrnas nef. Canys eiddo y cyfryw blant yw teyrnas nef . . .

Oliver Thomas, *Car-wr y Cymru* (Llundain, 1630), 1-4, 7-8. Ceir y testun yn yr orgraff wreiddiol yn Merfyn Morgan, *Gweithiau Oliver Thomas ac Evan Roberts* (Caerdydd, 1981), 1-11 ac yn y Rhagymadrodd ceir disgrifiad manwl o yrfa Oliver Thomas.

87. *Darllen y Beibl*

Car-wr

Ni ddylem ni adael i ddim ein rhwystro i wneuthur ewyllys Crist, a'r pethau gorEu ar lesâd ein eneidiau. Gwir yw mai arfer newydd y nghymru yw ymorol yn gydwybodus am Air Duw, eithr greshynaf oll yw'r peth, na baem ni yn gofalu am wneuthur ewyllys Crist megis cenedloedd eraill erioed, yn enwedig y Saeson; diwidrwydd yr rhai addylei ein cynnyrfu ni i'r cyffelib. Er derbyn o'n henafiaid ni gynt ffydd Grist lawer cant o flynyddoedd o'u blaen hwy; a bod (yn ddiammeu) Gair Duw y pryd hynny yn aml i'n plith ni eie [*sic*] tafodiaith ein hûn; etto fe fu coll mawr arno wedi hynny tros hir o amser, hŷd yr awrhon yn ddiweddar yr ennynnydd o newydd drwy râs Duw ac y mae beunydd yn ymhelaethu yn ein mysc: ac megis yr oeddym ni gynt yn blaenori ar y saeson mewn crefydd Gristnogawl; felly y maent hwythau heddyw yn rhagori llawer arnom ninnau mewn gwybodaeth, a zêl i wasanaethu Duw. Eithr y diffyg sydd ohonom ni ein hunain eisieu chwilio yr Scrythyrau, yr hyn er ei fod yn beth newydd i ni, etto nid newydd y dylasei y ddyled-swydd hon fod, ond hen megis y mae gŷd â chenedloedd eraill. Eithr gan fod llyfrau ddigon wedi dyfod allan, y mae gobaith y bydd mwy o chwilio ar yr Scrythyrau y Nghymru o hyn allan, fel yr amlhao, ac yr heneiddio yr ymarfer dduwiol hon yng Nghymru megis yn Lloegr.

Cymro.

Eithr y mae vn rhwystr mawr ar ffordd y Cymru rhagor a'r rai eraill, nid amgen nad oes yn hôll Gymru ond ychydig â fedr ddarllein

Cymraec; oddieithr yr Eglwys-wyr; A digon llesc, ac anhyspys y medr rhai o'r rheini ddarllein eu hiaith eu hûn. A pha fodd y daw pawb yn gyffredin i chwilio yr Scrythyrau, gan na fedr y cyffredin eu darllein?

Car-wr.

Cywilydd Cymry yw bod cynnifer o honynt yn medru ieithoedd eraill, ac etto heb fedru darllein eu hiaith eu hûn. Eithr hawdd i'r rheini ddyfod i'w darllein, a rhag cywilydd dechreuant arni. Ac am y sawl ni fedrant ddarllein, dim nid anhawdd iddynt ddyscu os byddant ewyllysgar, ac er eu bôd wedi myned mewn gŵth o oedran cyn dechreu, etto nid rhaid i neb wladeiddio am gymmeryd yn llaw bêth mor angenrheidiol; mwy gwradwydd o lawer yw ei esceuluso hŷd yn hyn. Myfi â adwen rai vgein-mlwydd, a dêg ar hugain, ie a deugain oed, â ddyscasant ddarllein pan roes Duw iddynt râs i ofalu am eu hiechydwriaeth. Os bydd vn mewn teulu a fedro ddarllain, hawdd yw i'r lleill ddyscu gan hwnnw drwy fod y naill yn ewyllysgar i ddangos, a'r lleill i ddyscu. Ac nid yw cymmaint gorchest dyscu darllein cymraec, ac na allo pawb â fyddo ganddynt ewyllys iddi, yn hawdd ei gyrhaeddyd ac ar fyrr o amser. Eithr oni bydd neb yn tŷ â fedro darllain Gair Duw, oni bydd dim chwilio, na myfyrio ar ei Gyfraith ef, pa fodd meddwch chwi, y dichon y teulu hwnnw fod yn deulu Duw?

Cymro.

Y mae rhai yn medru darllein, a deall y Beibl yn saeson-aec, ac am hynny yn tybied nad rhaid iddynt hwy geisio y Bibl yn Gymraec na dyscu ei ddarllein.

Car-wr.

Os yw pawb oll drwy'r tŷ yn deall saeson-aec, fe wasanaetha hynny: nid gwaeth y naill ıaith na'r llall eithr os oes rai o'r tylwydd heb ddeall saesonec fe ddylei berchen y ty ofalu, a darparu am gael o'r rhei ni ddyscu iddynt yn yr iaith a deallont, ddarllein gair Duw . . .

Oliver Thomas, *Car-wr y Cymru* (Llundain, 1631), 70-74. Ceir y testun hefyd yn Merfyn Morgan, *Gweithiau Oliver Thomas ac Evan Roberts* (Caerdydd, 1981), 21-124.

JOHN EDWARDS
(SIÔN TRERHEDYN)
c. 1606 – 1660

88. *Cristionogaeth ac Iaith*

I'r ardderchocaf Herberdiaid, y mwynaf Morganiaid, y boneddicaf Kemysiaid, y gwirlanaf Wiliemiaid ac eraill pendefigion o tu fewn i wlad Gwent, annerch yn yr Arglwydd Iesu Grist

Er bod serch yr Arglwydd wedi ei osod tro hir ar hil Herber, a bod pawb eraill trwy'r byd oll wedi eu caeed allan o'r Eglwys gweledig, eto ar ymddangosiad Crist Iesu yn y cnawd, ym mha un yr addawsai Duw y byddai holl genhedloedd y ddaear yn wynfydedig, efe a dynnwyd i lawr y mur a wahanasai cyd-rhwng yr Iddewon enwaededig a'r Cenhedloedd dienwaededig, ac yr agorwyd porth trugareddau Duw i dderbyn pawb oll, o ba un genedl bynnag y byddent, a'i hofnent ef ac a weithredent gyfiawnder â chalonnau credadwy. Ac er hysbysu hyn o ddedwyddyd cyffredinol a ddigwyddasai i'r rhai a eisteddent mewn tywyllwch a chysgod angau, heb na meddwl na gobaith o fod y fath oleuni cwmfforddus mor agos iddynt, efe a ddanfonodd Crist ei Apostolion dewisedig i ddysgu yr holl genhedloedd yn eu iaith briawd, gan eu bedyddio hwy yn enw'r Tad a'r Mab a'r Ysbryd Glân, a'u rhybuddio hwy i gadw pob peth a'r a orchymynasai ef iddynt, ac i gyhoeddi maddeuant pechodau i bawb a gredent ynddo ef. Ac er sicrhau gwirionedd cariad Duw trwy Grist Iesu tuag at y cenhedloedd, efe a lanwyd yr Apostolion â'r Ysbryd Glân, yn ôl yr addewid a wnelsai Crist iddynt cyn ei farwolaeth, a hwy a lefarasant â thafodau eraill, hyd onid oedd pawb yn rhyfeddu, sef rhai o bob gwlad tan y nefoedd, eu bod hwy yn clywed yr Apostolion, a hwythau yn Galileaid, yn llefaru mawrion weithredoedd Duw yn y iaith yn yr hon y ganesid hwy oll. Canys er teced y buasai eu ymadroddion hwy, oni buasai'r gwrandawyr o bob gwlad yn gwybod gwrym y llais, efe a fuasai'r llefarwyr a'r gwrandawyr yn farbariaid y naill i'r llall.

Ac er yr amser hwnnw, oherwydd ysgrifennu gair yr Arglwydd yn y ddwy iaith odidog, sef yr Hebraeg a'r Groeg, ym mha wlad bynnag y pregethid yr Efengyl, cyn gynted ag y dechreuai'r bobl ei flasu a'i roesewi, hwy a ddymunent gael gair yr Arglwydd wedi ei droi i'w iaith eu hunain, fel y gallai pawb weled yn eglur â'u llygaid fel clywed â'u clustiau, pa beth oedd ewyllys yr Arglwydd, hyd oni chyfieithwyd gair Duw o amser i amser yn mhob gwlad can mwyaf. Ac am fod gair yr Arglwydd yn odywyll i'r anwybodus – yn ôl ateb pendefig Aethiopiaid, Pa fodd y deallaf heb gyfarwyddwr? – er mwyn cael sicrach gwybodaeth o feddwl yr Arglwydd yn ei air, yr aeth yn hoff gan Gristionogion gael, heblaw y pregethau a glywent, ymddiddanion eraill ac esboniadau a deongliadau ysbrydol gweinidogion yr Efengyl ar air yr Arglwydd wedi eu troi hefyd, a'u sgrifennu ym mhob iaith, hyd onid yw'r byd yn llawn o lyfrau dedwydd odidog cyfarwyddiol, er bod y gelyn wedi hau ei efrau ymhlith y gwenith, ac wedi tannu llyfrau ac ysgrifeniadau enbeidus yn gymysg â'r rhai dedwydd.

Eithr o holl wledydd y byd, hyd y gwn i, nid oes un genedl mor ddigariad a mor elyniaethus i'w iaith ei hunan ag yw'r Cymro, er bod ein iaith ni yn haeddu cymaint o barch, oherwydd ei henaint a'i chyfoethogrwydd, ag yr haeddai ieithoedd eraill. Canys felly y gwelwn ni beunydd, hwy nag yr elo na Chymro na Chymraes i Lundain neu i Gaerloyw neu i fan arall o Loegr a dysgu rhyw ychydig Saesneg, hwy a wadant eu gwlad a'u iaith eu hunain. Ac o'r Cymry cartrefol, ie, ym mhlith y pendefigion ysgolheigaidd, ie, ymysg y dysgawdwyr Eglwysig, braidd un o bymtheg a fedr ddarllen ac ysgrifennu Cymraeg. Ac o'r achos hyn y mae fod llyfrau Cymraeg mor ymbell, canys ni welais i eroed uwch pump llyfr Cymraeg yn brintiedig. Ie, a beth pe dywedwn mai o achos anamled o lyfrau duwiol, fal o ddysgawdwyr ffyddlawn, y mae cyn fychaned o wir wybodaeth o ewyllys yr Arglwydd, ac o wres neu sêl i'w ogoniant ef a'i air, a'i dŷ, a'i ordiniadau, a chymaint o goelgrefyddau a chamdybiau, ac oerni yng ngwasanaeth Duw, ac o angharìad ac anghydfod ymhlith y werin. Canys pa amlaf y byddai'r moddion, posiblach a fyddai'r bobl i'w dysgu a'u hannog i bob daioni. Ac ni ellir gwadu nad ydyw darlleniad llyfrau rhinweddol ysbrydol ym mhob iaith – nesaf at air yr Arglwydd – yn wasanaethgar i hysbysu i'r bobl eu dyletswydd tuag at Dduw a dynion.

Ac yn awr, Bendefigion urddasol, maddeuwch atolwg fy nghwyn union yn erbyn fy nghyd-wladwyr a ddibrisiant ein hen famiaith, a dangoswch chwi, atolwg, eich serch ati trwy dderbyniad roesawgar o'm poen ewyllysgar i yn gyfieithiad o'r llyfr hwn, a than ei ddarllen ar eich arfod gorau â chalonnau hawddgar, na ddeliwch ar fy aneirif gamsyniadau a'm haml feiau. Canys nid wyf fi, a anwyd ar lan Hafren ym mro Gwent lle mae Saesoniaith yn drech na'r Britaniaith, yn cymryd arnaf na medraeth nac hysbysrwydd yn y Gymraeg. Eithr nid bychan yw fy serch at yr iaith a daioni fy ngwlad. Ac er caeed fy ngenau rhag ymarfer fy ngweinidogaeth, i'm torcalon mwyaf, er nad wyf fi onid y gwaelaf o filoedd, ac yn anaddas o'r uchel swydd weinidogaidd, eto am fod yn anawdd gennyf fi ac yn dra enbeidus i mi na llwyr ymadael o'm galwad na bod yn segur ynddi y cymerais i hyn o boen ewyllysgar.

Maddeuwch, meddaf, y boneddigion glanfwynion, fy ewndra, a than fyned heibio fy meiau i, chwiliwch ysbrydol gynwysiadau y llyfr hwn, dan roddi diolch i'r Arglwydd am bob cyfarwyddyd a phob anogiad i gynnal y wir ffydd yng Nghrist Iesu, heb ba un ni welir gan na gwreng na bonheddig mo wyneb Duw. Ac yna megis y gwelo eich calonnau Cristnogaidd fod yn dda, amddiffynnwch fy amcanion diniwed o ogoneddu enw Duw, o fywiocáu fy mamiaith, ac o osod ar gyhoedd, er daioni pob un o'm cyd-wladwyr a'i dilyno, y llwybr canolig, a arwain bob darllenydd credadwy i fywyd tragwyddol trwy Iesu Grist, rhag athrodau y gwatwarus, a buan farn y cenfigennus. A chwi a'm rhwymwch i fod yn awyddus i roesewi pob odfa i ymddangos fy hunan mewn diolchgarwch a gostyngeiddrwydd megis

Eich gwasnaethwr parodol ym mhob gwaith yr Arglwydd.
Gorffennaf 20, 1650.

Siôn Trerhedyn.

Y cyflwyniad i *Madrvddyn y Difinyddiaeth Diweddaraf . . . O waith E.F. yn y Saesneg. O Cyfieithiad J.E. i'r Gymraeg* (Llundain, 1651).

Y cyfieithydd oedd John Edwards, gŵr gradd o Goleg Iesu, Rhydychen, rheithor Llanfartin, 1633, Wilcryg, 1631-2, Tredynog, 1633 a Magwyr, 1635. Fe'i diswyddwyd o Dredynog yn 1649. Ychydig iawn sy'n wybyddus amdano, gw. *Y Bywgraffiadur Cymreig*. Y gyfrol a gyfieithodd oedd *The Marrow of Modern Divinity* (1645) o waith 'E.F.' Bu cryn ymdderu uwchben y cwestiwn pwy oedd yr awdur hwn. Bu tuedd i'w uniaethu ag Edward Fisher (fl. 1627-56), gŵr gradd o Goleg y Trwyn Pres, Rhydychen, Anglicaniad pybyr, gwrth-Biwritanaidd, ac un a fu am gyfnod yn cadw ysgol yng Nghaerfyrddin, gw. yr erthygl arno yn *Dictionary of National Biography*. Ond y mae hyn yn annhebygol. Tebycach mai Presbyteriad oedd yr awdur. Bu i'r gyfrol Saesneg le pwysig yn un o'r dadleuon a gynhyrfodd Eglwys yr Alban, gw. yr erthyglau, 'Thomas Boston (1676-1732)' a 'Marrow Controversy' yn *Dictionary of Scottish Church History and Theology* (1993). Am gyfieithiad Siôn Trerhedyn ac ansawdd ei Gymraeg, gw. W.J.Gruffydd, *Llên Cymru* (1926), 128-131.

JOHN HUGHES
1615 – 86

89. *Allwydd Paradwys*

[Er dioddef o dan yr amrywiol ddeddfau cosb, parhaodd Catholigion i arddel ac ymarfer eu ffydd. Ni allent wneud hynny'n gyhoeddus a'r canlyniad oedd gwneud eu crefydd tros dro'n ddefosiwn preifat ar eu haelwydydd. Er mwyn helpu'r Catholigion Cymraeg y cyhoeddwyd *Allwydd Paradwys*, John Hughes, ym 1670. Llyfr Gweddi ydyw mewn gwirionedd ond mae'n rhoi arweiniad hefyd i brif nodweddion sacramentau penyd a'r offeren. Ond ei brif nodwedd yw'r nifer sylweddol o weddïau y gall y ffyddloniaid eu defnyddio yn ystod eu bywyd beunyddiol yn ogystal ag yn y gwasanaethau. Cynhwysir yma ddetholion i enghreifftio gwahanol rannau ohono.]

(i) Y cyflwyniad.

At fy anwyl Frodyr a'm Chwiorydd a'm Ceraint eraill ffyddlon yn-Gwent a Brecheinoc.

Bydded gwiw gennych chwi, dderbyn yn howddgar yr Anrheg ymma o Allwydd fechan, yr hon er nad yw hi ond o ychydic faint a gwael oddiallan: etto mae hi yn rhagoral iawn ac yn brisfawr. Oblegid os arferwch chwi hon yn dda, fe y fydd hawdd i chwi, trwy gydweithrediad Gras Duw, agoryd y PARADWYS Nefol, ac felly meddiannu y Tryssor, y Diddanwch, a'r Gogoniant a bery byth. Mae llawer o flynyddoedd ynawr, er pan y clywais fagad ohonoch chwi yn dymuno yn fawr cael y cyfryw Ddevotiwnau yn eich iaith eichun. Ac hyd yn hyn mi a ddisgwyliais gan eraill eu gosod hwynt allan: ond yrwon oblegid fy mod yn gweled pawb yn esgeuluso'r gwaith, er lleied fyngwybodaeth, nis gallwn amgen, na dangos fy ewyllys da o'ch bodloni chwi yn y modd goreu y medrwn. Mi a gesglais y Devotionau hyn, nid yn unig o'r Allwydd Paradwys Seisnic, ond hefyd o amryw lyfrau da eraill, megis yr oeddwn yn coelio y byddai angenrheitiaf a buddiolaf i chwi: ac a gyfieithais y cwbl mewn geiriau ac adroddion plaen, syml, hawdd i'w ddyall . . .

(ii) *Gweddïau i'w dweud yn ystod y dydd*

Wrth godi

Yn enw ein Harglwydd Jesu Ghrist a groeshoeliwyd, mi a godaf. O Arglwydd cyfarwydda fi, cadw, a chadarnhâ fi ymmhob gweithred dda heddyw, ac yn dragywydd, ac wedi'r pererindod byrr gofidus hwn, dwg fi i'r Gwynfyd a bery byth. *Amen.*[td.10]

Wrth wisgo amdanat

O Jesu Sancteiddiol, fel na weler cywilydd fy enaid pechadurus, amwisga ef a gwiscadau dy gyfiawnder, a chuddia ef a phob math o rinweddau, a graslawn ddoniau. *Amen.*[tdd. 10-11]

Wrth olchi dy ddwylo

O Arglwydd Dduw, yr hwn a'n ceraist ni yn gymmaint a golchi ein heneidiau ni yn dy waed gwerthfawr, glanha, attolygaf arnat, fynghalon a'm dwylo i-o holl frychau a budreddi pechod. *Amen.*[t.11]

Bendith o flaen bwyd

Bendithia ni, O Arglwydd, a'r rhoddion hyn hefyd, y rhai a gymmerwn ni o'th haelioni di. Trwy Grist ein Harglwydd. *Amen.*[t.18]

Cyn mynd i gysgu

Tydi yw fyn-Greawdwr, O fy Nuw, a'm Protector daionus i: tydi ydwyt pen eithaf fy modedigaeth i, a goruchaf perffeithrwydd fy

Natur. Tan gysgod dy adeunydd di y mae gorphwys tragywydd: ac o lewyrch dy wyneb di y mae llawenydd dibaid yn deillio: bid moliant a gogoniant i ti: bid addoliant ac vfudd-dod i ti oddiwrth y Creaduriaid oll yn dragywyddol. *Amen.* [t.21]

Cadw ni, O Arglwydd, yn effro, ac amddiffyn ni yn cysgu, fal y gwiliom gyda Christ ac y gorphwysom yn heddwch. *Amen.* [t.23]

(iii) *Taflen o bechodau marwol i gynorthwyo gyda chyffesu:*

'Yn erbyn y Gorchymmyn cyntaf'

Byw allan o'r Eglwys Gatholic yn gyndyn o gariad ar ryw beth bydol darfodedig.

Cablu, erlid, neu ddirmygu y bobl, yr Eglwys, y Doctorion, neu'r Addyscg Gatholic, neu beth bynnac arall Sacraidd, megis y Creiriau, y Relicciau, y Lluniau Sanctaidd a'r cyffelyb.

Gwadu ei fod yn Gatholic, neu wneuthur arwydd ar air neu weithred i ddangos nad ydyw felly.

Ammeu yn ewyllysgar rhyw bwnc o'r Ffydd Gatholic.

Ewyllysu, cynghori, neu fod yn foddlon i ryw vn o'r sawl sy'n perthynu iddo ef, fyw allan o'r Eglwys Gatholic.

Bôd heb wneuthur ei oreu i droi i'r Ffydd Gatholic y sawl a allassai ef yn hawdd, pettassai ef yn ewyllysu hynny,

Dibrisio dyscu y Gweddiau cyffredin a Dirgeleddion pennaf y Ffydd Gristianogol.

Mynd at Swyn-wragedd. Witsys, neu ddewinion i gael cyngor: neu beri, neu gyfarwyddo eraill i fynd: neu ymarfer eihûn ryw Witsgreft neu Ofergoel.

Credu mewn breuddwydiau, gan drefnu ei weithredoedd yn ol y greduniaeth honno . . . [tdd. 39-40]

(iv) *Gweddi addas i'w hadrodd pan ddyrchefir yr afrlladen: Yr 'Anima Christi'.*

Enaid Christ, sancteiddia fi. Corph Christ, gwared fi. Gwaed Christ, meddwa fi, y Dwfr o ystlys Christ golcha fi, Dioddefaint Christ, conffordda fi. O Iesu daionus gwrando fi, yn dy Archollion, cuddia fi. Na âd i mi fyngwahanu oddiwrthyt ti. Rhag y Gelyn maleisus, amddiffyn fi. Yn awr fy angeu galw arnaf, a phar imi ddyfod attat ti, i'th foliannu di gyda'r Seinctiau tros oes oesoedd. *Amen.* [td. 115]

(v) *Addoli ar yr aelwyd.*

'Rhybydd'

Pan nas gallant y bobl ffyddlon ar y Dyddiau Sul a'r Dyddiau Gwyl eraill fod yn bresennol ar Ddirgeleddion sacredic yr Aberth Ddwyfawl, da iawn ac angenrheidiol y fyddai i'r Penteulu, ar yr amser cynnefin y boreau, alw y tylwyth ffyddlon oll ynghyd i'r lle-gweddi arferol, ac yno darllain iddynt yn eistedd o bobparth (neu beri i ryw vn arall a fedro yn rhwydd ac yn gywraint ddarllain) Pennod neu Wers o'r *Directori Christianogol*, o'r *Introduction* i fuchedd ddefotionol, o'r *Memorial*, neu o ryw lyfr da cyffelyb, ynol cyfarwyddiad eu Pennaeth ysprydol, tros yspaid hanner awr, neu o amgylch hynny: yno gan syrthio ar eu gliniau, darllenned pob vn yn ddistaw wrtho eihunan y Gweddiau vchod sydd i'w dywedyd yn amser yr Offeren sanctaidd. Gwedi hynny ef a all rhyw vn ohonynt ddywedyd y Litaniau, a'r lleill ei atteb ef. Neu ddywedyd Rosari ein Harglwyddes Mair fendigedic bob yn eilwers, neu'r drydedd ran ohoni. Ac yn y cyfamser goleu cannhwyllau bendiged (os gwel y Penteulu fod yn dda) er mwyn coffa presenoldeb yr Yspryd Glân.

Yn yr un modd y Prynhawnoedd gan ddyfod ynghyd y gellir darllain rhyw rai o Fucheddau y Sainct o'r dydd neu'r wythnos honno (ynol cyngor y Tad Ysprydol) tros amgylch hanner awr: ac wedi hynny penlino i ddywedyd eu Gwosber, y Litaniau, neu'r Rosari, megis o'r blaen . . . [td. 122]

(vi) *Enghraifft o'r 'Hymnau i'w dywedyd bob dyddgwyl Fair fendigaid . . .'*

Ar Amser Gosber

Hanffych well Seren y mor,
Mam ein Harglywdd [*sic*] Dduw
Morwyn lan bob amser
Porth nef ddedwydd loyw.
Cymraist yr Afe hwn
O eneu Gabriel dda
Selia ni mewn heddwch
Gan newid enw Efa.

Dattod rwym yr euog,
Rho i'r dall oleuni,
Gyrr ymmaith ein holl ddrwg,
Cais i n' bob daioni.

Dangos dy fod yn Fam,
Cymred ein gweddi ni
Trwot, 'rhwn y fu gwiw
Gantho fod Fab i ti.

O Forwyn ragorol
Uwch ben oll fwyn euraidd
Yn rhydd o'n pechodau
Gwna ni'n ddiwair lanaidd.

Dyro i n' fuchedd bur
A diberyglus daith
Fel wrth weled Iesu
Y llawenychem byth.

Bid moliant i Dduw'r Tad,
I Grist ei Fab rhinwedd,
Llawn barch i'r Ysprryd Glan,
I'r tri 'r vn anrhydedd. *Amen.* [tdd. 151-2]

(vii) *Enghreifftiau o golectau i'w dywedyd ar wyliau'r saint.*

Ar Ddydd Nadolig Crist. Rhagfyr 25

Caniada, attolygwn arnat Hollalluoc Dduw, i enedigaeth rhyfeddol dy Vniganedic Fab trwy'r cnawd, ein gwared ni: y rhai tan iau pechod y mae hen gaethiwed yn eu dal. Trwy'r vn Jesu Christ ein Harglwydd, dy Fab di, yr hwn sy'n byw ac yn teyrnasu gyda thi yn vndod yr Yspryd Glan, Duw tros holl oesoedd oesoedd. *Amen.* [td. 166]

Ar Ddydd Gŵyl S.David, Esgob, Cyffeswr. Mawrth 1.

Gwrando, attolygwn arnat, O Arglwydd ein gweddiau ni, y rhai yr ydym yn eu llafaru attat ti ar Vchelwyl dy Gonffessor a'th Escop, y bendigedic S. *David:* a thrwy gyfrwng ei ryglyddiannau ef, yr hwn a haeddodd dy wasanaethu di yn deilwng, rhyddha nyni o'n holl bechodau. Trwy ein Harglwydd &c. [td. 168]

(viii) *Y cyntaf o bymtheg myfyrdod 'ar ddioddefaint ein Hiachawdwr, Iesu Grist'.*

O Jesu gwynn daionus! yr hwn er dy fod yn oruchaf yn-gogoniant y Tad, ac yn gydradd yn ei Hanfod ef, o'th gariad anfeidrol a deilyngaist wneuthur dyhun yn ddyn, a'th eni mewn stabl, a'th osod i lawr yn y Preseb, a'th enwaedu, a ffo i'r Aipht, wedi hynny dy fedyddio, dy demptio, ymprydio, gwilio, dysgu'r anwybodus, a iachau'r cleifion: dioddef hefyd trallodau ac erlid parhaus trwy dy holl fywyd, ac o'r diwedd o'th wir fodd dioddef marwolaeth ar y Groes, a hyn igyd trosaf fi, a rhai truain eraill fel fyfi. [td. 183]

Y mae'r rhifau tudalennau wrth gwt pob dyfyniad yn cyfeirio at adargraffiad John Fisher, *Allwedd neu Agoriad Paradwys i'r Cymry, J[ohn] H[ughes]*, (Caerdydd, 1929). Y teitl gwreiddiol oedd *Allwydd neu Agoriad Paradwys i'r Cymrv Hynny yw: Gweddiau, Devotionau, Cynghorion, ac Athrawiaethau tra duwiol ac angenrheidiol i bôb Christion yn mynnu agoryd y Porth a myned i mewn i'r Nef. Wedi eu cynnull o amryw lyfrau duwiol, a'i cyfeithu yn Gymraeg: neu wedi eu cyfansoddi, han I.H . . . Yn LVYCK. A imprintiwyd yn y Flwyddyn M DC LXX.* Liége yw Lvyck. Am yr awdur, John Hughes, gw. Rhagymadrodd John Fisher a'r *Bywgraffiadur*.

ANHYSBYS
1688

90. *Gogoniant Iesu Grist*

[Y mae tud. 1 hyd 152 yn cynnwys cyfres o fyfyrdodau ar Iesu Grist wedi'u sylfaenu ar Ganiad Solomon V. 16, '*Y mae efe oll yn hawddgar*'.]

. . . Mae Jesu Ghrist *yn ddymuniant yr holl genhedloedd*, er nad yw Jesu Ghrist yn cael ei ddymuno gan yr holl genhedloedd, eto fe a'i iawn elwir ef, *Dymuniant yr holl Genhedloedd . . .*

Oblegid y mwya' dymunol yntho ei hûn ydyw, ac y mae pob peth sydd ddymunol ynddo ef; Mae harddwch a haelioni ynghrist, mae cyfoeth ac anrhydedd ynghrist, *Dihar. 8.18. J*esu Ghrist ydyw'r *Trysor* wedi ei guddio yn yr Efengyl, y *Perl* o fawr werth, efe yw'r *haul* yn ffurfafen y Scrythyrau, adnabyddiaeth o'r hwn ydyw'r bywyd tragwyddol; *ffynnon* ydyw, llawn o ddwfr y bywyd, *cwch* o felysdra, *trysor-dŷ* o gyfoeth, a *ffynnon* o hyfrydwch yn yr hon y gellwch drochi eich eneidiau i dragwyddoldeb. Mae efe yn llawnder ac yn felysdra, *yn rhagori ar ddeng mil*, *Can.*5.10. *Gwerthfawroccach yw nâ gemmau, a'r holl bethau dymunol nid ydynt gyffelyb iddo. Dih.*, 3.15. O beth ydyw'r holl goronau a theyrnasoedd y bŷd, yr holl orseddfeinciau a theyrnwielyn brenhinoedd i Ghrist; meddaf, beth ydyw trysorau'r dwyrain, aur y gorllewin, pêeraroglau'r dehau; a gemmau'r gogledd? Nid yw hyn, neu pa beth bynnac a fedri ddychymygu, ddim yw gyffelybu i'r Jesu bendigedig. Fy rhai anwyl, mae gogoniant a rhagoriaethau Christ yn rhagori ar bob dim arall, fel y mae'r holl ddyfroedd yn cyfarfod yn y môr, a'r holl oleuni yn cyfarfod yn yr haul; felly y mae'r holl berffeithrwydd a rhagoriaeth Sainct ac Angylion yn cyfarfod ynghrist. Ymhellach, nid oes yn unig gan Grist Sancteiddrwydd Angylion, hawddgarwch y yainct. [*sic*] a thrysorau'r nefoedd, ond y mae ynddo ef hefyd gyflawnder a golud y Duwdod, *Col.* 1.19. *Pob cyflawnder*; llawnder o râs, llawnder o wybodaeth, llawnder o gariad, llawnder o ogoniant; Mae efe yn hyfrŷd i'r Tâd, yn hyfryd i'r Angylion, yn hyfryd i'r Sainct, yn hyfrŷd ir Enaid ac am hynny y gellir ei alw ef, *Dymuniant yr holl genhedloedd* . . . [tud.4-6]

Brenin ydyw Jesu Grist sydd *yn eistedd ar orseddfainc ei Dâd*, ac nid yw efe yn unig yn eistedd yno ei hunan, ond y mae efe wedi addaw y *Cae pawb a orchfygent eistedd gydag Ef ar yr orseddfainc*, *Dat.* 3.21. P'le mae un brenin ond Christ a adewiff iw ddeiliaid eistedd gydâg ef ar ei orseddfainc? Byddei yn fradwriaeth i un iw ddymuno, Mi a ddarllenais am frenin, *fel yr oedd yn mynd tros ryw ddwfr, iw goron syrthio oddi ar ei ben ir dwfr ac i un o'i weision truein, O gariad iddo Ef, neidio i mewn ac a'i cyrchodd i fynu, ac er eswmwythdra iddo ei hun ai dodes ar ei ben fel y byddei iddo ddyfod yn haws allan o'r dwfr; ac o herwydd hynny torwyd ymmaith ei ben; mor uchel a mawr a balch ydoedd y brenin.* Ond Syrs, nid yw'r Arglwydd Jesu felly mor falch, ni ddarfu iddo ef yn unig ei ddigoroni ei hun, i'n coroni ni, a gwisco'r goron ddrain, fel y gwiscem ni goron y gogoniant, ond y mae efe yn fodlon ac yn rhoddi cennad iw ddeiliaid i *eistedd ar yr orseddfainc gydâg ef*. Oh! 'r fâth frenin bendigedig ydyw hwn, fod ei holl ddeiliaid truein i eistedd gydâg ef ar ei orseddfainc . . . Tebygyd, Syrs, y tynnai hŷn yr holl fyd ar ol Christ, Oh! 'ry modd y dylei hyn dynnu Serchiadâu pôbl i fôd mewn Cariad â'r cynhygion a'r rhagorfreintiau, a'r anrhydedd mawr hynny y mae *Christ* yn eu rhâd-roi iw ddilynwyr truein! Nid yw yn unig yn eu gwneuthur *yn frenhinoedd* ond y mae yn Caniatau iddynt *eistedd ar ei orseddfainc gydâg ef* . . . [tud. 21-22]

Mae *Christ* yn rhagori a'r bob brenin arall yn hyn, Brenin yw sy'n rho'i iw ddeiliaid y rhoddion Cyfoethoccaf a'r goreu a all fôd, *Joan.* 10. 27. 28. *A minneu ydwyf yn rhoddi iddynt fywyd tragwyddol.* Mae'r Duw doeth fel y byddei iddo wahodd ac annog eneidiau truein i sancteiddrwydd buchedd yn gosod o flaen eu llygaid daledigaeth y gwobrwy; fel oni weithia unionder ei *orchmynion* ef arnynt, etto allu o'i *addewidion* rhagorol ef eu hynnill; fe a Ewyllysie yn fawr ddal pobl âg abwyd aûraidd; rhoddes gwâs *Abraham* Dlysau arian, ac aur i *Rebecca*, fel yr enillei ei Chalon i *Isaac*, *Gen.* 24. Oh'r dlysau rhagorol y mae *Christ* yn eu rhoi i eneidiau truein er mwyn ennill eu calonnau iddo ef; *Mae Christ yn helaeth yn rhoddi i ni bob pêth iw mwynhau*, I Tim. 6. 17. Och, ni ddyri dynion y bŷd ond yn brin a thlodaidd, ond *Christ* sy'n rhoi'n helaeth, ac yn rhwydd ac yn fynych, pôb dydd, pôb awr, y mae'n tanu ar lêd dlysau i eneidiau truein, *Brenin mawr* Persia *a roes i un o bendefigion ei lys gwppan aur, i un arall gusan, cwynodd yr hwn a gowsei'r cwppan wrth y brenin, fod cusan ei gydymaith yn well na'i gwppan aûr ef.* Oh Syrs, nid yw *Christ* yn ein rhoi ni heibio â chwppan aur, ond y mae yn rhoi ini y *Cusan*; y mae'n rhoi ei roddion goreu iw rai anwyl y mae'n rhoi ei gariad, a'i lawenydd â'i dangnefydd, a'i drugareddau goreu. Oh, p'le mae brenin tebyg i'r brenin ymma? Och, geill brenhinoedd daiarol roddi titlau mawrion, neu le yn y brenhin-llys, a'r cyffelyb, gallant roi *titl* heddyw a *chebyst* y foru, megys yn achos *Haman*, gall wenu heddyw, a chuchio foru, cusanu heddyw a llâdd y foru; ond nid yw Christ felly; y mae efe yn rho'i 'r goreu o bob pêth, y goreu o'i goriad [*sic*], ei waed goreu, nid gwaed ei *fysedd* ond gwaed ei *galon*. Oh Syrs, faint y mae *Christ* yn rhagori a'r bawb eraill yn rhoddi y rhoddion goreu iw ddeiliaid! Oh'r fath rodd yw'r nêf! Yr fath rodd yw Maddeuant pechod! Pa frenin a all ro'i iw bobl y cyfryw roddion; ac yn hyn y mae'r *Arglwydd Jesu* yn anfeidrol yn rhagori ar bawb. [td. 49-50]

Cyfoeth i'r Cymru (3ydd argraffiad, Amwythig, 1688) cyfieithad o *Christ's Famous Titles and a Believer's Golden Chain* (Llundain, 1663) gan William Dyer. Am Dyer (bu farw 1696), gweinidog gyda'r Annibynwyr yn Chesham ac wedyn Cholesbury, sir Buckingham, gw. *Dicitionary of National Biography.*

[Mewn llythyr ataf (8 Ebrill 1999), ysgrifenna Charles Parry o Adran Lyfrau Printiedig Llyfrgell Genedlaethol Cymru: 'Ni wyddom i sicrwydd pwy a gyfieithodd *Christ's Famous Titles* . . . i'r Gymraeg; hwyrach i'r wybodaeth ddiflannu am byth . . . Yn *Libri Walliae* (Aberystwyth, 1987) yr argraffiad Cymraeg cyntaf a nodir gan Eiluned Rees yw un 1704 . . . Os gwir i'r *Cyfoeth* ymddangos gyntaf yn 1688, ni ddaeth o wasg yn Amwythig gan na ddechreuwyd argraffu yno hyd ddegawd olaf y 17g. . . . Mae William Rowlands (Gwilym Lleyn) yn *Llyfryddiaeth y Cymry* yn rhestru argraffiad o'r *Cyfoeth* o'r flwyddyn 1688, ond yn rhoi Llundain fel man argraffu/ cyhoeddi . . . Tybed ai'r geiriau ar gefn wyneb-ddalen trydydd argraffiad y *Cyfoeth* (Amwythig, 1740) yw sail y gred i'r gwaith ymddangos gyntaf yn 1688? Yno ceir y geiriau: 'Mawrth 26 1688. Mi a ddarllennais y llyfr hwn trosodd (yn Saesoneg) ac nid wyfi (*sic*) yn cael ynddo ddim sy'n wrthwyneb i'r Rheolaeth, ffydd na Moesau da' . . . Ai'r eglurhad yw i'r cyfieithydd lunio'r gwaith o gopi Saesneg . . . wedi ei ddyddio . . . 1688?' – *Gol.*]

MORGAN LLWYD
1619 – 59

91. *Hymn*

Er bod anwiredd yn amlhau
ag ymrysonau lawer
drwy Ghrist ni lynwn wrth ein Duw
yr hwn an clyw ar fyrder

Er bod peryglon o bob rhyw
diogel yw ein cyflwr
Er bod y byd i gyd ar dan
ni ganwn gan in prynnwr

yr ydym yma yn dy wydd
O Arglwydd danfon fendith
ag ysbryd Christ in helpu ni
ith geisio di'n ddiragrith

y mae'n heneidiau gwan ei hwyl
yn chwennych disgwil arnat
di elli'n tynnu on holl ddrwg
drwy Ghrist mae'n golwg attat.

Difetha Anghrist ymhob gwlad
tro attad yr Iddewon
D'elynion gwna yn faingc ith draed
a chofia waed y gwirion

Gwna'n dda bob gair a addewaist di
ag arnom ni disgleiria
Ag ith holl bobloedd danfon lwydd
ir farn o Arglwydd bryssia.

Er gwaeled iw fy stad am gwedd
Er amledd fy mhechodau
Drwy serch a synwyr fy nhad fry
pob peth a drŷ ir gorau.

(Gol.) T.E.Ellis, *Gweithiau Morgan Llwyd I* (Bangor, 1899), 44-5.

92. *Gwefr Credu*

[Yr oedd gan Morgan Llwyd o Wynedd ddawn ddigymar i fynegi'i brofiadau mewn iaith gyffrous. Dyma flodeuglwm o ddyfyniadau i enghreifftio'i arddull a'i argyhoeddiadau.]

(1)

Y cymro. Edrych dithau am oleuni Duw yn dy feddwl. Ymofyn am ffynnon dealldwriaeth, ag yf di yn fynych o honi. Pa ham na throi di at y Duw ath wnaeth? Pa hyd y gwerthi di dy enaid heb brynnu dim ond gwagedd? Pa ham yr wyti fel mochyn neu dwrch daiar yn dy feddwl, yn turio am oferedd? Pa hyd y ceir clywed oth enau di iaith y cnawd a lleferydd uffern? Pa hyd y gellir gweled yn dy wyneb di, lûn yr anifail digllon sarrig anllad afreolus cyfrwysddrwg? Oni chlywaist di mae lle y gogwyddo y pren yno y syrth ef ag mai lle y cwympa y pren yno y trig ef yn oes oesoedd? [Preg.11.3.] Na fwrw ymmaith y meddyliau hyn mewn chwaryddiaeth a chwerthin rhag iddynt ddychwelyd arnati a chodi ynoti yn y diwedd fel fflammiau tanllyd [Dan.5.2,5,6.]. Mae Duw yn drugarog ond anhrugarog wyti wrth dy enaid dy hun. Pam yr wyfi yn scrifennu attat ond ith deffro mewn pryd ag ith ddwyn ir drugaredd dragwyddol? Pam y byddai y llythur caredig yma yn dyst yn dy erbyn di ddydd a ddaw. Dywaid di sydd yn darllain neu yn gwrando y geiriau hyn ynot dy hunan. Byr iw bywyd dyn ar y ddaiar. Hir yw Byth. Gwerthfawr iw'r enaid. Chwerw iw'r pechod. Trom iw'r gyfraith, Creulon iw'r felldith, Erchyll iw'r pwll diwaelod. Tommen iw'r ddaiar. Taer iw *Beelzebub* (Brenin y domen). Twyllodrus iw dynion, Cyfyng iw porth y bywyd, Dirgelwch iw'r ail enedigaeth . . . Gwael iw'r hoywaf, a gwyn ei fyd ai gwado ei hunan ag a ymneillduo oddiwrth y byd i gymdeithas y Tad ar Mab. Canys cariad iw Duw. Mwyn iw Crist. Melys iw ei ysbryd. Dirgel iw ei sêl. Gwir iw ei air, Perffaith iw ei ffyrdd . . . Ag yn ddiammeu hefyd, caredigion Duw iw llawer o'r *Bruttaniaid* a gloyw iw'r goron a osodwyd oi blaen. O'r Cymro, ymorol am dani, a gad bob peth erddi. Ag os mynni fod yn monwes y Tad nefol bydd debyg iddo mewn cariad, purdeb, doethineb, dioddefgarwch, bywyd, llonyddwch, nerth ag uwchder nefol.

> *Llythur ir Cymru Cariadus* yn *Gweithiau* I, 119-120 ac (wedi diweddaru'r orgraff) yn (gol. P.J.Donovan), *Ysgrifeniadau Byrion Morgan Llwyd* (Caerdydd, 1985), 3-4. Yn ymyl y ddalen y mae'r cyfeiriadau Beiblaidd sydd wedi'u gosod uchod mewn bachau petryal.

(2)

Mae Duw yn llenwi pob peth heb ymgymyscu a dim, Ag ni chaiff meddwl dyn byth lonydd, nes myned allan or cymysg, ir hwn sydd oll yn y distawrwydd pur anherfynol tragwyddol. Na chais feddwl am Dduw, drwy dy feddwl dy hunan; canys rhaid i nerth croes Crist ladd dy feddyliau di dy hunan, ag yno di gei feddwl Christ i aros ynot. Ag yn lle dy *hen Hunan*, di gei *Hunan newydd*, yr hwn yw Crist ei hunan, yn dy galon gnawdol di.

Mae dau beth yn cyssuro llawer, ond y trydydd yw sylfaen y cwbl. Y cyntaf yw fod Crist mab Duw wedi marw drosom [Heb.10.14.], a thalu'r holl ddlêd i Dduw; Ond nid yw sôn am hynny ddim, oni bydd yr ail yn canlyn, a hynny yw fod Crist yn byw ynom ni [Heb.5.9.], ag yn rheoli drosom, a thrwyddom, yn oleuni, yn gyssur, ag yn nerth, yn monwes yr enaid.

Ond nid yw hyn chwaith ddigon, nid hyn yw gwreiddyn y matter, ond yr undeb sydd rhwng y *Tad ar enaid, yn ysbryd y Mab, yn y cariad anrhaethol* [Joan 14.20.]. Sef yr un fath undeb, ag sydd rhwng

Duw ai Fab ei hunan. Nid y cyfryngwr yw diwedd y cwbl, canys Crist ei hunan a rydd ei swydd i fynu [I Cor.15.24.], wedi iddo yn gyntaf ddwyn yr enaid i mewn i undeb a chymundeb ar *Tad* [I Joan 3.24.], yn yr *ysbryd tragwyddol*. Canys mae'r dyn newydd yn un a Duw, ar dyn hwnnw yn unig a fydd cadwedig. Am hynny na orphwys (drwy ffydd gnawdol) yn hyn, fod Crist wedi marw drosoti, nag yn hyn chwaith, fod Crist yn dechrau codi ynot ti, ag arwyddion grâs Duw yr [*sic*] ymddangos. Ond deall ffynnon y cwbl, yr hwn yw'r *Tad ynoti*, Canys *mae dy fywyd di wedi ei guddio yn Nuw ei hun gyda Christ* [Col.3.3.], fel y mae bywyd y pren yn guddiedig yn ei wreiddyn dros amser gaiaf. Dyma wreiddyn gwybodaeth a swm yr Efengyl dragwyddol. Dos i mewn ir stafell ddirgel, yr hon yw *goleuni Duw ynoti*.

Gwaedd ynghymru yn wyneb pob Cydwybod, *Gweithiau I*, 143-4; ac yn P.J.Donovan, op. cit., 15-16.

(3)

Cigfran. . . . Ond beth yw'r Bruttaniaid mwy nag eraill?

Eryr. Os drwg, gwaethaf. Os da, ffyddlon. Dyma'r ynys a dderbyniodd yr efengil gyntaf yn amser lles fâb Coel. Ymma (medd rhai) y ganwyd Helen, a'i mab Constantin. Cymru medd eraill a ganfu America gyntaf. Bryttaniaid a Safasant hyd angau dros y ffydd gywir. Y nhwy y mae *Esay* yn i galw ascell y ddayar (medd yr hen Israeliaid) [Esay 24.16] ac o ynys Brydain yr â (medd llawer) allan, dân a chyfraith, a lluoedd drwy'r hollfyd.

Llyfr y Tri Aderyn (1653) yn *Gweithiau I*, 185.

(4)

Cigfran. Mi welaf, dy fôd ti yn dioddef iddynt ddywedyd fôd y drindod ynddynt.

Eryr. Atteb di O Golomen. Pa fodd y mae hyn? Ai trwy ysbrydoliaeth neu sylwedd?

Colomen. O Eryr *Deall, mai sylwedd yw pôb ysbryd* [2 Cor.4.18.], *ac nad yw'r bŷd a welir ond cyscod o'r bŷd nis gwelir, yr hwn sydd drwy'r bŷd ymma: ac nid yw'r corph ond cysgod, ac megis march lliain yr ysbryd, neu wain i'r enaid a bery byth. Ond mae'r Drindod yn aros ynom yr un fath ag y mae'r mŵn aur yn y ddayar, neu ŵr yn ei dŷ, neu blentyn yn y grôth, neu dân mewn ffwrn, neu'r môr mewn ffynnon, neu fel y mae'r enaid yn y llygad y mae'r Drindod yn y Duwiol* [Col.1.27. Hebr.3.6. Gal.4.19.] *Am hynny mae'r hên ddihareb yn cynghori, na chais ymweled a'r drindod onis ceisi yn yr vndod. A gwirionedd yw mai ymha le bynnag, (ymmhwy bynnag,) y bo goleuni, a chariad, a heddwch, a phurdeb ac vndeb, a nerth nefol, yno y mae'r tri yn vn yn aros.*

Llyfr y Tri Aderyn yn *Gweithiau I*, 187-8.

(5)

Colomen . . . *Ac rwi'n tystiolaethu fôd gogoniant yn yr vchelder, ac ewyllys da i ddynion* [Luc.2.14.]. *Fe fu yr Jachawdwr ar y ddaiar yn ynnill Publicanod mewn cariad, ac yn dioddef gloes angau dros ei elynion. A glywodd nêb erioed sôn am y fâth gariad? ddarfod i vn dynnu ei galon o'i fonwes, a'i llâdd hi, a'i rhoi hi iw wrthwynebwŷr iw bwytta, iw cadw nhwy yn fyw? Dymma fel y gwnaeth y Goruchaf i achub y dynion bryntaf rhag y gwae tragwyddol. Mawr yw, os gall dyn dynnu ei lygad ai roi i gadw yn llaw ei gyfaill. Ond ô beth a ddywedwn i am hŷd, a llêd, ac vwchder, a dyfnder cariad y nefoedd? Mae llawer yn gorchfygu cariad ei cymydogion drwy ei drygioni ei hunain. Ond mae hwn o'i ewyllys da yn talu holl ddlêd ei elyn a'i fywyd ei hun, ac yn i dynnu o'r carchar, ac yn i wisgo yn nillad ei fâb ei hunan. Mae efe yn rhedeg ar ôl y rhai sy'n diangc oddiwrtho, ac yn cusanu y rhai sydd yn poeri yn ei wyneb, ac yn cynnal yn gynnes y rhai sydd yn ceisio neidio o'i fynwes, ac yn cyd-ddwyn a'r rhai na erys wrtho. Fe ddaeth o'r nefoedd vchaf i'r bêdd isaf* [Eph.4.9.], *i godi y pechadur drewllyd o'r dommen ddaiarol i'r faingc nefol. Fe gymmerodd afael ar naturiaeth dyn, ac a adawodd angelion i fyned gyda'r dwfr . . .*

Llyfr y Tri Aderyn yn *Gweithiau* I, 189.

(6)
Colomen . . . *Na thybygwch fôd drŵs y druagredd wedi ei gau yn eich erbyn tra fo anadl ynoch, ac ewyllys i ddychwelyd. Ond yr ydych etto yn dilyn y cnawd, yn canu carolau i gyffroi eich chwantau, yn darllain llyfrau bydron anllad, ac yn gwenwyno y gwreiddyn pûr, yn dilyn tafarnau, a thablerau, a llwon, a melldith, a gwawd, a gwatwar, yn caru chwarwyddfa diafol (fel eidionnau vffern)yn dibrisio'r tlawd, yn byw yn hoyw, yn nhommen masweidd-dra, yn gwatwar sobrwydd, ac yn y tân dû anweledig, yngwely'r buttain, mewn gwleddau a glothineb, mewn meddwdod, a chwerthin, mewn cydorwedd a chywilydd, mewn cenfigen ac anfodlonrwydd, mewn rhyfig a chyfrwystra, mewn gwae a gwaelod erchyll. Deffro. Cyfod. Mae etto i ti groeso, Mae gwledd nefol yn aros am danat, Mae bara ddigon yn nhŷ dy dâd. Pa ham y byddwch feirw (o blant dynion?) Pa ham y collwch chwi eich eneidiau yn yr o'ch tragywyddol?*

Llyfr y Tri Aderyn yn *Gweithiau I*, 193-4.

(7)
Colomen. *Yr ailenedigaeth yw dyfodiad dyn allan o'r naill fŷd i'r llall yn y bywyd ymma* [Joan 3.3.]. *Pa fo'r enaid yn yr ysbryd (mewn poen dan weiddi) yn torri drwy gwrs naturiaeth oddifewn, heb fynnu moi ddal yn hwy ynghrôth y meddwl dayarol, ond er gwaethaf pôb creadur yn dyfod allan o dywyllwch i oleuni* [Act.26.18.], *allan o fryntni ysbrydol i burdeb, allan o gâs i gariad, allan o gaethiwed i rydd-did nefol, allan o'r carchar i reoli, allan o helynt y bŷd i gymdeithas Seinctiau* [Eph.2.1,2.] *allan o fonwes cythreuliaid i gwmnhi angelion Duw, allan o sŵn y cnawd i glywed llais Duw, allan o'r oferedd i sobrwydd meddwl, allan o o'r chwerthiniad i brudd-der paradwysaidd, allan o'r cnawd drewllyd i'r ysbryd bywiol, ac allan o grôth naturiaeth i'r Gaersalem nefol. Mae yn yr Ailenedigaeth ddwy ran. Vn i'r enaid, a'r ysbryd, am yr hon yr ydym ni yn sôn, a'r llall i'r corph yn y diwedd, yr hon a elwir, mabwysiad y corph* [Rhuf. 8.] *Ac fel y mae'r corph yn y bedd heb i eni hyd yr adgyfodiad, felly mae'r enaid yn pydru yn naturiaeth ne's iddo adgyfodi gyda Christ, Ac fe wna Duw i ddyn weled i fôd ef yn gorwedd yn vffern, ac yn llechu yn y ddayar, cyn iddo ddwyn y meddwl i baradwys.*

Llyfr y Tri Aderyn yn *Gweithiau I*, 214-5.

(8)
Eryr. Ond pa fôdd y caiff dŷn adnabod dydd ei iechydwriaeth.

Colomen. *Tra fo'r adar yn canu, Tra fo'r felin yn troi, Tra fo'r gwynt yn chwythu. Tra fo'r hayarn yn dwymyn, Tra fo'r awr hon yn parhau* [2 Cor.6.2.]. *Tra fo'r meddwl yn ymgeisio, Tra fo'r gydwybod yn rhybuddio. Cyn diffyg yr anadl, Cyn cau porth y ddinas, Cyn hedeg or enaid, Cyn torri o'r edef* [Preg.12.], *Cyn cwympo'r pren. Cyn caledu'r ewyllys. Cyn serio'r gydwybod, Cyn diffodd y ganwyll. Cyn passio y farn, Cyn i heddyw ddarfod. Cyn i'r munud ymma fyned heibio. Dychwelwch O blant Dynion. Pa hŷd yr oedwch gymmeryd bywyd?*

Llyfr y Tri Aderyn yn *Gweithiau I*, 234.

(9)
PENNOD VI

8. MAE GAIR y DUW bŷw yn fywioccach nag un ‡ Ysbryd, yn gryfach nag un Creadur, *yn llymmach na Chleddŷf dau-finiog, yn loywach na'r Goleuni, yn dwymach na'r Tân, yn gyflymmach na'r Gwynt, yn felysach na'r Mel, yn burach na'r Aûr coeth, yn nês at Ddŷn nai Enaid ei hun, yn ehengach na'r Nêf a'r Ddaiar, yn fwy ei Drwst na'r hôll Daranau, yn fwy ei Rinwedd na'r Haul (neu'r hôll Bysgwrjaethau,) yn odidoccach na hôll Weithredoedd DUW, yn magu pob Pêth bŷw ac yn bŷw i wisgo allan bob Cnawd a phôb Creadur . . .
‡ Hebr.4.12. *Psal.19.

10. MAE'r GAIR ymma yn y Carjad, a'r Carjad yn y Meddwl, a'r Meddwl yn yr Enaid, a'r Enaid yn y Corph, a'r Corph yn y Bŷd, a'r Byd yn y GAIR, a'r GAIR yn Nuw, a DUW ei Hunan yw'r GAIR a'r oll yn oll. Moliant, a Nerth, a Chlod, a Charjad, a Bendith, a Gallu a'r Deyrnas a'r Sylwedd, a'r Ufudd dod a'r Parch a fytho bŷth yn oes oesoedd i'r ARGLWYDD DDUW, rhyfedd, caredig, anwyl, dajonus: Hwn fŷdd yn tramwy trwy Nêf y Nefoedd ac yn rhodjo ar Bennau hôll Uchelderu [*sic*] Dŷnjon ac Anghyljon, a'r Cwbl trwy'r GAIR ymma, *Amen*

PENNOD VII

4. YR wyti yn gyfarwŷdd yn yr Yscrythur, ac mae Pennodau 'r Bibl ar Bennau dy Fysaidd. Ond a glywaist di erjoed Ddirgelwch y Daran a'r Gerdd nefol ynghŷd ynnot dy hunan? Ac o's clywaist. A amgylchaist di GRIST fel y mae fe yn dy adnabod di? Pa bêth yw 'r GAIR oedd yn y Dechreuad? Pa fodd y gwnaed hwnnw yn Gnawd, a'r Cnawd hwnnw yn Ysbrŷd i'th fywhau di? O's wyti yn darllain y Llythuren, a wyti yn deall yr Ysbrŷd ynddi wedi dy holl ddarllain?

Gair o'r Gair: Neu, Son am Swn (1656) yn *Gweithiau II*, 165, 166, 168.

Am nodweddion llenyddol ysgrifennu Morgan Llwyd, gw. Hugh Bevan, *Morgan Llwyd y Llenor* (Caerdydd, 1954).

VAVASOR POWELL
1617 – 70

93. *Emyn, Gweddi a Nodiadau*

(a)

O Tyred y Masseiha Gwych
n dosturiol edrych arna
o gadwan tun fi ar dy ol
nes deloi im nefol gartra

O cadw cynnal di fi dro
I rhodio yn ddychlynaidd
j orchfygv 'r Cnawd y ddraig a'r byd
Trwy nerth dy ysbryd santaidd

O tyr(e)d fy anwilyd hael
gad imi gael dy heddwch
Cynorthwy 'th ysbryd ar bob tro
j rodio ffordd hyfrydwch

o tyred fy anwilyd pur
rho imi wir Ddoethineb
a theimlad yn f'enaid clyd
o hyfryd bresenoldeb.

(b)

Y Duw mawr a gogoneddus, yr hwn sydd yn llanw'r Nefoedd ar ddaeiar oi bresenoldeb, cwbwl berffaith yn dy holl ffyrdd, yn happus o honot dy hûn o dragwyddoldeb y dragwyddoldeb. A chreduriaid gwâl ag amherphaith ym nina yn ein holl ffyrdd y rhai y sydd a dechre dyddie a diwedd iddint, heb ystyried beth ym ni ynawr na pheth y ddaw ohonom ni yn ol hin, ond yn parhai yn ffiaidd ag yn llawn o anwiredd, fel y mor yn dygyfor na ddichon bod yn llonydd yr hwn y mae ei ddyfroedd yn bwrw allan dom a llaid. ag ô'r achos y ges di ag yr dwyd ti yn y gal ein diwreiddio ni oddiger dy fron, ag er hyny Duw dâ a thrigarog y fuost i, a duw trigarog a daionus ydwyti yn parhai ti ag atom ni yr odfa yma y ymddangos ger dy fron di, ath fod di yn nessi atom ni y rhoddi barn gyfiawn yn erbyn pob vn ohonom ni. o na'd allem ni ymosdwng ynta on Calona ger bron Duw, gyd ag etifeirwch, a ffydd ynghrist, ac y osod yn hynain tra bom ni yma, megis ymhresenoldeb'r Arglwydd. Ag (ô) na byddo'r cyfryw fywid a hyny genim ni, y fyw yn ein lleoedd ag yn ein galwedigaethai yn y modd hyny ag y bydde mwy cysuris y ni pan ym ni yn dyfod oflan yr Arglwydd, oblegid fod yn bywid dimofal dibrin ni yn spilo ymith y ffydd ar gobaith oddiwrthym ni ag yn yn gillwn ni y amheu trigaredda'r Arglwydd ag y bally y ni yn hynain, ag yn cai yn safna ni heb wybod beth y ddywedid na pheth y geisio. ie pe bai grefydd, a duwioldeb yn sefyll mewn son am danint, Ni allwn ni cymaint a llefaru pethe dâ, pan ym ni yn dod oflan 'r Arg[lwydd], oblegid mae oddiwrth y bid ym ni yn dyfod. ag Nid ym ni yn ein holl amser yn trysori dim da, oblegid nid oes ond y drwg yn geni ynom ni, a pha fodd y gallwn ni ddwyn allan or hyn nid oes ynom ni, ond or helaethrwydd hyny y sydd yn y galon y medrwn ni lefaru oreu. A phan ym ni o ddaioni'r Arg[lwydd] yn cal yn cynhyrfu yn rhyw fesur y weled yn trueni, ag yn fynych y chwenych yr hyn sydd er llesad yni, o mor fuan ym ni yn ein symid ymith, ag yn y golli megis rhwng yn dwylo, nid ym ni ond megis yn bryddwydo am betha ysbrydol, ag yn barod y ymddatod yr anwybodaeth hyny y sydd ynom ni wrth natur . . .

Ag yn awr o Arglwydd y dymunem ni gael ymddangos ger dy fron di nid yn ein nerth ni nag yn ein paratoad ni, oblegid fod nid yn vnig yn gwithredoedd ni, ond gweithredoedd y gora yn amherphaith, ag megis y bratia pydron ger dy fron di, ag od yw gweithredoedd y rhain felly (fel y maent hwy ynddint y hynain,) y rhai nid ym ni yn gallel megis cydgerdded a nhwy, y rhai y mae y gwithredoedd nhwy yn berffaith megis oi cwmparo nhwy a'n gweithredoedd ni, A rhain yn amherphaith. beth y ddywedwn ni ynta am ein gweithredoedd ni, a chonsidro on anffyddlondeb, an hanffrwythlondeb, ag mor anghyfatebol ym ni yn ymddwyn yn hynain er derbin cymaint, pwy mor Aflan, a ffiaidd y mae'n rhaid y rhain fod.

Am hyny O Arglwydd y ddim ni yn bwrw yn hynain ar 'r Arglwydd Jesu Grist, ag yn disif gael yn derbin ynddo fe'r hwn y rhoddaist pan oeddem ni yn gorwedd yn ein gwad, a phan nad oedd ar a allei yn cynorthwyo ni, pan oeddym yn feirw yn ein Camwedda . . .

Ag Arg[lwydd] sanctaidd helpa nina yn ein lleoedd y ymddwyn yn hynain megis ag y gwedda y Gristnogion gyferbin a phob rhai, yn gariadus ag yn ffyddlon, ynostyngedig ag yn addfwyn yn dosturiol ag yn drigarog parod y wnithir daioni y neill ir llall, gan faddeu yn ewyllysgar ir rhai sydd yn gwnithir fwya ein herbin ni fel y mae Duw er mwyn Crist yn Maddeu y nina. Arg[lwydd] Sanct[aidd] ddim ni yn deisif arnati yn gwrando ni an hateb ni nid yn ol yn gweddio an deisifiadau Cyfyng, aniben ac anwybodus, a phechadyris y sydd yn dyfod oddiwrthym ni ond o lyosogrwydd dy drigaredda di ath Gariad rhydd rhad yn Grist Jesu . . .

dychwel di ni ag ni a ddychwelir, tynn di ni a nyni a rhedwn ar dy ol, A thra ydym ni yn ceisio edrych atati, y fudd da genyt ti megis tad trigarog edrych lawr atom ni an canfod ni er mor bell ym ni eto oddiwrthyti. ein pechod ni ysydd yn fawr ac yn ddyswm yn fwy nag maen bosib y ny nai weled nai osod allan, ond yth drigaredda di ysydd yn fwy o lawer a haeddiant yr Arg[lwydd] Jesu Grist yn gwbwl gyflawn am hyny ddim ni yn bwrw yn hynain ar dy drigaredda di yn 'r Arg[lwydd] Jesu Grist, gad yni vfed or fyñon hyny o gyflawnder ysydd yndo ef, gwisg yn Noethni ni ar wisg hyny oi gyfiawnder ef. Cosbedigaeth yn heddwch ni y ddodwyd arno fe. y fe y wnaithbwyd yn bechod drosom ni, fel yn gwnelid ni yn gyfiawnder Duw ynddo ef ond yn hyn y mae dy anfeidrol gariad ti ynghrist Iesu yn ymddangos ti ag (at) bechaduriaid &c. Helped Duw nina y far(nu?) ohonom hyn nad yw yn resymol yni y rhai ydym yn fyw, fyw mwyach y nyni yn hynain, ond byw megis ag y gwedda yni fyw yr hwn y fu farw drosom ni. Gwared ni Arg[lwydd] oddiwrth y pwer hyny y sydd gan y drwg arnom ni, fel na bom yn barod y ufuddhai iddo pan y bo fe'n galw arnom ni ag yn ymgynig yni, ond yn gynt yn deall beth yw ewyllys 'r Arglwydd ymhob peth Gweithia ynom ni y ffieiddio ag y wir gasai pob math ar bechod yn enwedig y rhai ag ym ni yn fwya Naturiol iddint hwy Ag rin ni barod y gymerid na phleser na hyfrydwch ynddint hwy, Argyhoedda dibob enaid o honom ni y weled pwy mor druan yw yn ddewis yr (hyn) nid yw ond dros enid oflan yr hin sydd (o dde)dwyddwch tragwyddol ein heneida n(i). O dynesa di bob enaid ohonom ni atati yth hyn drwy Grist Jesu . . .

(c)

'Rhai Myfyrdoda'

Object.

Os budd pobol mewn Er[r]or pam nad yw yn rhydd y forco'n hwy –

Atteb.

(1) Nid oes dim lle y bledo dros r opiniona hyny ag y sydd yn erbin seilia crefidd Gristnogol.

(2) Y rhai hefid ysydd yn erbin sail reolaeth Cifil gosod y rhain heibo a chwedi hyny am erill sydd yn diffro mewn petha llai, ydychi wyfi'n tebig(u?) yn cymerid arnoch fwy na y ddylech, pwy bynag ychi, presso neb y fod or vn opinion ag ychi.

Object.

Os budd e er hyny mewn Error ni ddylid y gado nhwy y fyw ynddo.

Atteb.

Aroswch ronin, fe ddichon vn fod mewn Er[r]or Ag etto na bo genich ddim y wneithir ag ef mewn ffordd o creulonder yw hebrwn e allan ohono. Ych dyled chi yw ceisio y argyhoeddi ef cymaint a allochi, ond y arfer creulonder ddychi'n vndertaco y wnithir (mwy?) nag y rhos Duw ychi Gomision yddi wneithir pwy bynag ychi. Y scryth[yr] Ruf. 4. 2. 4. Pwy wytti syn barni &c. Ni alla'r ddoi opinion yma fod yn gywir, vn yn byta ar llall oblegid cydwybod nis gallai yn ddiau ddodd vn or ddau yn bechod y prid hyny sef bytta dail, a pheidio byta Cig, oblegid nid odd vn gorchymyn y hyny. Ag er y fod yn bechod Nid oedd 'r hwn oedd ar y Iawn trwy ddim creulonder y geisio hebrwn y lleill i'r vn opiniwn ag ef y hun ond y Gadel nhwy ir Arg[lwydd] mewn pethe or Natir hyn Creulonder Anghristnogaidd y neb gymerid anin hin. Nid ffordd heddwch ydi hon . . .

(ch)

1.

Awdurd[od]. a rheolaeth ydynt ordinhad o eiddo Duw, Ruf. 13. 1. 2. 3.. Canis nid oes awdyrdod ond oddiwrth Dduw: Am hyny, pwy bnag sydd yn ymosod yn erbin r Awdyrd[od], sydd yn gwrthnebu ordinhad Duw: Ag am hyny y mae r Apostol yn hytrach yn cynghori ymlaen pob peth, fod ymbiliau gweddiau, deisifiadau, a thalu diolch dros bob dyn, dros frenhinoedd a phawb men goruchafiaeth pa ham? fel y gallem ni fyw'n llonidd, ag yn heddychol mewn pob duwioldeb, ag onesdrwydd i Tim. 2. 2.3. Prov[erbs] 8. 16. 17. Ag oblegid y bod megis trwyddo ef wedi danfon er dial ar y drwg-weithredwyr, a mawl i weithredwyr da I Petr 2.14.15.

2.

y Goruchaf sydd yn llywodraethu yMhreniniaeth dynion ag yn rhoddi yr neb a fyno Dan.4. 25. Canis nid or dwyrain, nag or gorllewin, nac or degau, y daw goruchafiaeth. Ond Duw sydd yn barnu. yfe a ostwng y naill ag a gyfyd y lleill Psal. 75. 6. 7. weithie yn rhoddi llywodraeth drwg Hosea 13. 11. ag weithie yn tyñu y rhai daionus ymaith mewn ffordd o farn oblegid pechoda r bobol 2 Cro. 34. 28.

3.

Ag fel y mae hyny yn anghyfreithlon y vn rheolwr, neu reolwyr orchymin gwneithir vn peth ag y mae Duw yn y wrafûn, neu wrafûn vn peth ag y mae Duw yn y orchomin, felly y mae yn gyfreithlon y weision r Arglwydd anufuddhai ir fath orchmynion Dan. 7. 20. 24 & 5. 10. 11 . . .

Vavasor: powell
Vavasor powell

Daw'r detholiadau hyn o Lawysgrif 1961A yn Llyfrgell Genedlaethol Cymru. Ceir enw Vavasor Powell ynddi fel yn y dyfyniad olaf uchod, yn ogystal ag mewn mannau eraill. Mae'n amlwg mai cofnodion ffwrdd-â-hi yw cynnwys y llawysgrif ac y mae hynny'n esbonio rhai o'r anghysonderau a llithriadau sydd ynddi. Y mae wedi'i chopïo fel y mae yn y gwreiddiol. Y mae llythrennau sydd mewn bachau crynion yn ychwanegiadau i'r testun ond lle mae talfyriadau Powell wedi'u hymestyn, gosodir y rheini mewn bachau petryal. Ganed Powell yn Cnwc-glas, sir Faesyfed. Ni chyhoeddodd ddim yn Gymraeg ond mae'n amlwg mai'r Gymraeg oedd yn dod yn fwyaf naturiol iddo yn ei fyfyrdodau preifat. Ni pherthyn iddo ddim o'r feistrolaeth ar yr iaith oedd yn eiddo ei gyfaill, Morgan Llwyd, ond os gellir goresgyn hynodion ei sillafu a'i brinder atalnodau, gellir synhwyro grymuster ei ysbrydoledd. Ceir astudiaethau o'i yrfa yn G.F. Nuttall, *The Welsh Saints 1640-1660* (Caerdydd, 1957), 37-54 ac R. Tudur Jones, *Vavasor Powell* (Abertawe, 1971).

ADRAN IV

1700-1799

Detholwyd gan Derec Llwyd Morgan

JAMES DAVIES
(IAGO AP DEWI)
1648 - 1722

94. *Cynghor Taliesin i Ieuan ei Fab*

Meddylia cyn dywettych dy Air, pa beth a ddywettych,
pa ham y dywettych, wrth bwy y dywettych, am bwy
y dywettych, pa beth a ddaw it am a ddywettych,
a phwy a fo'n gwrando'r hyn a ddywettych, a
dod dy Air ar ben dy fys, cyn y dywettych,
a threigla ef ir chwech ffordd hyn, ac ni ddaw
it ddrwg byth, am a ddywettych.

Yr Ymarfer o Lonyddwch: i gyfarwyddo Cristion pa fodd i fyw yn Llonydd yn y byd trafferthus hwn. gan George Webbe. A gyfiaethwyd i'r Gymraeg gan Jago ap Dewi or pummed argraffiad yn y Saesoneg (Caerfyrddin, 1730), t.8.

ELLIS WYNNE
1671 - 1734

95. *(Gweddi) Am Râs i wneud y goreu o'n Hamser*

O Dragywyddol Dduw yr hwn wyt cyn pôb Tragwyddoldeb yn ymhyfrydu yn dy anfeidrol Ogoniant a'th Berffeithrwydd dy hun, ac a'm creaist inneu i wneuthur gwaith Duw yn ôl dull dyn, ac i'th wasanaethu di yn y Genhedlaeth hon yn ôl fy ngallu; dyro i mi dy râs i fôd yn *ddichlyn* ac yn *fanwl* o'm *hamser*, fel y bo hawsaf i mi rwystro neu wrthladd pôb profedigaeth, a bôd yn llesol i'm Cyd-Gristianogion, a thrwy gwblhau fy hôll ddyledswyddau ogoneddu dy sanctaidd Enw. Tynn oddi wrthif bôb *diogi*, a dyro i mi *yspryd bywiol* diesceulus, a *synhwyr* i ddewis fy ngwasanaeth, môdd y gwnelwyf waith gweddol i'm cyffelyb a chyfattebol i fraint Cristion, a llenwi pôb seibiant o'm hamser â gweithredoedd o Dduwioldeb a Chariad; fel pan osodo Diawl arnaf na'm dalio'n segur, ac fel y bo i'm

Harglwydd anwylaf ar ei sydyn ddyfodiad fy nghael i yn ddiwyd mewn cyfreithlon, angenrheidiol a duwiol orchwylion, ac felly yn hwsmonaetha fy Nhalent a dderbyniais genniti, fy Nuw, fel yr elwyf i mewn i lawenydd fy Arglwydd, i gyfrannu o'i dragwyddol wynfyd ef, trwy dy drugaredd di er mwyn fy anwylaf Iachawdr. Amen.

Rheol Buchedd Sanctaidd yn dangos y Moddion a'r Arfeu i ynnill pob Grâs, a Meddyginiaeth rhag pôb rhyw Bechod, a Myfyrdodau cymmwynascar i wrth-wynebu pôb Profedigaeth gan J.R. Taylor, D.D. (Llundain, 1701), t.32.

96. *Am Fodlonrhwydd*

Os mynni gadw *Calon fodlon* cymmer fesur dy chwantau wrth dy stâd, ac nid mesur dy stâd wrth dy chwantau, hynny yw, ymwrando â'th *angenrheidieu* naturiol, nid a'th *phansi* annaturiol ac â drŵg adfer, a gwyddorion Balchder. Pe cymerai ddyn wŷdd aradr i saethu yscyfarnog, neu ych pascedig iw dal hi, nid *twrstan* (sic)y gelwit ef am fethu'r marc, ond ynfyd am ddewis defnyddieu mor anghyfaddas: ac felly'r wyt titheu, os ceisi *Fodlonrhwydd* nid â deisyfiad o Angenrheidiau naturiaeth ond â chwantau *gwneuthur*, sef âg anghenion *ffugiol* a thaer-ddrwg. Y rhai'n nid oes fôdd iw bodloni, a phettei, nid yw ond *môdd* o'r gwaethaf i ddyn at *Fodlonrhwydd*. Nid wrth fodloni'r cyfryw drachwantau y bwriadodd Natur orphwystra i ddyn. Ai gwell yw'r anifail sy ganddo ddau neu dri o fynyddoedd iw pori, na'r wenynen fechan sy'n ymborthi ar y gwlîth a'r Manna sy'n descyn bôb boreu o drysor-dai'r Nêf? Ai gwell y tyrr dyn ei syched o afon nac o gelwrn llawn? neu ai gwell yr ŷf o'r ffynnon pan fo wedi ei phalmantu'n wŷch â meini mynor, na phan fo'r graean glân yn ei gwaelod? Nid yw balchder a glythineb *cymmell*, ond dynwared a llygru Naturiaeth, gan wneud dy ymborth yn afiachus, dy chwant yn anesmwyth ac yn ddiwala, a'th fâsgeneu yn gymmysc, yn ffuantus, ac yn flysig. Ond o ddywedyd y gwîr *Naturiaeth* yw'r hyn a lysenwir *Tlodi* a'i chyfranneu cwtta *hi* yw iawn fesurau Dyn a'r Moddion cymmwysaf at *Fodlonrhwydd*. *Gwalchmai* gynt a achwynodd yn drwm iawn am ddillad newyddion, gan fod yn dost ac yn gywilydd ganddo fynd i'r Llŷs yn lledlwm: ond pan gafodd rai gwell a rhoi'r hen ddillad i *Hittyn* dlawd, fe aeth hwnnw druan tan lammu o lawenydd i glodfori Duw am ei fawr gyffaeliad newydd; a gwnaethpwyd *Hittyn* yn harddwych ac yn esmwythglyd â'r un dillad ac a oedd gywilydd gan *Walchmai* eu gwisco, ac etto'r un eisiau naturiol oedd ar y ddau: y cwbl ragor oedd bôd gan *Walchmai* attwf o anghenion *gwneuthuredic* a ffuantus, nad oedd gan *Hittyn* monynt, yr hwn oedd yn byw wrth *Naturiaeth*, ac nid wrth lygaid a thafod *rhai eraill*, a diffygion gwneuthur, ac am hynny yn haws ei ddiwallu *ef* ac yn rheittach iddo ei lawenydd. Os rhoi dy fwriad ar betheu mwy na thi dy hun neu d'angenrheidieu, ac yna ymgythruddo pan fetho'r bwriadau hynny, nid ar Ragluniaeth y dylit achwyn, nac ar dy Ffortun, ond ar dy ynfydrwydd. Nis gwnaeth Duw a Natur ddim anghenion ond a oedd yn eu bryd fodloni: os gwnei ditheu rai newyddion edrych am fodlondeb iddynt pan allech.

Rheol Buchedd Sanctaidd (Llundain, 1701), tt.113-4.

97. *Porth y Bywyd*

. . . ni a droesom ein hwynebeu oddiwrth y Ddinas fawr ddihenydd, ac aethom ar i fynu, tu a'r Ddinas fach arall; wrth fyned gwelem ymhen ucha'r Strydoedd lawer wedi lled-troi oddiwrth hudoliaeth y *Pyrth dihenydd*, ac yn ymorol am *Borth y bywyd*, ond naill ai methent ei gael, ai blinent ar y ffordd, nid oedd fawr iawn yn mynd trwodd, oddieithr un dyn wynebdrist oedd yn rhedeg oddifri a myrdd o'i ddeutu 'n ei ffoli, rhai'n ei watwar, rhai'n ei fygwth, a'i geraint yn ei ddàl ac yn ei greu i beidio ai daflu ei hun i golli'r holl fŷd ar unwaith. Nid wyfi, ebr ynte'n colli ond rhan fechan o hono, a phe collwn i'r cwbl; Ertolwg pa'r golled yw? O blegid be' sy yn y Byd mor ddymunol, oni ddymunei ddyn dwyll a thrais, a thrueni, a drygioni, a phendro, a gwallco? *Bodlonrhwydd* a *Llonyddwch*, ebr ef, yw happusrwydd dyn, ond nid oes yn eich Dinas chwi ddim o'r fâth betheu iw cael. Oblegid pwy sy yma'n *fodlon* iw stât? *uwch, uwch* y cais pawb o Stryd *Balchder*; moes, moes ychwaneg, medd pawb yn Stryd yr *Elw*; melus, moes etto yw llais pawb yn Stryd *Pleser*. Ac am *Lonyddwch*, p'le mae? a phwy sy'n ei gael? Os Gŵr *mawr*, dyna weniaith a chynfigen ar ei ladd; os *tlawd*, hwdiwch bawb iw sathru a'i ddiystyru. Os mynni godi, dyro dy fryd ar fynd yn Ddyfeisiwr; os mynni barch, bydd Ffrostiwr neu Rodreswr. Os byddi Duwiol yn cyrchu i'r Eglwys a'r Allor, gelwir di'n Rhagrithiwr, os peidi, dyna di'n Anghrist ne' 'n Heretic: Os llawen fyddi, gelwir di'n wawdiwr; os distaw, gelwir di'n gostog gwenwynllyd; os dilyni onestrwydd, nid wyti ond ffŵl di-ddeunydd; os trwsiadus, balch; os nadè, mochyn; os llyfn dyleferydd, dyna di'n ffals, neu ddihiryn anhawdd dyddirnad; os garw, cythrel trahaus anghydfod. Dyma'r BYD yr ŷch i'n ei fawrhau, ebr ef, ac ertolwg cymrwch i chwi fy rhann i o hono, ac ar y gair fe a ymescydwodd oddiwrthynt oll ac ymaith âg e'n ddihafarch at y Porth cyfyng, ac heb waetha i'r cwbl tan ymwthio f'aeth drwodd a ninne' o'i ledol; a llawer o Wŷr duon ar y caereu o ddeutu'r Porth yn gwadd y Dyn ac yn ei ganmol. Pwy, ebr fi, yw'r duon frŷ? Gwiliwyr y Brenin *IMMANUEL*, ebr ynte, sy'n enw eu Meistr yn gwadd ac yn helpu rhai trwy'r Porth yma.

Gweledigaethau'r Bardd Cwsg (Llundain, 1703), tt.37-9.

EDWARD SAMUEL
1674 - 1748

98. *Gofalon Bydol*

Mae'n ddiammeu fod Gofalon a Gorchwylion Bydol o honynt eu hunain nid yn unig yn gyfreithlon eithr hefyd yn angenrheidiol, ac y byddai'n bechod yn gystal ag yn ddrwg amserol i ni eu llwyr esgeuluso: Gan eu bod yn foddion gwedi eu trefnu gan Dduw, yn foddion heb pa rai nid allwn yn gyffredinol mor ymgynnal yn y Bŷd, na chyflawni ein Dyledswyddau tuag at ein perthynasau. O herwydd pa ham y mae'r Apostol yn Gorchymmyn i ni *wneuthur ein Gorchwylion ein hunain a gweithio a'n Dwylo ein hunain*, I Thess. 4, 11. Ac mewn Mann arall, *Ephes.* 4. 28. Yr hwn a ledrattodd na ledratted mwyach, eithr yn hytrach Cymmered boen gan weithio a'i ddwylo yr hyn sydd dda, fel y Byddo ganddo beth iw gyfrannu i'r hwn y mae angen arno: Wrth yr hyn y gallwn ddeall fod yn angenrhaid i ni yn ôl Gair Duw edrych a Gofalu am Orchwylion ein hamryw Alwedigaethau; a hynny, yn gyntaf, fel na pharo ein Diofalwch a'n syrthni a'n hesgeulusdra i ni bwyso a'r Neb, na gwneuthur Camm a Neb trwy Ledrâd neu gamattal, neu nebrhyw anghyfiawnder; ac yn Ail, fel y gallom trwy ein diwydrwydd fod mewn Cyflwr i gymmorth a diwallu Eraill a fo'nt yn ymddiried wrthym, neu a fyddo ag arnynt eisiau ein Hymwared a'n Cynnorthwy.

. . . Heb law hyn ni a allwn arfer pleserau diniwed, trwy na chollom ormod o'n hamser wrthynt; hyd llê bo'nt da o'r les ein hiechyd, ac y cyttunont â Chyfreithiau Duw ac a Rheolau Cymmedroldeb.

Ni allwn hefyd ymgyrraedd am Anrhydedd a Goruchafiaeth hyd lle bo cymmwys a gweddus i'n Gradd a'n Galwedigaeth, i'n Cynneddfau a'n Haeddedigaethau, am y bo'n bwriad wrth hynny i Ogoneddu Duw, ac i fod yn llesol i ni ein hunain ac i'n perthynasau, yn ôl Ewyllys Duw a rheolau Rheswm a Chydwybod.

. . . Mae rhai mor hyfion a dywedyd ac eraill mor wirion a choelio y Bŷdd rhaid iddynt gwbl ymwrthod a Gofalon Bydol, ac ymneilltuo yn hollawl at Orchwylion Ysprydol er mwyn gallu o honynt fod yn gadwedig. Ond ni a ddylem Ystyried fod gennym Gŷrph cyn siccred ag y mae gennym Eneidiau; a bod yn angenrhaid i ni yn ol y Rhagluniaeth osodedig gan Greawdr pob ûn o'r ddau, Ofalu am y naill fel ped fei ond er mwyn bod o honaw yn breswylfod gymmwys ac yn gymmorth i'r llall yn ei Orchwylion Ysprydol. Ni a ddylem yn wir *Arfer y Bŷd megys heb ei gam-arfer*, I Cor. 7. 31. Ni a ddylem fod yn llawer mwy ein Gofal a'n hawydd am bethau Nefol nag am bethau'r Bŷd hwn, *Col.* 3.2 Ni a ddylem hefyd fyw *megys Dieithriaid a Phererinion a'r y Ddauar*; Ond megys na ddylai Ddŷn dieithr neu Ymdeithydd fod mor hiraethus am ei Wlad ag esgeuluso cymmeryd y lluniaeth a'r angenrheidiau cymmwys iw gynnorthwyo i dreiddio tuag atti; felly nid yw Duw yn gofyn i ninnau roddi ein bryd a'n Meddwl mor gwbl hollawl a'r ein Cartref Nefol, ag y bŷdd rhaid i ni lwyr esgeuluso'r Cyfreidiau a ddarparodd Efe i ni a'r y ffordd tra bo'm yn Ymdeithio tuag yno. Ac os yw gymmwys a Chyfreithlon ac angenrheidiol i ni gael a chymmeryd y fâth gyfreidiau, mae'n gymmwys i ni hefyd ymgais am danynt yn y ffordd ar modd a drefnodd Rhagluniaeth Duw i'r perwyl hwnnw. Yn wir gwaith rhagorol yw Ymneilltuo o honom bellaf y bo Modd i ni oddiwrth Ofalon amserol i Ddarllen, Myfyrio, Gweddio ac Ymprydio ar Cyfryw Orchwylion Sanctaidd eraill; ac y mae rhai yn rhwymedig i wneuthur hyn y rhan fynychaf o'u hamser, er adeiladaeth yr Eglwys a llês iw Henediau eu hunain ar eiddo eraill.

Ac nid oes un Christion na ddylai Neilltuo rhai Amserau i'r perwyl hwnnw. Ond pe gwnai bawb hynny bob amser, ni byddai fodd i'r Bŷd mor sefyll fel y mae; ni byddai neb i lafurio nac i galyn Cyfryw Alwedigaethau eraill ag sydd angenrhaid i gynnal y Bŷd yn y drefn osodedig gan ragluniaeth Duw er mwyn ei Ogoniant ei hûn a'n diddanwch ninnau.

F'all pawb o honom gan hynny arfer y Bŷd a gofalu am dano cymmhelled ag y mae Duw yn Cynnwys ac yn Gorchymmyn i ni, am y bo'm siccr o Ofalu yn gyntaf ac yn benna' dim am ein Cartref Nefol a'n cyflwr Ysprydol, heb ammeu na Sancteiddia Ef ein gofalon a'n gorchwylion amserol hefyd, au gwneuthur yn fuddiol i ni tuag at ein Hiechydwriaeth trag'wyddol, os Cymmerwn ofal nad arferom mo'nynt ond yn y ffordd [a]'r Modd a ordeiniodd Rhagluniaeth Duw i ni.

Pregeth ynghylch Gofalon Bydol a Bregethwyd yn Eglwys Llangywer, yr ail D[d]ydd o Fis Mai, 1720. Ar Gladdedigaeth Mr ROBERT WYNNE, Diweddar Vicar Gwyddelwern (Caerlleon, 1731), tt.5-10.

JOHN MORGAN
1688 - 1733

99. *Myfyrdod Ynghylch y Nef*

Gwlâd wych lon, dirion, uwch Daearawl Hâf;
Gwlâd yr Hedd trag'wyddol.
Gwyn ei Fyd, hyfryd ei Hawl,
A fydd yno feddiannawl.

Mae dau Fyd heblaw hwn, un o Ddedwyddwch, ac un arall o Drueni trag'wyddol: a chyn siccred a'n bod ymma'n awr, Ni fyddwn ôll yn un or ddau. Y Nêf yw Preswylfa trag'wyddol Ddedwyddwch. Dymma Dlws yr holl Greadigaeth, a Brenhinllys disgleirwych y Goruchaf, lle mae'r Duwdod yn llewyrchu yn ei lawn Ogoniant, ac yn tywallt Gwynfyd gwastadol ar y Trigolion nefol oi hamgylch. Dymma Wobr ac Etifeddiaeth y rhai Duwiol yn Nydd y Farn; lle y troir eu Galar presennol, yn anrhaethol Lawenydd; ai Hadfyd daearol, yn howddfyd anfeidrol. O mor hyfryd fydd yr Heddwch diogel hwnnw, ar ôl y Filwriath beryglus hon! yr anorphen Orphwysfa honno, ar ôl y Blinderau hyn! O gystal fydd ganddynt eu bôd wedi ymgroesi rhag Ffyrdd Pechod, ac wedi byw'n lan a difrycheulyd oddiwrth y Byd dichellddrwg hwn. Bydd difyr gandynt y Pryd hynny edrych oi hôl, a dwyn iw Côf, pa gynnifer o Beryglon, o sugndraethau a Thymhestloedd a foriasant yn ddiangol drostynt. *Haec olim meminisse juvabit*. Nid rhaid iddynt bellach unon dim, maent allan o gyrraedd Pechod a Thrueni. E fydd pob un o honynt cyn ddedwydded ac y dymunai fod, wrth fôdd Duw, ai fôdd ei hunan. Hwy allant bellach edrych i lawr yn ddirmygus ar bob peth isod; o cyn lleied a gwaeled y maent yn ymddangos wrth eu cyffelybu â phethau nefol! Nid yw Difyrrwch y Byd hwn ond Tristwch, nai Fwyniant ond Gwagedd, wrth y Gwynfyd ar Gogoniant sydd yno. Nid eill Dyn bydol ddirnad hanner y Dedwyddwch hwn; mae'n ormod iw wybod yn y Byd ymma. Canys pe gwyddem y cwbl, nid allai fôd yn fawr. Ond mae Duw wedy datcuddio inni ddigon o hono, er gwneud inni hiraethu amdano, a diystyru Gwynfyd daearol. Mae'r petheu goreu ymma'n ammur. *Ni cheir y Melus heb y Chwerw*. Mae Llês a Lludded, Digrifwch a Dagrau yn dilyn eu gilydd. Nid oes Difyrrwch bydol nad yw'n boenus iw gael, neu nad oes Poen yn ei ganlyn, neu nâd yw'n diweddu felly. Ond mae Llawenydd y Nef yn bûr ddigymmysc. Nid oes yno na Llid na Chenfigen, na Gofal na Gofid, na Chlwyf nac Angeu, na dim i aflonyddu ac i flino Munud ar yr Eneidiau gwynfydedig. Mae yno Ddifyrrwch heb Boen, Goleu heb Dywyllwch, Cariad heb Gasineb, ac Ynnill heb Golled. Mae pethau Daearol hefyd yn ansiccr. Maent yn llithro drwy'n Dwylo, wrth i ni geisio eu cael eu dal. Nid ym ddedwydd wedi eu cael, gan ofn eu colli. Eithr Dedwyddyd y Nêf sy'n Oleuni parhaûs a dianwadal, fel y Ffynnon o ba le y mae'n tarddu, fel *Tâd y Goleuni, gyd a'r hwn nid oes Cyfnewidiad na Chysgod Troedigaeth*, Jago i. 17. Ond pettai Pethau'r Byd hwn yn siccr, etto maent yn Annigonol. Pob peth a'n blina, ond nid oes dim an bodlona. Nid ym esmwyth gyd a'i Dda nac hebddynt. Os derfydd ein Difyrrwch yn fuan ni thâl ddim, os e[r]ys ychydig yr ym yn galaru arno. Ond mae Petheu nefol yn union yn y Gwrthwyneb. Hwy a barhânt yn dragywydd, ac a ddifyrrant yn dragywydd. Canys mae Gwynfyd y Nef yn ddidor ac yn ddiderfyn. Mae yno bôb peth daionus a dymunol yn wastadol iw fwynh[au]. Os hoff gennym gymdeithas dda, mae yno'r

Gymdeithas oreu, Duw ai Angylion santedd. Os Dysc, mae yno Wybo[d]aeth o Ddirgelion aneirif. Os Cyfoeth, mae yno Drysoreu Trag'wyddol. Os Goruchafiaeth, mae Coronau Gogoniant. Os Hiroes, mae Bywyd anfarwol.

Pam gan hynny y rhaid i neb anfodloni iw Gyflwr presennol? Mae gan Dduw ddigon i bawb; Mae'n y Nêf Frenhiniaeth i ni oll. Er na feddwn ymma Gwys o Dîr, gan fod gennym Hawl i Dîr Nêf, 'r ym ddigon cyfoethog. Er bod ymma'n wael ac yn garpiog, gan y cawn yno'n dilladu a Gwiscoedd Goleuni, 'r ym ddigon gwych. Er bod ymma'n Drist ac yn druan, gan y cawn yno lawenychu'n dragywydd, 'r ym ddigon happus. Ni ddylai fod yn flîn gennym ddiodde' peth Dryccin ac Anghyfleustra ar y Ffordd, a hithau'n diwedd mewn cymmaint Dedwyddwch. Ni ddy[l]ai fod arnom Ofn na Gofid nac Angeu, a Phyrth Nef yn agored on blaen. Nid oedd y Gawod Gerrig a fwriwyd ar ben *Stephan*, ond fel Cawod o Law iddo ef, pan *welodd y Nefoedd yn agored, ac Jesu'n eistedd ar Ddeheulaw Duw*. O Drigfannau gogoneddus! Pwy na hiraethai am eich mwynhau? Pwy na fyddai fodlon i farw i Fywyd trag'wyddol?

Ond na thwyllwn monom ein hunain; fel y mae'r Nef yn Ddedwyddwch mwya', felly mae'n anhows' iw feddianu. Mae Coronau; ond mae'n rhaid eu Hynnill. Mae Gwobr; ond mae'n rhaid ei Haeddu. Ni wiw i ni ddisgwil Nef in Heneidiau, tra dilynom ein Pechodau. Ni wiw disgwyl nofio i Borthladd Gwynfyd tragwyddol hyd Genlli o Ddifyrrwch cnawdol. Nid ellir bod yn ddrwg ymma, ac yn ddedwydd yno. Pe cai'r Annuwiol fyned ir Nêf, nid Nef a fyddai iddo. Ni chlywai flâs ar y Llawenydd pur ysprydol sy' yno. Ir Cnâf mae pôb pêth yn chwerw, a phob Difyrrwch yn ddiflas: Felly ir Enaid clwyfus mae Llawenydd nefol yn annifyr. Nid â neb ir Nêf yn wyfc ei Gefn, mae'n rhaid iddo gyfeirio'n union atti, a dringo yno'n ei Feddwl cyn dringo'n gorphorol. Mae'n rhaid iw Ymarweddiad fod yno tra bo ar y Ddaear, os myn fyned or Ddaear yno. Os mynnwn gael ein gogoneddu gan Dduw yn y Nêf; mae'n rhaid i ni ei Ogoneddu ef ymma; mae'n rhaid i ni ddisgleirio'n gynta mewn Grâs cyn disgleirio mewn Gogoniant, a byw goruwch y Byd hwn tra'r ym ynddo, ai ddiystyru tra bôm yn ei arferu.

Myfyrdodau Bucheddol ar y Pedwar Peth Diweddaf (Llundain, 1745), tt.11-14.

THEOPHILUS EVANS
1693 - 1767

100. *Pwyll y Pader*

Diammeu y gwyddei *Christ* y ffordd oreu i weddio a pha Weddiau y fyddai mwya' cymmeradwy ger bron Duw: A phe buasei Ffurf o Weddi yn anfodloni Duw, ni fuasei efe fyth yn appwyntio Ffurf idd ei Ddiscyblion ei hun; etto y mae efe . . . yn appwyntio Ffurf o Weddi mewn geiriau mor amlwg ac yw bossibl.

. . . Ynawr pa mor ddisail yw gwaith rhai pobl yn neillduo oddiwrth yr Eglwys ar y cyfrif hwn: Ni allant hwy ddim uno a nyni mewn Gweddi, oblegid ein bod yn arferyd Ffurf o Weddi. Eithr a allasent hwy uno a'r Apostolion, pe bu'sent hwy byw yn eu dyddiau hwy? Na fuasent ddim. Hwynthwy sy'n neillduo oddiwrthym ni ar y cyfrif hwn, a fuasei raid iddynt hefyd neillduo oddiwrth yr Apostolion eu hunain ar yr un cyfrif: Canys yr oeddent hwythau hefyd yn arferyd Ffurf o Weddi.

. . . Peth . . . ydys yn ei osod yn erbyn Ffurf o Weddi, yw, ei bod yn wrthwyneb i weddio drwy'r Yspryd, yr hyn beth sydd mor gymmeradwy gan Dduw.

Y gwirionedd yw hyn, y maent yn cam-ddeall yr 'Sgrythur y rhai sy'n tybied y gorchymmynir i ni yno weddio *drwy yr Yspryd*. Y mae yno yn wir orchymmyn eglur i addoli Duw *mewn Yspryd*; a'r rhei'ny yn unig sydd yn ei wir wasanaethu ef, y rhai a'i haddolant ef *mewn Yspryd a gwirionedd*, medd Christ. *Ioan* iv. 23. Y mae'r Apostolion hwythau yn ei coffâu ni i weddio *yn yr Yspryd*, ac i weddio *a'r Yspryd*. Ond dau lwyr wahan beth yw gweddio *drwy yr Yspryd*, ac i weddio *yn yr Yspryd*, neu *a'r Yspryd*: Canys yr hyn a feddylir yn gyffredin wrth weddio *drwy'r Yspryd*, yw Dawn ragorol i weddio drwy *Ysprydoliaeth*, a chael gosod yn ein geneuau Ymadroddion parod at bob achos gan yr Yspryd Glân, megis y Prophwydi a'r Apostolion.

Ond ni osodir hyn mewn un man o'r Sgrythyr megis Dyledswydd arnom ni; canys ni ofynnir i ni mewn un man i weddio drwy *Ysprydoliaeth*. A phan ddywedo neb wrthych ei fod efe yn gweddio fel hyn drwy *Ysprydoliaeth*, chwi a ddylech dderbyn pob gair y mae'r cyfryw un yn ei lefaru, nid fel geiriau Dyn, ond fel geiriau Duw: Chwi a ddylech yn ofalus eu sgrifennu, a danfon Copiau o honynt at yr Eglwysydd Cris'nogol: Canys y mae Yspryd Duw yr un o hyd ynawr megis cynt, *ddoe a heddyw ac yn dragywydd* yn anghyfnewidiol. A lle bynnag y bo Gweddi wedi ei thraethu fel hyn gan *Ysprydoliaeth* Duw, chwi a ddylech edrych arni cystal ac un Rhan pa un bynnag o'r Bibl; canys hynny sydd yn peri fod y Sgrythur yn air Duw, o waith ei bod wedi ei rhoddi gan *Ysprydoliaeth* Duw, er ei sgrifennu gan ddynion.

Ac etto yr wyf yn meddwl, pe bai dyn yn cymmeryd y boen i sgrifennu y *Llanw* hynny o eiriau y mae rhai Dynion yn rhyfygus am dadogi ar yr Yspryd Glân, a'i hystyried hwy wedi'n yn fanwl, efe a gai achos i newid ei farn, ac i ganfod digon o wahaniaeth rhyngddynt a gwir air Duw y Sgrythur.

Ond i adail hynny heibio: Y cwbl a ofynnir gennym ni, yw gweddio *yn yr Yspryd*, a gweddio *a'r Yspryd*; a'r hyn sydd i ni ddeall wrth hynny, yw, gweddio o'r galon, gweddio yn egniol, a gosod ein meddwl yn gyfan gwbl ar hynny. A diammeu y gall pob Christion wneuthur hynny yn well ac yn fwy ystyrlon allan o Ffurf, nac heb hynny; canys nid oes ganddo yma ddim i wneuthur ond i roddi ei fryd a'i feddwl ar ei Weddi.

Ac mai dyma'r ystyr y mae'r Sgrythur yn ei feddwl wrth weddio *yn yr Yspryd*, neu, *a'r Yspryd*, (ac nid dawn i weddio drwy Ysprydoliaeth) a ymddengys yn oleu allan o I *Cor.* xiv. 15. *Beth gan hynny? mi a weddiaf a'r Yspryd, ac a weddiaf a'r deall hefyd: canaf a'r Yspryd, a chanaf a'r deall hefyd.* Y mae'n amlwg oddiyma, nad oes dim ychwaneg a mwy rhwymau arnom i *weddio a'r Yspryd*, nag i *ganu a'r Yspryd*: Os gan hynny yr ydym yn canu a'r Yspryd, pan ym (o galon ddefosionol) yn canu ryw *Salm* neu *Hymn* allan o Lyfr; felly yr ym yn gweddio a'r Yspryd wrth roddi ein bryd a'n meddwl ar ein Gweddi, er bod y Weddi gwedi ei gwneuthur gan arall.

A diammeu oni buasei ein Hiachawdwr yn gwybod yn hollol fod Ffurf o Weddi yn rhyngu bodd Duw, ac mai felly y mae gweddio *yn yr Yspryd*, efe a ddywedasai wrth ei Ddiscyblion (ar eu gwaith yn deisyf hynny ganddo) fod Ffurf o Weddi yn beth afreidiol, ac yn caethiwo yr Yspryd. Efe a ddywedasai wrthynt (yn ddiau ar y fath odfa a hon) fod eu Cais yn gofyn Ffurf o weddi yn Gais afresymmol, ac na fyddai un Weddi yn gymmeradwy ger bron Duw, ond yr hon a draethid drwy Ysprydoliaeth, pan eu cynhyrfid hwy gan yr Yspryd Glân. Ond etto ni a'i gwelwn ef yn eglur o Farn arall, wrth ei waith mor barod yn atteb

Deisyfiad ei Ddiscyblion; *Pan weddioch, dywedwch, Ein Tâd yr hwn wyt, &c.*

Pwyll y Pader; neu, Eglurhad ar Weddi'r Arglwydd. Mewn amryw Bregethau. Wedi ei gyfieithu (gan mwyaf,) a'i wneuthur yn gwbl yn ôl trefn Esponiad y Gwir Barchedig Esgob Blackal ar Weddi'r Arglwydd (Amwythig, 1733), tt.6-16.

DANIEL ROWLAND
1713 - 90

101. *Llais y Durtur*

DAT. iii. 20
Wele, yr wyf yn sefyll wrth y drws, ac yn curo, &c.

WELE yw'r gair cyntaf yn y testun, ac nid y lleiaf mewn arwyddoccad; Seren, neu fys-llaw yw ac sy'n cyfeirio at ryw fatter rhagorol. Fe'i nodir ef yn yr ysgrythurau i lawer diben.

1. I ddeffro ein ffydd. *Wele Morwyn a fydd feichiog, ac a esgor ar fab, ac a eilw ei enw ef Immanuel*, Esa. 7.14.
2. I ddeffro ein gobaith. *Wele, yr wyf yn dyfod ar frys; a'm gwobr sydd gyd a mi, i roddi i bob un fel y byddo ei waith ef*, Dat 22.12.
3. I ddeffro ein cariad. *Wele, pa fath gariad a roes y Tad arnom, fel ein gelwid yn feibion i Dduw*; I Ioan iii.1.
4. I ddeffro ein hofn. *Wele, y mae efe yn dyfod gyd â'r cymmylau; a phob llygad a'i gwel ef*, &c. Dat. i.7.
5. I ddeffro ein gorfoledd. *Wele, yr wyf yn mynegi i chwi newyddion da o lawenydd mawr*, &c. Luc ii. 10.
6. I ddeffro ein diolchgarwch. *Wele, holl weision yr Arglwydd, bendithiwch yr Arglwydd*, Salm cxxxiv. I.
7. I ddeffro ein tosturi. *Wele, a oes y fath ofid a'm gofid i?* Galar. i. 12.
8. I'n deffro i sulwi ar ardderchawgrwydd pethau; megis yma, lle gwelir rhyfeddodau: fel bod Duw'r holl ogoniant yn dyfod at ddyn, yr hwn sy yn wael oll; bod dyn, cadechyn brwnt aflan, yn cael ei

wneud yn deml i Dduw, yr hwn sydd oll yn sanctaidd. Pa bellder fu rhwng Duw a dyn? ïe, pa fath anghydfod? ïe, pa sorriant? Ond O! happus Undod! bod y ddau yn cael eu dwyn dan yr un gronglwyd, i'r un bwrdd: rhyfedd yw yn ein golwg ni! cymmwys yw gosod uwch ei ben y gair, *Wele*! yr hwn sydd o arwyddoccad pwysfawr. Os yw'r Seren hon uwch ben y drws, y mae'r *Iesu* oddifewn; y mae pendefigion oddifewn, p'le bynnag y mae hwn yn cadw'r drws; nid oes lle tynnu yn drafrwysg ffrwythau'r baradwys honno, lle y mae'r Cerub hwn yn cadw'r ffordd. Os bydd *Wele* wedi ei 'sgrifennu ar y blwch, byddwch sicr fod yr ennaint sydd ynddo yn werthfawr.

Mae pethau mawrion yn canlyn, pan f'o *Wele* yn myned o'r blaen: felly yma, y mae yr Duw mawr yn crymmu ei nefoedd, ac yn disgyn ar feibion dynion; nid wedi ei arfogi â tharanau, na'i wisgo â mawredd a thywyllwch yn dôd o'i amgylch, fel at yr Israeliaid ar fynydd Sinai, nac fel y daeth ef i'r cyssegr. Salm lxviii 25. *A'r Cantorion o'r blaen, a'r Cerddorion ar ol: yn eu mysg yr oedd y Llangcesau yn canu Tympanau.*

Golwg hardd a fuasai honno i bob llygad, eithr dyfod y mae efe yn *Forma pauperis*, fel cardottyn, gan fegian elusen er mwyn Duw. Nid yw yn torri ein teiau, ond sefyll wrth ein drysau. Ei anadl a rwygai byrth uffern, *barrau heiyrn a faluriai yn llwch*. Dyma amynedd a gostyngeiddrwydd hyd at ryfeddod, ei fod yn sefyll wrth y *drws*. Pob gair sydd ryfeddol! I. FI. Digon fuasai pe na buasai ond angel, ceidwad i ryw fonarch; neu un o gôr sanctaidd y prophwydi, neu y lleiaf o'r Seraphiaid asgellog fry; eithr *Fi, Tywysog tangnefedd*, Brenhin y Gogoniant, Arglwydd y nefoedd a'r ddaear. 2. *Sefyll*, nid eistedd mewn breiniol gadair, na glynu wrth glustog esmwyth; eithr *sefyll*, i ddangos fy mharodrwydd i ddyfod i mewn, a'm hamynedd i aros allan. 3. *Wrth y drws*, nid yn y neuadd, lle mae gwres tân yn sirioli, nac yn y 'stafell i bwyso ar wely o ifori i arbed fy nghliniau; ond wrth y *drws* heb ddim cysgod, lle y mae y gwlith yn fy oeri, a'r 'storom dymhestlog yn fy nghuro: *lle llenwir fy mhen â gwlith, a'm gwallt gan ddefnynnau'r nos*. 4. *Yn curo*, nid fel y buttain yn y *Diarhenion ix*. 2,3,4. yn canu, i ennill a thynnu trafaelwyr i'w hynfydrwydd; nac fel y *Sodomiaid wrth Lot*, i gyrchu gwaed gwirioniaid. 5. Nid â'm dwylaw yn fy mynwes i edrych oddiamgylch fel segurwyr yn y farchnadfa, eithr *curo*. Nid un ergyd, ac ymaith â fi fel rhedegwr; eithr sefyll yr wyf i edrych a agorant i mi, ac i'w happusrwydd eu hunain. Yn awr Arglwydd pa beth yw dyn? ïe, y mwyaf o ddynion; pan y mae'r fath Dduw galluog, presennoldeb pa un a wna i'r nefoedd ddiferu, *Salm lxviii*. 8. O enau pa un y daw allan dân difaol, Salm xviii. 8. llais pa un a hyllt y creigiau ac a ddinoetha goedydd, yn sefyll wrth ein drysau, ac yn curo; pa sawl ffon o ryfeddod sydd yn yr ysgol hon? trwy'th gymmorth Arglwydd, mi a gloddiaf am rai o honynt. A'r cyntaf a gaf ar ben y mwyn, yw y Person sy'n sefyll, *Fi*!

Pum Pregeth (Caerfyrddin, 1772), tt.46-9.

MORGAN RHYS
1716 - 79

102. *Gwaredigaeth trwy Grist*

Pechadur wyf o'r gwaetha erïo'd.
  Fy tan y Rhod debygwn;
Arfaethol ras rhyfeddol yw!
  Trwy *JESU* byw ce's Bardwn.

E'r colli'r dŷdd yn *Eden* wlad,
  Addewid rad ro'w'd immi,
Am stat mil gwell yn *Nghrist* fy ffrynd,
  Na's gallaf fynd o honi.

Yn *Adda* gynt fy ngholli wnaed,
  Yn *Nghrist* i'm caed yn gryno,
Fe drefnwyd yn yr Arfaeth siwr,
  Wir Ganol-ŵr i'm safio.

P'm digalonna 'm henaid gwan,
  Er maint fy anwybodaeth?
Mae *Jesu* yn eiriol trosof draw,
  Fe dynnodd fraw Marwolaeth.

Ni all'sai 'r holl Gre'digaeth faith,
   Fyth am fy ngwaith yn pechu,
Wneud Iawn i *Dduw*, ond Gwaed yr OEN
   A'm dug o'm poen rwi'n credu.

Er bod fy Meiau rif y Gwlith
   Na's gellir byth eu cyfri
Yn Haeddiant *Jesu Grist* a'i Waed
   Maddeuant rhad sydd immi.

Fy ngwaith i Drag'wyddoldeb mwy,
   Heb boen na chlwy' fydd caru
Yr *Oen* a laddwyd ar y Pren,
   Rhwng dae'r a nen i'm Prynu.

'N ol treulîwyf Oesoedd rif y gwlith,
   Dim diwedd byth ar ganu,
Ar dan bydd yr holl nefoedd wenn,
   Yn llawen yn ei foli.

Golwg o Ben Nebo, ar Wlad yr Addewid (Caerfyrddin, 1764), Hymn XXX, tt.34-5.

WILLIAM WILLIAMS, PANTYCELYN
1717 - 91

103. *Yr Olwg Fendigedig*

Fy Nhad a'm Hathro,

Yr ydych yn fwy Cydnabyddus a gweithrediadau DUW ar fy Ysppryd na nemawr; nid yn unig o'r cystudd dwfn a gefais yn amser fy Argyhoeddiad, ond hefyd o'r llawenydd a roddwyd i mi trwy gredu.

Fy ymddygiad yn Nyddiau fy ngyflwr Natur fu yn hollawl wrthwyneb i bob Daioni; balchder ac uwchder ffroen oedd fy Meistr bechodau; ond pan gwelais olwg ar fy Nhrueni, (ac mi gofiaf y Lle, yr awr, y Bregeth a'r Pregethwr, tra fwyf yn anadlu ar Dir y rhai byw) gwelais ef mor ddwfn na's gallswn gael un plesser is yr Haul; uwchben Ffwrn o Dân berwedig, Tân a Brwmstan, Mŵg pa un sŷdd yn esgyn i fynu yn oes Oesoedd yr oeddwn yn hongjan; nid oedd ond y mymryn lleiaf rhyngwyf a myned at Ddiaflaid tros byth; tybygswn fod sawyr Uffern yn codi i fynu yn fy ffroenau; mi anghofiais fwytta fy Mara; nid oedd ond tragwyddol boenau o flaen fy Llygaid Nôs a Dŷdd; Ofnau oedd yn fy amgylchu fel Byddin; nid oedd genni olwg ar DDUW ond fel un yn llawn o lid, ac mae o lid yr oedd yn rhoddi i mi bob peth er 'm Cynhaliaeth; nid oedd genni olwg arall ar y Jechydwriaeth yng NGHRIST, ond fel chwanegiad i'm Damnedigaeth; gant o weithiau gwaeddais allan, o na buaswn ryw beth yn lle bod yn Ddŷn; Ochneidiau a gryddfannau oedd fy Mara beunyddiol; fy Nghalon oedd ry galed i wylo; anobaith oedd yn rhüo o mewn i'm Ddŷdd a Nôs; mi roeswn Fŷd yn llawn o bob trusorau be buasai yn fy meddiant, am obaith o faddeuant pechod; pe buaswn Ymerawdres ar y Bŷd, buaswn bodlon ddigon i ymadel â'r fâth râdd o uwchder, ac i gardotta fy Mara ar deler cael fy ngwared oddi wrth Ddamnedigaeth; nis gallswn attal yn awr ond gwaeddi allan yn fynych, gwae fi! gwae fi! Trugaredd! Trugaredd! o DDUW; darfu am danaf tros byth oedd fy llais bob Dŷdd; mi waeddais ac a lewygais tan bregethau heb allel attal; fe'm herlidiwyd gan rai am hyn, ac fe'm cynghorwyd gan eraill i dewi; ond fy nghystydd oedd yn ennyn fwy fwy; a'r olwg fy mod i a'm holl Gym'dogion yn rhedeg tu a thrueni, oedd fel Tân yn llosgi, na's gallswn lai na dangos iddynt y perigl yr oeddent ynddo; ac mor anoedd i mi yn awr dewi, ac i Wraig dewi wrth ddwyn Dŷn bâch i'r Bŷd, heb grio, ochain, a chwynfan: *canys ennynodd Tan a mi a lefarais a'm Tafod.* Ond o hyfryd awr! pan ydoedd hi fwyaf cyfing ar fy Enaid, gwawriodd Dydd arnaf, ce's deimlo mewn munud fod fy mhechod wedi eu faddeu; mi dderbyniais y Gair mewn eitha gorfoledd; mwy gorfoleddus na phe buasau Garcharor yn cael myned yn rhydd o tan y Pren dioddeu; prin y credais fod y fâth beth yn y Nêf ei hun ac a deimlais i nawr ynof fy hunan; mi wn fod y cwbl ag oedd eisiau arnaf gennyf: Mae i mi ran, oes rhan Dragywyddol yn y DUW byw. Ac wedi i mi i gael yr olwg fendigedig hon, (bendigedig meddaf drachefn) mae ynof Yspryd arall, na's meddwn arno erioed o'r blaen; yr wyf yn ëon i ddweud yn dda am DDUW wrth bob Dŷn; oes y mae rhwymau arnaf i'w ganmawl ef o flaen Pawb, a dywedyd yn dda am ei

Enw ef o flaen y gynlleidfa fawr, mi feddyliais lawer gwaith, mae ynfyd y gwnaeth y Wraig o *Samaria* i redeg i'r Drêf a galw yr holl bobl i wrando Dŷn ar lan y Pydew, gan weiddi allan trwy'r holl Drêf yn ddiofn ac yn ddigwilydd; *Dewch gwelwch Ddyn a fanegodd i mi yr holl ddrwg a wnaethym, ond hwn yw'r CRIST.* Ond ynawr nid wyf yn rhyfeddu hyn, can's enynnwyd Tân ynof nas gallaf lai ei attal ef na hithau heb fflammio.

Mi ryfeddais gynt pa mor ynfyd oedd *Mair* i ddwyn Blŵch ac Ennaint, a'i dorri i enneinio Traed ein HARGLWYDD; ond yr awrhon yr wyf yn cyflawn ddeall; mae yr un Dân cariad wedi ei ennyn yn fy Yspryd innau; ac nis gwn pa fodd gynta ei ddangos ef at fy ARGLWYDD, neu eu Bobl: O Gariad, Gariad! nid oes elfen fwy cynddeiriog, crŷf, ac anorchfygol yn y Nêf a'r Ddaear! *Fy anwyl Athro*, yr hwn wyf yn ei garu, a thros ba un yr wyf yn gweddio Nôs a Dŷdd; chwi wyddoch er pan cefais yr Yspryd hyn, o rydd-did o Tân Euogrwydd pechod; fy mod yn moli ac yn bendithio DUW ar gyhoedd; anodd i mi attal peidio dweud yn dda am un a wnaeth cymmaint trosof fi; mae fy ëondra i yn awr yn beth rhyfedd i mi fy hunan; o ran mae cwilyddgar jawn yw fy nhymmerau naturjol, ond yr awrhon yr wyf yn ëon, nid oes arnaf gwilydd i weddio ymhlith mîl o Bobl, nid oes arnaf gwilydd i ganmawl DUW a bendithio ei Enw ef lle bo myrdd yn edrych arnaf; mi feddyliais mae ynfydrwydd oedd hyn, ond yn nawr y gwelaf mae gallu DUW a Doethineb DUW ydyw. Yr wyf yn gwneud fy ngorau tra foch chwi yn llefaru Gair y Bywyd i'm attal, rhag ofn rhwystro eraill (os gellir ei alw yn rhwystr) ond yn fynych yn methu attal fy Nhafod rhag gwaeddi allan *da yw DUW*; a pha beth a wna? Mae Nghnawd a'm Hesgyrn yn gorfoleddu yn y DUW byw. Y funud gynta y caffwi gyfleustra, a chariad yr ARGLWYDD yn llosgi o mewn i mi, ac i minnau roi rhydd-did i'm nwydau ysprydol, mae yn naturiol i mi waeddi mawl yr ARGLWYDD, bendithio a chanmawl fy NUW, llammu, a neidio o orfoledd, yn y fath Jechydwriaeth fawr a hon; na's adnabum I erioed o'r blaen; yn yr amser hyn mae'm côf yn fwy bywiol, a Scrythurau yn llifo i mewn iddo yn an orphen; oll at yr achos o foliannu DUW am ei râd Râs; mae fy synhwyrau i yn fwy buan, yr wyf yn Deall pethau DUW yn fwy goleu: mae'm rheswm a'm holl nwydau mor gyngan yn eu trefn, fel yr wyf yn cymmeryd gofal rhag dweud na gwneud dim a roddo le i'm Brodyr i dramcwyddo, na'r annuwiol gablu; oni thramcwydda un a chablu o'r llaill, am fod pechadur wedi ei wared o drueni yn moli ei DDUW a'i gwaredodd ef.

Llythyr Martha Philopur at y Parchedig Philo Evangelius ei Hathro Yn manegu iddo ei Phrofiad, a'r Testynau hynny o'r Ysgrythur a ddaeth i'w Chôf, i gadarnhau y Gwaith rhyfeddol ac anghynefin o eiddo'r ARGLWYDD, a ymddangosodd ar Eneidiau Lluoedd o Bobl yn Sir ABERTEIFI, ac sydd yr awrhon yn tannu ar llêd i Eglwysi Cymdogaethol (Caerfyrddin, 1762), tt.1-3.

104. *O Enw Ardderchoccaf*

O enw ardderchoccaf yw enw marwol glwy!
Caniadau Archangylion a fydd fath enw mwy!
Bydd yr anfeidrol ddyfais o brynedigaeth dyn,
Gan raddau filoedd yno yn cael ei chanu yn un.

Fe ddaeth i wella archoll trwy gym'ryd clwyf ei hun,
Etifedd Nef yn marw, i wella'r marwol ddyn;
Yn sugno maes y gwenwyn a rodd y Sarph i ni,
Ac wrth y gwenwyn hynny yn marw ar *Galfari*.

O angau'r groes ti haeddit ryw lawer fwy o glod,
Nag allodd tafod dynion i roddi i ti erio'd!
O gariad anchwiliadwy! O annorchfygol râs!
Hwn ydyw'r lle 'mddangosaist ti gynta erioed i ma's.

Deg drull ar hugain arian, fy JESU oedd dy bris,
A allsai ddim o'r arfaeth i'th werthu yn uwch neu yn is?
Anfeidrol ddiystyrwch! fe dalsai mhrynwr mawr
Y Nefoedd fil o weithiau, a mil o weithiau'r llawr . . .

Bechadur gwel e'n sefyll yn llonydd ar y groes;
Clyw'r gryddfan sy'n ei enaid tan ddyfnder angau loes;
O gwrando ar ei ryddfan, mae pob ochenaid ddryd,
Yn ddigon mawr o haeddiant ei hun i brynu byd.

Gwel ar y croesbren accw gyfiawnder mawr y Ne',
Doethineb, a thrugaredd yn gorwedd mewn un lle;
A chariad anfesurol yn awr ei gyd yn un,
Fel afon fawr lifeiriol yn rhedeg at y dyn . . .

Mae'r ffynnon yn agored dewch edifeiriol rai,
Dewch chwithau yr un ffunud sy'n meddu 'difarhau;
Dewch gafodd galon newydd dewch chwithau na chas un
I olchi pob bydreddi yn haeddiant Mab y Dyn.

Wel dyma'r ddamnedigaeth yr awrhon sydd yn bôd,
Sef peidio derbyn meddyg, y meddyg goreu erio'd;
Ofnadwy ydyw edrych ar ddyfais Nef yn fach,
Ffieiddio'r unig blastar sy'n gwneud y clwyf yn iach.

O Jechydwriaeth gadarn, O jechydwriaeth glir!
Fu ddyfais o'th gyffelib erioed ar for na thir;
Mae yma ryw ddirgelion rhŷ ddyrus ynt i ddyn
Ac nid oes all eu ddadrus ond Duwdod mawr ei hun . . .

O râs didrangc diderfyn tragwyddol ei barhâd,
Ynghlwyfau'r Oen fu farw yn unig mae jachad;
Jachad oddiwrth euogrwydd, jachad o ofnau'r bedd,
A chariad wedi ei wreiddio ar sail tragwyddol hedd.

Bywyd a Marwolaeth Theomemphus, o'i Enedigaeth i'w Fedd (Caerfyrddin, 1764), darn o bregeth Efangelius, tt.46-9.

105. *Gwerthfawrogrwydd gwaed y Groes*

Nis gall dysgedigion doetha,
  Er i'nt gyrraedd fry i'r Ne',
Chwilio troion ser yr wybr,
  Gweld eu maint a gweld eu lle,
Fyth i bwyso, *&c.*
Gwerthfawrogrwydd gwaed y groes.

Nis gall dysg, ac nis gall doniau,
Weld y pechod drwg ei ryw,
Pwyso ei haeddiant maith a'i fesur,
O flaen gorsedd bur fy NUW;
Ar *Galfaria, &c.*
Gwela i e'n ei liw a'i lun.

Pechod yma, cariad accw,
Fu yno yn y glorian fawr,
Ac er trymmed oedd y pechod,
Cariad bwysodd hyd y llawr,
Nawr gorphennwyd, *&c.*
Wnaeth i'r glorian bwysig droi.

Haeddiant Duwdod a'i gydmaru,
Yn erbyn uffern fawr o'i bron,
Dafan gwaed sy'n gan mil rhagor,
Nag aflendid dudew hon;
Gwradwyddiadau, *&c.*
DUW ry iawn am feiau'r byd.

Fe ddistewa myrdd o ellyllon,
Fe ddistewa'r ddeddf o'r bron,
Fe ddistewa pur gyfiawnder,
Sy'n ymddial cweril hon;
Cyntaf enwir, *&c.*
Sillaf prin am waed y groes.

Ffarwel Weledig, Groesaw Anweledig Bethau: neu Rai Hymnau o Fawl i Dduw a'r Oen . . . Yr Ail Ran (Caerfyrddin, 1766), Hymn XVII, tt.19-20.

106. *Cudd fy meiau*

Cudd fy meiau rhag y werin,
   Cudd hwy rhag cyfiawnder ne',
Cofia'r gwaed unwaith a gollwyd
   Ar y croes-bren yn fy lle;
Yn y dwfnder, *&c.*
Bodd y cyfan sy'nwi 'n fai.

Nad fi wneuthur llys na lletty,
   Pleser i mi ddydd na nos,
Ond difyrru'm henaid yno
   Ar gyfiawnder pur y groes,
Llawn orfoledd, *&c.*
Bob munudyn i'w 'th fwynhau.

Rho gydwybod wedi ei channu
   'N beraidd yn y dwyfol waed,
Cnawd a nattur wedi darfod,
   Clwyfau wedi cael iachad;
Minnau'n aros, *&c.*
Yn fy ninas foreu a nawn.

Rho fy nwydau fel cantorion
   Oll yn chwareu eu bysedd cun,
Ar y delyn sydd yn seinio
   Enw IESU mawr ei hun;
Neb ond IESU, *&c.*
Fo'n ddifyrrwch ddydd a nos.

Gwna ddistawrwydd ar ganiadau
   Cras afrywiog hen y byd,
Diffodd dân cyndeiriog nattur
   Sydd yn deifa gras o hyd;
Fel y gallwyf, *&c.*
Glywed pur ganiadau'r nef.

Gloria in Excelsis: neu Hymnau o Fawl i Dduw a'r Oen, Y Rhan Gyntaf (Llanymddyfri, 1771), Hymn LII, t.54.

107. *Iesu, difyrrwch fy enaid*

Iesu, difyrrwch fy enaid dryd,
Yw edrych ar dy wedd,
Ac mae llyth'rennau dy enw pur,
Yn fywyd ac yn hedd.

A than dy aden dawel bur,
'Rwy yn dymuno byw,
Heb ymbleseru fyth mewn dim,
Ond cariad at fy Nuw.

O cau fy llygaid rhag i'm wel'd
Pleserau gwag y byd,
Ac i mi wyro byth oddiar
Dy lwybrau gwerthfawr dryd.

'Does gennyf ond dy allu mawr,
I'm nerthu i fyn'd ymlaen;
Dy iachawdwriaeth yw fy ngrym,
Fy nghongcwest, a fy nghân.

Melusach nag yw y diliau mêl,
Yw munud o'th fwynhau,
Ac nid oes gennyf bleser sydd,
Ond hynny yn parhau.

A phan y syrthio ser y nen,
Fel ffigys îr i'r llawr,
Bydd fy niddanwch heb ddim trai,
Oll yn fy Arglwydd mawr.

Gloria in Excelcis: neu Hymnau o Fawl i Dduw a'r Oen . . . Yr Ail Ran (Caerfyrddin 1772), Hymn III, t.5.

TIMOTHY THOMAS
1720 - 68

108. *Y Wisg-wen Ddisglair*

Fel y mae Dŷn ynghyflwr natur (sef cyn credu) ac yn ei berthynas â'r *Adda* cyntaf; y mae efe dan farn condemniad: ond pan y mae'n ymaflyd yng NGHRIST trwy ffŷdd, y mae'n dyfod dan gyfiawnhâd bywyd. Pan y mae heb gredu, mae dan y Cyfammod o weithredoedd; ac felly dan felldith, canys *Melltigedig yw pob un &c.* ond pan y mae'n credu yng NGHRIST, mae dan râs; a thrwy GRIST yn mwynhau cyfiawnhâd, yr hwn sydd un o freintiau'r Cyfammod grâs: ac nid yw efe dan gondemniad mwyach; *Canys nid oes yn awr ddim Damnedigaeth i'r rhai sydd yng NGHRIST JESU*: neu fel hyn, Pan y mae'r pechadur yn clywed y Gyfraith yn mellditthio, ac yn condemno ei throsseddwr; ac yntef wrth edrych ar ei aml bechodau ei hun, yn gweled ei fod ef yn drosseddwr mawr; y mae'n ei chlywed hi yn ei fellditthio ac yn ei gondemno ef, yn bersonol, dan ei nodau: yna y mae efe mewn gwewyr caled yn ei enaid yn gweiddi allan, (yn debyg i'r bobl gynt oedd wedi eu dwysbigo yn eu calonnau) Beth a wnaf fi, ïe fi! Neu fel Ceidwad y carchar, O - *beth sydd raid i mi wneuthur, fel y byddwyf cadwedig*! Ac felly fel yr Eglwys yn *Galarnad*, yn gosod ei Enau yn y llŵch, i edrych a oes gobaith. Ac yn y cyfyngder mawr hwn, y mae'n clywed yr Efengyl yn dywedyd, *Crêd yn yr ARGLWYDD JESU GRIST, a chadwedig a fyddi.* Megis pe byddai yn dywedyd, Nid oes un gwaith i ti i'w wnethur tu ag at gael dy gyfjawnhau trwyddo: mae CRIST wedi gwneuthur y cwbl sydd ofynnol yn yr ystyr hyn: gan hynny crêd di ynddo ef, a chadwedig a fyddi; ïe ffô atto, a dal afel ynddo: a chyd ag ef y byddi di cadwedig. Canys yna os clywi di'r gyfraith yn dywedyd, Tâl dy ddyled; dywed dithau, Fe'i talodd Crist ef drosof fi: os dywed hi, Ti a fyddi farw; dywed dithau, Fe fu CRIST farw yn fy lle i: CRIST hefyd sydd yn galw ar y pechadur llwythog a blinderog hwn, gan ddywedyd, *Dewch attaf fi bawb* a'r sy felly, *ac mi a esmwythâf arnoch.* (Dal sylw, yn ôl dyfod at GRIST trwy ffŷdd, y mae'r esmwythder.) Nawr mae'r pechadur, wedi i DDUW (trwy ddadgyddiad, a bygwthiad y gyfraith; a thrwy ddadgyddiad, a gwahoddiad yr Efengyl) weithio ffŷdd yn ei galon ef; yn ffoi at GRIST trwy ffŷdd; ac yn dal gafel ynddo ef; â'i hôll heiddedigaethau; gan ymfodloni, ac ymorphwys arno ef am gyfiawnder: ac felly ymborthi arno &c. Gan farnu nâd oes Jechydwriaeth yn neb arall ond efe; ac felly mentro ei Enaid arno ef yn llwyr, deüed a ddel o hono.

Ac y mae gobaith yn canlyn y ffŷdd hon, gan ddisgwyl y daw hi'n ddá gyd ag ef; ac y caiff efe Wisg-wen-newydd, i guddio gwarth ei noethder; ac felly y bydd efe cadwedig: er fod anghredinjaeth yn myned gyd ag ef, ac yn dangos llawer jawn o arwyddion iddo, na fydd efe byth derbyniol gyd â DUW; eithr mai ym mysg yr anghyfjawnion y cair ef yn y Diwedd: ond etto y mae ffŷdd a gobaith yn ynnill, ac at GRIST y mae efe yn dyfod, ac ar GRIST y mae efe yn bwrw ei holl hyder, gan afaelu ynddo, ac ni's gollwng mo hono. Ac yn y fomment honno yn yr hon y mae 'fe'n gafaelu yng NGHRIST a'i heiddedigaethau trwy ffŷdd; y mae'r gyfraith, a chyfiawnder gofynnol a dïaleddus, yn colli eu gafel arno ef: nawr mae efe yn marw i'r Ddeddf, fel cyfammod o weithredoedd; ac yn byw i Dduw; gan fod CRIST wedi atteb iddi'n llawn, ac felly dwyn i mewn iddo ef gyfiawnder trag'wyddol: a DUW hefyd (gan ei fod ef yn credu yn y CRIST hwn) yn cyfrif cyfiawnder CRIST iddo ef; ac yn dywedyd wrth y gyfraith a'i gyfiawnder gofynnol a dïaleddus, *Gollwng* y pechadur tlawd, newynog a sychedig hwn yn rhŷdd, *rhag disgyn o hono i'r clawdd, myfi a gefais JAWN*. Ac y mae'r pechadur crediniol hwn yn ceisio dywedyd, *Yn yr ARGLWYDD y mae i mi gyfiawnder*! Ac y mae y râdd leiaf o'r ffŷdd hon sydd yn gorphwys ar GRIST, ac yn ymddibynnu arno ef am gyfiawnder; yn ffŷdd gyfiawnhäol: canys mor gyntêd ag y mae Dŷn yn Ddŷn crediniol yn jaith yr ysgrythur; mor gynted â hynny y mae efe yn Ddŷn cyfiawn yn jaith yr ysgruthur: ac o'r tu arall, hyd y mae Dŷn yn Ddŷn anghrediniol neu'n ddi ffŷdd yn jaith 'sgrythur; y mae efe yn Ddŷn anghyfiawn hefyd, yn jaith 'sgrythur. Yr wyf fi'n meddwl bôd hyn mor eglur, ag nâd rhaid ymofyn am brawf yn 'chwaneg o hono.

Traethiad am y Wisg-wen Ddisglair (Caerfyrddin 1759), tt.192-5.

DAFYDD WILLIAM
1720/1 - 94

109. *Ymdrech Ffydd ac Anghrediniaeth, a Ffydd yn gorchfygu* Rhuf. iv. 20. *Efe a nerthwyd yn y ffydd.*

Anghrediniaeth gad fi'n llonydd,
  Onid ê mi goda' lef,
O ddyffryn adfyd, lle 'rwy'n gorwedd,
  Oddi yma i'r lan i ganol nef:
Mae yno Frawd yn eiriol drosof,
  Ni's gad fi'n angof nos na dydd;
Brawd a dyrr fy holl gadwynau,
  Brawd a ddaw â'r caeth yn rhydd.

Ychydig ffydd b'le rwyt ti'n llechu,
  Cymmer galon gwna dy ran,
Hedyn gras, pa le 'rwyt tithau?
  Tyn dy gleddau o blaid y gwan:
Anghrediniaeth cil o'r llwybr,
  Ni pheru'r frwydr ddim yn hir,
Er mai eiddil yw fy enw,
  Er hynny gyd 'rwy'n ennill tir.

Anghrediniaeth er dy waetha,
  Mae tŷ *Ddafydd* yn cryfhau,
A thŷ *Saul*, er maint ei werin,
  Bob munudyn yn gwanhau:
Mi wela ronyn trwy'r cymmylau,
  Fy IESU a'i gerbydau gwych,
Cadarn, ffyddlon Archoffeiriad,
  Fy ofnau ffy wrth sŵn ei glych.

Derfydd cario arfau rhyfel,
  Derfydd griddfan dan y gro's;
Cyfyd haulwen, na fachluda,
  Na chwmmwl du na hwyrol nos:

Er bod llydan draeth a che'nfor
Angau, dyffryn tywyll, gwn,
Clod am IESU'n arch i'n cadw,
I groesi'r ce'nfor garw hwn.

Gorfoledd ym Mhebyll Seion: neu ychydig o Hymnau Efangylaidd (Aberhonddu, 1782), Hymn I, t.3.

110. *Y Credadyn yn pledio'r Addewid yn Oriau Adfyd.* Salm lxxvii.8. *A ddarfu ei drugaredd ef dros byth? a balla ei addewid yn oes oesoedd?*

O Arglwydd Dduw JEHOFAH, wyt bennaf Frenhin hedd,
Gwasgara'r tew gymhylau sydd rhyngof a dy wedd;
Duw torr fy holl gadwynau a rho fy nhraed yn rhydd,
Cryfha fy egwan aden, 'chwanega rym fy ffydd.

Ar allor oer fy nghalon, Duw, ennyn nefol dân,
A ffyn dy addewidion i helpu ngħamrau 'mla'n;
Y gauaf oer aed heibio, a doed yr hyfryd haf,
Am weld yr haulwen wresog mae f'enaid gwan yn glaf.

Os gorfydd, byddaf farw yn griddfan wrth dy dra'd,
Nes profwyf rym yr awel yn chwythu o'r nefol wlad,
Enneinia fi â'th olew, a dyfrha fy ngwraidd,
A chadw fi bechadur ar lwybr cul y praidd.

'Rwyf wrth dy ddôr yn griddfan, fel baban gwan ei lef,
Am laeth magwriaeth hyfryd o fron d'addewid gref;
Duw cadw fi yn dy freichiau tra fyddwyf ar fy nhaith,
Fy nghalon a fy ngenau, Duw, llanw â nefol iaith.

Gorfoledd ym Mhebyll Seion (Aberhonddu, 1782), Hymn X, t.10.

111. *Llef y Credadyn mewn Gweddi am Awelon yr Ysbryd Glan i ganu Mawl.* Act ii.2. *Ac yn ddisymmwth y daeth sŵn o'r nef megis gwynt nerthol yn rhuthro, ac a lanwodd yr holl dŷ lle yr oeddent yn eistedd.*

O ARGLWYDD dyro awel, a honno'n awel gref,
A godo'm hyspryd egwan o'r ddaear hyd y nef;
Yr awel sy'n gwasgaru y tew gymmylau mawr,
Mae f'enaid am ei phrofi, o'r nefoedd doed i lawr.

Disgynned awel rymmus o'r nef i'r ddaear gron,
Cai'r clod i gyd i'th enw yngwres yr awel hon;
Disgwyliaf wrth dy orsedd am awel fry o'r nen,
A godo'm henaid egwan o'r ddae'r i'r nefoedd wen.

Awelon mynydd *Seion* sy'n cynnu nefol dân,
Awelon mynydd *Seion* a nertha nghamrau 'mla'n;
Wrth awel mynydd *Seion* mi ganes beth cyn hyn,
Mi ganaf etto ronyn yng wres ei dwyfol rym.

Awelon mynydd *Seion* a'm cod o'r llaid i'r lan,
Pan chwytho rhai'n yn rymmus yn hwyliau f'enaid gwan
Awelon mynydd *Seion* a ddaw ag awyr glir,
Ffarwel awelon oerllyd 'nol myn'd i *Ganaan* dir.

Gorfoledd ym Mhebyll Seion (Aberhonddu, 1782), Hymn XLV, t.34.

PETER WILLIAMS
1723 - 96

112. *Y Briodas Ysbrydol*

Trist yw meddwl fod dynion sy'n credu yn Nuw, yn proffesu enw Crist, yn gollwng ymadrodd mor hynod heibio, heb adnabod llais eu Harglwydd; pe adnabyddent ef hwy a droent atto yn serchog, fel y gwnaeth *Mair* wrth y bedd; ond, yn rhy gyffredin, fe ollyngir ymadroddion melusaf yr Ysgrythur sanctaidd heibio, megis peth heb ystyr, neu yn annealladwy; neu, o leiaf fel matter oedd yn perthyn i ryw rai gynt, ond nid i ni yr awr hon, nac i neb ar y ddaear, ysgatfydd, yn ein dyddiau ni. Yn siccr, ped ystyriem pwy yw Awdwr y Gair, a phe wypem at bwy yr anfonir, ni a ymdrechem ronyn i geisio deall y synwyr. Ac o ddiffyg hyn y mae'r Bibl yn ddibris yn ein golwg ni, yn llyfr trwm, a diflas gennym. Gwell gan ddynion ddarllain bob math ar lyfrau, nâ darllain y Bibl: ïe, y mae mwy o bleser gan rai drafod *cardiau* na chwilio'r Ysgrythurau; hudoliaeth Satan, nag Efengyl Crist! Hwy gyfrifant [y] Bibl mor anfuddiol iddynt hwy â chrig o lythyrau mewn Post-dŷ, y rhai ni ro'ent am danynt geiniog y cant; oni thybiai ryw leidr fod *Banc-bil* yn rai o honynt. Pa ham y byddai llythyrau o leied gwerth? y maent yn costio'n ddrud i rai! Y mae'r post yn gyrru'n galed, yn colli ei gysgu, yn dioddef oerni, yn blino ei geffyl, i'w dwyn! Pa beth yw hynny i ni? Pa'm, onid oes ysgrifen arnynt? oes, yn siccr, ond nid oes dim o fy enw i ar un o honynt: na'm enw innau, medd arall. Ond, beth os gwelwch yno lythyr wedi ei gyflwyno at un o honoch wrth ei enw? Oh, ni a chwennychem ei gael, yn ddiammau, ac a dalem am dano yn ewyllysgar; yn enwedig os diallem ei fod yn dyfod oddi wrth gâr, neu gyfaill, ac yn cynnwys matter y byddai da gennym ei glywed. Felly yr wyf yn tybied; a mwy na hynny, chwi dorrech y sêl yn awyddus; ac oni fedrech ei ddarllain, chwi a geisiech gan un a fedrai ddarllain ei ddarllain i chwi, a dehongli'r ystyr. Yr un modd ped ystyriem yr Ysgrythur fel llythyr wedi ei anfon o'r nef, gan ein Priod ffyddlon, yn nwylaw ei weinidogion sy'n llafurio yn ein plith; a'i fod wedi ei gyflwyno i ni wrth ein henwau; ni a wrandawem yn fanwl, pa beth y mae Efe yn ei ddywedyd wrthym. Ac oni fedrem ni ddeall y man o'r Ysgrythur y byddem yn ei ddarllain, ni a geisiem gymmorth y Gwr sy'n dattod y saith sêl, sef ein Achubydd bendigedig, i beri i ni ddeall; neu, ni a ofynem i ryw weinidog ei air, fel y gofynodd yr Eunuch i *Philip*, "Am bwy y mae'r Prophwyd yn llafaru, ai am dano ei hun, neu am ryw un arall?" Ac yna ni a glywem, ac a adnabyddem, lais Duw yn llafaru wrthym eiriau cysurus, ac a'i carem ef â'n holl galon.

Y Briodas Ysbrydol; sef, Pregeth, Fuddiol i bawb a garant ein Harglwydd Iesu Grist mewn Gwirionedd. Ar Esaia liv. 5. Dy Briod yw yr hwn a'th wnaeth &c. (Caerfyrddin, 1784), tt.3-5.

JOHN THOMAS
1730 - 1804?

113. *Hyder, neu lawenhau mewn Gorthrymderau*

Beth yw'r ofn sy yn fy nghalon,
Am drallodion etto i dd'od;
'Run yw f'Arglwydd cadarn ffyddlon,
Ef a'm cynnal er ei glod:
Ym mhob stormydd, *&c.*
Dal i fynu f'enaid gwan.

Pe doe' câd elynion cedyrn,
Yn fy erbyn etto'n llu;
Mae o'm hochor un cadarnach,
Denfyn gymmorth oddi fry:
Buddugoliaeth, *&c.*
Trwy eiriolaeth Iesu câf.

Pe bai arnai'r byd yn gwgu,
Heb le genni ar ddaear lâs;
Uffern greulon arnai'n rhuo,
Rhyfel o'r tu fewn tu faes:
Ym mhob stormydd, *&c.*
Gelli wneud i'm lawenhau.

Pe doe' newyn blîn a noethni,
Pe doe' cleddau angau llym;
Am holl ffryns i gyd yn cefnu,
Arglwydd, 'rwyt ti'n ddigon im':
Gwên dy wyneb, *&c.*
Ar fy enaid, digon yw.

Rho dy gwmp'ni, Arglwydd i mi,
'Cheisia'i ond cael dy fwynhau;
Yna dim nid rhaid im' ofni,
Yn dy râs caf ymgryfhau:
Haleluia, *&c.*
Canaf yn y dwr a'r tân.

Hwylia f'yspryd tu a'r bywyd,
   'Does dim gwynfyd ar y llawr;
Gwynt a gwagedd heb ddim sylwedd,
   Fry mae'm hetifeddiaeth fawr:
Tân dy gariad, *&c.*
   Fo'n fy nofiad tu a thre.

Caniadau Sion, ail arg. (Trefeca, 1788), Hymn CII, tt.150-1.

EVAN EVANS
(IEUAN BRYDYDD HIR)
1731 - 88

114. *Ystyria dy Berygl*

Er maint o ysgrifeniadau a ysgrifennwyd, er maint o bappur a afradwyd, er maint o bregethau a bregethwyd; ïe, er maint o wyrthiau a wnaethpwyd gan yr Arglwydd ei hun, ac er cymmaint o greaduriaid truenus a roddwyd i fynu i farnau dychrynllyd er rhybudd a siampl i eraill; etto rhy fyrr fu y cyfan oll ac fe fethodd iddynt ddysgu i ddyn, yr un pwngc hwn, *y digwydd iddo farw un waith, a chwedi hynny bod barn*: o herwydd, pe credai dynion fod yn rhaid iddynt farw ryw bryd, pe bai hynny ymhen can mlynedd, amhosibl fyddai iddynt anghofio eu hunain cyn belled, na byddai cof o'r awr ychrydus honno fel drain yn eu hystlys, gan eu brathu a'u haflonyddu ynghanol eu holl bleserau. O ddyn! ïe'n hytrach, O graig! O adamant! i ba beth y cyffelybaf galedwch dy galon? nid oes dim ar y ddaear a ellir ei gyffelybu iddi, o ran caledwch; canys creigydd ac adamant a'r pethau calettaf yn nattur, a dorrir ac a dynner gan nattur-ddynol; ond dyn a fedr ymgaledu yn erbyn argyhoeddiadau Duw ei hun. O ddyn! pwy bynnag wyt, yr hwn y mae hir ymaros Duw tu ag attat, wedi'th oddef ar ei ddaear hyd yma; ystyria, mai gwyrthiau nid bychan yw'th fod etto tu yma i'r fflamiau dychrynllyd ac yn cael darllain papuryn tlawd o'r fath yma, er mor wael a disulwedd, trwy fendith Duw, a ddichon fod yn fodd i'th ddychweliad. O ddyn! (os dyn ydwyt, ac nid boncyff dideimlad) oni ddaethost i adnabyddiaeth o Dduw, ac o'i Fab ef Iesu Grist, ni chlywodd clust, ac ni ddaeth i galon dyn, i ddychymyg y filfed ran o'th drueni; y mae yr holl greadigaeth, ïe, Duw ei hun, a'i holl briodolaethau, wedi myned fel mewn cyngrair i'th erbyn; ac y mae uffern fel yn lledu ei safn i'th lyngcu. Pe bai Duw yn gorchymyn, ïe pe bai efe'n caniattau y creadur lleiaf yn nattur yn barod i'th ysu'n ddiattreg. Llau a llyffaint nid ydynt ond creaduriaid bychain, etto pan y caniattaodd Duw iddynt, hwy a ddifethasant wlad, *Ecs.* viii.16. Y ddaear sydd delpyn di-deimlad, etto pan y caniattaodd Duw iddi hi a lyngcodd droseddwyr ei air ef yn fyw i uffern, *Num.* xvi.22. Ddyn! os allan o Grist yr ydwyt, ystyria dithau dy berygl, a ffo am dy einioes i'r ddinas noddfa. Mi a wn fod dy nattur yn barod i oedi'r amser, ond yn awr yw'r amser cymmeradwy; y funud gynneu a aeth heibio, y funud nesaf 'd oes wybod p'le y byddi, ac nid oes yn eiddot ti ond y funud bresennol; am hynny dos yn ddiattreg a syrthia wrth draed dy Arglwydd, pwy a wŷr na thrugarha efe wrthyt; *gwna hyn yr awr hon, fy mab, a gwared dy hun*, Diar. vi.3. Na chais fogi argyhoeddiadau Duw; canys onid yw hyn yn bechod yn erbyn yr Ysbryd Glân, ni wn i beth sydd; ac os wyt etto yn ymroi cau drws dy galon yn erbyn Mab Duw, yr hwn sydd yn sefyll oddi allan ac yn curo: clyw y farn ofnadwy a orddiwesodd ynfydion anystyriol o'r un ymroad annoeth â thithau, a gwel dy fraint, na buasit ti yn un o honynt.

Rhybudd cyfr-drist i'r Diofal a'r Difraw (Caerfyrddin, 1773), t.[3]-t.5.

BENJAMIN FRANCIS
1734 - 99

115. *Nebo, neu Olwg ar y Nefoedd trwy Ffydd*

Fy enaid c'od o'r dyffryn cul;
  Rho'th ddyfal helbul heibio:
'Hed, esgyn, ffo, ar asgell ffydd,
  I goppa mynydd Nebo.

O ben y dyrchafedig fryn,
Ca's Moses cyn ymadael
Welediad eglur o dêg fröydd,
A hardd fynyddoedd Israel.

O hyfryd dir, lle cym'rodd Duw
Ei brophwyd gwiw i'w freichiau!
Ar adain ffydd mi 'hedwn ffwrdd
I'th ben i gwrdd ag angeu.

O na chawn olwg lawer gwell
O'r brynniau pell trag'wyddol,
Lle mae ngorphwysfa felus faith,
A'm hetifeddiaeth ddwyfol!

Pe cawn i wel'd y Ganaan wen,
Fel Moses, o ben Nebo;
Awn trwy'r Iorddonen drom ar frys
Yn orfoleddus yno.

Rhaid caffael ffon o gywir ffydd
I ddringo'r mynydd yma,
A nerthol dyniad Duw ei hun,
Cyn esgyn i ben Pisgah.

Dwg fi'n dy law i'r enwog le,
I ganfod parthau gwynfyd;
Ac yno i 'madael yn dy goel,
Fy nefol hoff Annwylyd.

Aleluia: neu Hymnau perthynol i addoliad Cyhoeddus (Caerfyrddin, 1774), tt.84-5.

116. *Canlyn yr Oen Trwy Waradwydd*

Dilynaf fy Mugail o'm modd,
  Trwy ammarch a gw'radwydd y byd;
A dygaf ei ddirmyg ar g'oedd,
  Gan gyrraedd tu a'r nefoedd o hyd:
Mi rodiaf, trwy gymmorth ei ras,
  Y llwybr a gerddodd fy Nghun:
Nid rhyfedd os gwawdir y gwas,
  Fe wawdiwyd fy Arglwydd ei hun.

'Does arnaf fi g'wilydd o'i groes,
  Ei groes yw fy nghoron a nghlod:
Ei fywyd i'm gwared a ro'es,
  A'm Ceidwad a'm carodd erioed:
Dioddefodd e' w'radwydd a phoen,
  A'r felldith ar Galfari fryn;
F'anrhydedd yw canlyn yr Oen,
  Yr Oen a ddioddefodd fel hyn.

Af allan yn wrol ar ol
  Canlynwyr yr Oen ga's ei ladd;
Dibrisiaf ddiystyrwch y ffol,
  Er uched a gwyched ei radd:
Os rhaid myn'd i'r carchar a'r tân,
  Golygaf fy'm Capten a'm Pen;
Aeth ef trwy waeth dirmyg o'm blaen,
  Tywalltodd ei waed ar y pren.

Ond O, y gogoniant a'r hedd,
  A'r dirfawr orfoledd o hyd,
Sy'n aros tu arall i'r bedd,
  Ei ffyddlon ganlynwyr i gyd!
Eu dagrau a'u gw'radwydd a dry
  I fôr o lawenydd ar frys;
Anfeidrol eu gwynfyd hwynt fry,
  Yn nheyrnas Eu Harglwydd a'i lys.

Aleluia: neu Hymnau Perthynol i Addoliad Cyhoeddus a Theuluaidd, Yr Ail Lyfr (Caerfyrddin, 1786), HYMN XL, tt.142-3.

THOMAS WILLIAM
1761 - 1844

117. *Ceisio Trugaredd*
Y publican, Luc xviii.13.
neu Grist yn derbyn pechaduriaid

O'th flaen, O Dduw! 'rwi'n dyfod,
  Gan sefyll o hir-bell,
Pechadur yw fy enw,
  Ni feddai enw gwell;
Trugaredd wi'n ei geisio,
  A cheisio etto wnaf,
Trugaredd i mi dyro,
  Rhaid marw oni chaf.

Pechadur wyf, mi wela,
  O Dduw, nad allai ddim,
'Rwi'n dlawd rwi'n frwnt, rwi'n euog
  O bydd drugarog im';
Mae'n debyg na bydd genn'i
  Trwy'm bywyd hyd y bedd,
O hyd ond gwaeddi pechais,
  Nid wyf yn haeddu hedd.

Mi glywais gynt fod Iesu,
  A'i fod e' felly 'nawr,
Yn derbyn publicanod,
  A phechaduriaid mawr;
O derbyn, Arglwydd, derbyn,
  Fi hefyd gydâ hwy,
A maddeu'r holl anwiredd,
  Heb gofio'r camwedd mwy.

Perl mewn Adfyd neu, Ffynhonnau yn Nyffryn Baca (Merthyr Tudful, 1814), Hymn 7, t.10.

ADRAN V

1800-1899

Detholwyd gan D. Densil Morgan

THOMAS CHARLES O'R BALA
1755 – 1814

118. *Y Cyfamod yng Nghrist*

. . . Os yw y golygiadau hyn yn gywir am y Duw mawr, ac yn ysgrythurol, gwelwn, yn ddiammheuol, ei fod yn ammhosibl gwaredu dyn odditan fygythion y cyfammod toredig hwn, heb gyfiawnder. A ydych chwi yn credu hyn, o ddynion! Os ydych, pa le yr ydych yn meddwl ei gael? Os trowch at y ddeddf, y mae yno gyfiawnder pur yn *gofyn*; ond ni fedd gyfiawnder i'w *gyfrannu*. Os trowch atoch eich hunain, ac edrych yno, nid oes un gronyn mwy o gysur i'w gael. Anghyfiawnder sydd yno, a dim ond hyny. Wele, ynte, ddyn anghyfiawn, yng ngafael deddf gyfiawn, a Duw anfeidrol gyfiawn o'i phlaid! Gofynaf, ac atebed y neb a allo, 'A ddygir y caffaeliad oddi ar y cadarn? neu a waredir y rhai a garcherir yn gyfiawn?' Os ceir cyfiawnder o'u plaid, gwaredir hwynt; onide, caethion a fyddant byth. I feddianu y cyfiawnder a werid rhag angau, rhaid troi ein golwg oddi wrthym ein hunain, a'r ddeddf hefyd, i ryw le arall; sef at yr 'hwn sydd yn ddiwedd i'r ddeddf, er cyfiawnder i bob un a'r sydd yn credu'.

O'r erthygl 'Cyfamod' yn y *Geiriadur Ysgrythurol* (1805).

EDWARD JONES, MAES-Y-PLWM
1761 – 1836

119. *Y Cyfamod Cadarn*

Cyfamod hedd, cyfamod cadarn Duw,
Ni syfl o'i le, nid ie a nage yw;
Cyfamod gwir, ni chyfnewidir chwaith;
Er maint eu pla, daw tyrfa i ben eu taith.

Cyfamod rhad, o drefniad Un yn Dri, –
Hen air y llw, a droes yn elw i ni;
Mae'n ddigon cry' i'n codi i fyny'n fyw;
Ei rym o hyd yw holl gadernid Duw.

Cyfamod cry', pwy ato ddyry ddim?
'D eill byd na bedd chwaith dorri ei ryfedd rym;
Diysgog yw hen Arfaeth Dduw o hyd;
Nid siglo mae, fel gweinion bethau byd.

CHRISTMAS EVANS
1766 – 1838

120. *Blino ar Galon Oer*

Yr oeddwn wedi blino ar galon oer at Grist a'i aberth, a gwaith ei Ysbryd – calon oer yn y pwlpud, yn y dirgel, ac yn y llyfrgell, a minau wedi teimlo calon yn llosgi ynof am bymtheng mlynedd gynt, megis wrth fyned i Emmaus gyda'r Iesu. Ar ddiwrnod byth i'w gofio gyda mi, wrth fyned o Ddolgellau i Fachynlleth, wrth ddringo i fyny i Gader Idris, ystyriais fod arnaf ddyledswydd i weddio, er mor galed yr oeddwn yn teimlo yn fy nghalon, ac mor fydol fy ysbryd. Wedi dechreu, yn enw Iesu Grist, yn fuan mi a glywn megis cadwynau yn ymryddhau, a hen galedwch yn tyneru, a mynyddau o rew ac eira yn dadmar ac yn toddi o'u bodd. Magodd hyder yn fy meddwl yn yr addewid o'r Ysbryd Glân. Teimlais fy holl feddwl fel yn ymddatod o ryw gaethiwed mawr, ac yn ymgodi o ryw auaf oerllyd: rhedodd dagrau lawer o'm llygaid, a gorfu arnaf waeddi allan, a llefain am ymweliadau grasol Duw a mi, trwy roddi i mi drachefn o orfoledd ei iechydwriaeth, ac am Iddo Ef ymweled a'r eglwysi yn Môn ag oeddynt dan fy ngofal . . .

Parhaodd yr ymdrech am dair o oriau: byddai yn ail-gyfodi fel tonau ar ôl ei gilydd fel rhyw lanw cryf gyda gwynt nerthol hyd onid oedd fy natur wedi lesghau trwy wylo a llefain, gan roddi fy hun i fyny i Grist yn gorph ac enaid, yn ddawn ac yn llafur, fy holl oes, bob dydd a phob awr oedd i mi, a'm holl ofalon a gyflwynais i Grist. Yr oedd y ffordd yn fynyddig ac anghyfanedd, fel yr oeddwn megis ar fy mhen fy hun yn hollol. Parodd hyn imi ddisgwyl daioni oddiwrth Dduw i mi a'r eglwysi. Dyma y modd y gwaredodd yr arglwydd fi, a phobl Môn, rhag cael eu hysgubo ymaith gan afon Sandemaniaeth.

O'r *Cofiant* (1839) gan William Morgan.

Sandemaniaeth, a elwid ar ôl yr Albanwr John Sandeman, oedd y gyfundrefn athrawiaethol a ddehonglai ffydd fel cydsyniad deallusol â ffeithiau'r Ysgrythur heb yr elfen deimladol o gwbl. Fe'i harddelwyd yn bennaf gan J.R. Jones, Ramoth (1765-1822), arweinydd galluocaf Bedyddwyr Gogledd Cymru ar droad y bedwaredd ganrif ar bymtheg, a gwrthwynebydd chwyrn i'r tueddiadau 'Methodistaidd' a oedd yn gweddnewid yr Hen Ymneilltuwyr ar y pryd. Bu Christmas Evans yn drwm dan ddylanwad J.R. Jones am ysbaid tan 1801 pan gafodd y profiad ysbrydol ysgytwol a ddisgrifir yn y dyfyniad hwn.

ROBERT WILLIAMS (ROBERT AP GWILYM DDU) 1766 – 1850

121. *Y Gân Ddiddarfod*

Mae'r gwaed a redodd ar y groes
  O oes i oes i'w gofio;
Rhy fyr yw tragwyddoldeb llawn
  I ddweud yn iawn amdano.

Prif destun holl ganiadau'r nef
  Yw 'iddo ef' a'i haeddiant;
A dyna sain telynau glân,
  Ar uchaf gân gogoniant.

Mae hynod rinwedd gwaed yr Oen
  A'i boen wrth achub enaid,
Yn seinio'n uwch, ar dannau'r nef,
  Na hyfryd lef seraffiaid.

'Mhen oesoedd rif y tywod mân,
  Ni bydd y gân ond dechrau;
Rhyw newydd wyrth, o'i angau drud,
  A ddaw o hyd i'r golau.

Nid yw caniadau'r nef yn awr
   Ond megis gwawr yn torri,
A hon, fel amnaid fechan iawn,
   Arddengys lawn oleuni.

Er adrodd sain pob dosbarth glân
   O'r ddirfawr gân ddiddarfod,
Ni bydd eu dawn ond isel fri
   Am waed i olchi pechod.

JOHN ELIAS
1774 – 1841

122. *Dyfod i'r Seiat*

Aeth fy meddwl yn fwy poenus a thrallodus oherwydd nad oeddwn yn cael cymdeithas pobl grefyddol. Meddyliais pe cawswn le i weithio fy nghelfyddyd mewn teulu crefyddol y byddai'n lles mawr i mi. Ond ni wyddwn pa fodd i gael hynny. Deellais fod pregethwr Methodist yn yr un gelfyddyd a fy nhad, ac y byddai'n cadw gweithwyr (un Griffith Jones, Ynys-y-pandy, yn agos i Benmorfa.) Taer ddymunais ar fy nhad a mam oddef imi fynd yno dros ychydig, os byddai'r drws yn agor imi gael lle yno. Rhwng bodd ac anfodd rhoisant gennad i mi. Euthum yno, tua phedair milltir ar ddeg o ffordd. Er fy mod yn ddieithr, a heb fod yn y seiat, cefais le yno! Bu'r gŵr a'r wraig yn dirion iawn wrthyf. Y mae gennyf achos bod yn ddiolchgar i'r Arglwydd am ei diriondeb tuag ataf yn trefnu, yn ei ragluniaeth, i mi gael dyfod i'r teulu duwiol hwn.

Yr oeddwn yn ddedwydd iawn yno, ond fy mod heb allu mynd i'r seiat. Byddent yn ymddiddan llawer am grefydd a mi, ac yn gofyn yn fynych imi paham yr oeddwn yn aros allan, ond nid oeddent yn fy hudo. Unwaith, pan oedd y gŵr oddi cartref, gwnaeth y wraig i mi ddarllen pennod a gweddio yn y teulu. Aeth sôn mawr trwy'r ardal yn fuan, fod bachgen, heb fod yn y seiat, yn gweddio yn y teulu. Trallodus oedd fy meddwl yn parhau am y seiat. Un dydd yr oedd

Griffith Jones a'i wraig yn cychwyn i'r seiat, i le a elwid Hendre Howel. Wrth gychwyn dywedodd y gŵr wrthyf, 'wele ni'n mynd i'r seiat, gwna di yn dy feddwl dy hun'. Effeithiodd hynny ar fy meddwl yn ddwys iawn. Anturiais mewn ofnau, dan wylo, fynd ar eu hôl hwy yno. Erbyn mynd i'r lle, yr oedd yno dri o bregethwyr, sef Griffith Jones, John Edwards yr Ereinig, plas Caerwys wedyn, a John Griffith Ellis. Yr oeddwn yn ofni yr holai y pregethwyr fi mor galed, ac y gwelent fy mhrofiadau mor ddifygiol, fel na byddai modd iddynt fy nerbyn. Ond er fy mawr syndod, buont yn dirion iawn wrthyf. Cefais dderbyniad! Cefais yr hyn a hiraethais amdano flynyddoedd maith, ac yr ofnais na chawn ef byth, sef lle yn Nhŷ Dduw! Hyd y gallaf gofio yr oedd hyn tua diwedd Medi 1793.

Yr oedd y seiat fechan yn Hendre Howel yn cynnwys pobl dduwiol iawn, tawel, caredig, a brawdol, tyner eu cydwybodau, a drylliog eu calonnau. Cafais ymgeledd a maeth rhagorol yn eu plith. Rhyfeddais, a diolchais lawer am gael lle ymysg pobl Dduw.

Hunangofiant (1841).

123. *Ai am fy meiau i?*

Ai am fy meiau i
   Dioddefodd Iesu mawr,
Pan ddaeth yng ngrym ei gariad Ef
   O entrych nef i lawr?

Cyflawnai'r gyfraith bur,
   Cyfiawnder gafodd Iawn;
A'r ddyled fawr, er cymaint oedd,
   A dalodd Ef yn llawn.

Dioddefodd angau loes
   Yn ufudd ar y bryn;
A'i waed a ylch yr Ethiop du
   Yn lân fel eira gwyn.

Bu'n angau i'n hangau ni
   Wrth farw ar y pren;
A thrwy ei waed y dygir llu
   Trwy angau, i'r nefoedd wen.

Pan grymodd Iesu ei ben,
   Wrth farw yn ein lle,
Agorodd ffordd, pan rwygai'r llen,
   I bur drigfannau'r ne'.

ANN GRIFFITHS
1776 – 1805

124. *Cymdeithasu â Duw*

Yr wyf yn aml wrth orsedd gras yn rhyfeddu, diolch a gweddio; rhyfeddu fod y Gair a'r Ysbryd Glân wedi cael ffordd i drin cyflwr y fath adyn llygredig, llawn o bob twyll, heb fy lladd. Diolch am gyfreithlondeb ffordd iachawdwriaeth; ac am ei bod yn gogoneddu ei Hawdwr, yn fwy nag am ei bod yn gwobrwyo ei theithwyr. Yr wyf yn gweddio am gael treulio y gweddill sydd yn ôl o'm dyddiau yn fywyd o gymdeithasu â Duw yn ei Fab Iesu Grist, y Cyfryngwr mawr rhwng Duw a dynion . . . Nid adnabum i o'r blaen gymmaint o barch i, a chariad at y ddeddf; nid er ei bod yn melldithio, ond am ei bod yn melldithio; canys felly y mae yn dangos ei harddwch a'i pherffeithrwydd.

Ann Griffiths at John Hughes, Pontrobert, 1801

125.

Ni ddichon byd a'i holl deganau
  Fodloni fy serchiadau'n awr,
A enillwyd, a ehangwyd
  Yn nydd nerth fy Iesu mawr;
Ef, nid llai, a eill eu llenwi,
  Er mor ddiamgyffred yw,
O am syllu ar ei berson,
  Fel y mae fe'n ddyn a Duw.

O na chawn i dreulio 'nyddiau
  Yn fywyd o ddyrchafu'i waed,
Llechu'n dawel dan ei gysgod,
  Byw a marw wrth ei draed;
Cario'i groes, a phara i'w chodi,
  Am mai croes fy Mhriod yw,
Ymddifyrru yn ei berson,
  A'i addoli byth yn Dduw.

Emynau Ann Griffiths (1806).

126. *Rhyfedd gan Angylion*

Y mae fy meddwl yn bresennol yn edrych ar Iesu yn arwedd y goron ddrain a'r wisg borphor, ac, hefyd, yn ei ddioddefiadau mawrion ar y groes. Nid rhyfedd fod yr haul yn cuddio ei belydr pan ydoedd ei Greawdwr dan hoelion! Y mae fy meddwl yn synu wrth ystyried pwy oedd y Person oedd yn dioddef ar y groes; yr hwn sydd â'i lygaid yn fflam dân, yn treiddio drwy y nefoedd a'r ddaear, ac ar yr un foment yn methu gweled gwaith ei ddwylaw pan ydoedd tywyllwch ar yr holl ddaear. Y mae fy meddwl yn boddi mewn gormod o syndod i ddyweyd dim yn ychwaneg . . .

Ann Griffiths at John Hughes, Pontrobert, 1801

127.

Rhyfedd, rhyfedd gan angylion,
  Rhyfeddod fawr yng ngolwg ffydd,
Gweld rhoddwr bod, cynhaliwr helaeth,
  A rheolwr pob peth sydd,
Yn y preseb mewn cadachau
  A heb le i roi'i ben i lawr,
Ac eto disglair lu'r gogoniant
  'N ei addoli'n Arglwydd mawr.

Efe yw'r iawn fu rhwng y lladron,
  Efe ddioddefodd angau loes,
Efe a nerthodd freichiau'i ddienyddwyr,
  I'w hoelio yno ar y groes;
Wrth dalu dyled pentewynion,
  Ac anrhydeddu deddf ei Dad,
Cyfiawnder, mae'n disgleirio'n danbaid,
  Wrth faddau yn nhrefn y cymod rhad.

Diolch byth, a chanmil diolch,
  Diolch tra bo ynw'i chwyth
Am [fod] gwrthrych i'w addoli,
  A thestun cân i bara byth;
Yn fy natur wedi ei demtio,
  Fel y gwaela' o ddynol ryw,
Yn ddyn bach, yn wan, yn ddinerth,
  Yn anfeidrol wir a bywiol Dduw.

Emynau Ann Griffiths (1806).

DAFYDD HUGHES
(EOS IÂL)
1792 – 1860

128. *Carol Plygain*

Ar gyfer heddiw'r bore, 'n Faban bach, 'n Faban bach,
Y ganwyd gwreiddyn Jese, 'n Faban bach;
Y cadarn ddaeth o Bosra,
Y Deddfwr gynt ar Seina,
Yr iawn gaed ar Galfaria, 'n Faban bach.
Yn sugno bron Maria'n Faban bach.

Caed bywiol ddwfr Eseciel, ar lin Mair, ar lin Mair,
A gwir Feseia Daniel, ar lin Mair;
Caed bachgen doeth Eseia,
'R addewid roed i Adda,
Yr Alffa a'r Omega, ar lin Mair, ar lin Mair.
Mewn côr ym Methlem Jwda, ar lin Mair.

Gorffwyswch bellach, Lefiaid; cafwyd iawn, cafwyd iawn,
Nid rhaid wrth anifeiliaid, cafwyd iawn;
Diflannu a wnaeth y cysgod,
Mae'r sylwedd gwedi dyfod,
Nid rhaid wrth ddyn na buchod, cafwyd iawn, cafwyd iawn,
Na theirw na thurturod, cafwyd iawn.

Ystyriwn gariad trindod, o'u gwir fodd, o'u gwir fodd,
Yn trefnu ffordd y cymod, o'u gwir fodd;
Y Tad yn ethol meichie,
Y Mab yn foddlon diodde,
A'r Ysbryd Glân ei ddonie, o'u gwir fodd, o'u gwir fodd,
Yn tywys Sïon adre, o'u gwir fodd.

Diosgodd Crist ei goron, o'i wir fodd, o'i wir fodd,
Er mwyn coroni Sïon, o'i wir fodd;
I blygu ei ben dihalog

O dan y goron ddreiniog,
I ddioddef dirmyg llidiog, o'i wir fodd, o'i wir fodd,
Er codi pen yr euog, o'i wir fodd.

O cofiwn, Gethsemane, lle bu ef, lle bu ef,
Yn chwysu'r gwaed yn ddagre, lle bu ef;
Ac am y fflangell greulon
Yn arddu cefn y cyfion,
Ar hyd heolydd Sïon, lle bu ef, lle bu ef,
A'i gwnawd yn gwysi hirion, lle bu ef.

O'r llys at orsedd Peilat, er ein mwyn, er ein mwyn,
Taenellwyd gwaed ein ceidwad, er ein mwyn;
Lle bu y Duw anfeidrol
Yn goddef barn angeuol
Gan ei greadur meidrol, er ein mwyn, er ein mwyn,
Yn fud fel caeth troseddol, er ein mwyn.

O dacw'r Oen mewn dalfa, er ein mwyn, er ein mwyn,
Yn esgyn pen Calfaria, er ein mwyn;
I ddioddef dwyfol loesion,
Ar bren y groes rhwng lladron,
Y bicell fain a'r hoelion er ein mwyn, er ein mwyn,
A cholli gwaed ei galon, er ein mwyn.

Gorweddodd yn y beddrod, er ein mwyn, er ein mwyn,
I dynnu'r damp o'i waelod, er ein mwyn;
Yn awr mae ar ei orsedd
Yn cynnig rhad drugaredd,
Maddeuant a thangnefedd, er ein mwyn, er ein mwyn,
I'r adyn mwyaf ffiaidd, er ein mwyn.

Cyfiawnder a foddlonwyd, waith ei iawn, waith ei iawn,
A'r ddeddf a anrhydeddwyd, waith ei iawn;
Mae uffern fawr yn crynu,
A'r ddurtur bêr yn canu,
A Duw a dyn yn gwenu, waith ei iawn, waith ei iawn;
Mewn hedd ym mherson Iesu, waith ei iawn.

Am hyn, bechadur, brysia, fel yr wyt, fel yr wyt,
I 'mofyn am y noddfa, fel yr wyt;
I ti'r agorwyd ffynnon
A ylch dy glwyfau duon
Fel eira gwyn yn Salmon, fel yr wyt, fel yr wyt;
Gan hynny tyrd yn brydlon, fel yr wyt.

MORGAN HOWELLS, CASNEWYDD
1794 – 1852

129. *Yr Angor a'r Rhaff*

Mae yr iawn yn dangos mawredd gras . . . Mae y pechadur yn cael myned i'r nefoedd, nid fel y *smuggling goods*. Trwy y *back door* y mae y rhai hyny yn cael myned yn gyffredin; rhywbeth heb yn wybod i'r Llywodraeth ydynt. Ond y mae pechadur wedi ei achub yn cael myned i'r nefoedd trwy y *front door*, yng ngolwg holl briodoleddau Duw. Pan y mae yn cael myned i'r nefoedd, bydd Cyfiawnder yn gwaeddi, *welcome*, a'r Gyfraith yn gwaeddi, Croesaw i ti yn yr iawn . . .

'Mae pob peth yn eiddoch chwi'. Beth yw y mynyddau yna sydd yn y Gogledd – yr Wyddfa a Chader Idris? Ni fuasai waeth gen' i ddim llawer pe buase' nhw yn myned i Fôr Gwerddon; a'n mynyddau ninnau yn y De – Mynydd Brycheiniog a Mynydd y Garth – ni fuasai waeth gen' i ddim llawer pe bae nhw yn myned i'r *British Channel* yr un diwrnod. 'Mae pob peth yn eiddoch chwi'.

. . . Ni welais i erioed y fath bethau ardderchog â'r pethau sydd gyda ni: rhad ras, maddeuant pechodau, gobaith da trwy ras . . . Mi gwelais nhw yn profi yr angor a'r *cable* yn ddiweddar yn Newport: mae ganddynt ryw *engine* i'w profi hwynt. Mae eisiau profi yr angor a'r *cable* arnom ninnau y dyddiau hyn. Beth yw yr angor? Gobaith. Beth yw'r *cable*? Ffydd. Yr wyf fi am i chwi daflu eich angor, gynulleidfa, erbyn dydd yr ystorm . . . Mae hi yn dechre myned yn gyfyngder gyda ni tua'r gweithfeydd acw yn awr, ac y mae y ffermwyr hefyd yn teimlo o'r bron. Yr wyf yn myned i'ch taclu chwi erbyn myned i'r ystorm yn awr wrth ymadael. Mynwch yr angor yn ddiogel. O yr wyf fi yn teimlo fy enaid bron myned o' nghorff i, gan fel y mae *tide* rhad ras yn nofio fy enaid tua'r ddeheulaw. Angori i fyny! Angori i lawr y mae nhw, y morwyr; ond angori i fyny yr ydym ni; angori yn yr arch a'r drugareddfa, angori yn y gysegrfa, angori yn y gwir dabernacl, angori yn Nuw ei hunan. Dyna le i angori. Y nefoedd a'ch tyno chwi i'r noddfa!

Y Gofadail Fethodistaidd, Cyfrol 1 (1880).

EVAN EVANS
(IEUAN GLAN GEIRIONYDD)
1795 – 1855

130. *Glan yr Iorddonen*

Ar lan Iorddonen ddofn
  'Rwy'n oedi'n nychlyd,
Mewn blys mynd trwy, ac ofn
  Ei stormydd enbyd;
O! na bai modd i mi
  Osgoi ei hymchwydd hi,
A hedfan uwch ei lli,
  I'r Ganaan hyfryd!

Wrth gofio grym y dŵr,
  A'i thonnog genlli,
A'r mynych rymus ŵr
  A suddodd ynddi,
Mae braw ar f'enaid gwan
  Mai boddi fydd fy rhan,
Cyn cyrraed tawel lan
  Bro y goleuni.

Ond pan y gwelwyf draw,
  Ar fynydd Seion
Yn iach, heb boen na braw,
  Fy hen gyfeillion,

Paham yr ofnaf mwy?
  Y Duw a'u daliodd hwy
A'm dyga innau drwy
  Ei dyfroedd dyfnion.

JOHN JONES, TAL-Y-SARN
1796 – 1857

131. *Gweddi a Gwaith*

Y mae y gweddiwr cywir nid yn unig yn gofyn i'r Arglwydd am yr hyn sydd arno ei eisieu, ond hefyd yn ymarfer yn ddiwyd a'r moddion gosodedig i'w gael: ond nid ydyw y rhagrithiwr yn gwneyd dim ond gweddio. Y rheol ddwyfol ydyw gweddio, ac arfer moddion; ac ofer ydyw i ni ddisgwyl llwyddo drwy y naill heb y llall. Gweddio o'r gwely, nid ydyw o'r galon; ac am hyny nid ydyw yn cael ei hatteb; 'Enaid y diog a ddeisyf, ac ni chaiff ddim' *Diar.* xiii. 4. Deisyfiad o'r galon ydyw awyddfryd mor gref am rywbeth, nes peri i ddyn nid yn unig ofyn am dano, ond hefyd arfer pob moddion o fewn ei gyrhaedd i'w gael. Yr oedd awydd Jacob mor gryf am gael ei wragedd fel y darfu iddo weithio yn galed mewn trefn i'w cael, yn gystal a gofyn am danynt. Er i'r Israeliaid ddymuno cael Gwlad Canaan, ni buasent byth yn ei chael heb arfer moddion i gael meddiant o honi, o blegid trwy hyny yr oedd Duw wedi arfaethu iddynt ei chael. Yr oedd yr addewid o honi mor bell oddi wrth eu rhyddhau oddi wrth yr angenrheidrwydd o arfer moddion, fel mai hi oedd eu prif gymmhelliad i arfer moddion. Wedi i'r Arglwydd adnewyddu yr addewid i Josuah, y peth cyntaf ar ol hyny a ddywedodd efe wrtho ydoedd, 'Ymgryfha, ac ymwrola'; *Jos. i. 6.* Er fod yr Arglwydd wedi addaw na 'byddai colled am einioes yr un' oedd ar fwrdd y llong gyda Phaul; etto, dywedir nas gallent fod yn gadwedig heb i'r morwyr aros ynddi i'w gweithio, o blegid trwy eu hofferynoliaeth hwy yr oedd yr Arglwydd wedi bwriadu eu hachub. Yr oedd y moddion, yn gystal a'r dybenion, yn rhan o'i gynllun arfaethol ef; ac nid oedd dim modd cyrhaedd yr olaf heb y cyntaf. Fe aeth Iesu Grist i'r nefoedd i eiriol dros lwyddiant ei deyrnas ar y ddaear, ac ar yr un pryd efe a ordeiniodd foddion i'w dwyn yn mlaen. Ni buasai yr eiriolaeth yn ddigon i'w llwyddo heb y moddion, na'r moddion heb yr eiriolaeth; ond rhaid cael y naill gyda'r llall. Moddion yw yr hwyl ar y llong, a gweddi yw y gwynt sydd yn ei gyru yn mlaen: ni buasai yr hwyl yn gyru y llong yn mlaen heb y gwynt, na'r gwynt chwaith heb yr hwyl. Pan ennillodd Dafydd fuddugoliaeth ar yr Amaleciaid, yr oedd efe yn gweddio ac yn ymladd ar unwaith. Felly, cyn y gallwn ninau ennill buddugoliaeth ar bechod, rhaid i ni weddio yn ei erbyn, ac ar yr un pryd arfer moddion i'w farweiddio.

132. *Ffydd yn y Galon*

Gwneir yr undeb hwn i fyny trwy ffydd o du y pechadur. Pa fodd y cenhedlir y ffydd hon yn yr enaid? Trwy ddadguddiad o ogoniant Crist: 'Y rhai a adwaenant dy enw a ymddiriedant ynot'. 'Ac efe a roes i ni feddwl, fel yr adnabyddom yr hwn sydd gywir; ac yr ydym ni yn y Cywir hwnw, sef yn ei Fab ef Iesu Grist; hwn yw y gwir Dduw, a'r bywyd tragwyddol'. Profir hyn oddi wrth natur gwir ffydd – 'Sicrwydd y pethau nid ydys yn eu gweled'. Cenhedlir ffydd trwy ddwyn pethau dwyfol i hollol sicrwydd yn y meddwl. Gwir ffydd a gynnwys nid yn unig gydsyniad â'r gwirionedd, ond hefyd deimlad o hono; neu gydffurfiad â'r gwirionedd – 'ufuddhau o honoch o'r galon'. Impio y Gair yn y meddwl, i ffrwytho. Derbyn y Gair fel Gair Duw. Y mae yn gwreiddio a greddfu dan arddeliad yr Ysbryd yn y galon a'r serch. Y mae fel lefain yn troi yr enaid i'w duedd ei hun; yn 'gyfraith' yn y meddwl. Gair Duw wedi greddfu yn y galon ydyw 'y dduwiol anian': 'Wedi eich ail eni, nid o had llygredig, eithr anllygredig, trwy Air Duw, yr hwn sydd yn byw ac yn parhau yn dragywydd' 1 *Pedr i. 23*.

Pregethau (1869).

HENRY REES
1798 – 1852

133. *Gweinidogaeth yr Ysbryd Glân*

Mae y Tad tragwyddol wedi cynllunio a bwriadu achub pechaduriaid, a Mab Duw wedi marw trostynt mewn trefn i'w gwaredu; ond bydd amcanion y naill heb eu cyflawni, a marwolaeth y llall yn ofer, heb waith yr Ysbryd Glân. Efe sydd yn dwyn trueni cyflwr y pechadur i'w ystyriaeth a'i deimlad; ac efe, drachefn, sydd yn dwyn trefn yr efengyl i ddirnadaeth a meddiant y pechadur. Edrychwch ar ddyn wedi para yn annuwiol o'i febyd i fyny. Mae ei anwybodaeth yn fawr, ei drachwantau yn gryfion, a'i gydwybod yn galed. Nid oes ond yr Hwn a'i gwnaeth a all beri i'w gleddyf nesau ato, a dwyn ei gydwybod dan nerth argyhoeddiad . . . Y mae yr efengyl yn cyhoeddi Duw yn Achubwr; y mae yntau yn edrych arno yn unig fel Barnwr. Y mae yr efengyl yn cyhoeddi maddeuant o drugaredd ac mewn iawn; y mae ei gydwybod yn ei gondemnio i farw. Pwy a gred dros ddyn os na chrêd ei gydwybod? Yma nid oes ond nerth yr Ysbryd Glân – gweithrediad nerth ei gadernid ef – a ddichon oleuo yr enaid am drefn yr efengyl, a throsglwyddo drwy y goleuni hwnw deimlad o faddeuant, dwyn bendithion y drefn i'r profiad ac adnewyddu y galon i'w chredu, nes sefydlu trefn gras yr efengyl ym marn y pechadur, ac felly ddwyn ei ewyllys i'w chymeradwyo a'i gydwybod euog i orphwys ynddi yn dragywydd . . .

. . . O bobl, chwi ewch i'r nefoedd heb ras Duw, ac heb waed Crist, cyn gynted ag yr ewch chwi yno heb yr Ysbryd Glân. Ei gael ef ydyw cael 'y pethau da' i gyd yn eu hachos a'u Heffeithydd; a bod hebddo ef ydyw bod heb dda yn trigo ynom . . . Rhaid i ni fyw yn yr Ysbryd – rhodio yn yr Ysbryd – credu, caru, llawenhau, gweddïo, canu yn yr Ysbryd Glân. Hebddo ef diflanna y weinidogaeth o'r pulpud, cilia bywyd a sancteiddrwydd o'r eglwys, a derfydd yr addoli o'r ordinhadau! Ofer i chwi foregodi, myned yn hwyr i gysgu, gofalu a gweithredu, heb oruchwyliaeth a chadwraeth Ysbryd yr Arglwydd. Gellwch ddywedyd mewn balchder a mawredd calon, Ni a godwn gapelydd newyddion a rhai gwych a rhai gwael: 'y priddfeini a syrthiasant, ond a cherrig nadd yr adeiladwn; y sycamorwydd a dorwyd, ond ni a'u newidiwn yn gedrwydd'. Ofer i gyd! heb yr

Ysbryd, aiff ein haddoldai yn ogofeydd lladron, Jerusalem yn chwaer i Sodom, a thyrau Seion yn binaclau Babel. Gweddïwn, gan hyny, am y tywalltiad o hono yn ôl yr addewid.

Pregethau, Cyfrol 1 (1872).

EBENEZER THOMAS
(EBEN FARDD)
1802 – 63

134. *Craig yr Oesoedd*

O! Fy Iesu bendigedig,
   Unig gwmni f'enaid gwan,
Ym mhob adfyd a thrallodau,
   Dal fy ysbryd llesg i'r lan,
Tra y'm teflir yma ac acw
   Ar anwadal donnau'r byd,
Cymorth rho i ddal fy ngafael
   Ynot Ti, sy'r un o hyd

Rhof fy nhroed y fan a fynnwyf
   Ar sigledig bethau'r byd,
Ysgwyd mae y tir o danaf,
   Darnau'n cwympo i lawr o hyd;
Ond os caf fy nhroed i sengi,
   Yn y dymestl fawr a'm chwyth,
Ar dragwyddol Graig yr Oesoedd,
   Dyna fan na sigla fyth.

Pwyso'r bore ar fy nheulu,
   Colli'r rheini y prynhawn!
Pwyso eilwaith ar gyfeillion,
   Hwythau'n colli'n fuan iawn;
Pwyso ar hawddfyd – hwnnw'n siglo,
   Profi'n fuan newid byd;
Pwyso ar Iesu – dyma gryfder
   Sydd yn dal y pwysau i gyd!

WILLIAM REES (GWILYM HIRAETHOG) 1802 – 83

135. *Yr Opsiwn o blaid y Tlawd*

Y mae ein Beibl ni yn orlawn o achosion gwladwriaethol; os rhaid i ni fyned a pholitics allan o'r addoldai, y mae yn rhaid i ni fyned a'r Beibl allan – y mae politics y byd yn hwn. Fe synech yr hyn sydd yn cael ei ddweyd ynddo yn achos y tlawd, yr amddifaid, yr anghenog – y mae y Beibl yn Feibl y tlawd mewn modd neilltuol. Fe gyhoedda waeau trymion yn erbyn 'y rhai sydd yn gwneuthur deddfau anwir i ymchwelyd y tlodion oddiwrth y farn, ac i ddwyn barn angenogion'. 'Yr hwn sydd yn ymffrostio, ymffrostied yn hyn ei fod yn deall, ac yn fy adnabod i, mai myfi yw yr Arglwydd a wna drugaredd, barn, a chyfiawnder yn y ddaear; o herwydd yn y pethau hyn yr ymhyfrydais'. Ac edrychwn arno drachefn yn dyfod trwy yr un prophwyd i siarad â mab anuwiol i Josiah dduwiol, ac yn dywedyd wrtho, 'Oni fwytaodd ac oni yfodd dy dad, ac oni wnaeth efe farn a chyfiawnder? Efe a farnodd gŵyn y tlawd a'r anghenus: onid fy adnabod i oedd hyn?' Onid crefydd yw hyn? 'Medd yr Arglwydd'. Barnodd gŵyn, a dadleuodd ddadl y tlawd a'r amddifad. Yr wyf yn ei ystyried yn fater crefyddol i ddwyn hyn i'r pulpit a'r platform, ac i'w ddadlu tra byddaf yn meddu llaw a ddichon ysgrifenu, a thafod a ddichon siarad. Y mae ein Duw ni yn ymwneyd â pholitics y byd – y mae yn dda i ni feddwl hyny. Duw sydd yn sefyll yn nghynulleidfa y galluog, ym mhlith y duwiau y barna efe. Beth y mae yn ei wneyd yno? Y mae yn dywedyd fel hyn wrth y gwŷr galluog, a'r duwiau, y dukes, yr earls, y lords, a'r esquires sydd yno. – Pa hyd y bernwch ar gam, y derbyniwch wyneb yn ddirgel? . . . Y mae angylion y nefoedd yn ymwneyd â pholitics y byd, ac ni feddyliodd y bodau hyn fod eu dwylaw yn rhy lân i wneyd hyny. Fe ddywedodd un angel ei fod wedi byw yn llys Persia, ac ni chlywais fod un o'r angylion ereill wedi camu ei ben, a dywedyd, Yn wir, nid wyf yn ei gweled yn iawn. Yr wyf wedi cael fy mriwio. Beth yr oedd yn ei wneyd yn llys paganaidd ac eilunaddolgar Persia? Ai nid oedd dim ond rhysedd ac anuwioldeb yno? Beth allasai ef fod yn ei wneyd yn y fan honno? Yr oedd ar ei ddyledswydd yno, ac yr oedd yn dweyd wrth Daniel ei fod yn myned yno drachefn, a thra byddaf yno, fe fydd tywysog tir Groeg yno yn cydweithio i ddwyn ein hamcanion i ben. Y mae politics yn cael eu trin gan angylion y nefoedd, ac nid ym ninau, fel gweinidogion yr efengyl, uwchlaw angylion y nef, ond yr ydym dipyn islaw iddynt.

O'r *Amserau*, 13 Rhagfyr 1843.

136. *Argaeau'r Nefoedd*

Dyma gariad fel y moroedd,
Tosturiaethau fel y lli';
Tywysog bywyd pur yn marw,
Marw i brynu'n bywyd ni:
Pwy all beidio cofio amdano?
Pwy all beidio canu'i glod?
Dyma weithred nad a'n angof,
Tra fo nefoedd wen yn bod.

Ar Galfaria yr ymrwygodd
Holl ffynhonnau'r dyfnder mawr.
Torrodd holl argaeau'r nefoedd,
Oedd yn gyfain hyd yn awr:
Gras a chariad megis dilyw,
Yn ymdywallt yma 'nghyd;
A chyfiawnder pur a heddwch
Yn cusanu euog fyd!

MORRIS WILLIAMS
(NICANDER)
1809 – 74

137. *Yr Olyniaeth Apostolaidd*

Fel yr anfonodd y Tad Grist,
  Anfonodd Duw ei weision,
I iawn-drosglwyddo Gair y Groes
  O oes i oes olynol.

Enneiniwyd Crist â'r Ysbryd Glân
  Yn ben i'w burlan Eglwys;
Rhydd yntau Ef i aelodau hon
  Drwy law ei weision cymmwys.

Disgynai'r olew ar y Pen
  Yn rhith colommen gannaid;
Oddi arno disgyn, ddwyfol rodd,
  Ar wisgoedd ei offeiriaid.

Traddoda'r Tad-yn-Nuw y ddawn
  O'i law i ffyddlawn ddynion;
Dont hwythau'n dadau, yn eu tro,
  Cenhedlaeth o weinidogion.

O dad i fab yn ffydd y Groes
  O oes i oes olynol,
Trosglwyddir ffurf a rhinwedd llawn
  Y ddwyfol ddawn ysbrydol.

Brenhinol offeiriadaeth Duw,
  O ach a rhyw ysbrydol,
Sy genedl sanctaidd, Lefi lân,
  I weini'r tân aberthol.

138. *Yr Hen Fynwent*

Y seintiau gynt, tra buant byw,
I eglwys Dduw y cyrchent;
A'u cartref ym marwoldeb yw
Cysgodion yw ei mynwent.

Adfywiad yw i'm hysbryd gwan
Gael yn y llan addoli,
Lle gorphwys torf o gylch y mur
O anwyl frodyr immi.

Roedd Crist ein Harglwydd, t'wysog hedd,
Yn ben mewn bedd i'w seintiau;
Maent hwythau, ym mro marwol dir,
I Grist yn wir aelodau.

Gwleddasant ar ei gnawd a'i waed
Ac un y'u gwnaed yn ddiau;
Fe'i hunwyd Ef â hwy eu hun,
Gwnaed hwythau'n un ag Yntau.

O!'r rhwymyn byw i farwol ddyn
Yw cymmun corph ein Prynydd!
Mae'n rhoi mewn undeb holl blant Duw,
Y meirw a'r byw a'u gilydd!

Beth os oes brodyr gau'n y bedd,
Yn gorwedd gyda â'r duwiol,
Pell ar wahân eu trigfa fydd,
Pan ddelo dydd y didol.

Aelodau Eglwys Lân fy Naf,
Wrth fyw, yw'm hoffaf gwmni;
Ac yn eu plith dymunwn gael
I'm corphyn gwael ei letty.

O'r *Flwyddyn Eglwysig* (1843).

Roedd Morris Williams. 'Nicander', curad Bangor a Rheithor Llanrhyddlad ym Môn yn ddiweddarach, yn un o arweinwyr Mudiad Rhydychen yn esgobaeth Bangor. Mae 'catholigiaeth' ei emynau yn drawiadol wahanol i eiddo'r Ymneilltuwyr a'r Methodistiaid, ond roeddent yn gyfraniad gwerthfawr i swm ysbrydoledd Gymraeg ganol y bedwaredd ganrif ar byrntheg.

LEWIS EDWARDS
1809 – 87

139. *Glendid yr Ysbryd*

Os cawsoch chwi, frodyr, le i feddwl fod Ysbryd Duw wedi ymostwng i wneyd ei gartref yn eich mynwes, gofelwch am gadw y tŷ yn lân. Cofiwch mai un mawr ac urddasol iawn sydd wedi dyfod yma i aros, a bod yn rhaid iddo gael y tŷ yn lân. Nid yw efe yn materu beth yw maint y lle, na pha addurn a fydd o'i amgylch; y mae mor barod i ddyfod i fwthyn y gŵr tlawd ag i balas y gŵr cyfoethog. Ond mae yn rhaid iddo gael ei drigfa yn lân. Os bwthyn bychan tlawd sydd genych i'r preswylydd, cedwch ef yn lân iddo. Os mai rhyw enaid bychan sydd genych, heb ei addurno ag athrylith neillduol, neu â dysgeidiaeth, bydded eich gofal er hyny am ei gadw yn lle glân i'r Ysbryd Glân. Ie, cedwch aelodau eich cyrff yn lân, yn gystal a'ch eneidiau. 'Oni wyddoch chwi fod eich corff yn deml i'r Ysbryd Glân sydd ynoch?' Cedwch ef, ynte, yn lân i'r Ysbryd. Nid ydym yma yn cyfeirio at aflendid naturiol, er nad ydym yn meddwl y gall fod llawer o grefydd yn agos at yr aflendid hwnw; ond cedwch eich corff, fel eich enaid, yn lân oddiwrth bechod. Cedwch y tafod yn lân. Bobl ieuainc, na roddwch eich tafod byth i swnio geiriau aflan. 'Na ddeued un ymadrodd llygredig allan o'ch genau chwi'. Mae hynny yn caledu y galon, ac yn halogi y gydwybod. Cedwch eich dwylaw yn lân, heb eu hestyn byth at y peth lleiaf na byddo eiddo i chwi. Cedwch eich llygaid yn lân, rhag edrych ar wagedd. Cofied pob un mai enw a chymeriad mawr yr ysbryd yw Ysbryd Glân. O beth mor brydferth yw gweled eglwys lân! Beth ydyw ond rhes o dai glân i Lân Ysbryd Duw? Ac os cawsoch le i feddwl fod yr Ysbryd yn trigo ynoch, gwyliwch rhag ei dristau, ac onide, nis gellwch fwynhau ei ddyddanwch. Nid wyf yn dywedyd y cilia efe yn hollol. Fe dybygid na wna Ysbryd Duw byth adael yn llwyr enaid wedi iddo ddechreu ynddo y gwaith da. Ond fe all efe fod yna yn debyg i ŵr y tŷ wedi digio, soriant yn ei wedd, y gymdeithas nefol wedi ei hattal; ac felly yn ddiau y bydd os tristeir ef. 'Rhodiwch yn yr Ysbryd, ac na chyflawnwch drachwant y cnawd'.

140. *Yr Undeb Cyfriniol*

'Yr hyn a aned o'r cnawd, sydd gnawd; a'r hyn a aned o'r Ysbryd, sydd Ysbryd'. Er pob rhyw ddefodau allanol, ni bydd yna ddim crefydd ysbrydol heb yr Ysbryd Glân. Er y gall fod yno ddysgeidiaeth, a moesoldeb, a phob rhyw drefnusrwydd, y mae yna rhyw ddyfnder o ddrygioni yn y galon nad oes dim a'i cyfnewidia ond ysbryd Duw ei hunan. Dyna ydyw 'crefydd ysbrydol'. Y mae yn rhywbeth goruwchnaturiol. Pan y collo dyn y goruwchnaturiol, y mae ei grefydd yn myned yn gnawdol ac yn anianol . . . Y mae y Bibl yn ein dysgu ni i gredu fod yr Ysbryd yma yn preswylio yn y credinwyr yn wastadol, ar ôl eu hadgenhedliad. Dyma y goruwchnaturiol, preswyliad ysbrydol y trydydd person yn y Duwdod yn ysbryd y dyn, yn ei oleuo, yn ei sancteiddio, yn ei ddiddanu. Ffordd yr Ysbryd Glân i genhedlu y grefydd ysbrydol yn enaid dyn ydyw trwy ei uno ef â pherson Mab Duw. Nid oes dim a orchfyga lygredigaeth yn ein personoliaeth ni ond cael ein himpio i Fab Duw. Rhaid ein tori yn lân allan o'n hen berthynas a'n himpio yn Adda yr ail . . .

Y mae tuedd mewn llawer y dyddiau hyn i wadu hyn fel pwnc. Mae y Defodwyr wedi bod yn chwilio am rywbeth yn ei le – rywbeth cnawdol a seremoniol. Rhaid cael rhywbeth i lanw y gwagle. Y mae dyn anianol hefyd yn gosod rhywbeth arall i fyny, megis rheswm dyn yn sail i'w grediniaeth. Y mae yn bosibl meddwl am Iesu Grist heb y goruwchnaturiol. Ond y mae undeb goruwchnaturiol y credadyn â pherson Mab Duw mor wirioneddol a bod ein natur ni wedi ei huno â'r Ail Berson yn y Drindod. Y mae ein personau wedi eu huno â'r Duw-ddyn yn mherson yr Arglwydd Iesu Grist. Dyma ydyw 'crefydd ysbrydol' dyn yn cael ei uno ag Iesu Grist yn gyntaf, ac yna yn cael ei gyfnewid, ac wedi hyny yn mwynhau cymundeb gwastadol gyda'r Arglwydd Iesu. Yr oedd yr hen Ddiwygwyr yn rhoddi pwys mawr ar hyn. Y mae hyn yn llenwi ysgrifeniadau y Diwygwyr Protestanaidd. Yr undeb cyfriniol (fel y galwent hwy ef), yr undeb dirgeledig yma rhwng dyn â'r Arglwydd Iesu Grist – hanfod y pechadur yn cael ei uno â hanfod y Duw-ddyn. Nid i'w gwneuthur yn un person; na, y maent yn ddau o bersonau, megis o'r blaen, ac eto y mae yna undeb gwirioneddol a sylweddol. 'Y dydd hwnw y gwybyddwch fy mod i yn fy Nhad, a chwithau ynof fi, a minau ynoch chwithau', 'Mi a groeshoeliwyd gyda Christ: eithr byw ydwyf; eto, nid myfi, ond Crist sydd yn byw ynof fi' . . . Yr oedd yn anmhosibl i'r Ysbryd Glân ei hunan osod allan mewn iaith ddynol holl gyfoeth yr undeb dirgeledig rhwng ysbryd y credadyn â'r Arglwydd Iesu Grist. Gochelwch aros ar y geiriau yn fwy nag ar y gwirionedd a gynwysant. Os oes yna wahaniaeth, cynwys mwy, nid llai, na'r geiriau y mae yr undeb hwn. Y mae hyn yn bod ! Dyma ydyw sylwedd crefydd ysbrydol.

Traethodau Diwinyddol (d.d.).

141. *Yr Iawn Tragwyddol*

Nid rhyw weithred i'w hystyried ar wahân, wedi myned heibio er ys deunaw can mlynedd, ac wedi ei selio i fyny am byth, yw yr iawn. Y mae yr iawn yn cael ei dragwyddol gyflwyno i'r Tad yn mherson y Mab. Yr ydym yn cymmeryd ein safle o hyd ar yr hyn yw Person yr Arglwydd Iesu Grist; ac yn canfod yma fod yr un rhyddid a'r un gobaith i bechadur am ei fywyd tragwyddol, a phe buasai yn byw yn Jerusalem ar adeg y croeshoeliad, ac yn deisyf yn bersonol i'r Gwaredwr ei gofio wrth farw. Pa ddefnydd tybed mwy na hyn a raid i neb ei gael, neu a ellir ei gael. Os ydym yn ofni rhag fod rhyw rwystr yn yr arfaeth, neu yn yr iawn, yr esboniad goreu ar yr hyn oedd yw yr hyn sydd; a gallwn fod yn sicr nad oedd dim yn yr ewyllys ddwyfol er tragwyddoldeb, na dim yn mherthynas yr iawn a'r rhai a roddwyd gan y Tad i'r Cyfryngwr, yn groes i ewyllys y Mab heddyw fel gweinyddwr rhydd ar holl fendithion y cyfammod. Nid oes yma fwy o anhawsder nag sydd i gyssoni effeithiolrwydd gweddi ag anghyfnewidioldeb Duw a sefydlogrwydd deddfau natur. Y mae yr ewyllys ddwyfol yn neddfau natur mor wirioneddol ag yn ngwaith yr iawn, ac mor anghyfnewidiol yn y naill ag yn y llall; er hyny, y mae

Duw yn wrandawr gweddi, ac y mae ystyr i'r deisyfiad hwnw yn ngweddi yr Arglwydd – 'Dyro i ni heddyw ein bara beunyddiol'. Felly, er fod ewyllys y Tad fel amddiffynwr y gyfraith, ac ewyllys y Mab fel Meichnïydd, yn cydgyfarfod yn yr iawn, y mae y gair hwnw yn wir heddyw – 'Yr hwn a ddêl ataf fi, nis bwriaf ef allan ddim'.

Athrawiaeth yr Iawn (d.d).

OWEN THOMAS
1812 – 91

142. *Calon Ddrwg Anghrediniaeth*

Cilio oddiwrth, gochel, osgoi, y Duw byw. Y mae gan y Duw byw fanau lle y mae yn arfer rhodio ynddynt; y mae yn osgoi y rhai hyny rhag ei gyfarfod ef ynddynt: – ei Air, ei dŷ, ei ordinadau, – nid yw yn dyfod yn agos iddynt. Bu yno yn gyson, ond ni welir mo hono braidd un amser yn awr yn agos i'r fath le. A phan y byddo y Duw byw yn cyfarfod ag ef, y mae yn ei osgoi. Fel y gwelir dyn weithiau yn gochel cyfarfyddiad ag un y bu unwaith yn teimlo yn gyfeillgar tuag ato, ond y cyfeillgarwch wedi oeri, a'r meddwl wedi ymddieithrio. Pan y gwêl ef yn dyfod i'w gyfarfod ar yr heol, y mae yn myned y tu arall heibio, neu yn troi y gongl yn lle ei wynebu. Fel yna y mae dyn dan ddylanwad anghrediniaeth yn cilio oddiwrth Dduw byw. Pan y mae yr Arglwydd yn dyfod i'w gyfarfod trwy ei Air, y mae yn troi ymaith oddiwrtho; pan yn galw arno yn ngoruchwyliaethau ei Ragluniaeth i ystyried, mae yn troi clust fyddar i'w alwadau. Nid yw yn gwadu ei fod; nid ydyw yn proffesu diystyru ei awdurdod; nid yw yn ammau nac yn dadleu ei hawliau. Y mae yn barod i gydnabod llywodraeth deddfau y Goruchaf, – ond y mae yn osgoi dyfod i gyfarfyddiad â Duw byw, – â bod personol y gall gymdeithasu ag ef. Mae dynion dan ddylanwad anghrediniaeth calon yn hir ar feddwl cilio oddiwrth Dduw; ac o'r diwedd y maent yn myned i'r fath galedwch ag i ddywedyd wrtho, 'Cilia oddiwrthym; canys nid ydym yn chwennych gwybod dy ffyrdd'. 'Edrychwch, frodyr, na byddo un amser yn neb o honoch galon ddrwg anghrediniaeth, gan ymadaw oddiwrth y Duw byw'.

Pregethau (1896).

WILLIAM JONES
(EHEDYDD IÂL)
1815 – 99

143. *Er nad yw 'Nghbnawd ond Gwellt*

Y nefoedd uwch fy mhen
A dduodd fel y nos,
Heb haul na lleuad wen
Nac unrhyw seren dlos,
A llym Gyfiawnder oddi fry
Yn saethu mellt o'r cwmwl du.

Cydwybod euog oedd
Yn rhuo dan fy mron, –
Mi gofia' 'i chwerw floedd
Tra ar y ddaear hon, –
Ac yn fy ing ymdrechais ffoi,
Heb wybod am un lle i droi.

Mi drois at ddrws y Ddeddf
Gan ddisgwyl cael rhyddhad;
Gofynnais iddi'n lleddf
Roi imi esmwythad, –
'Ffo am dy einioes,' ebe hi,
'At Fab y Dyn i Galfari'.

Gan ffoi, ymdrechais ffoi
Yn swn taranau ffroch,
Tra'r mellt yn chwyrn gyffroi
O'm hôl fel byddin groch;
Cyrhaeddais ben Calfaria fryn,
Ac yno gwelais Iesu gwyn.

Er nad yw 'nghnawd ond gwellt
A'm hesgyrn ddim ond clai,
Mi ganaf yn y mellt,
Maddeuodd Duw fy mai.
Mae Craig yr Oesoedd dan fy nhraed
A'r mellt yn diffodd yn y gwaed.

THOMAS REES, ABERTAWE
1815 – 85

144. *Caru'r Brodyr*

Edrych fod ein crefydd bersonol mewn sefyllfa lewyrchus. Yn union yn ôl graddau ein duwioldeb personol y byddwn yn anwylo eraill ar gyfrif eu duwioldeb. Mae yn deilwng o sylw mai y rhai a lleiaf o nodau duwioldeb arnynt yn mhob eglwys ac enwad yw y rhai mwyaf culion a rhagfarnllyd at bobl o enwadau eraill, a'r rhai mwyaf dioruchwyliaeth yn mhob eglwys, sydd barotaf i gyfodi ymryson. Dengys hyn mai y ffordd union i feithrin cariad at y brodyr yw gofalu fod ein calonau ni ein hunain yn llawn cariad at Dduw. Ar yr un gwreiddyn y mae y ddwy ganghen hyfryd yma yn tyfu. Mewn cymundeb agos â'u Duw y mae yr holl saint yn cyfarfod â'u gilydd, fel y mae breichiau yr olwyn yn nesu at eu gilydd, pa nesaf i'r bwl y byddont. Mae ein hagosrwydd at Dduw yn feithrinol i'n brawdgarwch, am mai Duw cariad yw efe, a'i fod yn gwneud pawb agos ato yn debyg iddo. Hyn a'n gwna yn rhy gryfion i bob tramgwydd i'n terfysgu. Corff gwanaidd, afiachus sydd yn teimlo gyda phob newidiad yn y tywydd; felly Cristion eiddilaidd a dilewyrch iawn sydd yn cymeryd ei daflu o'i le gan bob *trifle*. Calon lawn o gariad at Dduw, mae hono yn sicr o fwrw allan ffrydiau o gariad at y frawdoliaeth. Gwna ein duwioldeb feithrin brawdgarwch a'n gwna ni yn rhy selog dros ogoniant i fod yn ystyfnig dros ein hopiniynau, nes rhwygo yr achos goreu.

O'r *Cofiant* (1888) gan John Thomas, Lerpwl.

ANHYSBYS

145. *Dwy Natur mewn un Person*

Yng nghyflawnder yr amser, tragwyddol genhedlig a phriodol Fab Duw, Person anfeidrol y Duwdod, gogyfuwch â'r Tad, gwir lun ei Berson ef, gwir Dduw, a gymerodd natur dyn, gwir ddynoliaeth gyflawn, ym mru yr wyryf, yn sanctaidd heb ei llwgr. Ordeiniwyd corff iddo gan y Tad; ffurfiwyd ei gorff gan yr Ysbryd Glân o sylwedd y forwyn, heb un math o halogrwydd, yr hwn gorff a gymerodd efe i undeb â'i Berson ei hun; felly y mae Person Dwyfol a natur ddynol wedi eu huno yn anwahanol yn yr un Cyfryngwr, heb newid natur y Person Dwyfol, na'r ddynoliaeth, na'u cymysgu chwaith: ond y mae y Person anfeidrol, Crist Iesu, yn wir Dduw ac yn wir ddyn eto un Cyfryngwr rhwng Duw a dynion, Emmanuel . . . Yng nghyfryngaeth Crist yr oedd y ddwy natur yn gweithredu, bob un yn briodol iddi ei hun; eto, o herwydd yr undeb, y mae gweithredoedd y naill neu y llall yn cael eu priodoli i'r Person. Y mae undeb y ddwy natur yn aros, ac i barhau byth ym Mherson Crist; Duw-ddyn fydd efe byth.

O'r erthygl 'Am Berson Crist y Cyfryngwr' yn *Cyffes Ffydd Eglwys y Methodistiaid Calfinaidd* (1823).

DAVID HOWELL (LLAWDDEN)
DEON TYDDEWI
1831 – 1903

146. *Haeddiant Crist*

O! fy Arglwydd, O! fy Mhrynwr,
   O! fy Ngheidwad, O! fy Nuw;
Ti, fy Iesu, yw fy nghwbwl,
   Ar dy haeddiant 'rwyf yn byw;
Ffrwyth dy boen, a gwerth dy aberth,
   Rhinwedd Iawnol dwyfol waed,
Dyma wraidd fy holl orfoledd,
   Dyma'r Graig sydd dan fy nhraed.

JOHN PRYCE, DEON BANGOR
1828 – 1903

147. *Anfarwoldeb a Gobaith yr Atgyfodiad*

Pan yr oedd y gorphenol yn ymddangos mor ddirgeledig, y presennol mor ddibwrpas, a'r dyfodol wedi ei amdöi â llen gaddug annhreiddiadwy, a bywyd dyn 'fel pan saether saeth at nod, yr awyr wedi ei rhanu a ddychwel yn y fan i'w lle, fel na wydder pa ffordd yr aeth hi', y bobl a rodiasant mewn tywyllwch a welsant oleuni mawr! Dynoliaeth, druan, a glywodd am Un a ddaeth i wneuthur mawr ymwared i blant marwolaeth. Ar y greadigaeth, a hithau yn ei darostyngiad i oferedd yn ocheneidio, fe wawriodd gobaith am ryddhad o gaethiwed llygredigaeth i ryddid gogoniant plant Duw. Symmudwyd y cwestiwn am anfarwoldeb o diriogaeth dyheuadau a gobeithion i gylch gwirioneddau seiliedig nid yn unig ar argyhoeddiadau dyfnaf ein natur, ond hefyd ar dystiolaeth hanesyddol adgyfodiad Crist oddi wrth y meirw. Hyn a gododd y gorchudd oddi ar ddybenion bywyd, ac yng ngoleu y gwirionedd mai rhan ragbarotoawl o dragwyddoldeb ydyw y presennol, gwelwyd ei bwysigrwydd a'i gyfrifoldeb annhraethadwy. Dyma ddiwedd am byth i'r syniad nad oedd bywyd dyn ond fel y boglyn-ddwfr sydd yn bwrlymu i'r gwyneb, ae yna ar ôl ychydig ddyddiau, neu flynyddoedd, yn suddo drachefn o'r golwg i'r diddymrwydd dechreuol. Odid ei fod etto yn annichonadwy yn hollol i attal rhediad y dagrau ar geulan bedd agored, ac anhawdd credu bod neb na theimla ei galon yn llesghau wrth glywed gerllaw sŵn rhaiadr dyfroedd yr Iorddonen, ond

> 'Ei gariad wna'r ddunos yn ddïwrnod o hedd'.

Trwy y prawf a roddodd Efe o ddiledrithedd ei gorph adgyfodedig ei Hun, Efe a barodd i oleuni dywynu i ogofau tywyllion angau. Y bedd, nid carchar tywyll du mohono mwyach, ond gorphwysle ym mha un yr huna cyrph y saint hyd doriad gwawr yr adgyfodiad, pan ar ganiad yr udgorn diweddaf –

> 'Corn anfeidrol ei ddolef,
> Corn ffraeth o saernïaeth nef'

y bydd y beddau yn ymagor, ac y gwelir y carcharorion gobeithiol yn ymysgwyd o'r llwch ac yn dringo o'r priddellau yn llu dirif, yn holl harddwch a gogoniant anfarwoldeb, wedi eu harwisgo a chorph cyffelyb i gorph gogoneddus eu Prynwr.

148. *Ardderchog Lu'r Merthyri*

Fe allai na chawn ddim gwell cyfleusdra nâ'r un presennol i sylwi ar y darbwylliad ag oedd yn deilliaw oddi ar edmygu amynedd y Merthyron o dân loesion annrhaethadwy. Os dygid hwy allan i'w poenydio, mor rhyfeddol yr effeithiai eu dewrder duwiol ar yr edrychwyr, fel y cyfodai o'r newydd ddisgyblion dirif yn awyddus i ddioddef yn yr un achos, ac i dystio yr un gyffelyb broffes dda hyd angau. 'Po mwyaf y torir ni i lawr genych, mwyaf yn y byd yr ydym yn cynnyddu; nid ydyw gwaed y Cristionogion amgen nâ had', llefai Tertullian, gan roddi datganiad i deimladau cymmysgedig yr Eglwys ar y pryd, yn cwyno o dan bwys ei phoen, ac etto yn gorfoleddu â llawn hyder ffydd yn y rhagfwynhad o'r fuddugoliaeth ag oedd yn y pen draw yn ei haros. Gwŷr a gwragedd a ddeuent ym mlaen, rhai yn wirfoddol, at y barnwyr, a chan wneuthur cyhoedd arddeliad o grefydd Crist, safent yn agwedd gweddïo o flaen y frawdle, ac ymostyngent heb un waedd i'r groes, i'r march pren a'r droell, i'r tân a'r bwystfilod gwylltion. Nis gallai y paganiaid lai na synu wrth ganfod ei hymarweddiad tawel, ac ar adegau, gorfoleddus. 'Safai yr arteithiedig', ebe St. Cyprian, 'yn fwy diysgog na'r arteithwyr, a byddai yr aelodau a ddirdynid ac a ddadgymmalid yn fwy dïymmod na'r bachau ag oedd yn eu plygu ae yn eu darnio'. Wresoced oedd eu sêl at eu Harglwydd, fel y byddai megys eiddigedd yn cynhyrfu y neb ohonynt a welai arall yn myned i ddioddef, ac yntau yn cael ei arbed. St. Lawrence oedd Hispaenydd wrth enedigaeth, a phif ddïacon yr Eglwys yn Rhufain o dan yr Esgob Sixtus yn A.D. 259. Pan ddygwyd yr Esgob gan filwyr yr Ymherawdwr Valerian i'w ferthyru, Lawrence a'i canlynodd ar hyd y ffordd, dan gwyno, 'Pa le, o fy nhad, yr wyt yn myned heb dy fab? Ym mha beth y'th ddigiais? Ni fuost erioed yn ymwneyd ag aberth coffhaol y Cymun heb fy mod innau yn gwasanaethu ar yr achlysur?' Ebe yr Esgob, 'Na thybia, fy mab, fy mod i yn dy adael. Ym mhen tri nïwrnod ti a'm canlyni'. Ac felly y bu, canys St. Lawrence, ac efe yn drysorydd

Eglwys y ddinas, a wrthododd roddi i fyny y llestri Cymun. Ar hyn rhwymasant ef ar ridyll, ac wedi rhoddi tân dano, rhostiasant ef yn fyw. Dywedir iddo ddioddef cynddaredd eu creulonder â llawn ac â llawen enaid, mor sicr obeithiol oedd efe, 'canys edrych yr oedd efe ar daledigaeth y gobrwy'.

Yr Eglwys Foreuol, 1893.

DANIEL OWEN
1836 – 95

149. *Mari Lewis a Bob*

'Wyddost ti be?' ebe fy mam, 'rwyt ti yn swnio yn debyg iawn i ddyn hunan-gyfiawn. Rwyt ti yn gneyd i mi feddwl am y dyn hwnw oedd yn dechre y cyfarfod gweddi yn y demel es talwm. Mae'i dinc o gynat ti i'r dim. Mae cyn lleied o swn y publican yn dy lais ar ôl dwad gartre ag oedd ynddo yn y seiat. Be sydd wedi dwad drostot ti, dywed? Mae rhyw stiffrwydd rhyfedd ynot ti yn ddiweddar. Gweddïa, 'y machgen i, am ras, ac am gael teimlo'r cortyn a gwel'd dy fratiau budron. Bydase ti o flaen dy well yn y chwarter sesiwn, mi fase yn burion i ti sôn am dy rinweddau; ond yn y seiat ac o flaen dy Farnwr, gore po leiaf y soni di am danyn' nhw ond wrth yr enw y daru i Paul eu bedyddio nhw, sef 'tom a cholled'. Wyddost ti, Bob? yr ydw i wedi dy ddowtio di er's tro fod rhyw syniade yn cael lle yn dy galon na chêst di monyn nhw yn y Beibil, ac y mae hyny wedi costio llawer noswaith o gysgu i mi. Fel bachgen da wrth ei fam, ni fu dy well yn y chwe' sir, a ches i 'rioed brofedigeth hefot ti yn y ffordd hono; ac y mae gen' i ddiolch mawr i ti ac i'r Brenin mawr, am dy garedigrwydd yn gweithio mor galed i gadw cartre' i dy fam a dy frawd. Ond am dy enaid di yr ydw i yn sôn yrwan. Dydi o fawr o bwys a gaf fi damed ai peidio; ond y mae o anfeidrol bwys, fy machgen anwyl, fod dy enaid di a mine dan orchwyliaethau Ysbryd Duw. Bendigedig fyddo ei enw Ef ! nid ydyw yn gadel llonydd i mi, ac yr wyf yn credu ei fod yn meddwl gneyd rhwbeth o hona i; ac O na allwn gael lle i feddwl fod o'n siarad rhwbeth hefot tithau ! Mae dy weled mor ddidaro am gael dy ddiarddel yn tori fy nghalon, fy ngwas gwirion i. Oddiallan y mae'r cŵn – oddiallan y mae'r dryghin a'r ystorm. Y'r wyt wedi myned allan o gylch y cyfammod a'r eirioleth – yr wyt wedi colli'r cysgod, Bob bach.'

'Nid oes genyf ysbryd nac awydd i ymddadleu â chwi, mam', ebe Bob.

'Ys gwn i prun am hyny', ebe fy mam; 'ysywaeth yr ydw i yn dy wel'd di yn rhy iach dy yspryd o dipyn. Yr oeddwn i yn rhyw ddirgel obeithio mai ffit o ystyfnigrwydd oedd wedi dwad atat yn y seiat, a bod dy galon di yn well na dy dafod; ond mi welaf fy mod wedi camgymeryd, a mi welaf hefyd fy mai am na baswn wedi closio atat ti er's llawer dydd i ymddyddan a thi am dy gyflwr. 'Does gen' i ond gweddïo, fy machgen, am i Ysbryd Duw ymweled â dy enaid. Wel', ychwanegai fy mam gydag ochenaid, 'mae mwy o angen nag a weles i es gwn i pryd am adfywiad ar grefydd i ddwyn uchder ysbryd pobol i lawr, ac i'w dwyn at eu dyledswydd.'

'Pan ddêl Efe', ebe Bob, 'bydd ganddo lawer mwy o waith na hyny i'w wneyd. Bydd ganddo wmbreth o gybydd-dod a chrintachrwydd, pethau sydd yn pasio yn awr o dan yr enw cynnildeb, i'w carthu allan o'r eglwysi. Bydd rhagrith, barn gul, a diffyg cariad cristionogol, y rhai sydd yn awr yn dwyn yr enwau sancteiddrwydd, manyldeb, a zêl dros ddysgyblaeth eglwysig, yn dyfod o dan yr un dynged ag a ddaeth i'm cyfarfod i heno. Y dydd hwnw – os byth y daw – fe ddadguddir fod rhai o'r bobl oedd yn uchel eu cloch yn fy niarddel i heno wedi cancro a braenu mewn bydolrwydd a budrelw, ac yn gwerthu Iesu Grist am ddeg ar hugain darn arian bob dydd y cyfodant o'u gwelyau. Pan ddaw yr ymweliad yr ydych yn sôn am dano, mae genyf le i ddysgwyl cwmpeini llïosog – rhai y bydd yn ffiaidd genyf eu cydnabod'.

'Rwyt ti yn gadel un peth allan', ebe fy mam; 'y dydd hwnw mi fydd pawb â'i law ar bla ei galon ei hun, ac nid yn pigo brychau pobol eraill, ac yn ymgyfiawnhau ynddynt eu hunain. Ddaru Pedr, wel di, ddim meddwl am fynyd bwyntio at Judas oedd wedi bradychu fel rheswm dros iddo ef beidio edifarhau am wadu. Na, efe a aeth allan ac a wylodd yn chwerw dost, a mi faswn i yn leicio gweled tipyn o'r un ysbryd ynot tithe, fy machgen'. A dechreuodd fy mam wylo, yr hyn, fel y sylwais o'r blaen, a fyddai bob amser yn rhoi terfyn ar wrthddadleuon Bob.

150. *Abel Huws yn dweud ei brofiad*

Yr wyt ti, mi wn, wedi darllen mwy na'r cyffredin o'r bechgyn yma, a mi ddywedaf i ti dipyn o fy mhrofiad, gan mai dyweyd ein profiad yr ydan ni. Ddywedais i erioed mo'r profiad hwn yn y seiat; ac os cei di fyw i fy oed i, mi gei dithau brofiadau na ddywedi byth mo honynt yn y seiat, nac wrth dy gyfaill penaf, a mi gei deimladau na fedri di mo'u cyfleu mewn geiriau i ti dy hun. Pan oeddwn i yn llanc ifanc, dipyn hŷn na thi, yr oedd ymgnawdoliad Mab Duw yn ymddangos i mi yn afresymol, yn rhy annhebyg ac yn rhy fawr i mi allu ei gredu. Chefais i mo'r dygiad i fyny crefyddol a gefaist di. Ond mi gefis dipyn o ysgol ddyddiol, ac yr oeddwn yn hoff o ddarllen a meddwl. Ond er hyny mi ymdrybaeddais yn y pechodau mwyaf. Yr oeddwn yn arfer a myned yn achlysurol i wrando yr efengyl. Yr oeddwn yn cymeryd rhyw ddyddordeb yn y pregethwr. Yr oeddwn fel y Zacheus hwnw gynt yn cribo i dop y pren i weled y pregethwr a'r gynnulleidfa; ond yn wahanol iddo ef, nid oedd iachawdwriaeth yn dyfod i fy nhŷ. Ymhen amser fe ddaeth y diwygiad i'r wlad – y diwygiad mawr y byddai dy fam beunydd a byth yn sôn amdano, pryd yr argyhoeddwyd hi a minnau a channoedd eraill o'n pechodau. Yn yr olwg ofnadwy a gefais i yr adeg hono ar fy mhechod, mi welais y rheswm am yr ymgnawdoliad. Ac os daru ti sylwi, welaist di neb erioed a fyddai wedi cael golwg ar ysgelerder ei bechod yn ammheu yr ymgnawdoliad. Pobl a syniadau llac am bechod ydynt yn ddïeithriad. Galw i dy gôf yr hen grefyddwyr – crefyddwyr y diwygiad mawr, fel y gelwid hwy gan dy fam. A welaist di eu cyffelyb am angerddoldeb eu cariad at Crist? Cariad oedd yn difa pob rhwystr o'i flaen? Beth oedd y rheswm am hyn? Pobl oeddynt wedi cael y fath olwg ar eu pechodau na cheir ond yn anfynych, yr wyf yn ofni, y dyddiau hyn. Ond at hyn yr oeddwn yn cyfeirio: Os wyt ti wedi cael golwg ar dy gyflwr – a mi gredaf dy fod i ryw raddau – wyt ti ddim yn dechreu gweled y rheswm am ymddangosiad Duw yn y cnawd? . . . o'm rhan i dydw i ddim yn gweled fod dim mewn dyn ond ei drueni ofnadwy a allasai gynhyrfu ymysgaroedd ei dosturi anfeidrol Ef, na dim oedd yn ddigon *grand* a theilwng o'i ymddangosiad yn y cnawd ond hyny. Yr wyf yn awr yn hen ŵr ac yn hen bechadur; ond y mae yn well genyf am fy enw na phe buasai yn angel; oblegid yr wyf yn teimlo fy mod yn *item* – fy mod yn fymryn yn y rheswm mawr a barodd i Dduw ddyfod allan megys o hono Efe ei hun. Yn y fan yma, fy machgen, y mae dy waredigaeth dithau os gwaredir di byth. . . . os na fuost ti, yr wyt ti yn siwr o ddyfod i deimlo rhywbeth felly ryw ddiwrnod . . .

Pan oeddwn i yn ddyn ieuanc, mi fyddai meddwl am hyn yn fy llethu yn fawr. Arferwn a cherdded llawer y nos ar ben fy hun, yn enwedig os byddai y noswaith yn oleu. Byddai edrych ar y sêr a'r lloer yn fy ngwneyd yn bruddglwyfus. Meddyliwn mor bell, mor hen, ac mor ddystaw oeddynt. Yr oeddynt yn yr wybren yr un fath pan oedd fy nhad, fy nhaid, a fy hendaid yn edrych arnynt. Rhyfeddwn wrth feddwl fod cenedlaethau lawer yn llwch y ddaear a fuont yn edrych arnynt yn union fel y gwnawn innau, yn yr un fan yr oeddynt yn amser y Derwyddon, yn amser Paul, yn amser Dafydd, Moses, Abraham, Noah ac Adda. Ac eto mor ddystaw oeddynt o hyd! Meddyliwn fath brofiad anferth oedd ganddynt ! Ac eto ni ddywedent ddim wrthyf fi i dawelu fy meddwl anesmwyth. Yn ofer y gofynwn pa beth oedd tu draw iddynt; ni wnaent ond wincian arnaf yn ddystaw, a chreu ynof anesmwythder ac ammheuon anghyfforddus, a meddyliau nad allwn eu mynegu hyd yn nôd i mi fy hun. Laweroedd o weithiau y bum yn edrych i fyny am yspaid maith, gan ddysgwyl gweled neu glywed rhywbeth anghyffredin, ond yn ofer. Yr oedd yno rywbeth yn nyfnder fy enaid yn 'ceisio arwydd'.

Ac yna gofynwn i mi fy hun pa beth oedd yr achos o'r amddifadrwydd o bobpeth felly er's canrifoedd, a bod oesau ar oesau wedi myned heibio yn y dystawrwydd mwyaf llethol? Teimlwn rywfodd fel pe buasai Duw wedi myned oddi cartref a gadael pobpeth a phobman yn wâg a dystaw; ac ar adegau yr oedd ynof y fath orawydd dyeithr am weled Duw yn *marchio* i'r ffrynt o'r pellderau yr oedd Efe yn aros ynddynt, fel y buaswn yn foddlawn bod yn dyst o ddiluw cyffredinol ár y ddaear unwaith eto, gan nad pa beth fuasai fy nghynged i ynddo! Beth oedd yr aflonyddwch hwn oedd yn fy meddwl? Wel, yr wyf yn credu mai y dyheuadau sydd yn wreiddiol yn enaid dyn am adnabod Duw, gwybod ei feddwl a'i fwriadau o berthynas i ddyn a'i ddyfodol, oedd wedi eu cynhyrfu ynof. Ond at hyn yr oeddwn yn cyfeirio: ni chefais fynyd o lonyddwch a thawelwch i fy meddwl nes i mi gredu â fy holl galon y ffaith mawr am ymddangosiad Duw yn y cnawd. Ac er fy mod yn gwybod yr hanes o'r blaen, nid oeddwn wedi ei gredu, ei gredu i bwrpas, nes i mi ddyfod i deimlo dyfnder fy llygredigaeth, a dyfod yn ymwybodol o ddefnyddiau trueni cynnyddol a difesur ynof fi fy hun. Tu allan i'r grediniaeth ddyfod Iesu Grist yn y cnawd, nid oes ond dystawrwydd y bedd i mi ymhob man; nid oes atebiad croew i un cwestiwn o eiddo fy enaid aflonydd. Ond y mae bywyd, dysgeidiaeth, marwolaeth, iawn, ac adgyfodiad ein Gwaredwr yn rhoi yr enaid ar ei ddiffeians i ofyn cwestiwn nad ellir ei ateb.

Hunangofiant Rhys Lewis, 1893.

R.J. DERFEL
1824-1905

151. *Y Gydwybod Gymdeithasol*

Dragwyddol, Hollalluog Ior,
Creawdwr nef a llawr;
O! gwrando ar ein gweddi daer
Ar ran ein byd yn awr.

O'r golud anchwiliadwy sydd
Yn nhrysorfeydd dy ras,
Diwalla reidiau teulu dyn
dros wyneb daear las.

Yn erbyn pob gormeswr cryf
O! cymer blaid y gwan;
Darostwng ben y balch i lawr,
A chod y tlawd i'r lan.

Bendithia holl dylwythau dyn
Â rhyddid pur a hedd;
A gad i bawb gael byw heb ofn,
Dan nawdd dy ddwyfol wedd.

Ymostwng atom yn dy ras,
O! gwrando ar ein cri:
Ac mewn trugaredd, Arglwydd Iôr,
Yn dirion ateb ni.

WILLIAM THOMAS
(ISLWYN)
1832 – 78

152. *Hapus Dyrfa*

Gwêl uwchlaw cymylau amser,
  O fy enaid, gwêl y tir
Lle mae'r awel fyth yn dyner,
  Lle mae'r wybren fyth yn glir.
    Hapus dyrfa
Sydd yn nofio yn ei hedd.

Gwêl a chred, mae yna drigfan,
  Oes, a choron deg i ti;
Golud hon ni threulir allan,
  Gwêl a chais ei golud hi,
    A deilyngwyd
Yn yr ardd drwy iawnol chwys.

Ynddi tardd ffynhonnau bywyd,
  Trwyddi llif afonydd hedd
I ddyfrhau ei broydd hyfryd,
  Ac i anfarwoli ei gwedd;
    Iachawdwriaeth
Ar ei glan anedlir mwy.

Troir awelon glyn marwolaeth
  Oll yn hedd tu yma i'r fan.
Try holl ocheneidiau hiraeth
  Yn anthemau ar y lan;
    Syrth y deigryn
Olaf i'r Iorddonen ddu.

Nid oes yno neb yn wylo,
  Yno nid oes neb yn brudd,
Troir yn fêl y wermod yno,
  Yno rhoir y caeth yn rhydd;
    Hapus dyrfa
Sydd â'u trigfa yno mwy.

Mae fy nghalon brudd yn llamu
O orfoledd dan fy mron,
Yn y gobaith am feddiannu
'R etifeddiaeth ddwyfol hon.
Hapus dyrfa
Sydd â'u hwyneb tua'r wlad.

EVAN REES
(DYFED)
1850 – 1923

153. *Pen Calfaria*

I Galfaria trof fy wyneb,
Ar Galfaria gwyn fy myd,
Y mae gras ac anfarwoldeb
Yn diferu drosto'i gyd;
Pen Calfaria,
Yno, f'enaid, gwna dy nyth.

Yno clywaf sŵn yr awel
Salmau'r nef yn dod i lawr,
Ddysgwyd wrth afonydd Babel
Gynt yng ngwlad y cystudd mawr;
Pen Calfaria
Gydia'r ddaear wrth y nef.

Pan yn nyffryn cysgod angau,
Pan yn griddfan dan fy mhwn,
Mae Calfaria'n ddigymylau,
Dwyfol ddydd fedyddia hwn;
Pen Calfaria
Weddnewidiodd groes fy Nuw.

Bu ei ben dan gwmwl unwaith –
Cwmwl o ddigofaint llawn,
Ond am byth diflannodd ymaith
O flaen haul digonol Iawn;
Pen Calfaria,
Ni ddaw nos i'w gopa mwy.

Dringo'r mynydd ar fy ngliniau
Geisiaf, heb ddiffygio byth,
Tremiaf trwy gawodydd dagrau
Ar y groes yn union syth,
Pen Calfaria
Dry fy nagrau'n ffrwd o hedd.

ROBERT AMBROSE JONES (EMRYS AP IWAN) 1848 – 1906

154. *Doethineb Duw*

Y mae ambell ddyn gwybodus iawn nad yw yn lleshau neb trwy ei wybodaeth, am nad oes ganddo ddoethineb i iawn arfer ei wybodaeth. Nid wyf yn rhyfygu wrth ddyweyd mai Duw difudd i mi a fuasai Duw hollwybodol pe na buasai yn Dduw doeth. Fe allasai trwy ei wybodaeth ganfod fy meiau bob un; ond trwy ei ddoethineb y trefnodd efe ffordd i'm gwneyd yn lân. Ei ddoethineb, yn fwy na dim arall sy'n tynnu fy sylw i wrth edrych ar waith ei ddwylaw. Mi fyddaf yn rhyfeddu nid ychydig wrth ei allu yn crogi'r ddaear ar ddiddim, yn hwylio cerddediad y sêr, yn darllaw ystormydd yn yr awyr, ac yn gwneuthur ffordd i fellt y taranau. Mi fyddaf yn gallu synio ychydig bach yn well am ei anfeidroldeb pan y clywaf am wyddoniaeth yn darganfod seren y tu hwnt i seren, haul y tu hwnt i haul, a bydoedd pellach y tu hwnt i fydoedd pell. Pan ystyriwyf y rhaid fod y Creawdr yn gwybod rhifedi ac enwau a naturiaethau ac anghenion ei holl greaduriaid, fe fydd fy syniad am ei wybodaeth yn cynnyddu. Er hynny, nid ei holl-wybodaeth na'i allu na'i anfeidroldeb a fydd yn peri i mi ryfeddu fwyaf, eithr ei ddoethineb. 'Efe a wnaeth bob peth' – yr anfesurol fawr a'r anfesurol fychan hefyd. Y mae hynny yn rhyfedd, ond dyma beth rhyfeddach: – 'Efe a wnaeth y naill beth ar gyfer y llall'. Yn ei waith yn cyfaddasu pethau i'w gilydd y dangosodd y Creawdr ei hun yn artist – yn bensaer celfydd. Fe gyfaddasodd y goleuni i'r llygad, a'r llygad i'r goleuni; yr awyr i'r yscyfaint, a'r yscyfaint i'r awyr. Fe wnaeth y pridd ar gyfer yr had, a'r had ar gyfer y pridd. Fe drefnodd y ddaear i fagu llysiau, a'r llysiau i borthi anifeiliaid, a'r anifeiliaid i wasanaethu dyn. Fe wnaeth wynfyd ar gyfer dyn, a dyn ar gyfer gwynfyd. Ond yn nhrefn yr iachawdwriaeth y dangosodd Duw ei *fawr* amryw ddoethineb; ac er na ordeiniodd efe bechadur ar gyfer Ceidwad, fe a ordeiniodd Geidwad ar gyfer pechadur; iawn ar gyfer pechod, a balm ar gyfer clwy.

155. *Y Tragwyddol Bebyll*

O'r fath olwg dymunol a roddir yn y testyn ar gartref tragwyddol y saint! Hen gyfeillion yn rhoddi ac yn derbyn croesaw yn y tragwyddol bebyll. Mewn mannau, fe gyffelybir y nef i ddinas, er mwyn dangos ei chadernid a'i diogelwch, ond yma ac mewn mannau eraill fe'i cyffelybir i babell, neu bebyll, am fod pobl y pebyll erioed, ac ymhob gwlad, yn fwy llettygar na phobl y dinasoedd, ac am fod eu bywyd hwy yn fwy rhydd a naturiol. Y mae yn ddiammau y byddwch yn teimlo wrth ddarllen y Beibl fod hanes yr hen batriarchiaid oedd yn byw mewn pebyll yn fwy barddonol o lawer, ac yn fwy swynol ym mhob ystyr, na hanes eu hiliogaeth, ar ôl eu myned yn amaethwyr a threfedigion. Y mae yn wir fod pebyll yn fwy anïogel na thai, am eu bod yn fwy agored i yspeilwyr a dryccinoedd; ond i bebyll cedyrn y cyffelybir y trigfannau nefol – i bebyll nas tynnir i lawr, ac na syflir un o'u hoelion, ac na thorrir un o'u rhaffau; ac am hynny y gelwir hwynt yn dragwyddol bebyll. Y maent yn anneddau cadarn er eu bod yn yscafn – pebyll tragwyddol ydynt. Pe buaswn i yn baentiwr, mi adawswn i eraill ddarlunio prydferthion y nefol *ddinas,* sef y sylfaeni saphir, y mur o faen jaspis a'r pyrth o berl. Darlun o olygfa fwy gwledig a wnaethwn i, sef hon – cyfeillion tragwyddol yn y tragwyddol bebyll – *eternal friends in the eternal tents.* Pebyll – pa fath drigfannau ydi'r rheini – trigfannau lle y mae yr ymwelwr yn fwy o ddyn na'r perchennog, a lle mae i'r gwahoddedigion fwy o awdurdod na'r gwahoddwr. Os wyt dda a daionus, fel dy Dduw, ni raid iti ddim crynu nac yswilio wrth nesau i'r wlad well. Preswylwyr pebyll yw ei phobl; ac y mae hynny yr un peth a dywedyd eu bod yn bobl groesawgar dros ben. Cyn pen pum munud, ti a deimli dy hun gartref; am y byddi ynghanol cyfeillion, y bydd cystal ganddynt dy weled di ag a fydd gennyt tithau eu gweled hwy. Y maent yr awr hon yn nrws eu pabell, yn llygadu am y llong sydd i ddwyn dy enaid i'r porthladd. Y mae y byrddau eisys wedi eu hulio, a'r gynghanedd a'r ddawns wedi eu rhagdrefnu. O! ni wyddost ti ddim beth a fydd croeso patriarchaidd hyd oni'th dderbynier i'r tragwyddol bebyll.

156. *Hwn yw fy Nghorff*

Teml a escynnodd o'r ddaear i'r nef ydyw'r deml yr wyf yn awr yn sôn am dani; a hynny sy'n rhoi sail ini weddio ar iddi ddiscyn o'r nef i'r ddaear. Gan fod meini daear yn ei muriau, a drycinoedd daear wedi curo arni, y mae hi yn deml a hanes iddi. Er fod yn hoff gennyf fi weled y byd, etto ni bu arnaf erioed fawr o awydd am fyned i'r America. Y mae yn well gennyf y Dwyrain na'r Gorllewin; yr hen fyd na'r byd newydd, am fod iddo ef, hen, hen hanes. Fe ddywed rhai mai hen Gastell Heidelberg yw'r murddyn o gastell harddaf yn yr hen fyd; ac fe ddigwyddodd i mi ar ryw wylnos neu gilydd weled y castell hwnnw wedi ei ddaroleuo. Yr oeddwn i yn meddwl ynghorff y dydd y buasai ei ffenestri drylliedig a'i dyrau tyllog yn ymddangos yn hagr yn llewyrch mil o oleuadau; ond yn lle hynny yr oedd ei hacrwch yn troi yn harddwch. Yr oedd yn fwy dyddorol edrych ar ei fannau drylliedig nag ar ei fannau cyfain, o blegid yr oedd pob agen a bwlch oedd ynddo yn bwrw oddi rhwng eu gwefusau oerion ryw hen chwedl am yr ymosod a fu arno o dan Turenne a Tilly, a maeslywyddion eraill, a fu wŷr enwog gynt. Er fod teml corff yr Iesu wedi ei goleuo bellach a gogoniant newydd, ac a'r hen ogoniant oedd iddo ef cyn bod y byd, etto y mae yn dda gennyf fi feddwl nad yw'r gogoniant hwnnw ddim yn cuddio ôl y curo a fu arni yn y frwydr fawr. Edrychwch ar y man dyllau sydd yn ei thalcen; ar yr agen ddofn sydd yn ei hystlys; ar y lliw gwaed sydd ar draed ei cholofnau. Fe ellir darllen ei hanes yn ei gwedd; ac y mae olion y gwaradwyddiadau, yn lle bod yn feflau arni, y llygadau discleiriaf yn y gogoniant. Teml megis wedi ei dryllio yn y nef! Ffigur, meddwch, ydyw hynny.Ië, ond ffigur ag ynddo yr un gwirionedd ag sydd yn yr ymadrodd hwn: – 'Wele ynghanol yr orseddfaingc yr oedd Oen yn sefyll, megis wedi ei ladd'.

157. *Achubiaeth Ysgafn*

Y mae rhyw fath o gredu nad yw yr Iesu yn rhoi dim coel arno. Yr unig gredu cymmeradwy ganddo ef ydyw'r credu sy'n cymmell dyn i aros yn ei air. Nid ydyw yn wiw ganddo ef alw rhyw ŵyn blwyddiaid o gredinwyr yn ddiscyblion iddo – y mae efe yn cadw yr enw hwn i rai sy wedi aros gyd ag ef yn ei brofedigaethau. Enw anrhydeddus ydyw'r enw discybl, a thrwy hir wasanaeth yr ennillir ef. A glywsoch chwi'r newydd, medd rhywun: – Y mae dau ddwsin wedi dyfod i'r seiat yn y fan a'r fan, ac yr oedd y neb a'u perswadiodd hwynt i ddyfod yn gwarantu eu bod wedi eu hachub yn y fargen. O! y mae gennyf fi newydd rhyfeddach o lawer na hwn yna. Y mae yma ddau ddwsin yn y seiat o'u mebyd, ac yn debyg i *aros* ynddi hyd eu marw; ond er hynny, nid wyf fi ddim yn sicr a ydynt hwythau i gyd yn ddiscyblion i'r Iesu, am nad wn i a ydynt yn aros yn ei air hefyd. Cofiwch gyfeillion, yn enwedig chwi sy'n dueddol i roi coel ar ryw achub yscafn, nad ydyw yn bywhau dim heb law y tafod, mai *aros* – aros yngair Crist – mai bod yn anhunangar, yn faddeugar, yn gyfiawn, yn drugarog, yn ufudd; ac yn bennaf oll, yn ostyngedig, sy'n rhoi hawl i ddyn i wisgo'r enw discybl. Nid pob un sy'n *dywedyd*, yn dywedyd – "Arglwydd, Arglwydd, a ddaw i mewn i deyrnas nefoedd'. Y mae swn y dywedyd yn y dyddiau hyn yn ddigon i syfrdanu dyn, ond y mae'n rhaid i chwi estyn eich gwddw a gogwyddo'ch clust i glywed swn y gwneuthur.

Homilïau, Cyfrol 1 (1906).

158. *Delw Duw*

Trwy ei gwymp, aeth dyn yn annhebyg i Dduw yn ei sancteiddrwydd, ond y mae etto yn debyg i Dduw yn ei allu ac yn ei awdurdod. Y mae efe etto yn arglwyddiaethu ar yr anifeiliaid. Y mae efe etto yn gallu darostwng y ddaear yn ei mwnau a'i llysiau, yn ei hawyr, ei dwfr, ei thân a'i thrydan. Dyn, er ei ised, yw uchder llwch y byd, yn ei ddeall ac yn ei fedr. Efe fyth ydyw rhaglaw Duw ar y ddaear. Efe a ordeiniwyd yn archoffeiriad i gyflwyno i'r Creawdr offrwm diolch y greadigaeth ddireswm. Efe yw'r lladmerydd sy'n cyfieithu iaith floesc y creaduriaid i iaith hyspys a chroew. Efe yw'r bardd sy'n eilio cân i alaw yr eos, i furmur y gwenyn ac i fwmbwr y môr. Efe yw'r cerddor sy'n cyd-drefnu holl leisiau cymmyscedig y greadigaeth yn un caniad newydd o foliant i'n Duw ni. Ar air, efe yw cydwybod natur – y creadur y mae natur yn llefaru wrtho a thrwyddo. Y mae'r adar yn canu yn beraidd, ond ni wyddant hwy ddim i bwy y maent yn canu. Y mae coed y maes yn curo dwylaw yn orfoleddus, pan y bo'r gwynt chwareus yn goglais eu breichiau; ond ni wyddant hwy ddim i bwy y maent yn curo dwylaw. O holl greaduriaid y ddaear, dyn yn unig a fedr feddwl am Dduw, am mai efe yn unig a wnaed ar ddelw Duw.

159. *Harddwch y Briodasferch*

Eglwys y Duw byw, yr ydwyt yn hardd; ond hardd ydwyt gan yr harddwch a osododd dy Briod arnat. Aeth efe i draul fawr i'th wisco â newydd ddillad. A wyddost ti beth a gostiodd dy wn gwyn o liain main, yr hwn yw cyfiawnder y saint? A wyddost ti pa faint a dalwyd am fodrwy y cyfammod y sydd ar dy fys? Ai ag arian neu aur y prynodd Duw y gadwyn sydd am dy wddf, a'r goron sydd am dy ben? A gadwodd e dydi yn fyw heb osod i farwolaeth y gŵr a oedd anwyl ganddo? A iachaodd e dydi heb geisio rhywun arall? A wnaeth e dydi yn ogoneddus heb wneyd un arall yn ddirmygus? Yr wyt yn fyw, yn iach, ac yn deg ar draul dy Briod. A swm mawr y prynnwyd yr hyn sy gennyt, ac y'th wnaed yr hyn ydwyt.

Ar groesbren, brydnawn,
Cyfiawnder gadd iawn,
A'r gyfraith anrhydedd, 'run dydd;
Trwy rinwedd y gwaed,
Boddlonwyd y Tad;
Mae merch yr Amoriad yn rhydd.

160. *Y Forwyn Fendigaid*

O bob braint, y bennaf yw bod yn blentyn i rieni duwiol. Nid yw yn ormod dywedyd na buasai'r dyn Crist Iesu ei hun ddim yn gyfryw un ag ydoedd, oni buasai fod iddo fam heb ei bath; canys os mynnwn fod yn ddiwinyddion diragfarn, rhaid ini gredu ei fod ef yn santaidd nid yn unig am ei eni o'r Yspryd Glân, ond hefyd am ei eni o'r Forwyn Fair. Yr oedd yn rhaid i Dduw wrth oesoedd a chenedlaethau lawer i ddarparu mam gymmwys i'r Gwaredwr; a hynny yw un achos pa ham na ddaeth Crist yn y cnawd yn llawer cynt. Yr oedd yn weddus i Flaguryn yr Arglwydd ddyfod o hen foncyff da; sef, o gyff Iesse, tad y llinach frenhinol a fu yn teyrnasu ar y genedl santaidd. Er mai lled isel ei sefyllfa ydoedd mam yr Iesu, etto, yr oedd yn uchel ei bonedd; mor lasgoch ei gwaed a merch brenin, ac yn fwy bendigaid na holl wragedd Israel. Yr oedd awen peraidd ganiedydd Israel yn rhedeg yn ei gwythennau, a dylifodd yr awen hono i wythiennau ei mab; ac am ei fod ef yn llawn o'i hawen hi, ac awen Dafydd, y gallodd e fwydo'i athroniaeth mewn barddoniaeth. Pan y'i gwnaethpwyd o wraig, sugnodd efe holl ddoniau a daioni tŷ Israel iddo'i hun; ac am ei fod wedi crynhoi ynddo'i hun holl rinweddau y ddynoliaeth y galwodd ei hun yn Fab y dŷn, neu yn fanylach, y Mab dŷn. Y mae gan agos bob dŷn da fam dda, ac y mae yn rhesymmol meddwl fod gan y dyn gorau y fam orau. Yr oedd yr Iesu yr hyn ydoedd, mewn rhan, am fod ei fam, ei nain, ei daid, ei hendaid, a'i orhendaid; ie, am fod hynafiaid mor bell a Hezecïa, Dafydd, ac Abram, yr hyn oeddynt hwy. Pan y gwnaethpwyd yr Iesu o wraig fe'i gwnaethpwyd dan ddeddf hefyd – dan bob deddf, ac felly dan ddeddf etifeddiaeth, sef y ddeddf sy'n gwneuthur y plant yn gyfrannog o nawd a neillduolion eu hynafiaid. Yn hyn yn unig yr oedd efe yn annhebyg i ddynion eraill, sef nad etifeddodd efe mo bechodau ei hynafiaid. Fe'i gwnaed yn mhob peth yr un ffunud a ninnau, etto heb bechod.

161. *Deisyfiad*

Y Duw tragwyddol, anfarwol, anweledig, diolch iti am Dduw yn y cnawd: am Berson a allodd ddioddef, ac a fu yn ewyllysgar i ddioddef hyd at waed er mwyn dileu ein holl bechodau ni. Er ei fwyn ef, dyro ini faddeuant; ond boed hwnnw yn faddeuant fel y'th ofner: yn faddeuant a'n cadwo rhag pechu pan y byddi di yn tewi: rhag bod yn rhyfygus pan y byddi di yn ymarhous. Amen.

162. *Coron Gogoniant a'r Goron Ddrain*

Ond gwybydder nad marwolaeth anianol yr Iesu: nad yr archollion a'r briwiau a'r gwaed, sy'n dylanwadu yn iachusol ar ddynion, eithr y cariad, yr ymwadiad, a'r ymroddiad, a ddangosodd yr Iesu yn ei farwolaeth. Y mae yn ammheus gennyf fi a ddarfu i ddarlun neu arddangosiad o'r croeshoeliad erioed argyhoeddi neb. Pan oeddwn i yn ddiweddar yn myned trwy Bafaria, meddyliais unwaith droi i bentref Oberammergau i weled y pentrefwyr yn chwarau'r dioddefaint; ond meddyliais wedyn y gwnaethai gweled dŷn yn cymmeryd arno dristáu yn yr ardd, ac yn cogio marw ar y groes, fwy o niwed i mi nag o les. Cawswn weled y croesbren, yr hoelion, y cnawd a'r gwaed; ond pa ogoniant, ie, pa ras a gwirionedd, sydd yn y pethau allanol hyny? Pe buasai'r efengylwyr wedi descrifio'r croeshoeliad mor fanwl, mor gyffrous ac mor glafaidd, ag y bydd mân bapurach Lloegr yn descrifio scelerderau dychmygol yn Pecin ac yn Iohannesburg, tarfu dynion chwaethus, ac nid tynnu atto, y buasai Iesu Grist. Yn wir, y mae Ioan, hyd y gallo efe, yn gochelyd y geiriau *croes* a *chroeshoelio* a *lladd*, er mwyn dwyn sylw dynion oddi wrth y pethau at y person. Nid gofyn a welsoch y groes y mae efe, eithr gofyn a wyddoch pwy a fu arni; gofyn a welsoch ei ogoniant ef yn ogoniant megis yr uniganedig oddi wrth y Tad; gofyn a welsoch chwi ddwylaw anwir yn ei ddyrchafu, megis er mwyn helpu Duw i'w ogoneddu. Nid wyf fi yn dywedyd na ddarostyngodd Crist ei hun wrth oddef i ddynion ei godi ar y groes. Dywedyd yr ydwyf ei fod yn ymddyrchafu wrth ymddarostwng; ei fod yn ogoneddus yn ei waradwydd, yn gryf yn ei wendid, yn anfeidrol hael yn eithaf ei dlodi, a'i fod yn cael ei fywyd ei hun wrth ei golli. Ai sôn yr ydych am dywyllwch y tair awr?

Oni welsoch ynghanol y tywyllwch hwnnw, oleuni dwyfol yn chwarau o amgylch pen yr hwn oedd yn marw? Fe'i gwelodd Williams o Bant-y-celyn:

Ar Galfari rhwng dae'r a nef,
Llewyrchodd ei ogoniant ef;
Un haul ymguddiodd y prydnawn,
A'r llall a wnaed yn eglur iawn.

Os na welsoch goron gogoniant yn llewyrchu dan y goron ddrain, a'r orsedd yn sefyll ar ben grisiau'r groes, ni welsoch mo hanner y peth sy'n rhoi ystyr a swyn i farwolaeth Crist.

Homilïau, Cyfrol 2 (1909).

OWEN MORGAN EDWARDS
1858 – 1920

163. *Yr Hen Gapel Llwyd*

Addefaf nad wyf fi'n feirniad diduedd. Y mae'r argraffiadau roddir ar enaid plentyn yn annileadwy; yr wyf fi'n gorfod teimlo hynny'n fwy o hyd. Er na fedraf ganu, y mae sŵn y tonau a'r alawon Cymreig yn rhan o fy enaid; er fy ngwaethaf yr wyf yn cael fy hun yn beirniadu pob canu arall yn ôl fel y bo'n debig neu'n anhebig iddynt. Ni welaist ti hen gapel Llanuwchllyn, ar lan dwfr tawel, a'i do heb fod yn uwch na thai y pentrefwyr o'i amgylch. Moelion oedd ei furiau, ond fod ambell ysmotyn llaith yn rhoi tipyn o amrywiaeth i'r lliw; yr oedd ei feinciau weithiau'n esmwyth, weithiau'n galed, yn ôl fel y byddai y bregeth; hirgul oedd ei ffenestri ac heb addurn, ond pan ddôi'r barrug i dynnu darluniau arnynt. Ac eto, dyma'r lle prydferthaf y bûm i ynddo erioed. Ynddo y dechreuais feddwl, ynddo y syrthiais mewn cariad am y tro cyntaf, ynddo y teimlais ofn colledigaeth a swyn maddeuant, ynddo y cynhyrfwyd fi gyntaf gan uchelgais ac yr iselwyd fy malchter wrth glywed nad oedd ynof haeddiant, – mae pob teimlad a meddwl dyfnach na'i gilydd, dynol ac ysbrydol, yn cyfeirio'n ôl at yr hen gapel llwyd. Nid oedd yno dlysni adeiladaeth na darluniau, ond drwy'r ffenestr oedd ar gyfer ein sêt gallwn weled y gwynt yn gyrru'r glaw ar hyd ochrau'r mynyddoedd, ac yr oedd yno goeden griafol yn ymwyro gyda'r awel mewn dull na all yr un o'r celfyddydau breiniol, hyd yn oed pe bai gennym ryw Facwhirter o Gymro, ddarlunio prydferthwch ei changhennau. Y mae'r hen gapel a'r bobl oedd yno wedi newid llawer erbyn heddyw, ond pan ddaw meddyliau am y nefoedd i'm meddwl crwydrol i, hwyrach y gweni wrth i mi ddweyd mai fel hen gapel Llanuwchllyn yn union yr ymddengys i mi – y teuluoedd yn eu seti, pawb yn yr oed yr oeddynt, a'r pregethu, a'r canu gorfoleddus, a sŵn lleddf y gwynt, a'r hen goeden griafol.

O'r Bala i Genefa (1889).

ADRAN VI

1900-1999

Detholwyd gan Elfed ap Nefydd Roberts

J. CYNDDYLAN JONES
1841 – 1930

164. *Y Duw-Ddyn Ydoedd Hwn*

Penderfynodd Renan, Ffrancwr o'r athrylith ddisgleiriaf, ysgrifennu bywyd yr Arglwydd Iesu. I'r perwyl hwn ymwelodd â Phalesteina, dilynodd ôl traed y Ceidwad; yna dychwelodd i Paris i ysgrifennu'r hanes, i brofi i'r byd nad ydoedd Iesu Grist ond dyn, a dyn ffaeledig ar y gorau. Cyhoeddodd ei lyfr, a darllenwyd ef yn awchus gan filoedd. Yn nechrau y llyfr nid yw Iesu Grist ond dyn ffaeledig. Ond fel y mae yr awdur yn myned rhagddo, ac yn parhau i syllu yn wyneb Crist yn y portread ohono yn y pedair efengyl, hawdd canfod fod yr Iesu yn tyfu ac yn chwyddo yn ei werthfawrogiad, fel erbyn cyrraedd y penodau diwethaf yn y llyfr, gorfodir ef i waeddi allan, "O! Tydi ŵr o Nasareth, o hyn allan ni fydd neb yn abl i wahaniaethu rhyngot Ti a Duw." . . . Crist yn gymaint mwy na dynion eraill fel nas gellir gwahaniaethu rhyngddo a Duw! Ac fel yr ŷm ninnau yn syllu arno, gwelwn Ef yn toddi i ogoniant Duwdod. O! 'r Iesu glân, y mae yn ddigon o Dduw i mi! Nis gallaf i ddychmygu am Dduw mwy a gwell na Iesu Grist. Y mae Efe yn ddigon o Dduw i mi – a ydyw Efe yn ddigon o Dduw i chwi, bobl ieuainc Cymru? A allwch chwi wneud rhywbeth â Duw mwy na'r Iesu? Pa fodd y medrodd Hwn ddysgeidiaeth, ac Yntau heb ddysgu? Nid oes ond un ateb – y Duw-ddyn ydoedd hwn. Yr allwedd yma yn unig sydd yn ateb i'r clo, ac yn dangos y dirgelwch. Parod wyf, gan hynny, i syrthio ar fy ngliniau ger Ei fron, a dywedyd gyda Thomas, "Fy Arglwydd a'm Duw."

Cysondeb y Ffydd, Cyf.III (1912)

ROBERT AMBROSE JONES (EMRYS AP IWAN) 1848 – 1906

165. *Gweddi a Gwaith*

Fel y mae'r saint yn byw trwy Grist, felly yr oedd yntau yn byw trwy y Tad. Yr oedd efe yn cilio o'r ddinas i'r diffeithwch, er mwyn derbyn nerth gan Dduw; ac yn dychwelyd o'r diffeithwch i'r ddinas, er mwyn cyfrannu'r nerth hwnnw i ddynion. Yr oedd yr Iesu yn byw dau fath o fywyd, sef bywyd mewn lle cyfannedd a bywyd mewn lle anghyfannedd; bywyd amlwg a bywyd dirgel; bywyd gweithgar a bywyd gweddïgar . . .

Ni ddichon i ni, ac ni ddisgwylir i ni, ei ddilyn ef yn holl fanylion ei fywyd; ond yr ydys yn disgwyl inni ei ddilyn ym mras bwythau ei fywyd; canys heb wneud hynny, ni allwn ei ddilyn yn amcan ei fywyd. Yr ydys yn disgwyl inni oll, hyd y mae ynom, fyw dau fywyd, fel y gwnâi yntau, sef bywyd gyda dynion a bywyd gyda Duw; bywyd o weithio a bywyd o weddïo; canys trwy gyfuno bywyd cyhoeddus a bywyd neilltuedig y gallwn fyw y bywyd perffaith: y bywyd buddiolaf i eraill a'r bywyd dedwyddaf i ni ein hunain.

Y mae'r Iesu yn dweud eto wrth ei holl ddisgyblion y ddau beth a ddywedodd wrth ei ddisgyblion cyntaf: "Awn i'r trefi," hynny ydyw, awn i blith dynion, fel y gwnelom ryw les i eraill; ac hefyd, "Deuwch i le anghyfannedd, a gorffwyswch ennyd," fel y caffoch ryw les i chwi eich hunain, trwy gymdeithasu â Duw. Yr wyf yn meddwl fod llawn mwy o angen yn y dyddiau prysur hyn am yr ail gyngor nag am y cyngor blaenaf; a hynny yn fwy, am na ellir gwneud y blaenaf yn dda heb wneud yr ail; canys nid oes fawr o werth mewn bywyd ymdrechgar, os na fydd yn tarddu o fywyd myfyrgar. O'r ddau, yr oedd yn well gan Iesu fywyd myfyrgar Mair na bywyd ymdrechgar Martha. Ond cyfuniad o fywyd Mair a bywyd Martha; cyfuniad o fywyd y diffeithwch a bywyd y ddinas, sydd fywyd cyflawn, ac yn fywyd cymeradwy gan Dduw.

Homilïau, Cyfrol I (1906)

J.E. DAVIES (RHUDDWAWR) 1850 – 1929

166. *Bywyd fy Mywyd i*

Un cais a geisiaf, Arglwydd glân,
Un sain yn unig sy'n fy nghân;
Pechadur wyf, pechadur mawr,
Yn methu cael fy meiau i lawr;
O! Iesu byw, dy fywyd Di
Fo'n fywyd yn fy mywyd i.

Os ydwyf eiddil, gwael a gwan,
Mi wn am Un a'm cwyd i'r lan;
Mi ddof ryw ddydd yn bur, yn lân,
A sain gorchfygwr yn fy nghân;
O! Iesu byw, dy fywyd Di
Fo'n fywyd yn fy mywyd i.

Codwyd o'r *Llyfr Emynau* (1927)

JOHN WILLIAMS, BRYNSIENCYN 1854 – 1921

167. *Byw'n Deilwng o'r Efengyl*

Byddwn byw'n deilwng o'r Efengyl, oblegid yr Efengyl yn unig sydd deilwng ohonom ni. Rho dy orau iddi, oblegid ynddi y ceir gorau Duw i ti. Nid yw'r byd yn deilwng ohonot . . . Yr Efengyl a esyd fri arnat; hi a ddangosodd dy wir werth. Yng ngoleuni'r draul yr aeth Duw iddi i'th gadw y gwelir dy wir fawredd. Bethlehem a Chalfaria yw mesur dy werth di. Egni ac ymroad dwyfol yn unig a allodd dy brynu oddi wrth dy ofer ymarweddiad. Egni Duw i gadw yw'r Efengyl. "Gallu Duw yw hi;" nid cynnyrch Ei allu. Y mae pob peth creëdig yn gynnyrch Ei allu, ond nid cynnyrch Ei allu yw'r Efengyl ond y gallu ei hun yn nerth i gadw, y gallu wedi ei gysegru a'i neilltuo i gadw. Os yw Duw ar ei orau yn yr Efengyl, dylit tithau fod ar dy orau yn ei byw. Nid oes dim arall yn deilwng ohoni. Nid oes dim mwy annheilwng o'r Efengyl na chlaerineb . . . Y mae enaid claear yn ymyl chwys a dagrau Mab Duw yn rhywbeth annioddefol i'r Anfeidrol.

Yr ynni a'r llwyredd ymroad yma yw amod derbyn gorau'r Efengyl. Gorau dyn a gaiff orau Duw, oblegid gorau dyn yw'r cymhwyster i dderbyn gorau Duw. Ar enaid ar ei orau y medr Duw wneuthur mwyaf o'i ôl.

Pregethau, Cyf.2 (1923)

EVAN KERI EVANS
1860 – 1941

168. *Ffrydiau Bendith*

Euthum i'm myfyrgell un bore cyn brecwast, mynd fel mater o ewyllys, ac yn groes i'm teimlad, ac i weddi, gydag effeithiau hollol annisgwyliadwy. Hyd y cofiaf, y mwyaf a ddisgwyliwn oedd rhyw help i orchfygu drwg dymer, neu i'w chadw rhag fy mlino; eithr yn lle hynny fe'm bedyddiwyd â ffrydiau o nerthoedd bywydol, rhinweddol, trawsffurfiol am tua hanner awr a wnaeth imi deimlo'n lân, ac iach, a hoenus hyd gyrrau fy mod . . . Yr oedd yn brofiad mor rhyfeddol o hyfryd ac adfywiol fel y ceisiais ef drannoeth wedyn, gyda'r un canlyniadau . . . Yr oedd weithiau'n fwy ei rym, weithiau'n llai, rai prydiau'n fwy rhwydd, rai prydiau'n llai, ond fel rheol yn dwyn gwobr arbennig i ffydd a dyfalbarhad. Cedwid fi ambell waith ar fy ngliniau am awr, yn awr ac yn y man am oriau, a'r rheini'n ddios oedd oriau euraid y dydd i mi.

Fy Mhererindod Ysbrydol (1938)

HOWELL ELVET LEWIS
(ELFED)
1860 – 1953

169. *Yr Arglwydd a Feddwl Amdanaf*

Yr Arglwydd a feddwl amdanaf,
A dyma fy nefoedd am byth;
Yng nghysgod yr orsedd gadarnaf
Mae'n ddigon i'r gwannaf gael nyth:
Er duo o'r cwmwl tymhestlog
Ei adain sy'n cuddio fy mhen;
Caf noddfa'n ei fynwes drugarog
Pan siglo colofnau y nen.

Yr Arglwydd sy'n gwisgo y lili,
Mae'n cofio aderyn y to;
Pan ballo'i anfeidrol dosturi
Rhaid gollwng Calfaria dros go'.
Os Duw sydd ar f'enaid i eisiau,
Mae eisiau fy enaid ar Dduw;
O! gariad heb ddiwedd na dechrau,
Ar gariad mor rhyfedd 'r wy'n byw!

Y Caniedydd Cynulleidfaol Newydd (1921)

JOHN PULESTON JONES
1862 – 1925

170. *Elw Duwioldeb*

Ni wâd neb nad ffrwyth crefydd sydd i benderfynu ei gwerth hi, ac nad yw crefydd Iesu Grist dan y ddeddf hon fel pob crefydd arall; ond ni cheir mo'r ffrwyth heb goledd y pren. Ni thrin y grefydd yma mo'r byd presennol heb wneuthur llawer mwy na hynny. Da fuasai gan lawer gael benthyg help Cristnogaeth, i ymladd brwydrau rhyddid, i ddarostwng trais a gormes, i ddofi elfennau anwar cymdeithas. Gwyddant o'r gorau mai hi a ddiddymodd gaethwasanaeth yr hen fyd; mai hi a ysgafnhaodd gaethiwed yn y canol-oesoedd; mai hi a dorrodd iau y Negro yn yr America; mai hi a roes ynni yng nghenhedloedd blaenllaw'r byd at bob gwaith da; ond anghofiant mai trwy ei derbyn a'i meithrin fel crefydd y gwnaeth hi hyn oll. Rhaid ei derbyn hi fel crefydd yn flaenaf dim. Nid yw hi'n addo dim arall, ond ar yr amod yna. Ni cheir elw duwioldeb heb rym duwioldeb. Unwaith y peidio crefydd â bod yn obaith, ac yn brofiad, ac yn wirionedd, fe dderfydd am ei gwasanaeth ymarferol hi hefyd.

Gair y Deyrnas (1924)

JOHN OWEN, MORFA NEFYN
1864 – 1953

171. *Distawrwydd a Thawelwch*

Ni cheir tawelwch oni byddo'r ysbryd mewn cynghanedd gyfriniol â'r distawrwydd o'i gwmpas. Rhaid yw bod distawrwydd oddi mewn yn ateb i'r distawrwydd oddi allan, ac y mae cysegredigrwydd lle yn gymorth gwerthfawr i gynhyrchu yn ysbryd dyn yr hyn a dry'r distawrwydd oddi allan yn dawelwch oddi mewn . . . Amgylchiadau sy'n peri distawrwydd, ond ysbryd dyn yn unig a fedr dynnu o'r distawrwydd dawelwch. Peth i'r glust yw distawrwydd; peth i'r galon yw tawelwch. O gwmpas dyn y mae'r naill; o'i fewn y mae'r llall . . .

Os collir y tawelwch hwn o fywyd ein gwlad ynghanol dadwrdd a thrybestod y byd aflonydd yr ydym yn byw ynddo heddiw, bydd ein colled yn anfesurol fawr.

Sylwadau Sylwedydd (1949)

J.G. MOELWYN HUGHES
(MOELWYN)
1866 – 1944

172. ### *Y Doniau Da*

Fy Nhad o'r nef, O! gwrando 'nghri;
Un o'th eiddilaf blant wyf fi:
O! clyw fy llef a thrugarha,
A dod i mi y doniau da.

Nid ceisio'r wyf anrhydedd byd,
Nid gofyn wnaf am gyfoeth drud;
O! llwydda f'enaid, trugarha,
A dod i mi y doniau da.

Fe all mai'r storom fawr ei grym
A ddaw â'r pethau gorau im;
Fe all mai drygau'r byd a wna
I'm henaid geisio'r doniau da.

Fy Nhad o'r nef, O! gwrando nghri,
A dwg fi'n agos atat Ti.
Rho i mi galon a barha
O hyd i garu'r doniau da.

Codwyd o'r *Llyfr Emynau* (1927)

JOHN JENKINS
(GWILI)
1872 – 1936

173. *Y Duw Prydferth*

Rhyfedd y prydferthwch a amlygir ymhob blodeuyn, ac ymhob rhan ohono! Rhyfedd yr amrywiaeth sydd mewn blodau, a rhyfeddach fyth yr amrywiaeth sydd yn yr un math o flodau! Cysgodau o brydferthwch rhyfedd Duw ydynt oll; ac os yw natur mor hardd, pa mor brydferth y mae'n rhaid fod y Duw na all hi ei fynegi ond mewn mudanrwydd!

Ymhob man y mae'r gwirionedd mai Duw prydferth yw Duw yn mynnu ymddangos. Duw prydferth a wnaeth y wawr a'i bysedd pinc. Duw prydferth a wnaeth wybren las Mehefin, a'r cymylau gwynion sydd fel elyrch ar lynnoedd y nef. Duw prydferth a wnaeth i'r sêr godi mewn tywyllwch, a machlud mewn goleuni. Duw prydferth a wnaeth adenydd hyfryd i'r peunod, a wynebau pur sydd fel yr wynebau a roddir i angylion . . .

Ond fe ymddangosodd Rhywun yn ein byd ni unwaith, a oedd mor ogoneddus Ei wedd a'i fywyd, fel na allai dynion feddwl amdano ar wahân i'r prydferthwch mwyaf a welodd eu llygaid. "Dyma Rosyn Saron," meddent. "Dyma'r Prydferth wedi ei wneud yn ddyn." Ac y mae'r oesau'n Ei adnabod, bellach, fel yr Ysbryd Tragwyddol Brydferth wedi blodeuo ynghanol drain y byd. Yr ydym ni'n deall, erbyn hyn, mai bywyd Duw yn ei flodau yw Iesu Grist.

O *Gwili: Cofiant a Phregethau* (1937)

D. MIALL EDWARDS
1873 – 1941

174. *Ymddiried*

Nid credu rhyw bethau am Dduw ond ymddiried yn Nuw yw hanfod y ffydd hon. Wrth gwrs, rhaid credu rhywbeth amdano cyn y gallwn ymddiried ynddo. Rhaid credu ei fod, a chredu ei fod yn deilwng o'n hymddiriedaeth drylwyraf. Ond golyga ffydd fwy na choleddu syniadau cywir (neu anghywir) amdano, – golyga daflu arno faich ein bywyd . . . Beth yw'r gwahaniaeth rhwng y duwiol a'r di-dduw? Nid gwahaniaeth barn neu gredo mohono yn bennaf, ond rhywbeth mwy ymarferol a phwysig. Yn y pendraw nid oes gan y di-dduw neb i ymddiried ynddo. Pan fo'n argyfwng arno, pan fo amgylchiadau yn mynd yn ei erbyn, pan fo pawb yn cefnu arno, pan deflir ef ar ei adnoddau ei hun, pan fo niwloedd y byd yn cau amdano, yn nhywyllwch y fagddu fawr nid oes ganddo neb i ymddiried ynddo. Y mae megis plentyn amddifad yn y cyfanfyd, heb Gyfaill anweledig i ymaflyd yn ei law yng nghanol y niwl. Ac yn ei gyfyngder, os geilw allan am gymorth, ni ddaw dim yn ôl o'r gwagle o'i gwmpas ond adlais ei waedd ei hun. Ni ddaw dim ond eco wawdus yn ôl o'r mudandod dwfn a chreulon . . . Ond am y duwiol – sef yr hwn y mae Duw yn brofiad iddo ac nid yn broffes yn unig – gall ddywedyd yn awr dduaf methiant ac unigedd, "Fy noddfa yw Duw tragwyddol, ac oddi tanodd y mae breichiau tragwyddol."

Yr Antur Fawr (1932)

GEORGE REES
1873 – 1950

175. *Mab y Dyn*

O! Fab y Dyn, Eneiniog Duw, fy Mrawd
A'm Ceidwad cry';
Ymlaen y cerddaist dan y groes a'r gwawd,
Heb neb o'th du.
Cans llosgi wnaeth dy gariad pur bob cam,
Ni allodd angau'i hun ddiffoddi'r fflam.

Cyrhaeddaist ddiben dy anturiaeth ddrud,
Trwy boenau mawr;
A gwelais Di dan faich gofidiau'r byd
Yn gŵyro i lawr;
Ac yn dy ochain dwys a'th ddrylliog lef
Yn galw'r afradloniaid tua thref.

Rho imi'r weledigaeth fawr a'm try
O'm crwydro ffôl:
I'th ddilyn hyd y llwybrau dyrys du,
Heb syllu'n ôl.
A moes dy law i mi'r eiddilaf un,
Ac arwain fi i mewn i'th fyd dy Hun.

Tydi yw'r ffordd a mwy na'r ffordd i mi,
Tydi yw ngrym:
Pa les ymdrechu, f'Arglwydd, hebot Ti,
A minnau'n ddim?
O! rymus Un, na wybu lwfwrhau,
Dy nerth a'm ceidw innau heb lesgáu.

Sul y Pasg 1925. Ceir hanes cyfansoddi'r emyn yn *Trysorfa'r Plant*, Chwefror 1938.

W. NANTLAIS WILLIAMS (NANTLAIS) 1874 – 1959

176. *Yr Awr Dawel*

Yn y dwys ddistawrwydd,
Dywed air fy Nuw;
Torred dy leferydd
Sanctaidd ar fy nghlyw.

O! fendigaid Athro,
Tawel yw yr awr;
Gad im weld dy wyneb,
Doed dy nerth i lawr.

Ysbryd, gras a bywyd,
Yw dy eiriau pur;
Portha fi â'r bara
Sydd yn fwyd yn wir.

Dysg fi yng ngwybodaeth
Dy ewyllys lân;
Nerth dy gariad ynof
Dry dy ddeddfau'n gân.

Megis gardd ddyfradwy,
O aroglau'n llawn,
Boed fy mywyd, Arglwydd,
Fore a phrynhawn.

Yr Efengylydd, Rhifyn Ionawr-Chwefror 1921

J.D. VERNON LEWIS
1878 – 1970

177. *Symffoni'r Cread*

Ni ellir meddwl am fiwsig heb ddiscordiau yn taro'n aml ar ein clyw, a'r seiniau yn gwbl ddigynghanedd. Rhydd hynny i gerddoriaeth gyffro a symudiad sy'n galw am ei drosi'n llyfn ac esmwyth yn ôl i gynghanedd. Diflas, merfaidd a blinderus yw miwsig sy'n ormod o harmoni. Ni chyffry hwnnw ddyfnderau'r galon, ond diflannu'n ebrwydd heb greu crych ar donnau ein teimladau. Ni bydd miwsig byth yn dygyfor trwyddo gan fywyd oni sigler a dirgrynu ein holl ymwybod ganddo, a chorddi'r dyfnderau ynom. Ond ni ellir bodloni ar ddiscord ac anghytsain. Er gwaethaf pob tensiwn a straen, y mae tramwyfa trwy'r twnnel sy'n talaru mewn cynghanedd a goleuni.

Torrwyd tannau ein telynau gan bechod, a thery hwnnw nodau aflafar. Rhwygwyd ein bywyd ganddo'n ddarnau mân gan greu anghytsain, terfysg, braw a blanc. Rhydd ein bywyd a'n lleferydd seiniau anhynod allan, llwch a budreddi wedi ymgasglu ar dannau ein telyn nes eu sigo a'u torri, a ninnau allan o diwn â'r Cread a phopeth sydd ynddo, ie, ac allan o gytgord â Duw ei hun. Gwaith mawr ac araf yw uno a chyfannu'r tannau a dorrwyd . . . Trefnodd Duw trwy ufudd-dod, bywyd a gras ei Fab, Iesu Grist, i atgyweirio a chyfannu'r hyn a dorrwyd ac a chwalwyd gan ddyn, glanhau ei feddwl, puro ei serch, datod pob cymhlethdod ynddo, uno'n llwyr ei galon nes llifo cytgan soniarus o fawl allan a'r cwbl yn trawsgyweirio'r tryblith i gyd.

Bydd Melys fy Myfyrdod (1949)

I.D. HOOSON
1880 – 1948

178. *Mab y Saer*

Cadeiriau bregus, byrddau'r fro
A ddygid beunydd ato Fo;
Teganau'r plant ac offer gwlad
I'w trwsio ganddo yn siop ei dad.

Adferai yntau yn ddi-wall,
Ei braich i'r naill, ei goes i'r llall;
Trwsio, cyfannu a chryfhau
Â'r hoelion llym y celfi brau.

O siop y saer ar wŷs ei Dad
Bu'n tramwy wedyn drwy y wlad;
A'r fraich oedd wyw a wnaed yn gref,
A'r goes oedd gloff, drwy'i allu Ef.

Hwythau a'u rhoesant Ef un dydd
Dan hoelion llym ar groesbren prudd;
Ac yno, gan weddïo'n daer
Drostynt, bu farw Mab y Saer.

Y Gwin a Cherddi Eraill (1948)

E. TEGLA DAVIES
1880 – 1967

179. *Anadl yr Enaid*

. . . Nid yw gweddi, yn ystyr gyffredin y gair, ond rhoi llais i anadl yr enaid, ond rhaid i'r enaid fod yn anadlu'n ddibaid cyn y bydd yn bosibl gwisgo'r anadl honno â meddyliau a dyheadau a geiriau. Ni all dim siarad heb anadlu ond gramaffon; ac onid am fod cymaint o'r gramaffon ynom y mae ein gweddïau mor ddirym? I Paul, enaid dyn yn anadl yn awyrgylch y byd ysbrydol yw gweddïo; ac i fod yn effeithiol rhaid i'r anadlu fod yn ddibaid. Ond cael hynny bydd ateb dieithriad i weddi, am fod yr awyr honno bob amser yn iach. Dibyniad ar Ysbryd Duw fel y corff ar yr anadl ydyw gweddi . . .

Camgymeriad mawr crefyddwyr yw credu bod gweddi'n effeithio fwyaf ar Dduw pan fo'r gweddïwr mewn hwyl fawr yn ymdrechu gerbron yr Orsedd, a synnir at Dduw am beidio ag ateb gweddi felly; ond ni ddywedai neb mai'r anadlwr gorau mewn ystafell yw'r gŵr sy'n ymladd am ei anadl. Yr anadlwr gorau yw'r anadlwr tawel. Ac os oes i weddi ei dylanwad i ddwyn Duw a dyn ynghyd, teimlir ef gryfaf ym mywyd y gŵr sydd wedi ymarfer cymaint ag anadlu yn awyrgylch tenau'r byd ysbrydol nes bod anadlu'n gwbl ddiymdrech iddo.

Ar Ddisberod (1954)

D. CWYFAN HUGHES
1886 – 1966

180. *Goresgyn Pryder*

Sut y mae gweddi yn gwaredu oddi wrth bryder? Wel, dydi gweddi bob amser ddim yn symud yr hyn y pryderir yn ei gylch. Mae gweddi yn gwneud hynny weithiau, ond nid bob amser. Ond pan fydd gweddi heb glirio'r peth y pryderir o'i herwydd, y mae yng ngallu gweddi, hyd yn oed y pryd hwnnw, i beri i'r pryder ei hun ddiflannu. Achos y pryder yn aros, ond y pryder ei hun yn mynd. Os ydi'n swmbwl heb ei symud, mi allwn, trwy weddi, gael gras i'w oddef. Os ydi'r cwpan heb ei droi heibio, mi allwn, ar ein gliniau, gael nerth i'w yfed. Pan fydd y gorthrymderau yn dal i guro, mi allwn, wrth orsedd gras, gael modd i orfoleddu yn eu canol. Sut y mae gweddi'n cyflawni'r orchest yma? Pa fodd y mae gweddi yn ein gwaredu oddi wrth bryderon er i'r pethau y mae pryder yn eu cylch aros yr un fath . . .?

Mae gweddi yn mynd â'n meddwl ni oddi ar ein trallodion ac yn eu sefydlu ar Dduw. Y mae hyn yn gwneud gwahaniaeth dirfawr i'n pryderon, oherwydd y mae meddwl am ein croesau yn eu gwneud nhw'n drymach. Meddyliwn fwy am Dduw. Meddyliwn gymaint am Dduw nes colli golwg ar bob helbul.

Iaith Amlwch, gol. J. Eirian Davies (1969)

SAUNDERS LEWIS
1893 – 1985

181. *Difiau Dyrchafael*

Beth sydd ymlaen fore o Fai ar y bronnydd?
Edrychwch arnynt, ar aur y banadl a'r euron
A'r wenwisg loyw ar ysgwyddau'r ddraenen
Ac emrallt astud y gwellt a'r lloi llonydd;

Gwelwch ganhwyllbren y gastanwydden yn olau,
Y perthi'n penlinio a'r lleian fedwen fud,
Deunod y gog dros ust llathraid y ffrwd
A'r rhith tarth yn gwyro o thuser y golau:

Dowch allan, ddynion, o'r tai cyngor cyn
Gwasgar y cwning, dowch gyda'r wenci i weled
Codi o'r ddaear afrlladen ddifrycheulyd
A'r Tad yn cusanu'r Mab yn y gwlith gwyn.

Siwan a Cherddi Eraill (1956)

LEWIS VALENTINE
1893 – 1986

182. *Dros Gymru'n Gwlad*

Dros Gymru'n gwlad, O! Dad, dyrchafwn gri,
Y winllan wen a roed i'n gofal ni;
D'amddiffyn cryf a'i cadwo'n ffyddlon byth,
A boed i'r gwir a'r glân gael ynddi nyth;
Er mwyn dy Fab a'i prynodd iddo'i hun,
O! crea hi yn Gymru ar dy lun.

O! deued dydd pan fo awelon Duw
Yn chwythu eto dros ein herwau gwyw,
A'r crindir cras dan ras cawodydd nef
Yn erddi Crist, yn ffrwythlon iddo ef,
A'n heniaith fwyn â gorfoleddus hoen
Yn seinio fry haeddiannau'r addfwyn Oen.

Seren Gomer, Cyf. LIV, Rhif 2, Haf 1962

TOM NEFYN WILLIAMS
1895 – 1958

183. *Y Grefft o Eiriol*

Cyn yr ymgeleddir unrhyw enaid, rhaid meistroli'r grefft o eiriol. Da o beth ydyw bod yn abl i'n torri ein hunain yn rhydd pryd y mynnom o afael pobl a sistemau a rhaglenni. A phan wypo dyn sut i ganolbwyntio'n llwyr ac yn angerddol, bydded ar ddeulin mewn festri neu dŷ annedd neu ynteu'n cerdded ar y ffordd, geill droi yn weddïwr ym mhlaid rhywun. Purion peth ydyw mynd yn arlunydd a cheisio gweld o'n blaen wyneb y sawl y bwriedir pledio drosto . . . Yn fuan wedi i wyneb y cyfaill neu'r gelyn ymffurfio'n glir, gadawer i'r enaid yn ddeallgar ac yn llawn o gydymdeimlad, lifo allan tuag ato. Buan y canfyddir na raid i'r weddi fod yn amleiriog ac nad oes angen am unrhyw straen, mwy nag wrth anadl; a chyn bo hir, o barhau'n ddi-ildio, cwmpasir yr un y pledir drosto â dylanwadau grasol. Heb os, un peth anhepgor yng nghelfyddyd yr ymgeleddu ydyw cred yng ngallu gweddi.

Yr Ymchwil (1949)

ALBERT EVANS-JONES (CYNAN) 1895 – 1970

184. *Cyfamod Hedd*

Ysbryd Duw a fu'n ymsymud
  Dros ddyfnderau'r tryblith mawr,
Gan ddwyn bywyd a phrydferthwch
  Allan i oleuni'r wawr;
Dros y byd a'i dryblith heddiw
  Chwŷth drachefn, O! anadl Iôr,
Nes bod heddwch fel yr afon,
  A chyfiawnder fel y môr.

Ysbryd Duw, yng nghwlwm cymod,
  Ac yn rhwymau cariad rhad,
Cydio galon mwy wrth galon,
  Cydia wlad ynghlwm wrth wlad;
Dyro inni edifeirwch
  Am bob cas a malais trist,
Cod ein golwg oddi wrth hunan
  At orwelion teyrnas Crist.

Ysbryd Duw, er mwyn y beddau
  Ar bellennig fryn a phant,
Ac er mwyn calonnau ysig,
  Ac er mwyn ein hannwyl blant,
Ac er mwyn yr Hwn weddïodd
  Dros elynion dan Ei glwy,
Tro'n hwynebau i Galfaria
  Fel na ddysgom ryfel mwy.

Caniadau Cynan (1927)

D. GWENALLT JONES (GWENALLT) 1899-1968

185. *Pechod*

Pan dynnwn oddi arnom bob rhyw wisg,
Mantell parchusrwydd a gwybodaeth ddoeth,
Lliain diwylliant a sidanau dysg;
Mor llwm yw'r enaid, yr aflendid noeth:
Mae'r llaid cyntefig yn ein deunydd tlawd,
Llysnafedd bwystfil yn ein mêr a'n gwaed,
Mae saeth y bwa rhwng ein bys a'n bawd
A'r ddawns anwareiddiedig yn ein traed.
Wrth grwydro hyd y fforest wreiddiol, rydd,
Canfyddwn rhwng y brigau ddarn o'r Nef,
Lle cân y saint anthemau gras a ffydd,
Magnificat Ei iechydwriaeth Ef;
Fel bleiddiaid codwn ni ein ffroenau fry
Gan udo am y gwaed a'n prynodd ni.

186. *Y Gwaredwr*

Ti wylit gynt groth y cyntefig dân
A gwewyr esgor niwl a tharth a nwy,
A chlywaist grio'r bydoedd mawr a mân
Wrth dorri'r llinyn byw a'u clymai hwy:
Ti roddaist ddyn yn stiward ar Dy stad,
Ond mynnodd iddo'i hun y cwbl o'r elw,
Bwriodd yr Ustus Angau ef a'i had
I gelloedd cosb ei hen garchardy gwelw.
Disgynnaist oddi fry o dŷ Dy Dad
A mynd drwy'r byd yng ngharafán y cnawd,
Heb le i orffwys, gan ustusiaid gwlad,
Ond cyrrau garw y comin ar Dy rawd;
Ar bren tu faes i'r dref, wrth hongian Duw,
Drylliwyd y carchar haearn dan yr yw.

Ysgubau'r Awen (1939)

JOHN EDWARD DANIEL
1902 – 62

187. *Undod ac Amrywiaeth*

"Efe a wnaeth o un gwaed bob cenedl." Nid ewyllys Duw oedd bod dynolryw yn unffurf a diamrywiaeth. Yn wir, os cywir ein casgliad nad oedd y ddelw ddwyfol yn gyflawn ar ddyn nes creu cymdeithas, am mai cymdeithas yw Duw ei Hun, nid rhyfedd mai yn amrywiaeth cenhedloedd gwahanol eu teithi a'u nodweddion yr ewyllysiodd Duw i holl gyfoeth diriaethol ei syniad Ef am ddyn gael ei fynegi. Nid idea Blatonaidd a feddyliodd Duw, ond creu dynion a'r rheini'n genhedloedd. Un ddynolryw mewn llawer o genhedloedd. Nac anghofiwn ein bod trwy bwysleisio undod dynolryw nes dinistrio'i hamrywiaeth yn gwadu bwriadau Duw; yn arbennig ymgroeswn rhag cyhoeddi mai'r undod yn unig sydd yn ôl bwriad Duw – nid yw'r amrywiaeth namyn ein hatodiad annuwiol ac anufudd ni. Y mae'r unoliaeth na cheir mohoni ond ar draul amrywiaeth yn gymaint pechod yn erbyn Duw â'r amrywiaeth na fyn gydnabod undod. Y Duw a'u galwodd hwy o wlad yr Aifft, meddai Amos wrth genedl Israel, yw'r Duw hefyd a alwodd y Philistiaid o Caphtor a'r Syriaid o Cir. Nid oedd patrwm y cwrlid dwyfol yn gyflawn heb liwiau Philistia a Syria arno wrth ochr ysblander Jwda. Siaced fraith yw'r wisg a weodd Duw i'r ddynolryw, nid amgen. Nid drwg o beth fyddai i ni gofio bod lle ym myd Duw, beth bynnag am fyd dynion, i gyfraniad arbennig pob cenedl; nid da o beth fyddai i bawb droi'n Saeson neu'n Rwsiaid neu'n Americaniaid; eithr da yn hytrach fod Cymry yn ogystal â Saeson, Latfiaid yn ogystal â Rwsiaid, negro du yn ogystal ag Americaniaid gwyn.

O *Sylfeini Heddwch 2* (1944)

GWYNFRYN RICHARDS
1902 – 92

188. *Gobaith a'r Dyfodol*

Credai Awstin Sant mai'r hapusrwydd sydd ynghlwm wrth obaith yw hapusrwydd hanfodol y bywyd hwn. Ond bob tro y bydd dyn yn ymwybodol o dda'r presennol try ei lygaid yn eiddgar at yr hapusrwydd a fydd yn eiddo iddo yn y dyfodol. Y mae'r hapusrwydd a fedd yn peri ei fod yn estyn ei ddwylo at yr hapusrwydd nad yw eto'n eiddo iddo; ac y mae'r pethau y mae yn eu disgwyl, a'r modd y mae yn eu disgwyl yn dylanwadu ar yr hyn yw.

Y mae gradd o wrthdrawiad yn ein disgwyl. Siomir ni weithiau gan fod rhyw bleser a ddisgwyliem amdano wedi cyrraedd – siom, am fod y dyfodol yn rhan mor hanfodol o'r disgwyl. Unwaith y daw'r dyfodol i ben, paid â bod yn ddyfodol; aeth yn bresennol. Yr hyn a roddai i ni foddhad yw meddiannu'r dyfodol heb iddo beidio â bod yn ddyfodol. Dyma wrthdrawiad na all dim ond tragwyddoldeb ei unioni . . .

Nid dianc rhag aflwydd byd yw gobaith y Cristion. Nid disgwyl y mae ychwaith am unrhyw ddyfodol, ond am y dyfodol. Nid dyfodol fydd hwnnw a wêl gyflawni ei freuddwydion teg, breuddwydion creadur pechadurus, ond dyfodol a ddatguddir gan Dduw.

Gwir a Diogel Obaith (1972)

T. ROWLAND HUGHES
1903 – 49

189. *Tydi a Roddaist*

Tydi a roddaist liw i'r wawr,
　A hud i'r machlud mwyn;
Tydi, a luniaist gerdd a sawr,
　A gwanwyn yn y llwyn:
O! cadw ni rhag colli'r hud
Sydd heddiw'n crwydro drwy'r holl fyd.

Tydi, a luniaist gân y nant,
   A'i si i'r goedwig werdd;
Tydi, a roist i'r awel dant,
   Ac i'r ehedydd gerdd:
O! cadw ni rhag dyfod dydd
Na yrr ein calon gân yn rhydd.

Tydi, a glywaist lithriad traed
   Ar ffordd Calfaria gynt;
Tydi, a welaist ddafnau gwaed
   Y Gŵr ar ddieithr hynt:
O! cadw ni rhag dyfod oes
Heb goron ddrain, na chur, na chroes.

Cân neu Ddwy (1948)

GWILYM R. JONES
1903 – 93

190. *Ffrwydrad*

Daeth ffrwydrad o gariad gwir
trwy Iesu, ein pennaf trysor.
Hwn a chwalodd wych waliau
caerau balch cewri y byd.

Rhoes ei law yn llaw y llesg
a dwyn hedd i dlawd anheddau.
Lle'r oedd cas daeth gras y grog,
lle'r oedd cam lleuerodd cymod.

Y dyn hwn, yn anad neb,
a biau ruddin bywyd:
Fe'n câr ein digymar gefn –
difyrrwch yw ei glodfori.

Ein clwyfo a wna'r beirniaid clyfar,
y bras wŷr a'i dibrisia ef.
Efô yw'r un – gwylaidd frawd –
a ddaw'n haul i'r ddynoliaeth.

Mae gen i Lyn a Cherddi Eraill (1986)

WALDO WILLIAMS
1904 – 71

191. *Brawdoliaeth*

Mae rhwydwaith dirgel Duw
Yn cydio pob dyn byw;
Cymod a chyflawn we
Myfi, Tydi, Efe.
Mae'n gwerthoedd ynddo'n gudd,
Ei dyndra ydyw'n ffydd;
Mae'r hwn fo'n gaeth yn rhydd.

Mae'r hen frawdgarwch syml
Tu hwnt i ffurfiau'r Deml.
Â'r Lefiad heibio i'r fan,
Plyg y Samaritan.
Myfi, Tydi, ynghyd
Er holl raniadau'r byd –
Efe'n cyfannu'i fyd.

Mae Cariad yn dreftâd
Tu hwnt i Ryddid Gwlad.
Cymerth yr Iesu ran
Yng ngwledd y Publican.
Mae concwest wych nas gwêl
Y Phariseaidd sêl.
Henffych y dydd y dêl.

Mae Teyrnas gref, a'i rhaith
Yw cydymdeimlad maith.
Cymod a chyflawn we
Myfi, Tydi, Efe,
A'n cyfyd uwch y cnawd.
Pa werth na thry yn wawd
Pan laddo dyn ei frawd?

Dail Pren (1957)

EUROS BOWEN
1904 – 88

192. ### *Y Griafolen*

Fe'i gwelir uwch llif y geulan, ar gwr
 y gors a'r gwynt,
a'i daear yw crac yn llymder craig.

Llun ei bonyn llwyd a thrawsdarn
  noeth yr ystum,
 yr un gras â phren y groes.

Canghennau, breichiau a'u brig, yn frych
  o friw ar fron,
 yn arw, cras, fel asennau'r Crist.

A gwaed yn ddafnau ar y goeden, ar gwr
  y gors a'r gwynt,
 a dyr o dwf tosturi Duw.

Cerddi (1958)

T. GLYN THOMAS
1905 – 73

193. *Y Byd ar y Bryn*

Yr oedd ar Fryn Calfaria, fel y cofiwch, dair croes. Yn y canol yr oedd Mab Duw a Mab y Dyn, Gwaredwr y byd, y dibechod. Ar y naill ochr a'r llall iddo yr oedd pechadur, gyda hyn o wahaniaeth, fod un yn bechadur edifeiriol a'r llall yn bechadur anedifeiriol. Felly, y mae'r byd i gyd ar y bryn; y mae Duw a'r byd a'r Eglwys yn cael eu cynrychioli yno. Oherwydd dyna'r gwahaniaeth rhwng yr Eglwys a'r byd, – nid mai pechaduriaid sy'n y byd a'r dibechod yn yr Eglwys, pechaduriaid sy'n y naill a'r llall, ond mai pechaduriaid edifeiriol sy'n yr Eglwys a phechaduriaid anedifeiriol sy'n y byd. Yn ddaearyddol, y mae'r tair croes ar yr un gwastad, eithr yn ysbrydol, y maent ar lefelau cwbl wahanol. Croes ogoneddus yw croes y Crist, oherwydd croes achubol ydyw. Yn wir, y mae'n dechrau ar ei gwaith yn ddiymdroi – y mae'n ennill un pechadur i'r Deyrnas cyn i'r Gwaredwr gael ei gymryd oddi arni. Croes obeithiol, a dweud y lleiaf, oedd croes y pechadur edifeiriol, oherwydd yr hyn a wnaeth hi iddo ef ydoedd ei ddwyn at draed ei Waredwr. Eithr croes arswydus ydoedd croes y pechadur anedifeiriol; fe'i croeshoelir ef yn ofer, – y mae'n marw yn ei bechod.

Fel y sylwodd rhywun yn graff, bu un farw mewn pechod, un arall i bechod, a'r gŵr canol dros bechod. Y mae'r dibechod, yn ei farwolaeth fel yn ei fywyd, yn llefaru geiriau maddeuant; y mae'r pechadur edifeiriol yn gweddïo am gael bod yn gadwedig; y mae'r pechadur anedifeiriol yn dal i ryfygu hyd y diwedd.

Ar Ddechrau'r Dydd (1962)

ANEIRIN TALFAN DAVIES
1909 – 80

194. *Gosod Trefn ar Fywyd*

Arf y deall yw iaith. Y mae iaith yn beth trefnus ynddi'i hunan, fel y gwyddom ni i gyd oddi wrth ein gwersi gramadeg yn yr ysgol. Ac mae iaith yn gosod trefn ar brofiadau dyn. (A dyna yw emyn, mewn gwirionedd, cynnyrch brwydr y bardd i osod trefn ar ei brofiadau). Iaith yw meddiant pwysicaf dyn. Oherwydd y mae iaith nid yn unig yn arf i osod trefn ar ein profiadau, ond y mae hefyd yn ystorfa profiadau cymdeithas, mewn gwynfyd ac mewn adfyd; mewn heulwen a than gwmwl. A phan fo iaith yn marw y mae dyn yn colli'r allwedd i ganrifoedd o gyfoeth a doethineb a gwybodaeth a enillwyd yn y frwydr i osod trefn ar fywyd. A dyna yw diwylliant; cynnyrch y frwydr honno i osod trefn ar fywyd. Y broses o "ddi-wylltio" ys dywed Syr Ifor Williams – tynnu'r jungle o'r dyn. A iaith sy'n croniclo'r frwydr honno. Pan fo iaith yn marw y mae canrifoedd o brofiad mewn gosod trefn ar brofiadau cymdeithas yn diflannu gyda hi. Y mae'r grefft, y ddawn, y medrusrwydd yn y gelfyddyd o fyw yn diflannu gyda'r iaith; a cheir anhrefn . . .

Yr un reddf ag sy'n cyniwair ym mynwes yr artist, – y reddf i osod trefn ar bethau; dwyn trefn allan o anhrefn, – yr un reddf yn union a fu'n gweithio yn yr Eglwys, i osod trefn ar brofiadau'r saint; i lunio cyfrwng gweddus, urddasol i addoli'r Duw Hollalluog, creawdwr nef a daear. Y reddf yma a roes fod i'r Llyfr Gweddi, ac i seremonïau gweddaidd ein gwasanaethau. A dyna yw'r Llyfr Gweddi mewn gwirionedd, arf y Cristion i osod trefn ar ei feddyliau gwibiog a gwamal, yn y weithred fwyaf a ddaw i'w ran – addoli Duw. Fel y mae'r Llyfr Gweddi yn rhoi trefn ar ein gwasanaethau, y mae hefyd yn rhoi trefn ar ein bywydau. Trwy'r Flwyddyn Eglwysig, trwy'r Calendr Eglwysig cawn gymorth i osod trefn ar ein buchedd a'n bywyd. Y mae'r Llyfr Gweddi yn ganllaw inni ar ein pererindod trwy fywyd; o wythnos i wythnos, o ŵyl i ŵyl, ac o flwyddyn i flwyddyn ac yn rhoi cymorth inni fyw bywyd trefnus.

Astudio Byd (1967)

WALTER P. JOHN
1910 – 67

195. *Y Cyfan o'n Bywyd*

Dyna ryfedd yw ein clywed yn dweud na ddylid dod â'r cnawd a'r byd i'r cysegr. Ond cael ein hannog i ddod â hwy i ganol y Cysegr Sancteiddiolaf yr ydym wrth Fwrdd yr Arglwydd. Heb wneud hynny, bwrdd gwag fydd gennym a chwbl ddiystyr fydd ein haddoliad. Wrth osod y Dorth a'r Cwpan ar y bwrdd yr ydym yn gosod popeth bywyd arno.

Y mae a fynno bara â phopeth bywyd – gofal Rhagluniaeth a gweithgarwch dyn; gofynion y cnawd ac ymdrechion dyn i ennill ei damaid; ei broblemau economaidd, ei ddiwydiant o bob math a'i ddyletswydd tuag at ei gyd-ddyn. Wrth ystyried bara mae'n amhosibl tynnu llinell bendant rhwng y materol a'r ysbrydol. Gwir y dywedwyd: bara i mi fy hun – problem faterol; bara i'm cyd-ddyn – problem ysbrydol.

Ymyriad y seciwlar yn y cysegredig yw'r Bwrdd. Cyhoedda mai dim ond trwy ddod â'r cyfan o'n bywyd bob dydd at Grist, ei gyflwyno iddo Ef, a'i rannu o'r newydd dan ei fendith Ef, y daw unrhyw lewyrch arno. Fel hynny y mae cofio'n iawn amdano a dod i wybod ystyr lawn ei aberth drud, dod â'r oll ag ydym, yn galon a chnawd, yn gorff ac enaid, dod yn ein hysbrydolrwydd a'n materoliaeth. Y pechod mawr yng ngoleuni'r Bwrdd yw cadw Duw mewn cornel o'n bywyd, gwrthod agor ein bywyd iddo, gwrthod ehangu cylch y cysegredig i gynnwys popeth bywyd.

Rhwydwaith Duw (1969)

JOHN ROBERTS
1910 – 84

196. *Llaw fy Ngheidwad*

Pan fwyf yn teimlo'n unig lawer awr,
Heb un cydymaith ar hyd llwybrau'r llawr,
Am law fy Ngheidwad y diolchaf i,
Â'i gafael ynof er nas gwelaf hi.

Pan fyddo beichiau bywyd yn trymhau,
A blinder byd yn peri im lesgáu;
Gwn am y llaw a all fy nghynnal i,
Â'i gafael ynof er nas gwelaf hi.

Pan brofais archoll pechod ar fy nhaith,
A minnau'n ysig ŵr dan gur a chraith,
Ei dyner law a'm hymgeleddodd i,
Â'i gafael ynof er nas gwelaf hi.

A phan ddaw braw yr alwad fawr i'm rhan,
A'r cryfaf rai o'm hamgylch oll yn wan;
Nid ofnaf ddim, ei law a'm tywys i,
Â'i gafael ynof er nas gwelaf hi.

Atodiad i'r Llyfr Emynau (1985)

HYWEL D. LEWIS
1910 – 92

197. *Gwybod ac Adnabod*

Nid dod i wybod am Dduw yr ydym ond ei adnabod. Ac y mae hyn yn lled atyniadol oherwydd bod gwahaniaeth i'w dynnu rhwng "gwybod am" ac "adnabod." Gallwn wybod llawer am ein gilydd heb ddod i'r berthynas agos o adnabod. Y mae rhywbeth wedi digwydd pan ydym yn adnabod dyn, rhywbeth pur anodd ei ddisgrifio; y mae'r llen wedi disgyn, cyfrinach wedi ei datgelu, a chymundeb bywiol yn bosibl. A pherthynas gysegredig iawn yw hon; ni fyddai crefydd yn bosibl hebddi. Eto ni chredaf fod adnabyddiaeth yn bosibl ar wahân i'r hyn y deuwn i'w wybod am ein gilydd. Ni thâl pob gwybodaeth, er iddi fod yn helaeth, i'r pwrpas hwn: y pethau a ddadlennir mewn osgo, goslef, neu edrychiad llygad sydd bwysicaf fel rheol, er nad yn ddieithriad – oni fedrwn wir adnabod rhywun drwy ei lythyrau'n unig, onid oes modd o ddweud sydd mor ddadleniadol ag unrhyw edrychiad? Ond ni raid manylu ar hyn. Bydd yn ddigon cydnabod pwysigrwydd adnabyddiaeth. Ond rhaid ychwanegu mai ar ryw fath o wybodaeth am ein gilydd y dibynna, ac mai ymagor yn raddol a wna weithiau; nid yw byth heb gyswllt â'n profiad a'n hanes . . .

Ac onid gwybodaeth am Dduw ac iddi gynnwys sylweddol a honnir yn y grefydd y mae gennym ni fwyaf o ddiddordeb ynddi, sef Cristionogaeth? Onid negeseuau pendant iawn a roddwyd i'r saint a'r proffwydi? Onid yw Duw trwy ei gymdeithas yn ein tywys ninnau gam a cham ar ein taith?

Gwybod am Dduw (1952)

J.R. JONES
1911 – 70

198. *Gwir Natur Nerth*

Bu'r Iesu farw fel y gwnaeth i'n dysgu – i ddysgu'r ddynoliaeth i iawn-ddeall yr elfen odidocaf a pheryclaf ei phosibiliadau a roddwyd yn ei dwylo, sef nerth. Bu farw'n ddiymadferth i'n herio allan o'n ffordd fabanaidd o ddeall nerth, sef yn nhermau diogelwch, yn nhermau troi nerth yn gaer o'n hamgylch i gadw'r gelyn draw.

I'r ofnus, babanaidd, "deuddeg lleng o angylion" ydyw nerth. Ond fel arall y syniai ef – "Nac wylwch o'm plegid i." Yr oedd o'n gwybod beth oedd o yn ei wneud. Cario allan i'r pen yr ydoedd y gwaith o ddangos i ddynion cibddall sut un ydyw Duw, sut beth yw ei fawredd a'i allu mewn gwirionedd; dal i ddangos i'r pen bod yr unig Un y mae ganddo awdurdod diamodol dros fodolaeth y byd, yn dewis bod yn ddiallu yn y byd – yn gwbl ddiymadferth yn nwylo dynion – er mwyn dysgu dynion y wers bwysicaf a oedd ganddynt i'w dysgu yn wyneb posibiliadau eu deall a'u dyfeisgarwch . . .

O gynysgaeddu creadur meidrol â'r deall a'r dyfeisgarwch a berthyn i ddyn, yr oedd yn bod o'r cychwyn, gan hynny, bosibilrwydd y câi hwn rywbryd afael ar bwerau a'i blotiai allan o fod oni ddysgai'r wers bwysig mewn pryd, sef beth yw gwir natur nerth, beth yw gwir allu gallu – mai'r gallu i ffrwyno gallu ym mhlaid creu ydyw, mai'r gallu i greu ydyw'r gallu mawr ac mai cariad, gan hynny, yw'r gwir allu.

Ac Onidé (1970)

PENNAR DAVIES
1911 – 96

199. *Byw i Dduw*

Cefais yn y blynyddoedd diweddar lawer o fendith wrth feddwl mai wrth fyw yr ydym yn gweddïo. Byw i Dduw, byw gyda Duw – dyna yw gweddi, a'r ffordd honno'n unig y gellir gweddïo'n ddibaid. Nid yr ymarferion defosiynol ar adegau penodedig ac ar batrymau mwy neu lai ffurfiol yw hanfod y bywyd gweddïgar, ond byw i Dduw a byw gyda Duw. Meddwl, gweithio, chwarae, gwneuthur popeth gyda golwg ar bwrpas Duw a chyda blas ar Ei gariad llym a'i bresenoldeb chwyldroadol – dyna yw hanfod gweddi. Bwyta, cysgu, ymwisgo, ymdrwsio, ymolchi, ymgomio, cyfarfod â chyd-ddynion, gwylio digwyddiadau'r oes, ymroddi i fudiadau bendithiol, gwneud y gwaith beunyddiol a phob gwaith arall dros ben, ac yn y cyfan, dibynnu ar Dduw a rhoi gogoniant iddo a gwybod Ei fod gyda chwi – dyna weddïo.

Mae bendith yn yr ymarferion defosiynol cyffredin hefyd; mae bendith yn y weithred o grynhoi meddyliau gweddïgar ar ffurf geiriau a brawddegau. Ond tlawd yw'r pethau hyn heb fyw yng ngwaith a chymdeithas yr Arglwydd.

Cudd fy Meiau (1955)

GWILYM R. TILSLEY
1911 – 97

200. *Mawl i Dduw am Air y Bywyd*

Mawl i Dduw am air y bywyd,
   Gair y nef yn iaith y llawr,
Gair y cerydd a'r gorchymyn,
   Gair yr addewidion mawr;
Gair i'r cadarn yn ei afiaith,
   Gair i'r egwan dan ei bwn,
Cafodd cenedlaethau daear
   Olau ffydd yng ngeiriau hwn.

Traetha hwn am ddeddfau'r Arglwydd
   A gwynfydau Mab y Dyn,
Am yr arfaeth fawr dragwyddol
   Ac am gariad Duw ei hun;
Mae rhybuddion yn ei eiriau
   Rhag y drwg sy'n llygru oes,
Ac addewid i droseddwyr
   Am faddeuant trwy y groes.

Fel y bu ei addewidion
   Gynt i'n tadau'n hyfryd wledd,
Diolch am ei dderbyn eto
   Yn ein hiaith ar newydd wedd;
Aed ei neges eto'n eirias
   Trwy genhadaeth plant y ffydd,
Fel y delo'n air y bywyd
   I drigolion Cymru fydd.

Atodiad i'r Llyfr Emynau, (1985)

HARRI WILLIAMS
1913 – 83

201. *Byd Da yw'r Byd Hwn*

Beth sydd â wnelo'r ffaith fod Duw'n greawdwr â'm bywyd moesol i? Fe welir y berthynas pan ystyriwn yr hyn a ddigwyddodd yng nghrefydd y rhai na chredent mai Duw a greodd y byd. Yng ngolwg y Groegiaid, er enghraifft, 'roedd y byd yn rhy aflan i Dduw ymhel dim ag ef. Y mae popeth materol yn aflan – popeth y gellir ei weld â'r llygaid a'i deimlo â'r dwylo. Rhwng Duw a'r byd, pan grewyd ef, yr oedd miloedd o fodau eraill, fel na chyffyrddodd Duw â'r byd o gwbl. Canlyniad credu fel hyn oedd arwain i agwedd negyddol tuag at y byd. Er mwyn bod yn gadwedig, rhaid ymwadu â'r byd a throi cefn arno. Difwyno'n cymeriad a wnawn wrth ymdrybaeddu â phethau'r ddaear. Rhaid i'r crefyddwr felly ymwneud cyn lleied ag y medr â'r byd hwn a chanolbwyntio ar fyd arall.

Hollol wahanol i hyn yw pwyslais yr Iddew. Y peth cyntaf a ddywed ei Feibl ef yw mai Duw sydd wedi creu "nefoedd a daear." Ac ar ddiwedd yr adroddiad cyntaf am y creu fe geir y geiriau, "A gwelodd Duw yr hyn oll a wnaethai, ac wele da iawn ydoedd" (Gen.1, 31). Byd da yw'r byd hwn, yn ôl y datguddiad a gafodd yr Iddew, am mai Duw a'i creodd. Byd y mae Duw ar waith ynddo yn cyflawni ei fwriadau. Dyma gylch ei weithgarwch. Dyma'r llwyfan y mae wedi gosod arno ddrama fawr iachawdwriaeth dyn.

Byd ydyw felly y gall dyn gydweithio â Duw ynddo a thrwyddo. 'Does dim rhaid i ddyn chwilio neu ddisgwyl am fyd arall er mwyn gallu ymgysegru i Dduw a'i wasanaethu. Gall ddefnyddio pethau'r byd hwn i wasanaethu cyd-ddyn, a gogoneddu Duw trwy wneud hynny. Hollol anysgrythurol felly oedd y weddi a glywid gynt mewn ambell gyfarfod gweddi ar noson waith: "Maddau inni, O Arglwydd! 'Ryda ni ar hyd y dydd wedi bod yn ymhel â phethau'r byd. Ond dyma ni'n awr wedi troi at dy bethau di." Dyma dybio mai dim ond yn y capel yr ydym ni'n ymwneud â phethau Duw, ac anghofio'r ddysgeidiaeth a geir yng nghrefydd y Beibl mai pethau Duw yw pethau'r byd.

Duw a Phob Daioni (1978)

W. RHYS NICHOLAS
1914 – 96

202. *I'r Gweddill*

Fel angor i long mewn tymestl,
felly yw teyrngarwch y rhai ffyddlon
yn awr y difaterwch.

Fel mur cadarn yn amser ymosodiad,
felly yw eu ffyddlondeb hwy
pan fo uchel sŵn yn herio.

Gwynfydedig ydynt
oherwydd eu cydwybod dda
a'u llafur yn yr hen winllannoedd.

Ni fynnant weld yr etifeddiaeth mewn sarhad,
na'r dystiolaeth o dan y cwmwl.

Tystion i'r Arglwydd ydynt
yn eu sêl ddiysgog
a'u dyfalwch wrth loywi'r trysor.

Ni ddiffydd fflam Gwirionedd yn eu bro,
cans cryfion ydynt mewn cred
a'u gobaith sy'n goleuo ffenestri'r seintwar.

O'u plegid hwy
bydd eto sain gorfoledd yn y pyrth
a llonder yng nghartrefi'r tir.

Eu ffydd a geidw'r llwybrau yn agored
fel na fydd ofer chwilio
pan gilio'r cysgod.

Tynnant y dŵr o ffynhonnau doe
i gawgiau'r heddiw blin,
a bydd yfory'n gwybod gwerth y gamp.

Talwn iddynt wrogaeth wiw,
canys hwy sy'n braenaru'r meysydd
i gynhaeaf yr Ysbryd Glân.

Gweddïau a Salmau (1989)

EMYR ROBERTS
1915 – 88

203. *Disgwyl Wrth Dduw*

Mae adferiad yr Eglwys yn gorffwys yn yr un lle â'n hachubiaeth bersonol. Beth yw amodau adfywiad yr Eglwys yn ein dyddiau ni? Gellir ateb mewn gair, Ein bod yn disgwyl wrth Dduw, wrth Dduw yn unig. Mi wnawn bethau eraill os byddwn yn disgwyl wrth Dduw am adfywiad: mi weddïwn, mi eiriolwn, mi fyddwn fwy dyfal ein gwasanaeth. Eithr rhan o'n disgwyl fydd y pethau hyn, yr arwyddion ein bod yn disgwyl. Eithr nid fel gwobr am wneud y pethau yma y rhydd Duw adfywiad, fel pe baem ni trwy wneud y pethau hyn bellach yn deilwng i Dduw drugarhau wrthym. Fedrwch chi ddim clymu teilyngdod a thrugaredd. Os oes teilyngdod mae trugaredd yn peidio â bod yn drugaredd . . . Trugaredd noeth Duw i bobl hollol annheilwng oedd gobaith tŷ Israel. A dyma'n gobaith ninnau. Ond a ydym yn disgwyl wrth Dduw am drugaredd i'w Eglwys, yn disgwyl wrtho Ef fel y gwyliwr am y bore, gan gydnabod mai barn am ein hanffyddlondeb yw'r stad yr ydym ynddi, ai ynteu a ydym yn dal i hyderu nad yw pethau ddim mor ddrwg na allwn eto trwy ein hymdrechion ein hunain eu hunioni yn y man?

Cyrraedd Trwy'r Glustog (1971)

RHYDWEN WILLIAMS
1916 – 97

204. *Y Bwrdd*

"Er coffa amdanaf!" meddai,
a'r wynebau o bob tu
mor ddiniwed â blodau yn ei ŵydd
yn gwrando'r bara a dorrai
fel taranau'n hollti
a blas y gwin ar wefus
fel gwythiennau'n gwaedu.
Neb yn deall
gan mor ddieithr
ei eiriau a'i arwyddion –
y bwrdd hwn i'w bobl
yn gyrchfan a hafan a hedd!
Y swpera syml
yn wirionedd i'r oesau
ac yn cynnig i'r canrifoedd
rin!

Heddiw,
er i'r canhwyllau doddi
a'r clychau dewi;
er i'r bregeth newid
a'r mawl yr un modd,
yr un yw'r bwrdd,
heb nacáu neb,
yn gwahodd yr un hen griw,
yr ofnus a'r bradwrus a'r euog,
hyd ddiwedd y byd.

Dei Gratia (1984)

J. EIRIAN DAVIES
1918 – 98

205. *Myfyrdod Mair*

Yma heno cofiaf am y preseb pren.
   I'm ffroen dôi sawr cyfarwydd naddiadau ac ysglodion,
Sawr Joseff – yr un a glywn ar groen ei freichiau ac yng ngwallt ei ben
   Pan gusanem yn y gweithdy, a'n dagrau fel glaw'r bargodion;
'Roedd hoelion yn y pren. Beth yw'r rhain, pan fo awch ar eu pig,
   Y feddal arfogaeth sydd ym mreugnawd traed a dwylo?
Hoelen faterol nid ymglyw â dwyfoldeb cig
   A gwaed petai haul nef a'i ymylau yn wylo.
Cenais santaidd hwiangerdd yn y biswail a'r gwellt,
   A morthwyl o gur dan fy mron yn filain ei ergydio;
Fel dyweddi i'r saer gwyddwn fod i'r cnawd ei ddellt,
   Ond pa ferch na phlygai a'r Ysbryd amdani'n cydio?
A'r wyrth warthus, a dyfodd trwy fisoedd y treialon,
Yma heno'n wynfyd ar gadw gyda phethau'r galon.

Cyfrol o Gerddi (1985)

T.J. DAVIES
g. 1919

206. *Y Gweddillion a'r Gweddill*

. . . Dyna yw Cwmystwyth, Arglwydd,
pentre o sgerbydau ddoe ac echdoe,
sgerbwd y gwaith mwyn,
sgerbwd y capel,
sgerbwd bythynnod a fu'n magu plant
i Gymru ac i Grist.
Dyffryn y gweddillion yw.
Ai hwn yw dyffryn yr esgyrn sychion
y sonia Eseciel amdano?

Falle ei fod yn ddrych o ddyffrynnoedd eraill,
yn wir o Gymru.
Isio gweddïo ydyn ni am un peth, –
dangos i ni y gwahaniaeth rhwng
y 'gweddillion' a'r 'gweddill.'

Ma'r gweddillion yng Nghwmystwyth.
Nid oes yno 'fory,
dim ond ddoe ac echdoe.
Dim disgwyl, dim ond hiraethu.
Edrych nôl ac nid edrych mla'n,
A fel 'na mae'r gweddillion o hyd.
A phan ddown i spïo ar dy eglwys
mor drist o wir y darlun.

Gwahanol yw'r gweddill,
ma' 'fory gorfoleddus yn eu llygaid byw,
ma' gobaith yn drydan yn eu gwythiennau.
Maent am ennill y byd
A chredu y gallant.
Nid rhai wedi colli'r dydd mohonynt
eithr rhai 'sy'n gweld o bell y dydd yn dod.'

Gwyddom i'r Ysbryd gerdded dyffryn
yr esgyrn sychion,
a chreu gwyrth.
Anfon yr un Ysbryd, wnei di,
i droi'r gweddillion ymhob capel a llan
yn weddill . . .

Munud o Edrych (1976)

R. TUDUR JONES
1921 – 98

207. *Sancteiddio*

Dadleuir ambell dro mai unig ystyr "sancteiddrwydd" yn awr yw "bod yn dda"; yr un peth, meddir, yw bod yn foesol â bod yn sanctaidd. Nid felly o gwbl. Ystyr "sanctaidd" yw "wedi'i neilltuo i wasanaeth Duw." Ac ni cheir hynny heb waith yr Ysbryd Glân. Wrth gwrs, y mae elfennau moesol amlwg mewn sancteiddrwydd. Ond nid enw arall ar ddaioni moesol yw sancteiddrwydd. Hanfod sancteiddrwydd yw bod mewn perthynas arbennig â Duw a'r berthynas honno wedi'i hewyllysio gan Dduw . . .

Gwaith goruwchnaturiol Duw yw sancteiddio. Y mae'n rhywbeth mwy sylfaenol na gosod cymhellion addas o flaen dyn i ddatblygu ei gynheddfau moesol. Trwy ddylanwadau'r Ysbryd Glân, cryfheir ei anian dduwiol a roddwyd i ddyn wrth ei atgenhedlu fel bod ei weithgareddau sanctaidd yn lluosogi. Gwir fod yr Ysbryd Glân yn defnyddio cyfryngau wrth wneud y gwaith hwn a bod dyn yn y rhyddid newydd a roddwyd iddo gan yr Ysbryd Glân yn cael ei annog i gydweithredu yn y gwaith da. Ond nid tyfiant naturiol mohono ac nid ffrwyth ymdrechion annibynnol y dyn ei hun. Wrth edrych ar sancteiddio yn y dulliau hyn, fe'i rhwygir o'i gynefin yng ngwaith grasol yr Ysbryd Glân. Ceir y pwyslais deublyg priodol ar waith Duw ac ymdrech dyn yn anogaeth Paul i'r Thesaloniaid: "Ymgedwch rhag pob rhith drygioni. A gwir Dduw y tangnefedd a'ch sancteiddio yn gwbl oll . . ." (1 Thes.v.22-3).

Yr Ysbryd Glân (1972)

CYRIL G. WILLIAMS
g. 1921

208. *Grym Ysbrydol*

Nid dyma'r tro olaf i mi sylwi yn yr India y modd y mae profiad mewnol crefyddol yn ei fynegi ei hun mewn disgleirdeb wyneb ac mewn dylanwadau sy'n hawdd i'w teimlo er yn anweledig. Sylwais arno nid yn unig mewn enghreifftiau Cristnogol ond hefyd mewn canlynwyr crefyddau eraill. Ym mhob achos y mae'r dyn ohono'i hun wedi ymryddhau a grym ysbrydol y cread ar orsedd ei fywyd mewnol, pa enw bynnag a rydd i hwnnw. Ac ymhob achos hyd y gallwn farnu rhedodd y grym ysbrydol hwnnw fel afon y bywyd trwyddynt yn ffrydiau iachusol i ddyfrhau a chyfoethogi bywydau trueiniaid o'u cwmpas. Ond fe welais law farwol ofergoeliaeth hefyd a phla angheuol paganiaeth er nad yw'r rheiny yn absennol yng Nghymru na nepell oddi wrth bawb ohonom. Y prawf i mi o aeddfedrwydd ysbrydol, ym mha ddiwylliant bynnag y bo a pha idiom bynnag a ddefnyddir i'w fynegi, yw calon dosturiol yn cynhyrchu maddeugarwch graslon a gweithredoedd hunan-aberthol a chariadlon. Dyna gynnwys y gair achub i mi a "chymdeithas Ei ddioddefiadau Ef." Mae'r Crist hanesyddol ymhell o'n cyrraedd ni bellach ond mae'r Crist cyfoes yn fyw a ninnau'n gwrthod ei weld yn y cnawd. Dyma'r unig fodd y gwelwn ni Ef yn y bywyd hwn. Gall athrawiaethau dyn fod yn ddilys a'i ymresymiad yn ddi-dolc a diwyro ond onid oes gras yn ei galon ofer ei amddiffyniad o'i ffydd. Rhodd Duw yw honno, beth bynnag.

Nadolig yn Calcutta (1975)

DEWI EIRUG DAVIES
1922 – 97

209. *Yr Ysbryd Aflonydd*

Mae setlo i lawr yn grefyddol yn ystad beryglus iawn. Digon prin y byddai gennym heddiw dreftadaeth grefyddol onibai am y personau aflonydd hynny a ymwrthododd â'r demtasiwn i aros yn eu hunfan . . .

Ysbryd aflonydd yw'r Ysbryd Glân sydd yn ein gwahodd i daflu'n hunain i ganol ei ymchwydd. Gall ein harwain, ar adegau, i ddymchwel y cyfundrefnau a siglo seiliau systemau y bernid eu bod yn ddisigl. Ond ni ddylid ar unrhyw gyfrif ofni'r aflonyddwch hwn gan mai priod waith yr Ysbryd Glân yw tystio i Grist, a pha anghysur bynnag a deimlir gennym yn nydd yr ymddatod cyfundrefnol, yr hyn sydd o dragwyddol bwys yw cadw golwg arno ef. Crist sydd yn cynnal, nid ein systemau a'n cyfundrefnau ni ein hunain.

Gwyn fyd na chaem ein cario gan y gwynt nefol. Ni wn yn iawn i ble, ond gwn pwy fydd ein cydymaith.

Chwyldro Duw a Homilïau Eraill (1995)

ROBIN WILLIAMS
g. 1923

210. *Agor Iddo!*

Adeg y rhyfel diwethaf fe ymddangosodd cartŵn cofiadwy mewn papur. Darlun o gyfnod y Blacowt, pan oedd hi'n beryg bywyd i neb ddangos llygedyn o olau mewn na ffatri na heol na chapel na thŷ. Nid oedd un rhimyn o oleuni i ddod o un man; nid o ymylon ffenestri nac o dan ddrysau hyd yn oed. Gorchymyn y gwledydd rhyfel oedd: 'Black Out!'

Roedd y cartwnydd hwn wedi gweithio'i linellau ar batrwm darlun enwog Holman Hunt – The Light of the World. Ac wedi gosod Iesu Grist yng nghanol y Blacowt gyda lamp Goleuni'r byd yn ei law. Yntau, yn llewyrch y golau yn curo wrth ddrws mewn stryd o gaddug.

Ond yn closio tuag ato o'r tywyllwch yr oedd pedwar gŵr mewn iwnifform A.R.P. Warden; y dynion oedd Stalin, Churchill, Roosevelt a Hitler. A'r pedwerydd gŵr yn pwyntio'i fys at Iesu Grist dan weiddi'n groch: "PUT THAT LIGHT OUT!"

Mae'r pedwar hynny wedi mynd ers blynyddoedd. Ond y mae'r Boneddwr Mawr yn dal i guro'r drws fel erioed. Yn dal i gario'r lamp sy'n cynnig gyrru'r nos o fywydau pobl.

I be'r awn ni i gablu a ffaglu a ffwndro yn nos ein pryderon a'n dialeddau a'n hofnau tywyll?

Agor iddo!

Cracio Concrit (1979)

ISLWYN FFOWC ELIS
g. 1924

211. *Rhwng Ei Furiau Ef*

Mi awn eto i Soar. O bob Soar sy'n sefyll yn llwyd ei furiau yn hafnau Cymru, nid oes ond un Soar i mi. Nid yw fy nhaid yng nghornel y sêt fawr heddiw gyda'i farf wen a'i gap melfed du, ond mae'r un hen wich yn yr organ a'r un aroglau paent ar y sedd dan fy nhrwyn yn y weddi. Maen' nhw'n dal i ganu yn Soar a'r drysau'n agored ar nos o Fehefin, a'r gwenoliaid yn trydar yn y bondo. Minnau'n canu alto'n grwt gyda'r merched ac yn morio yn la-ti-do ar ddiwedd "Capel Tygwydd". Yr wyf yn dal i weld Mynydd yr Olewydd yn y coed drwy'r ffenestr a'r Iesu'n dysgu'i ddisgyblion wrth y ffens yn y llwyn. Mae'r Apostol Paul gerbron Ffelics yn y sêt fawr a Phalesteina'n llond y capel. Mae pregethwr y pnawn yn hir a'r cloc wedi blino gormod i symud ei fysedd. Mae'r gynulleidfa'n codi i ganu a minnau, a'm llais yn torri, yn canu tenor wythawd yn rhy isel ac yn meddwl am y row yn yr ysgol drannoeth am fethu gorffen y maths. Soar. Byddai'n drueni imi droi wrth y drws a methu mynd i mewn rhag torri'r lluniau sanctaidd ym mhyrth fy nghof. Ond hwyrach mai troi a wnawn. Gallwn fynd â Soar gyda mi, beth bynnag sy dros y goror yn y byd a ddaw. Soar yw fy nhystysgrif fod i mi, pa mor gymhleth bynnag wyf heddiw ac anodd fy nhrin, garu 'Ngwaredwr yn annwyl pan oeddwn i'n ddim-o-beth rhwng ei furiau ef.

Cyn Oeri'r Gwaed (1952)

R.M. JONES
g. 1929

212. *Undeb y Person Cyfan â Christ*

Yn ogystal ag undeb ysbrydol, y mae ein Harglwydd, oddi ar ddechrau'r bywyd ysbrydol yn ôl Pantycelyn, yn hawlio'n cyrff hefyd. Ac ar adeg ailenedigaeth nid yn unig fe fywheir ysbryd pell a diymateb dyn, eithr hefyd fe osodir addewid atgyfodiad glân yn y corff: fe heuir hedyn yr adnewyddu sydd i ddod i'n rhan ar y Dydd mawr. Fe hawlir holl deyrngarwch corff yn ogystal ag ysbryd i Grist . . .

Yr wyf yn cynnwys 'meddwl' hefyd, wrth gwrs, gyda'r corff. Ond yr hyn yr wyf wedi ceisio'i ddadlau yw hyn, fod undeb â Christ fel y mae'n cael ei ddisgrifio i ni gan amryw o'r cyfrinwyr Cymraeg yn amgenach na'r math o brofiad a'r math o ymarferion a'r math o ymneilltuo – er pwysiced ac er gwerthfawroced y rheini – a ddisgrifir pan drafodir bywyd cyfrinwyr Cristnogol fel arfer. Heb fod yr Arglwydd Iesu yn meddiannu hefyd ein corff, a alwyd i fod yn deml i'r Ysbryd Glân, heb Ei fod yn dod i mewn i'r cartref ac i'r ffatri, i'r swyddfa ac i'r siop, i'r ysgol ac i'r maes chwarae, a hawlio'r cwbl oll, yn halen yng nghanol y byd, yna, rhanedig a drylliedig yw undeb â Christ. Heb fod Ei drugaredd Ef a'i gariad Ef yng nghalon y Cristion pan fydd yn ymwneud â'i gyd-ddynion ym mhob math o amgylchiadau, tipyn o ragrith ac o dwyll yw diddanwch melys yr ystafell ddirgel. Mae undeb â Christ yn golygu fod holl fywyd dyn yn eiddo iddo Ef. Undeb y person cyfan yw undeb Cristnogol.

Cyfriniaeth Gymraeg (1994)

MAURICE LOADER
g. 1929

213. *Mewn Ward Geriatrig*

Arglwydd, ai i hyn y'n ganed?
I orffen ein daearol rawd fel bresych
Mewn gwely o bridd,
Gan dorri ar y munudau maith
Yn unig gydag ambell ochenaid,
Neu ddolefus gri?

Mae'r nos yn hongian yn drwm dros y 'stafell,
Ond uwchben un gwely mae'r golau ynghyn,
A meddyg a nyrs a chlaf yn chwarae'r act olaf
Yn nrama un o eiddil bererinion y ddynolryw.

Yfory daw'r ymwelwyr eto, ond y tro hwn
Nid â'u mân-siarad wrth erchwyn gwely,
Nac i droi eu llygaid gweddïgar at Dduw
Gan grefu am ollyngdod i'w hanwylyd o'i gystudd hir,
Ond i gyrchu'r parsel bychan trist
Sy'n cynnwys olaf angenrheidiau dyn.

O Iesu'r Meddyg mawr, cofia'r hen bobl,
Y gwŷr a'r gwragedd a ddaliwyd gan lesgedd a phoen.
A welodd gymaint caledi gynt mewn dirwasgiad a thlodi.
Cofia hwy, O Feddyg da, yn eu holaf awr,
A chaniatâ iddynt weld, y tu hwnt i'w heiddil gnawd,
Awgrym o'r Ddrama Newydd a fu'n wrthrych eu ffydd.

O *Ffenestri Agored*, gol. William Williams a Harri Parri (1976)

GWYN THOMAS
g. 1936

214. *Y Pethau Diwethaf*

(Gwraig ifanc a ddioddefai o gancr ac a gipiwyd, yn y diwedd, o ganol ei phethau i ysbyty i farw.)

Ar yr arddwrn yr oriawr
Yn oer yn tician, tician
Fel pe na bai tragwyddoldeb.

Y cancr a fu, fel brân ddu
Ynddi yn ysglyfaethu,
Yn pigo ei heinioes ohoni.

Yn y tŷ mewn tun
Y mae teisen, yn gyfan
Ond am un sleisen.

Mae'r gwely heb ei gweirio
Ac ôl ei chorff hi ynddo,
Hynny a'i hen dedi, Bruno.

Dillad ac ynddynt olion bodolaeth
Yn hongian yn drwm fel hiraeth:
Sgertiau, ffrogiau, marwolaeth.

Nodyn i'r gŵr: 'Y dyn llefrith,
Cofio talu, pres, cwpwrdd,
Y drôr ar y chwith.'

Yn wyneb y pethau hyn
Ac wrth weld ei gŵr curiedig
Mae pobl yn cael eu bod
Yn gorfod teimlo'n garedig.

Ac ynghanol yr holl drwbwl
Mae dyn yn cael ei hun yn meddwl
A fu i fywyd gancro
Ynteu, rywsut, rywfodd, goncro.

Y Pethau Diwethaf (1975)

DONALD EVANS
g. 1940

215. *Y Groes*

Yr artaith a'r gwewyr eithaf oedd y Groes:
unionai'i gorff am funud, i bwyso ar yr hoelion
oedd drwy ddwydroed i'r pren, i leddfu'r loes
a fyrstiai 'sgyfaint, a chwalai gylla a chalon.

Yna, ailsuddai a chwympai drachefn
ar y ddau harn oedd drwy ei arddyrnau,
i ddad-ddolurio'r traed, nes bod Ei fynwes a'i gefn
yn fuan eto'n ymrwygo gan rym y dirboenau.

Yn araf gwanhâi'i gyhyrau, a gwyrodd Ei fron
i aros yn ei doluriau fel bwa, a'i bywyd,
o'i mewn, yn ymhelaethu'n lwmpyn o loes, a thon ar don
o frathiadau'n tyllu i'w bôn bob ennyd.

Ymchwydd gorffwyll yr ing yn dringo i'w gresendo serth,
gan barhau i hongian . . . hongian yno yn ei nerth.

Cread Crist (1986)

ALAN LLWYD
g. 1948

216. *Ein Dyddiau Didduw*

Y Duw diymadrodd, mud; y Duw diymyrryd, marw;
y bod ansylweddol, yr haniaeth ysbrydol heb rith:
ganed drygioni ar ffurf yr anghenfil garw,
a'r Duwdod nid ydyw'n preswylio nac yn rhodio'n ein plith.

Tramwywn, yn ein gwacter ystyr, dir wast ein diflastod ysbrydol,
ymbalfalwn am ddeupen yr incil yn y ffau lle mae'r bwystfil yn ben;
profasom fiswail yr anifail, gan yfed ei lysnafedd drwy gydol
canrif y pryfed a'r cynrhon a fu'n pydru gweddillion y Pren.

Ein heilunod yw ein teclynnau, a delwau ein hideoleg;
y Peiriant yw'n cymundeb bara, a'r olew'n ei gylla yw'n gwin,
ac ni chlywn, er naïfrwydd ein clyfrwch, na galargan na chnul ein
technoleg:
y mae ffynnon y werddon yn ferddwr, a'r enaid yn anialdir crin.

Yntau yn ymguddio o'n gŵydd ym mhellafoedd ei nef hynafol,
a'r cread yn amddifad o Dduw, ond nid yn amddifad o Ddiafol.

Yn Nydd yr Anghenfil (1982)

GWYNN AP GWILYM
g. 1950

217. *Cân Gŵyl Ddewi*

Mae'r gaeaf ar fynd heibio,
Daw eto ddyddiau braf;
Mae'r cennin Pedr eisoes
Yn llawn o aur yr haf;

Mae gwefr yr atgyfodiad
   Sy'n troedio'r ddaear wyw
Yn gyffro yn fy nghalon,
   Cans Dydd Gŵyl Ddewi yw.

Mae Cymru hithau'n deffro
   O gwsg ei gaeaf hir;
Mae ysbryd rhyddid heddiw'n
   Ysgubo drwy ein tir;
Ar wefus ein hieuenctid
   Mae'r iaith Gymraeg yn fyw,
A chyffro yn fy nghalon,
   Cans Dydd Gŵyl Ddewi yw.

O deued yr un heulwen
   Â'i chusan yn y man
I gyffwrdd ac adfywio
   Cristnogion llesg y llan;
A minnau'n teimlo angerdd
   Newyddion da Mab Duw
Yn gyffro yn fy nghalon,
   Cans Dydd Gŵyl Ddewi yw.

Diolchaf am ffyddlondeb
   Y cenedlaethau maith
A wnaeth y pethau bychain,
   A chadw'n ffydd a'n hiaith.
Mae galwad Cymru eto
   Yn glychau yn fy nghlyw,
Yn gyffro yn fy nghalon,
   Cans Dydd Gŵyl Ddewi yw.

Yr Ymyl Aur (1997)

ENGLYNION

218. *Awr Weddi*

O bob awr yr awr orau, – awr i Dduw
Roddi oed i minnau;
Am awr anterth fy mreintiau
Dylwn o hyd lawenhau.

William Morris, 1889-1979

219. *Wrth Fwrdd Bwyd*

O Dad, yn deulu dedwydd – y deuwn
Â diolch o newydd;
Cans o'th law y daw bob dydd
Ein lluniaeth a'n llawenydd.

W.D. Williams, 1900-85

220. *Ymson Mair*

Heno datgelwyd i minnau – paham
Y mae pen y bryniau
Oll yn oll yn llawenhau –
Mae'r achos yn fy mreichiau.

T. Arfon Williams, 1935-1998

221. *Mair*

I'w Duw o'i gŵydd pryd a gwedd – a roes hon,
Rhoes waed i Dangnefedd;
Rhoi anadl i'r Gwirionedd,
A rhoi bod i wacter bedd.

Gerallt Lloyd Owen, 1944-

MYNEGAI I'R AWDURON